REVISTA DE DIREITO MERCANTIL

industrial, econômico e financeiro

112

Publicação do
Instituto Brasileiro de Direito Comercial Comparado
e Biblioteca Tullio Ascarelli
do Departamento de Direito Comercial
da Faculdade de Direito da Universidade de São Paulo

Ano XXXVI (Nova Série)
outubro-dezembro/1998

MALHEIROS
EDITORES

REVISTA DE DIREITO MERCANTIL

industrial, econômico e financeiro

Nova Série — Ano XXXVI — n. 112 — outubro-dezembro de 1998

REVISTA DE DIREITO MERCANTIL
publicação trimestral de
MALHEIROS EDITORES LTDA.
Rua Paes de Araújo, 29, conjunto 171
CEP: 04531-940
São Paulo, SP - Brasil - Tels. 822-9205
820-9718 - 820-5549 - Fax. 829-2495

Assinaturas e comercialização:
CATAVENTO DISTRIBUIDORA DE
LIVROS S.A.
Rua Conselheiro Ramalho, 928
CEP 01325-000
São Paulo, SP - Brasil
Tel. 289-0811 - Fax. 251-3756

Diretor Responsável: Álvaro Malheiros
Diretora: Suzana Fleury Malheiros

Supervisão Gráfica: Vânia Lúcia Amato
Composição: EDITORA FRASE LTDA.

SUMÁRIO

DOUTRINA

DIREITO EMPRESARIAL PÚBLICO
— Calixto Salomão Filho 9

APONTAMENTOS SOBRE A INVALIDADE DAS DELIBERAÇÕES CONEXAS DAS COMPANHIAS
— Erasmo Valladão Azevedo e Novaes França 19

CONTRATO DE "FACTORING"
— Jorge Lobo 36

ATUALIDADES

TITULARIZAÇÃO – UM NOVO INSTRUMENTO FINANCEIRO
— Armindo Saraiva Matias 48

A EVOLUÇÃO DO REGIME LEGAL DA PETROBRÁS E A LEGISLAÇÃO ANTITRUSTE
— Arnoldo Wald 55

A APLICAÇÃO DO CÓDIGO DE DEFESA DO CONSUMIDOR À ATIVIDADE BANCÁRIA
— Newton De Lucca 66

OS CUSTOS PROVOCADOS PELO DIREITO
— Rachel Sztajn 75

IMUNIDADES DO ICMS E A LEI COMPLEMENTAR 87/96
— João Luiz Coelho da Rocha 79

REGULAÇÃO DE INFRA-ESTRUTURA E DEFESA DA CONCORRÊNCIA: PROPOSTA DE AVALIAÇÃO
— Bolívar Moura Rocha 85

A PRIVATIZAÇÃO NO BRASIL
— Frederico Simionato 93

JURISPRUDÊNCIA COMENTADA

DESPEJO POR FALTA DE PAGAMENTO, COMBINADO COM COBRANÇA. DISCUSSÃO SOBRE A NÃO COMPENSAÇÃO, NO CÁLCULO DO DÉBITO, DOS VALORES PAGOS A TÍTULO DE "RES SPERATA"
— Haroldo Malheiros Duclerc Verçosa 97

PENHORABILIDADE DE COTAS SOCIAIS NAS SOCIEDADES POR COTAS DE RESPONSABILIDADE LIMITADA
— UINIE CAMINHA 104

PARECERES

AÇÃO SOCIAL DERIVADA DE RESPONSABILIDADE CIVIL DOS ADMINISTRADORES
— LUIZ GASTÃO PAES DE BARROS LEÃES 127

AUDITOR INDEPENDENTE – SIGILO PROFISSIONAL
— NELSON EIZIRIK 136

A NORMA INSCRITA NO § 1º DO ART. 102 DA CF E SUA INTERPRETAÇÃO
— GASTÃO ALVES DE TOLEDO 148

ESPAÇO DISCENTE

A IMPORTÂNCIA DOS CONTRATOS A FUTURO PARA A ECONOMIA DE MERCADO
— ÉRICA CRISTINA ROCHA GORGA 157

COLABORAM NESTE NÚMERO

ARMINDO SARAIVA MATIAS

Professor Associado da Universidade Autónoma de Lisboa. Advogado

ARNOLDO WALD

Professor Catedrático de Direito Civil da Faculdade de Direito da Universidade Estadual do Rio de Janeiro. Advogado

BOLÍVAR MOURA ROCHA

Doutor em Ciências Políticas pela Universidade de Genebra. Secretário de Acompanhamento Econômico do Ministério da Fazenda. Advogado

CALIXTO SALOMÃO FILHO

Livre-Docente e Professor de Direito Comercial da Faculdade de Direito da Universidade de São Paulo

ERASMO VALLADÃO AZEVEDO E NOVAES FRANÇA

Doutor em Direito Comercial pela Universidade de São Paulo. Advogado

ÉRICA CRISTINA ROCHA GORGA

Graduanda da Faculdade de Direito da Universidade de São Paulo

FREDERICO SIMIONATO

Mestre em Direito. Doutorando em Direito Comercial pela Faculdade de Direito da Universidade de São Paulo

GASTÃO ALVES DE TOLEDO

Mestre em Direito Constitucional pela Pontifícia Universidade Católica de São Paulo. Membro do Instituto dos Advogados de São Paulo e do Conselho Jurídico da Federação do Comércio do Estado de São Paulo

HAROLDO MALHEIROS DUCLERC VERÇOSA

Mestre e Doutor em Direito pela Faculdade de Direito da Universidade de São Paulo. Professor de Direito Comercial nas Faculdade de Direito da USP e da UNICID. Ex-Procurador do Banco Central do Brasil. Advogado em São Paulo

JOÃO LUIZ COELHO DA ROCHA

Professor de Direito Comercial da Pontifícia Universidade Católica do Rio de Janeiro. Advogado no Rio de Janeiro

JORGE LOBO

Livre-Docente em Direito Comercial pela Universidade Estadual do Rio de Janeiro. Advogado no Rio de Janeiro

LUIZ GASTÃO PAES DE BARROS LEÃES

Professor Titular da Faculdade de Direito da Universidade de São Paulo. Advogado

NELSON EIZIRIK

Ex-Diretor da Comissão de Valores Mobiliários – CVM. Advogado no Rio de Janeiro e São Paulo

NEWTON DE LUCCA

Mestre, Doutor, Livre-Docente e Adjunto pela Faculdade de Direito da Universidade de São Paulo. Desembargador Federal do Tribunal Regional Federal da 3ª Região

RACHEL SZTAJN

Doutora e Livre-Docente de Direito Comercial pela Faculdade de Direito da Universidade de São Paulo. Professora de Direito Comercial na Faculdade de Direito da USP. Advogada em São Paulo

UINIE CAMINHA

Pós-Graduando em Direito Comercial pela Faculdade de Direito da Universidade de São Paulo.

NOTA

Comitê de Redação

O Comitê de redação da *Revista de Direito Mercantil-RDM* solicita aos seus colaboradores que ao remeterem trabalhos para sua apreciação, objetivando inclusão em edição desta *Revista,* anexem ao texto escrito um disquete de computador no qual esteja gravado a obra, identificando o autor e o processador de texto utilizado.

O atendimento ao presente pedido possibilitará maior rapidez e atualidade nas edições da *RDM*.

Doutrina

DIREITO EMPRESARIAL PÚBLICO

CALIXTO SALOMÃO FILHO

I — Introdução: uma crítica ao neoliberalismo. II — A crítica de Hayek aos socialistas e neoclássicos. III — O pós-neoliberalismo. IV — A teoria jurídica do conhecimento econômico e social. V — Direito empresarial público: a) Direito antitruste; b) Direito societário. VI — Conclusão.

I — Introdução: uma crítica ao neoliberalismo

Os anos 90 operaram uma transformação macabra. Regras e afirmações sócio-econômicas antes reconhecidamente ideológicas assumiram as vestes de verdade científica. Um novo determinismo social instalou-se, mais penetrante e assustador que os anteriores.

O moto para tudo isso é muito mais simples e, talvez por isso mesmo, muito mais penetrante que todas as idéias anteriores. Nada de conceitos esotéricos ou estrepolias intelectuais. O novo conceito é a um só tempo concreto e instigador de sonhos e imaginação. Não é incomum observar empresários e até trabalhadores, referir-se a ele com reverência e temor: "nada há o que se possa fazer contra a globalização. É necessário adaptar-se". Talvez a criação mais genial de *marketing* de todos os tempos, essa palavra traveste velhas idéias com nova roupagem. Traduz filosofias ultrapassadas e dogmaticamente equivocadas reunidas sob a alcunha de neoliberalismo.

Essas idéias passaram do campo econômico para os das ciências sociais, chegando finalmente a influenciar o direito.

A elas procura-se associar o fascínio da modernidade. O moderno é globalizar, desconfiar da capacidade de organização dos Estados organizados e mais deletério que tudo, agir individualisticamente. Individualismo e neoliberalismo não se dissociam.

II — A crítica de Hayek aos socialistas e neoclássicos

A base teórica para o mito neoliberal da globalização e da modernidade é também ela distorcida. Encontra-se nos escritos de F. Hayek sobre a inoperância da atividade estatal.[1]

Duas restrições importantes devem ser feitas a essa utilização. Em primeiro lugar, é preciso entender que Hayek jamais se preocupou em construir de forma estruturada uma teoria social. Sua maior preocupação era criticar e solapar as bases das teorias que viam no Estado o engenheiro sócio-econômico por excelência.

1. O mais famoso dos quais, que bem ilustra a militância anti-estatal de Hayek é, sem dúvida, *The road to serfdom,* Chicago, University of Chicago Press, 1994.

A segunda séria restrição refere-se ao fato de que esta construção desconsidera em absoluto a evolução da teoria de Hayek, em especial no campo jurídico. Nessa área ela nada tem de neoliberal. A escola ordo-liberal de Freiburg, cujos principais representantes são W. Eucken, F. Böhm e H. J. Mestmäcker, não deve ser confundida com a Escola Austríaca, formada exclusivamente por economistas e de marcada tendência neoliberal. A primeira faz uma leitura muito mais intervencionista das teorias de Hayek do que a segunda.

Essas duas críticas, unidas, permitem refutar em absoluto as bases teóricas do neoliberalismo e, a partir daí, espera-se tentar elaborar uma estrutura jurídica e social mais coerente.

Construtor e filósofo social medíocre, Hayek brilhou pela decodificação de mitos que operou. Sua teoria, que lhe valeu o prêmio Nobel, muito mais que uma tentativa de explicação econômica da realidade, é uma teoria do conhecimento econômico e social.

Seu postulado principal é muito simples. Para Hayek é errôneo crer que conhecimento ecônomico possa ser teorizado e centralizado. Para ele o conhecimento ecônomico é essencialmente prático e individual.[2] O indivíduo está constantemente descobrindo suas melhores oportunidades e a melhor maneira de viver em sociedade. A convivência em sociedade é, portanto, um processo de descoberta social.

Com essa observação simples e perspicaz solapa a um tempo as bases dos filósofos socialistas e neoclássicos. Os socialistas porque, se, para Hayek, nenhum cérebro único, individual ou coletivo, é capaz de conhecer todos os fatores relevantes para as decisões econômicas que possa vir a tomar, uma autoridade única não pode centralizar, com eficácia ou eficiência, o conhecimento econômico dos indivíduos.

Por outro lado, Hayek rejeita veementemente que o conhecimento econômico possa ser teorizado e estruturado em leis ou em curvas, como querem os neoclássicos. Rejeita, portanto, um dos postulados neoclássicos principais, segundo o qual o principal problema econômico é o da alocação de recursos: "O caráter peculiar do problema de uma ordem econômica racial é determinado precisamente pelo fato de que o conhecimento das circunstâncias das quais temos que fazer uso nunca existe de forma concentrada ou integrada, mas somente como fragmentos dispersos de um conhecimento incompleto e, em geral, contraditório, que todos os indivíduos, separadamente, possuem. O problema econômico da sociedade não é desta forma, como alocar recursos 'dados'... E sim como garantir o melhor uso dos recursos conhecidos de quaisquer dos membros da sociedade, para fins cuja importância relativa somente esses indivíduos conhecem. Em resumo, o problema relevante é o da utilização do conhecimento que não é dado a ninguém em sua totalidade".[3]

Resta, assim, saber como organizar a sociedade. Nessa tarefa, muito mais complicada, Hayek é menos criativo que na tarefa destrutiva. É por vezes incoerente, afirmando que o Estado deve limitar-se a garantir a ordem das coisas, para que os indivíduos possam se dedicar ao acúmulo e estruturação do conhecimento econômico e social.

Contudo, não se preocupa em explicar como se deve dar essa interferência. Daí

2. A crítica ao pensamento teórico no campo econômico assenta suas bases filosóficas evidentemente na *Crítica da razão pura* de Kant, em especial em sua concepção do pensamento sintético, aquele criativo, que permite adicionar conhecimento. Esse tipo de conhecimento é, na concepção de Kant, por essência, experimental (ainda que seja possível, para Kant, no campo metafísico, imaginá-lo como meramente teórico, daí a necessidade de uma crítica, no sentido de estabelecimento de limites, à razão pura), e portanto, prático e indutivo (v. I. Kant, *The critique of pure reason*, Chicago, Encyclopedia Britanica, 1996, v. 39, pp. 14 e ss.).

3. F. Hayek, "The use of knowledge in society", in *Individualism and economic order*, Londres, 1949, pp. 77-78.

porque sua tese tornou-se "Bíblia" para ditaduras de direita e ícone para governos neoliberais como o de M. Thatcher, que o citava com carinho e respeito.

III — O pós-neoliberalismo

Essa pobreza da construção social de Hayek não foi explorada nas últimas décadas. Talvez porque os modelos simples e aparentemente científicos dos neoclássicos de Chicago agradassem tanto a seus defensores quanto a seus críticos ideológicos, enquanto a via mais crítica, provavelmente, é verdade, ideologicamente viesada de Hayek, fosse mais difícil de seguir ou criticar.[4]

Sucessões de filósofos sociais das mais variadas tendências ideológicas simplesmente desconsideraram essa importante linha de desenvolvimento científico e social. Pós-modernistas, realistas críticos e neomarxistas ignoraram em absoluto as inúmeras possibilidades de criação abertas pela teoria do conhecimento hayekiana.

É, pasmem, na teoria jurídica, sempre mais retrógrada e avessa a mudanças, que devem ser encontradas as chaves para a superação do vazio estrutural de Hayek e das esquerdas modernas para superar o neoliberalismo.

O maior exemplo dessa evolução está na chamada Escola Ordo-Liberal ou Escola de Freiburg. A Escola de Freiburg nasce nos anos trinta na Alemanha, como reação aos fracassos econômicos da República de Weimar e como crítica à concepção econômica nazista que começava a ser aplicada. São eles a um só tempo os mais fiéis seguidores e os mais coerentes críticos da filosofia do conhecimento de Hayek. Esse autor, apesar de reconhecer que a existência de poder econômico pode deturpar e até impedir a busca individual do conhecimento, não chega, talvez por falta de coragem, talvez por medo arraigado e ideológico da ação do Estado, a propugnar o ataque estatal aos monopólios.

Diversamente da passividade de Hayek, os componentes da Escolas de Freiburg identificam no livre jogo dos monopólios e cartéis na Alemanha dos anos 30 um dos grandes motivos para o fracasso econômico da República de Weimar e a ascensão do nazismo.[5] Para seus representantes a garantia da competição é fundamento essencial para assegurar o funcionamento econômico de uma economia de mercado. A organização ideal da ordem privada é aquela que permite a "autocoordenação" e o "autocontrole". É esse o sentido efetivo e intervencionista que os membros da Escola de Feiburg atribuem ao Estado passivo de Hayek. O direito deve criar as condições para que ambas as garantias se efetivem: a "autocoordenação" é assegurada através das transações privadas, para as

4. Uma recente obra bastante crítica é a de H. Wainwright, *Uma resposta ao neo-liberalismo: argumentos para uma nova esquerda*, Rio de Janeiro, Jorge Zahar, 1998 (tradução de *Arguments for a new left (answering the free market right)*, Londres, Blackwell, 1994. O referido trabalho, importante do ponto de vista sociológico, desconsidera evoluções jurídicas importantes da teoria e críticas à teoria de Hayek como a Escola Ordo-liberal de Freiburg.

5. A Escola de Freiburg surge das preocupações comuns de um grupo de professores de direito e economia que lecionavam na Universidade de Freiburg nos anos 30. Trata-se da primeira experimentação existente de análise econômica do direito. As figuras mais importantes desse período inicial são sem dúvida Walter Eucken, Hans Grossmann-Doerth e Franz Böhm, o primeiro professor de economia e os dois últimos de direito. Em 1936, Böhm, Eucken e Grossmann-Doerth se juntaram para escrever o chamado Ordo-Manifesto, no qual estabeleceram as bases principiológicas para seus trabalhos subseqüentes. Após a guerra, a supremacia acadêmica da Escola de Freiburg diminui em face da introdução na Alemanha de princípios econômicos anglo-americanos que se fazem sentir na lei antitruste alemã de 1958 (*GWB*). Nos anos 60 e 70 a tradição se renova através de expressivos nomes, Friedrich Von Hayek e Hans Joachin Mestmäcker, o primeiro criando uma nova vertente, menos intervencionista, na escola ordo-liberal (por esse motivo incluído por muitos na chamada Escola Austríaca) e o segundo concentrando-se no estudo jurídico do sistema antitruste, sobretudo o comunitário europeu, do ponto de vista ordo-liberal.

quais o direito de propriedade e o direito das obrigações são elementos organizativos fundamentais. Já a segunda ordem, "autocontrole", *becomes effective as soon as the potential partners to a transaction have moved into a position which allows them to assess the conditions of an exchange in view of the possibility of substituting partners to (and objects of) a transaction, i.e. as soon as effective competition is possible. The transitory patterns of allocation and of distribution produced by self coordination and self control reflect a spontaneous order.*[6] É esse tipo de preocupação – a possibilidade de efetiva competição – que deve ter guarida no direito concorrencial.

Em presença de uma tal definição de rumos do direito concorrencial não é de se espantar que essa teoria se oponha à neoclássica. São com efeito duas as críticas fundamentais ao pensamento neoclássico formuladas no seio do pensamento ordo-liberal. A primeira, que não interessa analisar no momento, é referente aos pressupostos econômicos da definição de bem-estar do consumidor, que são, segundo esses doutrinadores, meramente teóricos, insuscetíveis de ocorrer na realidade. A segunda, de interesse imediato, é relativa ao próprio conceito de concorrência. Para os representantes da Escola de Freiburg não é possível atribuir ao direito concorrencial qualquer tipo de objetivo econômico predeterminado, como a eficiência, por exemplo. Isso porque o sistema concorrencial não é um sistema cujos efeitos, todos eles, possam ser previstos e aqueles desejáveis selecionados, de modo a orientar a feitura e aplicação da lei.

As bases para essa afirmação são diversas. A primeira delas vem sem dúvida da primeira crítica mencionada acima, ou seja, da hoje largamente reconhecida (inclusive entre os próprios teóricos neoclássicos) inaceitabilidade de muitos dos pressupostos do sistema de concorrência perfeita por eles idealizado. Pode-se dizer que hoje há consenso no meio econômico de que ao menos duas das premissas básicas desse modelo, a homogeneidade dos produtos e a informação completa dos agentes, são inexistentes e irrealizáveis.[7] Ora, negadas as premissas, porque inexistentes na realidade, o modelo passa a ter utilidade de apenas como critério de determinação de relações causais em matéria econômica, mas não como forma de orientação de condutas. Trata-se, portanto, de uma teoria com valor no máximo analítico, mas não preceptível. O modelo neoclássico oferece, portanto, para os ordo-liberais um coveniente exemplo dos riscos da fixação de objetivos legais com base em dados puramente econômicos.

Mas mais do que baseada em uma crítica à teoria neoclássica, a afirmação ordo-liberal da imprevisibilidade dos efeitos do sistema concorrencial está fundada em uma concepção básica. Para os ordo-liberais, a grande vantagem do sistema concorrencial está exatamente no fato de que através da

6. Cfr. M. Streit, "Economic order, private law and public policy the Freiburg School of law and economics in perspective", in *Journal of Institucional and Theorethical Economics* 148 (1992), p. 677 (683).

7. Os próprios teóricos da Escola de Chicago aceitam a incontestável crítica aos pressupostos da teoria neoclássica (sobretudo homogeneidade de produtos e informação perfeita). Entre aqueles mais ortodoxos expande-se o uso de artifícios verbais para escapar dos críticos. R. Bork, por exemplo, ao analisar os sentidos da palavra competição, critica a utilização da noção neoclássica de situação em que o vendedor ou o comprador individualmente considerado não pode influenciar o preço do produto (concorrência perfeita) com base na irrealidade de seus pressupostos. No entanto, identifica sua noção preferida de concorrência em *any state of affairs in which consumer welfare cannot be increased by moving to an alternative state of affairs* (*The antitrust paradox*, 2ª ed., New York, The Free Press, p. 61). Ocorre que em seu modelo a situação ótima de bem-estar do consumidor (ou seja, a situação em que seu bem-estar não pode ser acrescido) é definida a partir do modelo de concorrência perfeita. Assim sendo, sua definição é apenas uma fórmula verbal que lhe permite escapar das fraquezas, por ele mesmo detectadas, da tradicional fórmula neoclássica.

transmissão da informação e da existência de liberdade de escolha, o sistema de mercado permite *descobrir* as melhores opções existentes e o comportamento mais racional a adotar.[8] É clássica a definição do sistema concorrencial por Hayek como um *Entdeckungsverfahren* (processo e descoberta). Ora, fundamental para a existência de um processo de livre escolha e de descoberta das melhores opções do mercado não é apenas a existência de um preço não alterado por condições artificiais de oferta e de demanda, que portanto represente a utilidade marginal do produto (como querem os neoclássicos), mas também que exista efetiva pluralidade real ou potencial de escolha entre produtos, com base em preço, qualidade, preferências regionais etc. A possibilidade de escolha assume portanto um valor em si mesmo. Os velhos mitos contra uma aplicação pronunciada do direito concorrencial parece desaparecer.

Essa teoria tem sua maior aplicação efetiva na conformação das regras concorrenciais da CEE (hoje UE). E isso por duas razões específicas.

Em primeiro lugar porque a própria UE é a contraprova evidente das teses Hayekianas. Os mercados comuns são nada mais nada menos que formas de superação dos estados baseada na confiança cega nos princípios Hayekianos da diluição do conhecimento. O fundamento da existência de um mercado comum está exatamente na crença de que um direito da concorrência positivamente aplicado, no sentido de intervir efetivamente sobre as estruturas empresariais, é capaz de impedir a existência e/ou aproveitamento do poder econômico no mercado e criar um ambiente econômico propício à concorrência e ao desenvolvimento.

Ocorre que a experiência mostrou que a estruturação dessas formas de organização econômica não consegue se fazer exclusivamente com base nos princípios liberais. A crítica à inoperância do Estado não leva, portanto, necessariamente ao indivíduo ou pelo menos não necessariamente só ao indivíduo. É o que se procurará demonstrar no tópico seguinte.

IV — A teoria jurídica do conhecimento econômico e social

Para dar uma resposta a esse aparente impasse criado por Hayek, o direito pode ser de grande ajuda.

Isso porque o direito vê o conhecimento de maneira profundamente diversa das ciências sociais. Enquanto para estas o conhecimento é algo eminentemente empírico, seja ele teórico como querem os marxistas dogmáticos e os neoclássicos, ou prático, como quer Hayek, para os teóricos do direito o conhecimento é algo eminentemente valorativo.[9]

Afirmar que o conhecimento é valorativo não é nada mais nada menos que afirmar que os valores de uma determinada sociedade podem influenciar e influenciam

8. Assim explica F. Hayek o processo competitivo: *Competition is essentialy a process of the formation of opinion: by spreading information, it creates that unity and coherence of the economic system which we presuppose when we think of it as one market. It creates the views people have about what is best and cheapest, and it is because of it that people know at least as much about possibilities and opportunities as they in fact do. It is thus a process which involves a continuous change in the data and whose significance must therefore be completely missed by any theory which treats these data as constant* (v. F.A.I. Hayek, *Individualism and economic order,* Chicago, The University of Chicago Press, 1948, p. 106).

9. O destaque ao elemento valorativo da norma fica bastante claro nos escritos críticos dos seguidores da teoria ordo-liberal à teorias como análise econômica do direito, de evidente inspiração neoclássica. Essas teorias, mais do que instrumentos de análise, procuram determinar as regras jurídicas a partir de leis econômicas. Tal pretensão evidentemente desconsidera o momento valorativo tanto da criação quanto da aplicação de qualquer norma jurídica, seja em matéria econômica ou não (v., nesse sentido, E. J. Mestmäcker, "Market, Recht, Wirtschaftverfassung", in *Zeitschrift für das Gesamte Handelsrecht und Wirtshcaftrecht* 137 (1973), p. 101).

dramaticamente o conhecimento que se tem dela. Se, como afirma a doutrina, não existe uma norma vazia sem uma pretensão ou um interesse a proteger,[10] ou seja sem um valor que lhe esteja por trás, então a sociedade que *conhecemos*, ao cumprir estas regras nada mais faz que traduzir esses valores. Desse modo, a sociedade que vemos é uma representação de valores sociais democraticamente estabelecido.[11]

Ora, se o direito é – e deve ser – a ciência que opera a transformação das tendências democraticamente definidas pelo parlamento eleito em valores, essa influência sobre o conhecimento só pode ser positiva.

A diferença entre ela e a teoria econômica do conhecimento está em que para ela, as regras gerais, quando formuladas, não são generalizações de fatos observáveis nas relações sociais e econômicas, mas sim concretização de valores sociais desejados que devem levar em consideração esses fatos.

Mas nessa valoração a formação das regras deve ser coletiva. Coletiva não significa necessariamente estatal. Pode referir-se a grupos maiores ou menores de pessoas. Isso não significa que esse conhecimento seja teórico, não vindo da prática ou artificial. Com efeito, o corpo de regras jurídicas talvez mais rigorosamente lógica e coerente da história da humanidade, que por isso sobreviveu mais de 2000 anos (até agora) nada mais é que um conhecimento eminentemente prático. O trabalho dos prudentes romanos preclássicos nada mais era que compilar e estratificar costumes geralmente aceitos. O *Digesto*, obra jurídica mais duradoura e influente da história da humanidade, nada mais é que a compilação estruturada de casos práticos.[12]

Conseqüência de tudo isso é que é possível elaborar uma teoria do conhecimento "jurídica", que leve em conta tanto o dado prático como aquele coletivo, sem que para o coletivo seja necessária a intermediação do Estado. A correlação Hayekiana entre conhecimento prático e individual perde portanto sentido. É na formação dos valores imanentes ao estabelecimento das regras de convivência grupal que isso ocorre.

Mais importante ainda. O direito, ainda mais que outras ciências sociais, tem a capacidade de valorizar o elemento humano no conhecimento social. Não são leis econômicas, de mercado[13] ou deterministas, que influenciam o conhecimento social mas sim o indivíduo, por vezes isolado, por ve-

10. V. G. Calabresi, "The pointlessness of Pareto: carrying Coase further", in *Yale Law Journal* 100 (1991), p. 1.211.

11. Essa afirmação contém uma contradição aparente. Com efeito, se o direito determina e não é determinado pelo conhecimento da sociedade, o que influencia o direito? A resposta nada mais é que um desdobramento das constatações sociais desse artigo e dos novos tempos. Superados os determinismos marxista e neoclássico sobra, apenas, como explicação necessária para a formação jurídica dos valores, o elemento histórico. Esse elemento histórico não determina positivamente o direito mas o influencia drasticamente. Esse elemento histórico tem duas características importantes que o diferenciam de outras tentativas de explicação da formação das normas jurídicas. Em primeiro, prescinde de um legislador estatal, dotado de princípios iluministas, como queriam os jusnaturalistas. Aproxima-se, mas não se identifica com a Escola Histórica da Pandectística alemã. Essa via no direito não é um produto do legislador estatal mas sim como um pedaço de uma estrutura mais ampla, como originária do inconsciente coletivo dos povos ("aus dem kollektive Unbewusstseis der Völker zu erbluhen", v. F. Wieacker, *Privatrechtgeschichte der Neuezeit*, Göttinge, Vandenhoeck & Ruprecht, 1967, p. 358). Esse elemento indeterminado é exatamente a ação do indivíduo e sobretudo dos grupos organizados na formação do direito. É a formação do direito a partir de iniciativas difusas, muitos mais patas a identificar e coletar os valores sociais que uma administração social.

12. É exatamente esse valor histórico individual que pretende resgatar a Escola Histórica do Direito (v. nesse sentido F. Wieacker, *Privatrechtgeschichte der Neuzeit*, cit, pp. 348 e ss.).

13. Ianni afirma que um dos graves defeitos da globalização é exatamente a tentativa de sobrepor a tudo as inexoráveis leis de mercado e conclui: "Esse é o efeito da racionalidade instrumental, em que também o indivíduo se revela adjetivo, subalterno" (v. *Teorias da globalização*, 5ª ed., Rio de Janeiro, Civilização Brasileira, p. 20).

zes como ente coletivo e historicamente considerado.

V — Direito empresarial público

Nessa perspectiva jurídica do conhecimento, o direito empresarial ganha importância e sentido totalmente novos.

Não pode mais o direito empresarial ser meramente passivo observador e receptor dos dados da vida empresarial. Ao transformar esses dados em valores, influencia o próprio conhecimento da vida econômica.

Essa transformação só se pode fazer, por outro lado, com uma profunda compreensão tanto da dimensão individual quanto da dimensão coletiva do conhecimento humano.

Tomemos dois exemplos da prática empresarial que podem bem ilustrar essa forma de conhecimento.

A) Direito antitruste

O primeiro deles vindo do direito concorrencial. E não por acaso. É interessante observar que é exatamente nesse campo que a concepção valorativa do conhecimento entra em choque até mesmo ideológico com a concepção determinista da ciência econômica. Choque esse que, como sugere a doutrina, ocorre exatamente em um campo onde Marx vislumbrava a prova do caráter conflitivo do sistema capitalista. Daí a importância do direito que deve tentar eliminar ou diminuir esse conflito.[14]

Várias são as formas para atingir tal objetivo. A cooperação empresarial é uma delas. Trata-se de um dos meios reconhecidamente mais modernos de superação dos problemas de informação entre concorrentes.

Contradizendo parcialmente o ceticismo de Hayek quanto à possibilidade de formação coletiva do conhecimento, a cooperação empresarial (lícita, diga-se de passagem, como se deixará claro mais adiante) é uma das formas mais adiantadas e eficientes de eliminar os problemas de informação no mercado.

As associações de produtores, antes consideradas como tipos odiosos de cartel, na moderna teoria concorrencial, quando convenientemente estabelecidas e controladas, podem transformar-se em métodos de eliminação da assimetria de informações entre produtores.

Explica-se. Como é sabido, um dos elementos de mais difícil determinação para os agentes econômicos é exatamente a quantidade a ser produzida. Muitas das crises de superprodução são geradas pela falta de informação entre os agentes. Ora, a superprodução é tão danosa quanto a escassez do ponto de vista econômico, pois desperdiça riquezas que poderiam se alocadas na produção de bens escassos. A troca de informação serve para minimizar esses efeitos econômicos e sociais negativos, reduzindo o que os economistas chamam de dispersão de preços e/ou quantidades produzidas.

Note-se que essa formação do conhecimento aparentemente "coletiva" não pode ser aceita sem uma forte influência dos valores.

Assim é que uma formação conjunta de conhecimento só é aceitável quando não puder desandar em um cartel de preços. Condição essencial, entre outras, para que isso aconteça é que as referidas informações sobre preços e quantidades produzidas sejam divididas com o consumidor. A razão é clara. O repasse das informações coletadas aos consumidores enfraquece o poder dos participantes do mercado. Os consumidores saberão qual produtor está vendendo a preços mais baixos e onde há maior disponibilidade de produto.

14. Cfr., nesse sentido, H. J. Mestmäcker, "Macht, Recht, Wirtschaftverfassung", cit, p. 101, afirmando: "die grundsätzliche systematische und praktisvhe Bedeutung des Rechts der Wettbewerbsbeschränkungen liegt darin, dass es dieses inhaltliches Spannungsverhältniss von ökonomischer und rechtlicer Eigengesetzlichkeit in demjenigen Zusammenhang thematisiert, in dem Marx den Beweis für den antagonischen, kriegerischen und gewaltätigen Charakter des Systens erblickt.

O nível de informação dos consumidores, tanto quanto o grau de concentração, indica o grau de poder dos produtores no mercado. Como foi visto no primeiro capítulo, na definição de Hayek, concorrência nada mais é do que informação. Nada há de errado com uma informação coletivamente formada desde que ela possa ser posta em xeque ou discutida pelos demais participantes do mercado.

A repartição e discussão das informações, que nada mais é que o reflexo do princípio democrático na vida econômica, permite e até sugere a necessidade de formação coletiva (ainda que não estatal) do conhecimento.

Situação exatamente oposta a esta é a da formação de monopólios. Nessa hipótese o que há é uma concentração desmesurada de poder que permite a distorção da informação. Exatamente os mesmos motivos que levam à crença na ineficiência do Estado pela impossibilidade de dominar, teorizar e aplicar toda a informação e todo o conhecimento, sugerem a "ineficiência social" dos monopólios.

Essas idéias impõem, na verdade, uma nova visão do direito antitruste. O direito antitruste passivo, mero defensor das eficiências da década do final da década de 70 e dos anos 80 é substituído por um novo direito concorrencial, ativo e intervencionista. A crítica aos postulados de Chicago não vem agora apenas da Europa, onde sempre foram contestados pelos ordo-liberais.[15] Vem dos próprios Estados Unidos, templo do neoclassicismo, especialmente dos economistas de Stanford. A partir sobretudo das repercussões negativas do caso Microsoft, ganharam força algumas idéias de economistas da Universidade de Stanford.[16]

Essas idéias são nada mais nada menos do que nova roupagem – mais moderna e mais bem elaborada teoricamente – ao tão criticado estruturalismo da Escola de Harvard dos anos 60. Isso porque, não defendem, como aquele a intervenção pela intervenção, em razão da potencial onisciência dos aplicadores estatais do direito antitruste. Pretendem, com base nos dados matemáticos obtidos da teoria dos jogos e sua aplicação[17] para o desenvolvimento das hipóteses de comportamentos estratégicos, demonstrar que o mercado não funciona bem caso seja deixado livre em determinados setores, em especial os de alta tecnologia.

Esse novo ativismo antitruste é apenas uma socialização das preocupações empresariais. O que se está reconhecendo, em poucas palavras, é que em certos setores é imperativo manter os competidores pequenos ou, pelo menos, limitar-lhes estruturalmente o poder econômico. Ora, sócio-politicamente, isso significa que o direito antitruste está atento e temeroso ao famoso postulado de Marx, segundo o qual o capitalismo tenderia à autodestruição exatamente em função da concentração de poder econômico. Isso é tudo que os neoclássicos de Chicago sempre negaram. Para eles, o mercado, entidade mágica e ideal, tenderia sempre ao ajuste e à autopreservação.

15. V. para um resumo da posição teórica entre neoclassicismo e ordo-liberalismo, C. Salomão Filho, *Direito concorrencial – As estruturas*, São Paulo, Malheiros Editores, 1998, pp. 18 e ss.

16. V. para a descrição dessas tendências o artigo "The force of an idea", in *New Yorker*, 12.1.98, pp. 32 e ss.; v. também G. Reback, S. Creighton, D. Killam, N. Nathanson, *Microsoft White Paper*, veiculado via Internet.

17. Cfr. K. Marx, *The Capital*, Chicago, Enc. Britanica, 1996, p. 378, que afirma, a respeito da segunda fase da "expropriação capitalista", em tom premonitório: "One capitalist always kills many. Hand in hand with this centralization, or this expropriation of many capitalists by few, develop, on an ever extending scale, the cooperative form of the labour process, the conscious technical application of science, the methodical cultivation of the soil, the transformation of the instruments of labour into instruments of labour only usable in common, the economizing of all means of production by their use as the means of production combined, socialized labour, the entanglement of all peoples in the of net of the world market and, with it, the international character of the capitalistic regime".

Mais ainda, essa tendência demonstra que o direito concorrencial passa a entender como fundamental para o bom funcionamento do mercado, a descentralização do conhecimento econômico, seja para indivíduos de dimensões ideais seja para grupos de indivíduos coletivamente organizados para buscar esse conhecimento.

B) Direito societário

O mesmo raciocínio pode ser aplicado em se tratando de direito societário.

A idéia da formação difusa do conhecimento leva a ver em cada sociedade um ente onde deve ser formado.

Isso leva a uma versão muito mais moderna e flexível do velho institucionalismo, a teoria organizativa. Se fosse possível resumir uma das importantes tendências atuais do direito societário, dever-se-ia necessariamente mencionar a tentativa de internalização dos interesses aparentemente externos e conflitantes com a sociedade.

A experiência alemã da participação operária no Conselho de supervisão das empresas (*Aufsichtsrat*, que corresponderia, mal comparando, ao Conselho de Administração das companhias brasileiras) demonstra quão bem-sucedidas podem ser essas estruturas do ponto de vista econômico. Constitucionalmente representou na Alemanha e representa um importante passo no sentido da compatibilização entre as iniciativas de cooperação econômica no interior das empresas e o modo de produção capitalista, como juridicamente conformado.

No plano teórico, essa tendência corresponde a reconhecer a pluralidade de interesses na determinação do interesse social. Mais do que isso, corresponde a reconhecer a necessidade de transformação da organização interna da sociedade para dar guarida eficiente a esses objetidos.[18]

Na prática, há muitos e importantes desdobramentos.[19] O reconhecimento de deveres fiduciários dos controladores e administradores em realção aos minoritários é característica dessa tendência. A admissão de sociedades com um único sócio ou até sem sócio é também desdobramento necessário dessa concepção menos privatista do direito societário.

Finalmente, a preocupação com a correta definição da inter-relação entre o direito societário e outras disciplinas, como o próprio direito antitruste decorre dessa linha de pensamento. A atenção a tipos societários antes esquecidos e considerados pré-capitalistas, como as sociedades cooperativas é exemplo bastante revelador.

VI — Conclusão

Tudo o que foi dito parece levar a uma conclusão necessária. É imperativa a adaptação do direito e de sua metodologia às novas tarefas que se lhe apresentam. Um direito metodologicamente compartimentado entre público e privado, não está apto a regular e imprimir a sociedade rumos e valores sociais capazes de substituir ou ao menos complemetar parcialmente a ineficiência do Estado.

Esses novos deveres da jurisprudência são decorrentes exatamente da superação de modelos teóricos antes considerados intocáveis. A referência, é óbvio, é aos modelos socialista e neoliberal de ordenar a vida econômica. Se nem Estado nem mercado são capazes de organizar a sociedade, é preciso encontrar um novo elemento organizador.

Como se procurou demonstrar neste trabalho, o direito tem grande vocação para assumir tal função, por sua capacidade valorativa e idealizadora. É necessário, no

18. V. a respeito o trabalho clássico de H. Wiedemann, *Gesellschaftsrecht*, München, Beck, 1980 e o recente e importante trabalho de H. Hansmann, *The ownership of enterprise*, Cambridge-London, Harvard University Press, 1996.

19. Cfr. a respeito deles C. Salomão Filho, *O novo direito societário*, São Paulo, Malheiros Editores, 1998.

entanto, que essa ciência esteja apta, do ponto de vista metodológico e estrutural para exercê-la.

Fundamental então é que o direito seja capaz de dar guarida e de incentivar a busca de objetivos supra-individuais pelos agentes econômicos. Para tanto, além de estimular a democracia econômica, proporcionada pelo controle do poder econômico, deve favorecer a cooperação entre os agentes.

É a esse corpo de regras que se pretendeu prestar homenagem com o título do presente trabalho.

Doutrina

APONTAMENTOS SOBRE A INVALIDADE DAS DELIBERAÇÕES CONEXAS DAS COMPANHIAS

ERASMO VALLADÃO AZEVEDO E NOVAES FRANÇA

1. O problema. 2. O regime de invalidade das assembléias e das suas deliberações na Lei 6.404/76: 2.1 Vícios da assembléia; 2.2 Vícios das deliberações; 2.3 Vícios do voto. 3. A invalidade das deliberações conexas: 3.1 A anulação da deliberação e sua influência no procedimento de formação das deliberações posteriores; 3.2 A anulação das deliberações e sua influência no conteúdo das deliberações posteriores; 3.3 A anulação da deliberação e sua influência nas deliberações posteriores por força de conexão voluntária.

1. O problema

Dois exemplos servirão desde logo para, com facilidade, situar o leitor.

Suponha-se que, em determinada assembléia, foi aprovado um aumento de capital, o qual foi subscrito por pessoa que não era, até então, acionista da companhia. Referida deliberação vem a ser, todavia, impugnada mediante ação anulatória. Antes de decidido o processo, realiza-se outra assembléia, na qual o adquirente das ações decorrentes do aumento é admitido a votar, como acionista que se tornou. A superveniente anulação da deliberação de aumento de capital poderá acarretar a invalidade da deliberação subseqüente, aprovada pelo voto da pessoa em questão?[1]

Outro exemplo: a assembléia geral delibera aumentar o capital da companhia mediante a emissão de novas ações. Em conclave posterior, é aprovada uma deliberação que confere determinado privilégio às ações emitidas. Qual a sorte da segunda deliberação, caso venha a ser anulada a primeira?[2]

O presente estudo se propõe a trazer alguns apontamentos sobre a invalidade das deliberações conexas, tais como as figuradas nos exemplos acima, em face da nossa Lei de Sociedades por Ações (Lei 6.404/76).

A exata compreensão dessa matéria pressupõe, entretanto, o conhecimento do

1. O exemplo é de Vasco da Gama Lobo Xavier, jurista lusitano que realizou o mais completo estudo sobre a matéria (cf. *Anulação de Deliberação Social e Deliberações Conexas*, Atlântida Editora, Pedrulha-Coimbra, Portugal, 1976, p. 276).

2. O exemplo, citado por Lobo Xavier, é de Alfred Hueck, na obra *Anfechtbarkeit und Nichtigkeit von Generalversammlungsbeschlüssen bei Aktiengesellchaften*, Mannheim-Berlim-Leipzig, Alemanha, 1924. Para essa hipótese, como observa Lobo Xavier, é necessário supor que, a esse tempo, as ações não estavam subscritas, ou haviam-no sido proporcionalmente por todos os acionistas e se conservavam na titularidade dos primitivos subscritores. Pois, de outro modo, a deliberação que criou o privilégio teria violado o princípio da igualdade dos acionistas, o que determinaria sua ineficácia, enquanto não obtivesse a concordância dos prejudicados (ob. cit., p. 399 e nota 30).

sistema de invalidade das deliberações assembleares adotado pelo referido diploma legal, pelo que se faz necessário, antes, examinar essa questão prévia, de não pouca complexidade.

2. *O regime de invalidade das assembléias e das suas deliberações na Lei 6.404/76*[3]

O dispositivo da Lei 6.404 que cuida genericamente[4] da invalidade das deliberações tomadas nas assembléias gerais realizadas durante a vida da companhia — e assim mesmo indiretamente, pois acha-se sob a rubrica do Capítulo XXIV, que disciplina os "Prazos de Prescrição" —, é o art. 286, que assim dispõe: "Art. 286. A ação para anular as deliberações tomadas em assembléia geral ou especial, irregularmente convocada ou instalada, violadoras da lei ou do estatuto, ou eivadas de erro, dolo, fraude ou simulação, prescreve em 2 (dois) anos, contados da deliberação".

Como se vê, a nossa Lei de Sociedades por Ações prevê, nesse dispositivo, apenas a *anulabilidade* das deliberações assembleares. A questão que se põe preliminarmente neste item é a de saber, portanto, se, para lá do regime especial de *anulabilidade* das assembléias e suas deliberações, o sistema da Lei 6.404/76 admite a possibilidade de assembléias e deliberações nulas (ou ineficazes *stricto sensu*),[5] sujeitas ao regime comum previsto nos arts. 145 e 146 do Código Civil.[6]

Não há qualquer dúvida de que a adoção de um regime de *anulabilidades*, diverso do regime comum, e prescritível em

3. A matéria objeto deste item está mais longamente desenvolvida em nosso livro *Invalidade das Deliberações de Assembléia das S.A.*, Malheiros Editores, 1999.

4. O § 4º, do art. 115, trata de uma hipótese específica de anulabilidade da deliberação. Sobre o alcance dessa norma, v. o nosso *Conflito de Interesses nas Assembléias de S/A*, Malheiros Editores, 1993, pp. 98/101.

5. O ato nulo é também, de regra, ineficaz. Mas o contrário não é sempre verdadeiro pois o ato pode ser válido e, ao mesmo tempo, ineficaz, por depender da concretização de uma *condição de eficácia* para produzir efeitos, exterior ao próprio ato. É a esse fenômeno que aludimos, no texto, ao falar de deliberações ineficazes *stricto sensu*. Sobre a conceituação de eficácia do negócio jurídico em geral, v., por todos, Antônio Junqueira de Azevedo, *Negócio Jurídico, Existência, Validade e Eficácia*, Saraiva, São Paulo, 1986, 2ª ed., pp. 59/72, e "Negócio jurídico e declaração negocial", tese de concurso ao cargo de Professor Titular da Faculdade de Direito da USP, pp. 116/120. Cf., ainda, Pontes de Miranda, *Tratado de Direito Privado*, t. 5 (especialmente §§ 529 a 532, que cuidam da ineficácia dos atos jurídicos); Francesco Santoro Passarelli, *Dottrine Generali del Diritto Civile*, 9ª ed., Casa Editrice Dott. Eugenio Jovene, Nápoles, Itália, 1986, pp. 259/260; Orlando Gomes, *Introdução ao Direito Civil*, 13ª ed., Forense, Rio, 1998, pp. 471/472; e Serpa Lopes, *Curso de Direito Civil*, v. I, 8ª ed., Freitas Bastos, Rio, 1996, pp. 503/504.

O problema da inexistência das deliberações — para quem admite tal hipótese —, não se põe do mesmo modo, pois, como lembra Luiz Gastão Paes de Barros Leães, "nossa lei civil se absteve de se referir à primeira categoria *(nota nossa: à categoria dos atos inexistentes), por inconseqüente do ponto de vista jurídico*, limitando-se a distinguir os atos nulos (nulidade absoluta) dos atos anuláveis (nulidade relativa), aqueles indicados no art. 145, estes últimos, no art. 147 do CC brasileiro" ("Vícios em assembléia geral ordinária", in *Estudos e Pareceres sobre Sociedades Anônimas*, Ed. RT, São Paulo, 1989, p. 162; destaques nossos). É que o "ato inexistente, como se disse tantas vezes, é o nada jurídico. *A lei não o regula porque não há necessidade de se disciplinar o nada* (Orlando Gomes, *Introdução ao Direito Civil*, 2ª ed., 1965, p. 402; Mário Guimarães, *Estudos de Direito Civil*, p. 71)", *apud* Comparato, no parecer intitulado "Seguro de crédito financeiro e fraude do financiado", in *Ensaios e Pareceres de Direito Empresarial*, pp. 340/341.

6. A ecoar a perplexidade que traz essa questão — a qual, por óbvio, nada tem de acadêmica —, v. os julgados do TJSP, relatado pelo eminente comercialista Des. Freitas Camargo, criticando o magistrado por ter aplicado o regime comum de nulidades (*RT* 624/57), e, ainda, no mesmo sentido, o do TJRJ, constante da *RJTJRJ* 48/112, relatado pelo Des. Pedro Américo Rios Gonçalves, ambos fundamentados nos ensinamentos de Miranda Valverde. V. ainda, acórdão do STF, de 16.6.81, onde se afirma, em voto proferido pelo também insigne comercialista Ministro Cunha Peixoto, que "... inexiste, na lei de sociedade anônima – Dec.-lei 2.627/40 – nulidade absoluta, e tanto é verdadeira esta assertiva que, como se verifica pelos arts. 155 e ss., o prazo prescricional, no tocante aos

prazo mais abreviado,[7] visa atender a uma necessidade prática de *estabilidade* das deliberações assembleares, a fim de não ficarem estas expostas, durante longo tempo, aos azares decorrentes da eventual propositura de uma ação anulatória.

Em prazo mais curto ficam os interessados, ou advertidos da possibilidade de ser invalidada a deliberação — se proposta a demanda no prazo legal — ou — na hipótese contrária —, seguros da plena eficácia do ato.

O interesse na estabilidade das deliberações, de resto, não se deve apenas à circunstância de tais atos poderem atingir um círculo muito vasto de pessoas e, sobretudo nas companhias abertas, a todo tempo mutável, mas, sobretudo, aos danos que poderiam advir à própria gestão da empresa social,[8] se sujeitos à impugnação em prazo muito dilatado.

À vista, pois, do inegável interesse relacionado a um maior grau de certeza e segurança na eficácia das deliberações, é de se indagar se o legislador, ao criar um regime especial de invalidade destas, estabelecendo um prazo de prescrição[9] *brevi temporis* para a propositura da "ação para *anular* as deliberações...violadoras da lei ou do estatuto", teria com isso afastado a possibilidade de aplicação do regime comum às deliberações *nulas*.

Para nós, a resposta só pode ser negativa, valendo como argumento decisivo a demonstração pelo absurdo. Se o regime de anulabilidades, adotado pela Lei 6.404/76, fosse aplicável a todo e qualquer vício das deliberações assembleares, *aos acionistas seria permitida a produção dos efeitos jurídicos que bem entendessem*, caso nenhum deles viesse a impugnar o ato no prazo legalmente previsto. Vale dizer, "a aplicação exclusiva do regime descrito às deliberações ilegais traria como conseqüência, em último termo, que os sócios das sociedades mercantis ficariam autorizados a pôr pura e simplesmente de lado toda a ordem jurídica!".[10]

Isso significaria, para fornecer apenas alguns exemplos mais gritantes, que aos acionistas seria dado, em violação ao disposto no art. 222 da CF, eleger um estrangeiro para administrar e orientar intelectualmente uma empresa jornalística, ou modificar os estatutos desta para admitir um acionista pessoa jurídica de capital estrangeiro com mais de trinta por cento do capital social; ou, para ficar na própria Lei 6.404, aos acionistas seria permitido modificar os estatutos de uma sociedade de economia mista para excluir a obrigatoriedade de conselho de administração, em infringência ao estabelecido no art. 239; ou, ainda, dispor de direitos de terceiros, que mantivessem relações com a companhia.

Nos exemplos apontados, portanto, se todos os acionistas estivessem concordes com as deliberações tomadas, e se se aceitasse a tese segundo a qual a Lei 6.404 teria criado um regime exclusivamente de anulabilidades, passado o prazo de dois anos para a impugnação (que só é concedi-

atos eivados de irregularidades, não excede a três anos, o que contrastaria com a nulidade absoluta, pois é conhecido o brocardo latino: *quod nullum est, nullum producit effectum*" (*RTJ* 102/731).

7. A ação de anulação dos contratos em virtude de erro, dolo, fraude ou simulação, por exemplo, prescreve geralmente em quatro anos, nos termos do art. 178, § 9º, inciso V, alínea "b", do Código Civil.

8. Lobo Xavier invoca, a esse respeito, a seguinte hipótese: "Facilmente se concebem, por exemplo, os inconvenientes que adviriam, se uma deliberação que excluiu da distribuição dos lucros de exercício determinada fracção dos resultados, a fim de a afectar à constituição de um fundo de reserva, viesse a ser julgada inválida — ficando a sociedade obrigada a abrir mão do respectivo quantitativo a favor dos associados — quando havia decorrido um longo período de tempo sem que se tivesse verificado a impugnação do acto" (ob. cit., pp. 100/106). Inúmeros outros exemplos, como é óbvio, podem ser concebidos com o fito de demonstrar os prejuízos que a instabilidade das deliberações pode acarretar à empresa societária.

9. Ou de decadência, como procuramos sustentar em nossa tese.

10. O argumento foi utilizado originariamente por Alfred Hueck, na obra fundamental sobre a matéria, supracitada (*apud* Lobo Xavier, ob. cit., p. 127, nota 22).

da, em princípio, aos sócios), ou havendo renúncia a ele, ter-se-ia o absurdo de se verem convalidadas todas as aludidas agressões à ordem jurídica. Por aí se vê que essa tese é absolutamente insustentável.

Mas não é apenas a demonstração por via negativa que deita por terra a tese de um regime exclusivo de anulabilidades. Diversos dispositivos da Lei 6.404/76 indicam que o legislador quis vedar a possibilidade de o estatuto estipular disciplina diversa daquela legalmente prevista. Uma disposição nesse sentido já foi apontada: o art. 239, que determina, de forma expressa, que as companhias de economia mista terão, "*obrigatoriamente*", conselho de administração, "*assegurado* à minoria o direito de eleger um dos conselheiros, se maior número não lhe couber pelo processo de voto múltiplo". Ante os dizeres imperativos dessa disposição legal, poderia ser suscitada alguma dúvida acerca da nulidade da deliberação que abolisse o conselho de administração nas referidas companhias ou o direito da minoria de eleger um membro do aludido conselho?

Vários outros dispositivos da Lei 6.404/76, porém, como se disse, levam à mesma conclusão,[11] não havendo como afastar, portanto, a aplicação do regime comum relativo à nulidade dos atos jurídicos, previsto nos arts. 145 e 146 do Código Civil, às deliberações que estabeleçam disciplina contraveniente àquela determinada nos mencionados dispositivos.

A exegese do sistema consagrado pela Lei 6.404/76, todavia, conduz não apenas a concluir pela admissão da existência de deliberações nulas, mas também — e expressamente, aliás —, pela admissão de deliberações *ineficazes* (*stricto sensu*).

Com efeito, o art. 136, por exemplo, prevê, respectivamente nos seus incisos I e II, a possibilidade de criação, pela assembléia dos acionistas, de ações preferenciais ou aumento de classes existentes, sem guardar proporção com as demais espécies e classes, ou, ainda, de alteração nas preferências, vantagens e condições de resgate ou amortização de uma ou mais classes de ações preferenciais, ou criação de nova classe mais favorecida. Pois bem. O § 1º desse mesmo artigo dispõe, textualmente: "§ 1º. Nos casos dos incisos I e II, *a eficácia da deliberação* depende de prévia aprovação ou da ratificação, em prazo improrrogável de um ano, por titulares de mais da metade de cada classe de ações preferenciais prejudicadas, reunidos em assembléia especial convocada pelos administradores e instalada com as formalidades desta Lei".

A deliberação tomada nos termos dos incisos I e II do art. 136, portanto, é *válida*: mas sua *eficácia* depende de ter ocorrido previamente, ou vir a ocorrer *a posteriori*, no prazo legalmente previsto, a concretização da condição estipulada no § 1º do mesmo dispositivo legal.

O que foi dito até aqui basta para demonstrar que, sem embargo de ter o legislador optado, no art. 286 da Lei 6.404, por um regime especial de invalidade das deliberações tomadas após a constituição da companhia, não excluiu ele a aplicação do regime comum previsto nos arts. 145 e 146 do Código Civil para a hipótese de deliberações nulas.

Incumbe ao intérprete extrair do sistema, portanto, quais os eventuais *critérios* com base nos quais se deve aplicar um ou outro regime.

Antes, porém, impende observar que o legislador, na defeituosa redação do art. 286 da Lei 6.404/76, confundiu *três* espécies diferentes de vícios,[12] a saber: a) *vícios*

11. Apenas para dar alguns exemplos: o art. 1º, que determina que a companhia terá o capital dividido em ações, sendo limitada a responsabilidade dos acionistas; o art. 2º, que estabelece o objeto da companhia, proibindo, *a contrario sensu*, atividade contraveniente à lei, ordem pública e bons costumes; o art. 5º, que determina que o valor do capital será expresso em moeda corrente nacional etc.

12. Ao analisar o art. 156 do Dec.-lei 2.627/40 (que foi repetido quase que *ipsis litteris* pelo art. 286 da Lei 6.404/76), Ascarelli já havia apontado as

da própria assembléia — que pode ter sido irregularmente *convocada* (ou mesmo, não convocada) ou *instalada*, por força de violação da lei ou do estatuto, hipótese em que o vício, obviamente, atingirá *todas as deliberações* que nela forem tomadas; b) *vícios das deliberações* — nessa hipótese, os vícios dizem respeito às próprias deliberações assembleares, que podem ter sido tomadas, todas ou algumas delas apenas, com *violação da lei ou do estatuto*; c) *vícios do voto* — nessa hipótese, um ou alguns dos votos que concorreram para a formação da deliberação (ou mesmo todos eles, em alguns casos), podem ter sido viciados em razão de erro, dolo, fraude ou simulação (ou, ainda, em virtude da incapacidade dos votantes, ou de violação do disposto nos §§ 1ºs, do art. 115 e do art. 134, ou 2º, do art. 228).[13]

São completamente distintos, pois, os vícios agrupados no aludido dispositivo legal, levando, outrossim, a conseqüências diversas.[14]

Feita essa diferenciação, passemos a examinar, perfunctoriamente, o regime de invalidades albergado na Lei 6.404/76, segundo os referidos vícios.

2.1 Vícios da assembléia

O art. 286 fala, como se viu, em *anulação* do conclave *irregularmente convocado ou instalado*, o que pode ocorrer em função de violação da lei ou do estatuto (ou de ambos).

A disciplina geral de convocação e instalação das assembléias gerais acha-se estabelecida nos arts. 123 a 128 da Lei de S/A.[15] A violação dessas disposições, portanto, ou de normas estatutárias que as complementem (*v.g.*, art. 123, *caput*), acarreta a *anulabilidade* da assembléia geral, e, conseqüentemente, *de todas as suas deliberações*.

Aqui, porém, já surge a primeira perplexidade para o estudioso. Não podem restar dúvidas sobre o caráter *imperativo* das supra-aludidas disposições legais.[16] No

diferenças entre os vícios tratados naquele dispositivo (cf. "Vícios das deliberações assembleais – Direitos individuais dos acionistas – Prescrição", em *Problemas das Sociedades Anônimas e Direito Comparado*, Saraiva, São Paulo, 1945, pp. 399 e 410/411), tal como faremos, a seguir, no texto. V. outrossim, no mesmo sentido, analisando o art. 286 da lei atual, Comparato ("Da imprescritibilidade da ação direta de nulidade de norma estatutária", em *Novos Ensaios e Pareceres de Direito Empresarial*, Forense, Rio, 1981, pp. 217/218).

13. Os vícios do voto só terão relevância, todavia, para o efeito de invalidar a deliberação, se o voto ou votos viciados foram determinantes para a formação da maioria. Essa verificação é que se denomina, na doutrina, de "prova de resistência" da deliberação (cf. Francesco Galgano, "Il negozio giuridico", v. III, t. 1, do *Trattato di Diritto Civile e Commerciale*, Dott. A. Giuffrè, Milão, Itália, 1988, p. 309; Lobo Xavier, ob. cit., p. 47, nota 20).

14. Urge prevenir, porém, que a classificação feita neste item, distinguindo entre vícios da assembléia, vícios das deliberações e vícios do voto, deve-se muito mais ao intuito de examinar o assunto em face dos dizeres da nossa lei (art. 286) do que a um critério que se pretenda exatamente científico.

Ascarelli, por exemplo, em artigo publicado perto do fim de sua vida, em 1956, estudando o assunto em face do CCI, preferiu classificar os vícios em vícios de procedimento e de competência (que dariam lugar à impugnabilidade), e vícios do conteúdo das deliberações (que dariam lugar à nulidade), fazendo, porém, a seguinte observação: "Può osservarsi come i vizi del contenuto della deliberazione necessariamente investono anche i voti che hanno concorso nella maggioranza, essendo anzi a rigore in detti casi la deliberazioni nulla, *perchè nulle*, data l'impossibilità o illiceità del loro contenuto, *le dichiarazioni di voto* (negozii unilaterali) che hanno concorso nella deliberazione, atto collegiali unilaterale risultante appunto dal concorso dei voti; i vizi di procedimento e competenza investono invece direttamente la deliberazione senza investire perciò il voto)" ("L'interesse sociale dell'art. 2441. La teoria dei diritti individuali e il sistema dei vizi delle deliberazioni assembleari", na *Rivista delle Società*, I, 1956, p. 110, destaques nossos).

Muitas vezes, portanto, não é possível estremar com exato rigor os vícios classificados no texto.

De outra parte, classificam-se os vícios, usualmente, em vícios referentes ao procedimento de *formação das deliberações* e vícios referentes ao *conteúdo* (ou *objeto*) das mesmas (cf. Lobo Xavier, ob. cit., pp. 180/181).

15. Outras disposições específicas encontram-se nos arts 8º; 51, § 1º; 57, § 2º; 71, §§ 1º a 3º; 86; 87; 135; 136; 213 e § 2º; 216 e 294.

16. "Art. 123. *Compete* ao Conselho de Administração, ... ou aos diretores, ... convocar a assem-

entanto, a lei prevê, às expressas, ser simplesmente *anulável* a assembléia geral (ou especial) irregularmente convocada ou instalada (art. 286).[17] Por quê?

A razão de ser dessa disposição, que será melhor compreendida no desenvolvimento deste item, está, segundo tudo indica, no *interesse* tutelado pelo legislador. Perante uma determinada assembléia *em concreto*, na qual houve desrespeito às formalidades legais ou estatutárias relativas à convocação e instalação, não estão em jogo senão *interesses dos próprios acionistas* à época em que se realizou a reunião. A eles compete, pois, se assim o desejarem, propor a ação anulatória no prazo legal. Aqui leva-se em conta, sobretudo, o já mencionado interesse na *estabilidade* das deliberações assembleares, as quais não poderiam ficar, em perpétuo, expostas aos ataques dos acionistas.

Uma outra consideração ademais, de não menos importância, leva à conclusão exposta no parágrafo anterior. Trata-se de que, a entender-se diversamente, ou seja, a entender-se que o desprezo às referidas formalidades, por serem cogentes, acarretaria a nulidade absoluta das assembléias, ter-se-ia, então, que o regime de anulabilidades delineado no art. 286 — *que é o único regime previsto expressamente pelo legislador* —, teria aplicação "pouco menos que excepcional".[18] Conseqüência essa manifestamente absurda, e que, como tal, deve ser afastada pelo intérprete.

Tem-se, assim, que a assembléia que se realizar com infringência das normas legais ou estatutárias de convocação ou instalação será, em princípio, *anulável*.[19-20]

2.2 *Vícios das deliberações*

Situação diversa ocorre, porém, se, através das deliberações tomadas no conclave, os acionistas pretenderem criar *uma disciplina* contraveniente àquela estipulada na lei. Se, por exemplo, resolverem

bléia geral. Parágrafo único. A assembléia geral *pode* também ser convocada: ...; Art. 124. A convocação *far-se-á* mediante anúncio publicado por três vezes, *no mínimo*, contendo, além do local, data e hora da assembléia, a ordem do dia, e, no caso de reforma do estatuto, a indicação da matéria. § 1º. A primeira convocação da assembléia geral *deverá* ser feita com 8 (oito) dias de antecedência, *no mínimo*, ...; não se realizando a assembléia, *será* publicado novo anúncio, ... com antecedência *mínima* de 5 (cinco) dias. § 2º. Salvo motivo de força maior, a assembléia geral *realizar-se-á* no edifício onde a companhia tiver a sede; quando houver de efetuar-se em outro, os anúncios *indicarão*, com clareza, o lugar da reunião, que *em nenhum caso* poderá realizar-se fora da localidade da sede; Art. 125. Ressalvadas as exceções previstas *em lei*, a assembléia geral *instalar-se-á*, ...; Art. 126. As pessoas presentes à assembléia *deverão* provar a sua qualidade de acionista, *observadas as seguintes normas*: ...; Art. 127. Antes de abrir-se a assembléia, os acionistas *assinarão* o 'Livro de Presença', indicando ...; Art. 128. Os trabalhos da assembléia *serão dirigidos* por mesa composta, salvo disposição diversa do estatuto, de presidente e secretário, escolhidos pelos acionistas presentes".

17. O que demonstra que o direito das companhias, em matéria de invalidades, se afasta do direito comum, onde normalmente se entende que a infringência de disposições imperativas ou cogentes acarreta a nulidade do ato (cf. Orlando Gomes, ob. cit., p. 473).

18. Isto ocorreria porque, conforme lembra Lobo Xavier (ob. cit., pp. 191/193), a maioria das disposições que regulam as sociedades anônimas são cogentes. A Lei 6.404/76 segue indubitavelmente essa tendência.

19. Com exceção, a nosso ver, da hipótese de *ausência de convocação*, que acarreta a *nulidade* do conclave (salvo se se tratar de assembléia totalitária, nos termos do § 4º, do art. 124, à qual estejam presentes, inclusive, os acionistas sem direito de voto, em face do disposto no parágrafo único do art. 125). Essa conclusão encontra respaldo, segundo pensamos, no próprio art. 286, que julga *anulável* a assembléia *irregularmente convocada*. Se, ao invés de mera *irregularidade*, todavia, *inexistir* convocação, é lícito concluir ser *nulo* o conclave ("não foi 'irregularmente convocada' a assembléia geral que não foi convocada", diz Pontes de Miranda, *Tratado*... cit., t. 50, § 5.322, n. 6, p. 289).

A maioria da doutrina, aliás, bem como a jurisprudência, sobretudo italiana, qualifica a falta de convocação como caso de *nulidade*, ou mesmo de *inexistência* da assembléia (cf. Galgano, ob. cit., p. 242; Lobo Xavier, ob. cit., pp. 201/204, letra "a"). Entre nós, Carvalhosa entende ser *nulo* o conclave não convocado (*Comentários*... cit., v. 2, p. 514), mas parece estender a mesma solução àquele irregularmodificar os estatutos para: (a) estabelecer um prazo menor que o legalmente previsto para as convocações (§ 1º, do art. 124[21]); (b) restringir o ingresso dos acionistas sem direito de voto no conclave (parágrafo único, do art. 125); (c) permitir o voto plural para determinada classe de ações (§ 2º, do art. 110); (d) permitir o voto por correspondência, independentemente da realização de assembléia (art. 110, *caput*); (e) estabelecer *quorum* de instalação ou deliberação inferior ao legal (arts. 125, 129 e 136, ressalvado o disposto no § 2º), e assim por diante.

Todos esses casos referem-se, precipuamente, ao procedimento assemblear, mas o vício que os contamina não está no conclave em si, que pode, inclusive, ter sido regularmente convocado e instalado, e sim *no conteúdo* das deliberações tomadas. De outra parte, muito embora tais deliberações sejam, inequivocamente, "violadoras da lei", para repetir os dizeres do art. 286, poucos haveriam de sustentar serem elas meramente anuláveis, e não *absolutamente nulas*, como de fato são. Cumpre perquirir, assim, por qual fundamento deve-se afastar aqui a aplicabilidade do regime de anulabilidades previsto na Lei 6.404.

Uma razão já foi brilhantemente sustentada por jurista dos mais eminentes: as normas estatutárias são *normas jurídicas*, submetidas à positividade do regime estatal; aplica-se a elas, pois, o princípio *lex superior derogat inferiori.* Estando as regras estatutárias em desacordo com as regras legais, devem prevalecer, naturalmente, estas últimas. Inexistindo, outrossim, normas jurídicas meramente "anuláveis", as disposições do estatuto que infringirem a lei são *absolutamente nulas.*[22]

Mas outro fundamento pode ser invocado ainda, ligado, por seu turno, ao interesse tutelado pelo legislador. A deliberação que modifica uma norma estatutária estabelece, no mais das vezes, uma disciplina para vigorar com caráter permanente (o que é próprio, aliás, das normas jurídicas). Assim sendo, sua eventual invalidade não interessa apenas aos acionistas existentes na data da assembléia, mas também *aos*

mente convocado ou instalado, o que temos como inaceitável, em face da lei. Comparato, em parecer publicado na *RT* 507/35-49, também pronunciou-se pela "nulidade insanável" de assembléia não convocada (rev. cit., p. 45). Wilson de Souza Campos Batalha considera nulo o conclave não convocado, mas apenas anulável aquele irregularmente convocado (*Comentários à Lei das Sociedades Anônimas*, v. III, Forense, Rio, 1977, p. 1.205). Pontes de Miranda julga ser caso de inexistência a falta de convocação, o mesmo ocorrendo, segundo ele, no que respeita à convocação feita por quem não tinha competência para tanto (ob. e § ult. cit., n. 6, p. 287; não, porém, a convocação meramente irregular, que seria para ele meramente anulável, cf. n. 3, p. 283, e n. 6, p. 298). Waldemar Ferreira entende que a ausência de convocação acarreta nulidade absoluta (*Tratado de Direito Comercial*, v. IV, Saraiva, São Paulo, 1961, p. 366); a irregularidade, nulidade relativa (idem, p. 636 e, também, *Tratado das Sociedades Mercantis*, v. V, 5ª ed., Editora Nacional de Direito, Rio, 1958, pp. 1.808/1.809).

20. A ocorrência de defeitos na convocação ou instalação, porém, não esgota os casos de irregularidade que se podem classificar como *vícios da assembléia*. Dentre tais casos acham-se também, exemplificativamente, os seguintes: a) inobservância da ordem do dia (art. 124, *caput*); b) recusa de participação ao acionista (ou seu representante, cf. §§ 1º e 4º, do art. 126) na assembléia (seja de ingresso na própria reunião, seja de participação na discussão dos assuntos tratados, seja na votação desses assuntos quando o acionista também tiver direito de voto — excetuadas as hipóteses expressas de *proibição de voto* arroladas nos §§ 1º dos arts. 115 e 134, e do § 2º do art. 228); c) inexistência do *quorum* legal ou estatutário das deliberações (arts. 129 e 136); d) falta de lavratura da ata (art. 130), condição de *eficácia* da assembléia; e) ausência de publicação prévia dos documentos da administração (art. 133, ressalvada a hipótese do art. 294, II); f) inobservância do procedimento e demais formalidades estabelecidas no art. 134, *caput*, e seus §§ 1º e 2º.

Nas hipóteses acima apontadas, bem como em todas aquelas em que ocorrer, *numa assembléia em concreto*, a violação das disposições legais ou estatutárias relativas ao *procedimento assemblear*, dar-se-á a *anulabilidade* do conclave.

21. Observe-se, a propósito, que a lei estabelece prazo mínimo de antecedência *mesmo para as companhias fechadas, com menos de vinte acionistas* (art. 294, I).

22. Comparato ("Da imprescritibilidade ...", em *Novos Ensaios*... cit., pp. 213/225).

futuros acionistas, investidores no mercado de capitais, que na companhia vierem posteriormente a ingressar.[23]

Tem-se, assim, que, se numa determinada assembléia, forem desrespeitadas as normas legais imperativas referentes à sua convocação, instalação e funcionamento, o ato é meramente *anulável*; mas se os acionistas pretenderem, ainda que à unanimidade, estabelecer uma *disciplina*[24] contraposta às referidas normas, o ato é absolutamente *nulo*.

Se o interesse dos "futuros acionistas", porém, justifica suficientemente, nos exemplos apontados e em outros, não propriamente ligados ao procedimento assemblear,[25] a adoção de tal critério no tocante às companhias *abertas*, o mesmo não sucede com relação às *fechadas*. Nestas últimas, permite-se, inclusive, embora com certas restrições, a imposição de limites à circulação das ações (art. 36), pelo que o aludido interesse não se revela, como nas primeiras, tão acentuadamente necessitado da proteção do legislador.[26] O que não significa, no entanto, que o *mesmo critério* não seja aplicável às sociedades anônimas fechadas, em face dos dizeres imperativos das normas mencionadas. Resta tentar encontrar, todavia, qual seria o fundamento para essa aplicação.

23. O argumento é também de Alfred Hueck, na obra já mencionada, pp. 75 e ss. (*apud* Lobo Xavier, ob. cit., p. 159, nota 63). Ascarelli ("Vícios...", *in Problemas...*, cit., p. 402, nota 13) e Pietro Trimarchi (*Invalidità delle Deliberazioni delle Società per Azioni*, p. 74), igualmente recorrem a ele. Lobo Xavier explica com muita clareza esse fundamento, sendo útil trazer suas considerações para cá: "... na medida em que as participações sociais estão incorporadas em acções, facilmente transmissíveis e, regra geral, em número avultadíssimo, amplia-se quase indefinidamente o círculo das pessoas que, ao longo da vida de uma sociedade anônima, se podem tornar seus sócios. Bem se compreende, portanto, a necessidade de tutelar a confiança desse público, potencialmente tão vasto, para cujo ingresso estão abertas as sociedades do tipo em questão. E esta tutela dos novos accionistas envolve a garantia da vigência de um ordenamento que salvaguarda os seus interesses. Nem se diga que tais sujeitos aderem livremente ao ordenamento societário, qualquer que ele seja, tal como resulta do pacto social e das deliberações da assembléia; e que está em suas mãos obterem a este respeito a informação adequada, designadamente através das publicações legalmente prescritas. É que não pode razoavelmente contar-se com a diligência dos adquirentes das acções em se informarem das cláusulas dos estatutos e das deliberações em geral: dada a facilidade e a rapidez da aquisição dos títulos, esta é freqüentemente desacompanhada de qualquer verificação em tal capítulo por parte dos interessados. O sistema de circulação da socialidade nas sociedades anônimas envolveria assim graves perigos — perigos tanto mais de ponderar quanto poderia ser elevadíssimo o número dos prejudicados —, se acaso não se assegurasse pelo modo descrito a posição de quem quer se torne accionista. Por outro lado, se bem virmos, a garantia a que nos referimos vem, ao fim e ao cabo, reforçar a aludida facilidade e rapidez da aquisição dos títulos, já que o adquirente fica desonerado de indagações, na medida correspondente. Temos, pois, que o carácter cogente das normas em causa não só defende os 'futuros accionistas', como serve as próprias finalidades do sistema legal de transmissão de acções" (ob. cit., pp. 161/163).

24. Essa disciplina, como lembra Lobo Xavier (ob. cit., p. 227, nota 100), pode não decorrer de uma reforma estatutária: a deliberação que elege os administradores por prazo superior a três anos, declarando-os irremovíveis pela assembléia ou pelo Conselho de Administração (art. 122, II, c/c 140, *caput* e inc. III, e 143, *caput* e inc. III, da Lei 6.404/76), estabelece, igualmente, uma *situação duradoura* em contraposição às normas legais, sendo, por isso, também *nula*.

25. Por exemplo, na deliberação que, em afronta ao disposto no art. 1º, modificasse os estatutos para estipular a responsabilidade solidária dos acionistas pelos débitos sociais, ou para alterar a estrutura da companhia, delegando poderes privativos da assembléia a outros órgãos, em violação ao disposto nos arts. 122, 139 e 163, § 7º, da Lei 6.404/76.

26. Por outro lado, se nas companhias abertas "os estatutos se apresentam, incontestavelmente, como um *ato-regra* (para retomarmos a expressão consagrada dos institucionalistas franceses), com as características de um direito objetivo ou *ius positum* no âmbito corporativo", nas companhias fechadas "dificilmente poder-se-ão desligar as regras estatutárias do acordo de vontades entre os acionistas, que lhes serviu de fundamento e inspiração. Por isso mesmo, enquanto na companhia aberta a latitude de criação normativa dos estatutos é estreitamente limitada, preponderando sempre o ditado legal, nas companhias fechadas a fronteira entre estatutos e acordo de acionistas se esbate consideravelmente. O acordo estatutário aparece, aqui, muito mais como negócio jurídico privado, entre partes determinadas, do que como regulamento objetivo e impessoal" (Comparato, "A natureza da sociedade anônima e a

Na verdade, é difícil apontar um fundamento único. Somente a interpretação de cada norma (ou conjunto de normas) será capaz de levar à *mens legislatoris*.

Deve-se observar, porém, em linha preliminar, que a adoção de *uma só lei* para regular as companhias (abertas ou fechadas) já denota a preocupação de estabelecer uma *estrutura societária rígida* aplicável a ambos os tipos, embora levando em consideração as respectivas particularidades.[27] Essa circunstância, por si só, é esclarecedora.

Mas outros fundamentos podem ser encontrados. Assim, no caso das normas relativas ao procedimento assemblear, por exemplo, Bulgarelli enxergou uma forma de proteção aos acionistas minoritários.[28] Mas já houve quem aí divisasse uma forma de proteção ao direito essencial de qualquer acionista fiscalizar a gestão dos negócios sociais.[29] Ascarelli, por sua vez, entende que os princípios, direitos e poderes que não podem, nem por uma deliberação unânime, ser disciplinados de forma contrária à lei nos estatutos, são atribuídos "non solo nell'interesse individuale dell'azionista (nel suo interesse individuale come socio), ma anche *come strumento per il buon funzionamento della società* e perciò, sebbene indiretamente, *anche per la tutela dei terzi*, ovvero dato l'intento protettivo della legge che ha considerato l'azionista come meritevole di tutela".[30]

Como se vê, por vezes mais de um fundamento pode ser encontrado para justificar o caráter cogente das normas em questão. Uma coisa é certa, porém: a doutrina é praticamente incontroversa no sentido de que os estatutos não podem, ainda que por deliberação unânime dos acionistas, estabelecer uma disciplina contraveniente às referidas disposições legais, salvo quando isso for permitido.

O mesmo critério aplica-se, aliás, em relação às normas que dizem respeito aos interesses da generalidade dos acionistas ou da minoria, em função do "*intento protettivo della legge che ha considerato l'azionista come meritevole di tutela*", no dizer de Ascarelli. Sobreleva, entre as primeiras, o art. 109, que tutela os *direitos essenciais* dos acionistas,[31] os quais "nem o estatuto social nem a assembléia geral" poderão arredar. Se, por exemplo, numa determinada assembléia for desrespeitado o direito de preferência (*rectius*, opção) do acionista (art. 109, IV), o ato será *anulável*;[32] mas se, através de uma deliberação, ainda que unânime, forem reformados os estatutos para *excluir* tal direito, o ato será absoluta-

questão da derrogabilidade das regras legais de *quorum* nas assembléias gerais e reuniões do conselho de administração", in *Novos Ensaios*..., cit, p. 121).

27. No parecer citado na nota anterior, Comparato arrola todas as disposições específicas às companhias abertas ou fechadas, afirmando, que, em tal tema, instaurou-se "uma verdadeira distinção de natureza entre esses dois tipos de sociedades anônimas" (ob. cit., p. 119).

28. *Regime Jurídico da Proteção às Minorias nas S/A*, Renovar, Rio, 1998, p. 134. No mesmo sentido, Galgano, *Il Negozio*... cit., p. 220.

29. Miranda Valverde, *Sociedades por Ações*, v. II, Forense, Rio, 3ª ed., 1959, n. 381, pp. 39/40; Pontes de Miranda, *Tratado*... cit., t. 50, § 5.312, n. 4, pp. 232/233; Comparato, *RT* 507, p. 44, item 11.

30. Cf. "Sui poteri della maggioranza nelle società per azioni ed alcuno loro limiti", em *Studi in Tema di Società*, Dott. A. Giuffrè Editore, Milão, Itália, 1952, p. 101, destaques nossos.

31. Tais direitos acham-se entre os assim chamados "direitos individuais" dos acionistas. V. a lista de outros direitos individuais, elaborada por Carvalhosa (*Comentários à Lei de Sociedades Anônimas*, v. 2, Saraiva, 2ª ed., pp. 293/294). Sobre a teoria dos direitos individuais dos acionistas e sua evolução histórica, v. Leães, "Do direito do acionista aos Dividendos", tese de concurso, 1969, pp. 256/289 e *Comentários à Lei das Sociedades Anônimas*, Saraiva, São Paulo, 1980, v. 2, pp. 215/227; Bulgarelli, *Regime Jurídico de Proteção às Minorias*... cit., pp. 47/56; Miranda Valverde, *Sociedades*... cit, v. II, pp. 28/36, ns. 372 a 337; Trimarchi, ob. cit., pp. 130/144.

32. É que tal direito, embora irrenunciável *a priori*, pode não ser exercitado no caso concreto pelo acionista (cf. Ascarelli, "Vícios...", in *Problemas*... cit., p. 404). Não seria razoável, assim, que a sanção pelo desrespeito a esse direito fosse a nulidade, se o próprio acionista, a quem competia o direito de exercê-lo no caso concreto, deixar de requerer a anulação do ato.

mente *nulo.*[33] Da mesma forma, o desrespeito, numa hipótese concreta, ao direito de o acionista minoritário, que detenha um décimo do capital social com direito a voto, requerer a adoção do processo do voto múltiplo (art. 141) implica *anulabilidade* do ato; a reforma estatutária que postergue tal direito será *nula.*[34]

Tratando ainda das relações dos acionistas para com a sociedade, resta dizer serem meramente *anuláveis* — caindo, pois, inteiramente ao abrigo do regime consagrado no art. 286 —, as deliberações que violarem os *estatutos.*[35-36] Nesta hipótese não se acham em questão senão os interesses dos próprios acionistas, que podem livremente renunciar à aplicação das regras estatutárias, normas meramente internas da corporação, nos casos concretos, inexistindo, outrossim, interesses outros (de "futuros acionistas", relativos a direitos irrenunciáveis e inderrogáveis etc.) que justifiquem a sanção de nulidade de tais atos.

O campo da nulidade absoluta das deliberações, portanto, restringe-se à violação da lei e não dos estatutos.

Cumpre agora verificar, assim, quais os outros casos de nulidade verdadeira e própria. Tais casos são aqueles em que, por meio de uma deliberação, vierem a ser atingidos direitos ou interesses *estranhos à orbita societária.*

Está entre eles, evidentemente, *a deliberação que atentar contra a ordem pública ou os bons costumes,*[37] por impossibilidade ou ilicitude do objeto (art. 145, II, do Código Civil).[38] Nessa hipótese, está em jogo a salvaguarda de valores fundamentais da sociedade, que não são redutíveis, obviamente, aos meros interesses dos acionistas. São radicalmente nulas, outrossim, *as deliberações que infrinjam as disposições legais que têm por objeto a proteção de interesses de terceiros,* tais como: 1º) as que visam a assegurar a *integridade do capital social* (arts. 8º, 30, 59, § 3º e 60, 170, 201, § 1º e Código Penal, art. 177, inciso VI, 226, 244, 251, § 1º, 252, § 1º, 264); 2º) aquelas que visam a assegurar a *veracidade das demonstrações financeiras* (arts. 176 a 188; Código Penal, art. 177, inciso I).[39] Outra hipótese de nulidade absoluta ocorre

33. Ascarelli: "É, por isso, no direito brasileiro, *impugnável* um aumento de capital que, *no caso concreto,* despreze o direito de preferência do acionista; é, ao contrário, *nula,* a *modificação estatutária* (ou a cláusula do estatuto) que prive, de modo geral, o acionista do seu direito de preferência" (ob. ult. cit., pp. 404/405, destaques nossos). Acatava expressamente essa lição Aloysio Lopes Pontes, *Sociedades Anônimas,* v. II, 3ª ed., Forense, Rio, pp. 494/495).

34. V. a lista de outros direitos dos minoritários elaborada por Bulgarelli (*Regime Jurídico da Proteção às Minorias...* cit., pp. 151/153), Comparato (*O Poder de Controle na Sociedade Anônima,* 3ª ed., Forense, Rio, 1983, pp. 44/46) e Carvalhosa (*Comentários...* cit., v. 2, pp. 294/295). Os direitos conferidos à minoria são também, obviamente, "intangíveis e inderrogáveis pelo estatuto e pela assembléia geral" (cf. Carvalhosa, ob. cit., p. 294).

Sobre as distinções feitas no texto, cf. o interessante julgado da 5ª Câmara Civil do TJSP, relatado pelo Des. Marco César, na *RJTJESP* 114/257.

35. Salvo quando as regras estatutárias, evidentemente, consistirem em *reprodução das normas legais,* o que comumente ocorre; aí prevalecerá o mesmo critério anteriormente exposto no texto (cf., a propósito, o art. 58º, n. 2, do Código das Sociedades Comerciais Português).

36. Mas algumas vezes tais deliberações podem ser apenas *ineficazes,* quando, por exemplo, ficarem na dependência do assentimento dos acionistas interessados (parágrafo único, do art. 18, da Lei 6.404/76).

37. Cf. Pontes de Miranda, *Tratado...* cit., t. 50, § 5.322, n. 6, p. 291.

38. Entre vários exemplos, arrolados por Antigono Donati, acham-se o das deliberações que visem a obrigar os administradores da companhia: a) a constituir penhor de bens com pacto comissório (art. 765 do CC); b) a concluir contratos objetivando a herança de pessoa viva (*v.g.,* de instituição de herança de pessoa viva a favor da sociedade, contrariando o art. 1.089 do CC); c) a cometer crimes (usura, contrabando, concorrência desleal, falsificação de documentos, corrupção, crimes de colarinho branco etc.), ou atos imorais ou fraudulentos de maneira geral (prática de atos emulativos, simulação, fraude contra credores, etc.) (*L'Invalidità della Deliberazione di Assemblea delle Società Anonime,* Dott. A Giuffrè Editore, Milão, Itália, 1937, p. 215).

39. Cf. Ascarelli, "Vícios...", em *Problemas...* cit., p. 402, nota 13; Lobo Xavier, ob. cit., p. 142 e notas 39 e 40. A respeito do balanço, porém, há que

no que tange às *deliberações que objetivam dispor de direitos de terceiros ou dos acionistas enquanto terceiros*. Estão nesse caso as deliberações que, por exemplo, pretendam modificar ou extinguir direitos de terceiros ou impor a estes novas obrigações.[40] No que diz respeito ao acionista, também poderá ele estar na posição de terceiro perante a companhia, seja como vendedor, mutuante ou trabalhador.[41] Poderá, outrossim, ser titular de direitos que, embora tenham sua fonte no *status socii*, dele se destacaram, como o direito aos dividendos.[42] Se a assembléia deliberar dispor desses direitos, o acionista estará protegido da mesma maneira que qualquer terceiro, na medida em que a soberania daquele órgão só atinge o acionista *enquanto tal*.[43] Finalmente, são nulas *as deliberações que contrariam o interesse público*, como aquelas que violem, por exemplo, o disposto no art. 222 da Constituição Federal e as disposições que, de modo geral, exigem a participação majoritária de brasileiros em determinadas sociedades, bem como as que regulam: (a) as companhias, nacionais ou estrangeiras, que dependam de autorização do Governo para funcionar (arts. 59 a 73 do Decreto-lei 2.627/40, em vigor por força do disposto no art. 300 da Lei 6.404/76, e arts. 255 e 268 desta última lei); (b) as sociedades de economia mista (arts. 235 a 242 da Lei 6.404/76); (c) as sociedades com maioria de capital estrangeiro que adquirem imóvel rural (Lei 5.709, de 7.10.71 e respectivo regulamento, consistente no Decreto 74.965, de 26.11.74) etc. Em todos esses casos acham-se em questão interesses que, por óbvio, transcendem os meros interesses dos sócios, justificando a sanção de nulidade absoluta.

Examinadas, pois, as hipóteses de deliberações nulas e anuláveis, resta analisar os casos de *ineficácia*.

De maneira geral, a doutrina entende como sendo *ineficazes* as deliberações que

distinguir entre balanço *falso* (que viola o princípio da *veracidade*) e balanço *irregular* (que viola o princípio da *clareza*). Balanço falso é aquele no qual são inseridos ficticiamente elementos ativos ou passivos, ou no qual são omitidos fraudulentamente tais elementos (Código Penal, art. 177, I; cf. Galgano, *Il Negozio...* cit., pp. 255/256; Lobo Xavier, ob. cit., pp. 494/499, nota 163). Somente é *nula* a deliberação que aprova um balanço *falso*, não já aquela que aprova um balanço irregular, desde que este não seja a tal ponto obscuro que *impossibilite* o conhecimento da verdade. V., outrossim, julgados nas *RFs* 134/518, 140/122, 151/125 e na *JTJ* 184/176.

40. Donati, ob. cit., p. 130.

41. Lobo Xavier, ob. cit., p. 129.

42. Donati, ob. e loc. ult. cit.; Ascarelli, "Vícios...", in *Problemas...* cit., p. 400, nota 8; e Lobo Xavier, ob. cit., p. 131, continuação da nota 26. Trata-se do que a doutrina chama *diritti di terzo* (*Drittenrechte* ou simplesmente *Gläubigerrechte*, direitos de credor), cf. Donati, ob. cit., pp. 129/13.

43. Lobo Xavier, ob. cit., p. 129. Parte da doutrina enxerga, na hipótese de deliberação que tenha por objetivo dispor de direitos de terceiro ou do sócio como terceiro, um caso de *ineficácia stricto sensu* e não de nulidade propriamente dita, pelo que o interessado poderia convalidar o ato (cf. Ascarelli, ob. ult. cit., p. 400/401; Donati, p. 132). Sucede que a assembléia não estabelece relações com terceiros, mas apenas a sociedade, através de seus diretores. Resulta daí, portanto, que a assembléia não poderia mesmo jamais, como observa, com agudeza, Lobo Xavier, interferir em quaisquer relações com aqueles, pelo que, antes de lhe faltar legitimação para tanto, faltar-lhe-ia *competência* (art. 139 da Lei 6.404). Em suma, *à sociedade* é que faleceria legitimação nos exemplos apontados, e não à assembléia (que não se confunde com a sociedade). Daí sustentar Lobo Xavier, com razão, que a hipótese não é de ineficácia, mas sim de nulidade verdadeira e própria do ato, já que, "exorbitando da competência do órgão, nenhuns efeitos é suscetível de produzir" (ob. cit., p. 133, continuação da nota 26).

É diferente, contudo, o caso (que examinaremos, mais adiante, no texto), da deliberação que elimina ou modifica *direitos especiais* do acionista. "Decerto", diz o ilustre jurista lusitano, "a disposição destes direitos supõe também, além da manifestação de vontade do titular, a aquiescência da sociedade. Mas, tratando-se agora de direitos pertinentes à esfera social, a hipótese não é de *representação* da sociedade perante terceiro: não é o órgão administrativo que tem de pronunciar-se, mas sim a assembléia geral, à qual compete a modificação do ordenamento corporativo. Resultando, portanto, a mencionada disposição conjugadamente da deliberação da assembléia e da renúncia do sócio, esta deliberação não é evidentemente nula, mas sim ineficaz enquanto o mesmo sócio não lhe vier dar o seu assentimento" (ob. cit., pp. 133/134).

alteram, ou sejam suscetíveis de alterar, *direitos especiais* dos sócios, sem que estes consintam.[44] A Lei 6.404 seguiu essa orientação, sujeitando expressamente a eficácia dos atos de reforma estatutária, que modifiquem referidos direitos, à prévia aprovação ou posterior ratificação, no prazo improrrogável de um ano, "por titulares de mais da metade de cada classe de ações preferenciais prejudicadas, reunidos em assembléia especial convocada pelos administradores e instalada com as formalidades desta Lei" (§ 1º do art. 136, c/c incisos I e II). A mesma sanção de *ineficácia* ocorrerá na hipótese de alterações estatutárias que estejam sujeitas à prévia aprovação dos titulares de uma ou mais classes de ações preferenciais (parágrafo único do art. 18).

Aqui é também mister fazer-se uma distinção: o que a lei considera ineficaz é o *estabelecimento de uma disciplina*, realizada propriamente através de reforma estatutária, que atinja os direitos especiais dos acionistas; se, porém, numa assembléia em concreto, forem desrespeitados esses direitos (por exemplo, o direito estatutário de eleger, em votação em separado, um ou mais membros dos órgãos de administração, permitido pelo art. 18), a deliberação será, então, *anulável*, nos termos do art. 286.

Outras hipóteses de *ineficácia* dizem respeito às deliberações de alteração do estatuto que possam atingir, direta ou reflexamente, os direitos dos credores titulares de partes beneficiárias, de debêntures conversíveis em ações, ou de debêntures em geral, nos termos, respectivamente, dos arts. 51, 57, § 2º, 174, § 3º, e 231 (ressalvado o disposto nos §§ 1º e 2º deste último dispositivo). Até o consentimento desses credores, reunidos em assembléia especial, na forma da lei, referidas disposições não produzirão efeito. São também *ineficazes* as deliberações que possam trazer prejuízos aos credores da sociedade, referentes: (a) à redução de capital com restituição aos acionistas de parte do valor das ações, ou pela diminuição do valor destas, quando não integralizadas, à importância das entradas (art. 174 §§ 1º e 2º); (b) à transformação da sociedade (art. 222); (c) à cisão (art. 233, parágrafo único).[45-46] Por fim, as deliberações de reforma estatutária são *ineficazes*, com relação a terceiros, enquanto não forem arquivadas e publicadas (art. 135, § 1º).

2.3 Vícios do voto

Os vícios do voto, como se disse, só são relevantes *para o efeito de invalidar a assembléia ou suas deliberações* se, *sem os votos viciados*, não se tiver configurado a maioria necessária (simples ou qualificada, legal ou estatutária), para a regular formação daqueles atos.[47]

Tais vícios poderão constituir motivo de anulabilidade, ou nulidade ou ineficácia do voto.

O art. 286 menciona os casos de erro, dolo, fraude ou simulação.[48] O Código Ci-

44. Cf. Ascarelli, "Vícios...", in *Problemas* ..., cit., p. 401, citando vários autores na p. 400, nota 7.

45. Já no que tange às operações de fusão e incorporação, a disciplina é diversa (cf. o art. 232).

46. Todas as hipóteses previstas neste parágrafo do texto, e do anterior, diferem, como facilmente se percebe, da hipótese anteriormente apontada como de nulidade, em que a deliberação pretenda *dispor de direitos de terceiros*. Nesta última, há um ato manifestamente *ilegal* praticado pelos acionistas; naquelas apontadas nos dois derradeiros parágrafos do texto, a lei *permite*, expressamente, a prática do ato, subordinando sua eficácia, entretanto, seja ao consentimento dos interessados, seja à falta de notificação à sociedade (§ 1º do art. 174 e parágrafo único do art. 233), seja, enfim, à falta de pagamento do credor ou ao depósito judicial de seu crédito (art. 222 e § 2º do art. 174).

47. Pontes de Miranda, *Tratado...* cit., § 5.322, n. 6, p. 294; Batalha, ob. cit., p. 1.206; Galgano, *Il Negozio*... cit., p. 309; Lobo Xavier, ob. cit., p. 47, nota 20. V. ainda, julgado na apelação cível 43-93, do TJRJ, relatado pelo Des. Ellis Hermydio Figueira (coligido por Nelson Eizirik, in *Sociedades Anônimas* (Jurisprudência), Editora Renovar, Rio, 1996, p. 261).

48. Admitindo que igualmente a *coação* possa acarretar a invalidade do voto, v. Miranda Valverde (ob. cit., v. III, n. 831, pp. 114/115) e Pontes de Miranda (*Tratado*... cit., § 5.322, n. 6, p. 294); Batalha (ob. cit., p. 1.206).

vil prevê, para essas hipóteses, a *anulabilidade* do ato.

O voto também pode ser nulo ou anulável, conforme a hipótese, em razão da incapacidade, absoluta ou relativa, do votante, regendo esses casos as disposições correspondentes da lei civil (arts. 145, I, e 147, I).[49]

A invalidade do voto pode decorrer ainda de ter sido ele proferido: (a) com violação das hipóteses taxativas de *proibição de voto*, constantes dos §§ 1º dos arts. 115 e 134, e do § 2º do art. 228; ou (b) abusivamente, em conflito com o interesse da companhia (art. 115, *caput*, e última hipótese de seu § 1º).[50]

Finalmente, o voto será ineficaz quando contrariar o acordo de acionistas (acordo de voto, bem entendido) arquivado na sede da companhia (art. 118).[51]

Em todas as hipóteses examinadas neste subitem, os vícios do voto, *se decisivos para a formação da maioria*, podem levar à *anulação* da assembléia, ou de uma ou algumas de suas deliberações, conforme o caso. Vigora inteiramente, no tocante a essa matéria, pois, *o regime de anulabilidade* previsto, genericamente, no art. 286, e, especificamente, no § 4º do art. 115. Aqui se acha excluída a sanção de nulidade, na medida em que encontram-se em jogo unicamente interesses dos acionistas, aos quais a lei outorga remédio adequado para a sua defesa, sem necessidade de se comprometer a desejada estabilidade dos aludidos atos societários.

3. *A invalidade das deliberações conexas*

Após essa longa, mas necessária, digressão, tornemos agora ao objeto principal deste estudo, consistente na influência que a invalidade de uma deliberação poderá vir a ter sobre uma deliberação posterior (ou posteriores), com ela conexa.

Antes de mais nada, admitindo o sistema da Lei 6.404/76, como vimos, a hipótese de deliberações absolutamente *nulas*, é de se excluir que a questão a ser examinada levante qualquer dúvida, nessa hipótese. Pois operando a nulidade *pleno jure*[52] e não produzindo o ato nulo quaisquer efeitos, de acordo com o princípio *quod nullum est nullum producit effectum*,[53] é evidente que o destino da deliberação primeira, eivada de nulidade, já estava de antemão selado, ainda que a declaração judicial de tal vício só viesse a ocorrer após aprovada a segunda deliberação. Portanto, nenhum efeito se poderia atribuir àquela primeira deliberação, na oportunidade em que se aprovou a deliberação subseqüente.[54]

O mesmo se diga com relação à *ineficácia*. Ineficaz a primeira deliberação, o mesmo sucederá com a posterior, dela dependente, ainda que a declaração judicial de ineficácia somente venha a ter lugar após a aprovação da última deliberação.[55]

Nos casos de ***nulidade absoluta*** e *ineficácia*, assim, o problema que se pode levantar é se realmente existe *conexão* entre a deliberação anterior, nula ou ineficaz, e a subseqüente.

49. Ainda que *nulo* o voto, porém — e decisivo para a formação da maioria — a deliberação será apenas *anulável*, sujeita à propositura da ação respectiva no prazo do art. 286 da Lei 6.404 (cf. Ascarelli, "Vícios...", in *Problemas*... cit., p. 413 e nota 47, referindo-se ao art. 156 do Dec.-lei 2.627/40; Romano-Pavoni, *Le Deliberazioni delle Assemblee delle Società*, Giuffrè, Milão, Itália, 1951, pp. 354/355; Trimarchi, ob. cit., p. 128; Pontes de Miranda, *Tratado*... cit., t. 50, § 5.323, n. 12, "c", p. 313, (referindo-se, todavia, à hipótese específica de nulidade de cessão de voto).

50. V. a respeito dessas hipóteses, nosso *Conflito*... cit., pp. 81/100.

51. Neste sentido, Carvalhosa, *Acordo de acionistas*, Saraiva, 1984, pp. 242/246, e Comparato, "Validade e eficácia de acordo de acionistas. Execução específica de suas estipulações", em *Novos Ensaios*..., cit., p. 70.

52. Cf. Washington de Barros Monteiro, *Curso de Direito Civil*, Parte Geral, Saraiva, 35ª ed., 1997, p. 272, letra "f".

53. Cf. Silvio Rodrigues, *Direito Civil*, Parte Geral, 3ª ed., 1967, p. 318.

54. Lobo Xavier, ob. cit., p. 71.

55. Mas, na hipótese de ineficácia *pendente* (*v.g.*, art. 136, § 1º, da Lei 6.404/76), ensina

A questão a ser estudada, portanto, somente suscita dúvidas sérias no tocante à deliberação *anulável*, uma vez que *esta produz todos os seus efeitos até que venha a ser prolatada a sentença anulatória* (art. 152, *caput*, do Código Civil). Aqui é que o problema adquire muito maior complexidade.

De qualquer modo, é importante salientar, desde logo, que não é qualquer conexão entre uma determinada deliberação e outra, posterior, que poderá influir sobre a sorte desta última.

Tomando o exemplo primeiramente apontado no início deste trabalho, em que determinado indivíduo, não acionista da companhia, subscreve aumento de capital deliberado pela assembléia geral e, em conclave subseqüente, é admitido a votar: não pode haver qualquer dúvida de que a deliberação que se tomar nesta última assembléia, formada com o voto do "novo acionista", guardará conexão com a primeira. Somente que, se o voto do referido indivíduo não for *determinante* para atingir-se a maioria, tal conexão será de todo irrelevante para aferir-se do destino da segunda deliberação, se a primeira vier a ser invalidada, por força do princípio *utile per inutile non vitiatur* (art. 153 do Código Civil).

O mesmo não sucederá, porém, se, *v.g.*, na última assembléia, o mesmo indivíduo — ainda que seu voto não tenha determinado a maioria — tiver sido eleito membro do conselho de administração da companhia. Porque, sendo privativo de acionistas tal cargo (art. 146 da Lei 6.404/76), torna-se evidente que a invalidação de aumento de capital, cuja subscrição fez com que o referido indivíduo se tornasse acionista, será de molde a influir sobre a segunda.

Para verificar, portanto, se a invalidade de uma deliberação poderá influenciar a posterior, deve-se formular a seguinte questão, segundo propõe Lobo Xavier: o que aconteceria com a última deliberação, se, por ocasião em que foi tomada, já tivesse sido prolatada a sentença (definitiva, por certo) de anulação da primeira?[56]

A razão de ser dessa formulação é óbvia: a sentença anulatória do ato jurídico tem eficácia *retroativa*.[57] O ato anulável produz todos os seus efeitos até a decretação judicial de sua invalidade; mas, uma vez decretada esta, tais efeitos são aniquilados, como se o ato jamais houvesse existido.[58]

A questão acima enunciada, portanto, facilita ao intérprete chegar à solução do problema.

Estabelecidas essas premissas, resta dizer que a anulação da assembléia ou de suas deliberações é suscetível de influir na deliberação subseqüente de duas formas: a)

Junqueira de Azevedo, "uma vez suprida a falta, o ato passa a produzir normalmente seus efeitos. É a 'pós-eficacização' de Pontes de Miranda; isto, ordinariamente, não poderia ocorrer com o negócio nulo. Se, porém, o fator suspensivo da eficácia não se produz, o negócio se torna definitivamente ineficaz, assemelhando-se, então, ao nulo" (*Negócio Jurídico e Declaração*... cit., p. 118). Na hipótese de "pós-eficacização", pois, a segunda deliberação, conexa com a primeira, também passaria a produzir efeitos.

56. Ob. cit., Cap. I, n. 2, pp. 45/58.

57. O exaustivo estudo de Lobo Xavier não se limita, contudo, à aplicação mecânica do princípio da retroatividade. Na análise do problema, o eminente jurista, em rigorosa consonância com a doutrina da *Interessenjurisprudenz*, desce ao exame dos interesses envolvidos (do acionista que pretende a anulação, da sociedade e dos administradores), para verificar o acerto da aplicação daquele princípio às hipóteses estudadas. Dados os limites deste trabalho, pareceu-nos dispensável tal aprofundamento.

58. "A nulidade, absoluta ou relativa, uma vez proclamada, aniquila o ato jurídico. *A relativa, embora de menor gravidade que a absoluta, depois de reconhecida por decisão judicial, tem a mesma força exterminadora; num e noutro caso, o ato fica inteiramente invalidado*. Seu principal efeito é a recondução das partes ao estado anterior; *o reconhecimento da nulidade opera retroativamente, volvendo os interessados ao statu quo ante, como se o ato nunca tivesse existido*. Assim, nulo o testamento, por exemplo, deve o herdeiro, ou legatário, restituir ao acervo a coisa herdada ou legada; anulada a compra e venda, o vendedor restitui o preço e o comprador a coisa adquirida, restabelecendo-se o estado, em que antes dele se achavam as partes" (Washington de Barros Monteiro, ob. cit., pp. 278/279; destaques nossos).

no seu procedimento formativo; ou b) no seu conteúdo (ou objeto).

Examinaremos, separadamente, cada uma dessas formas, deixando, por final, a análise de uma derradeira hipótese: a conexão *voluntária* entre as deliberações.

3.1 A anulação da deliberação e sua influência no procedimento de formação das deliberações posteriores

Exemplo dessa forma de conexão é aquele fornecido logo no início deste trabalho: um aumento de capital é subscrito por pessoa que não era, até então, acionista da companhia. Referida deliberação é seguida de outra, na qual o adquirente das ações decorrentes do aumento é admitido a votar, como acionista que se tornou, sendo seu voto determinante para a formação da maioria. A primeira deliberação, todavia, é posteriormente anulada. Qual a sorte da segunda deliberação?

Outro exemplo: em uma assembléia alteram-se os estatutos da companhia, que exigiam maioria qualificada para deliberar sobre certa matéria; na assembléia seguinte, a matéria é deliberada por maioria simples; ao depois, anula-se a primeira deliberação.[59] Qual o destino da última?

Um derradeiro exemplo: determinadas ações são resgatadas e retiradas de circulação (art. 44, § 1º, da Lei 6.404/76), ficando, com isso, o respectivo titular, que deixou de ser acionista, impedido de ingressar na assembléia subseqüente da companhia. A deliberação de resgate das ações vem a ser, após, anulada.[60] Será afetada a validade da segunda assembléia?

Para responder a estas indagações, lembremo-nos do método aventado por Lobo Xavier: o que ocorreria se, nos três exemplos acima enfocados, a sentença anulatória tivesse sido prolatada *antes* do segundo conclave?

No primeiro exemplo, anulado o aumento de capital, o indivíduo que o subscreveu *não ostentaria mais a condição de acionista*; no segundo exemplo, o *quorum* de deliberação *teria infringido os estatutos*; no terceiro exemplo, *um legítimo acionista teria sido impedido de ingressar na assembléia*.

Qual o vício que contamina essas três hipóteses? Conforme vimos no item anterior, o vício de *anulabilidade*. Tratam-se de vícios referentes *ao procedimento assemblear*: permitiu-se o voto de pessoa que não era acionista;[61] violou-se o *quorum* de deliberação; obstou-se o ingresso de acionista na assembléia.

Tem-se, portanto, que, se a primeira deliberação guarda conexão com o *procedimento de formação* da deliberação subseqüente, a invalidade daquela acarreta a *anulabilidade* desta.

59. O exemplo é de Zöllner, em *Die Bestätigung anfechtbarer Hauptversammlungsbeschlüsse*, 1968, p. 145 (*apud* Lobo Xavier, ob. cit., p. 274, nota 15).

60. Lobo Xavier levanta hipóteses semelhantes, tiradas de casos concretos (ob. cit., p. 275 e nota 16).

61. Alguns autores entendem que a irregularidade do *quorum* de instalação ou deliberação, capaz de levar a uma falsa maioria, conduz à nulidade ou inexistência da deliberação. Esta solução parece não se coadunar, entretanto, com o sistema da Lei 6.404/76. Basta pensar que, se a ausência de *quorum* deliberante se verificar posteriormente, em virtude da anulação de determinados votos, a solução será, expressamente, a *anulabilidade* (§ 4º do art. 115: "A deliberação tomada em decorrência do voto de acionista que tem interesse conflitante com o da companhia é *anulável*"; assim como é anulável a deliberação tomada em decorrência de votos eivados de "erro, dolo, fraude ou simulação", nos termos do art. 286). Não se vê por que, dessa forma, deva ser considerada nula, e não simplesmente anulável, a deliberação em que ocorreu uma maioria apenas aparente (neste sentido, Ascarelli, que, primeiramente [em 1932], havia se manifestado pela nulidade, modificou, após, sua opinião [em 1936], entendendo que se cuidava de anulabilidade, o que sustentou até o fim (cf. "Sui poteri...", in *Studi*... cit., pp.103/104, continuação da nota 7, e "L'interesse sociale... ", in *Rivista*... cit., pp. 110/111). De outra parte, se o princípio majoritário é indubitavelmente cogente, na hipótese enfocada ele teria sido desrespeitado *no caso concreto*, onde acham-se em jogo, outrossim, apenas interesses dos acionistas.

Com uma importantíssima conseqüência, que o leitor já deve ter imaginado: *em se tratando de anulabilidade, torna-se necessário que o interessado impugne, também, a assembléia posterior, no prazo previsto no art. 286 da Lei 6.404/76, sob pena de se considerar sanado o vício.*[62]

Evidentemente que a demanda visando à anulação da última deliberação deverá ficar suspensa, a teor do art. 265, IV, "a", do Código de Processo Civil.

3.2 A anulação das deliberações e sua influência no conteúdo das deliberações posteriores

Exemplo dessa forma de conexão temse naquele fornecido em segundo lugar, no início deste estudo: é deliberado um aumento de capital mediante a emissão de novas ações. Deliberação posterior confere determinado privilégio às ações emitidas. Qual a sorte da segunda deliberação, caso venha a ser anulada a primeira?

Um segundo exemplo já foi dado, mais acima: o indivíduo, não acionista, que subscreveu determinado aumento de capital, é eleito, na assembléia seguinte, membro do conselho de administração da companhia. Anulada a deliberação de aumento, o que ocorre com a subseqüente?

Formule-se novamente a questão: o que sucederia, nos exemplos apontados, se a sentença anulatória da primeira deliberação *precedesse* à tomada da última?

Na primeira hipótese, as ações emitidas em decorrência do aumento *não existiriam mais*; na segunda hipótese, o subscritor do aumento *teria deixado de ser acionista*.

Qual o vício que contamina essas hipóteses? Indubitavelmente, o de *nulidade*. Na primeira hipótese, *por impossibilidade do objeto* (art. 145, II, do Código Civil); na derradeira, por ter sido criada uma *situação duradoura em contraste com lei imperativa* (somente o acionista pode ser membro do conselho de administração, nos termos do art. 146, da Lei de S/A).

Nos casos estudados, portanto, a conexão da deliberação anulada com o conteúdo da deliberação posterior acarreta a *nulidade absoluta* desta última.

Com uma importantíssima conseqüência, que igualmente não terá escapado ao leitor: tratando-se de nulidade verdadeira e própria, não será necessário que o interessado impugne a segunda deliberação, a qual não produzirá quaisquer efeitos, caindo automaticamente por força da decretação da invalidade da primeira.[63]

Mas nem sempre a conexão estudada neste subitem acarreta a nulidade absoluta da última deliberação.

Um último exemplo elucidará essa afirmação: modificam-se os estatutos, para excluir uma cláusula que destinava parte dos lucros à formação de um fundo de reserva; no conclave seguinte, delibera-se distribuir os lucros sem observância da cláusula indigitada, que fora eliminada. *Quid juris*, se vier a ocorrer anulação da primeira deliberação?

Se a sentença já houvesse sido prolatada, por ocasião da última deliberação, o que teria sucedido?

A deliberação teria *violado os estatutos*, sendo, como tal, apenas *anulável*, segundo vimos no item anterior.

Nessa última hipótese, portanto, muito embora o conteúdo da deliberação derradeira seja conexo com o da primeira, a anulação desta causaria tão-somente a *anulabilidade* daquela, sendo necessário, pois, que o interessado impugne também a segunda deliberação, sob pena de se tornar sanado o vício.[64]

62. Tal é a doutrina sustentada por Alfred Hueck, na obra citada, encampada por Lobo Xavier (ob. cit., pp. 282/284 e 380/382).

63. Cf. Lobo Xavier, ob. cit., pp. 406/414.

64. Idem, pp. 504/505.

3.3 A anulação da deliberação e sua influência nas deliberações posteriores por força de conexão voluntária

Mudem-se os dados de um exemplo fornecido mais acima: o indivíduo, antes não acionista, que subscreveu o aumento de capital, posteriormente anulado, é eleito, em segundo conclave, membro da *diretoria* da companhia anteriormente à decretação da invalidade da deliberação de aumento, sem que o seu voto tenha determinado a formação da maioria.

O que ocorreria se a sentença anulatória já tivesse sido prolatada por ocasião da segunda deliberação? Em princípio, tal sentença não teria nenhuma influência sobre a referida deliberação, uma vez que a lei permite expressamente que *não acionistas* sejam membros da diretoria (art. 146 da Lei 6.404/76).

Um outro exemplo: um diretor da sociedade é destituído e, em assembléia subseqüente, elege-se um novo. A anulação da primeira deliberação também não influiria necessariamente sobre a última, porque, não prevendo a lei número máximo de diretores (e supondo que, na hipótese, não tenha sido excedido o limite previsto no estatuto, nos termos do art. 143, I, da Lei 6.404/76), nada impede que a companhia fique com um diretor a mais.

Pode ocorrer, porém, que, em ambos os exemplos apontados, a segunda deliberação tenha sido tomada *em consideração* à primeira, ou seja, que os acionistas tenham querido, explícita ou implicitamente, que a sorte daquela dependesse da subsistência desta.

Se essa conexão entre as deliberações não estiver expressa,[65] a solução da questão exigirá, então, o recurso à interpretação da vontade dos votantes, consoante o teor da deliberação e das demais circunstâncias que a ela respeitam.[66]

Verificando-se a conexão voluntária, segundo Lobo Xavier, anulada a deliberação primeiramente aprovada, a segunda torna-se desprovida de eficácia sem necessidade de qualquer impugnação, não por força de uma "invalidade derivada", mas unicamente em virtude *da vontade* dos acionistas que a aprovaram.[67]

A solução preconizada, todavia, não evitará, a nosso ver, a necessidade de intervenção judicial, quando menos para determinar o cancelamento do arquivamento da ata do segundo conclave.

65. No primeiro exemplo, poderá ter constado da ata, *v.g.*, que o fato de o indivíduo ter se tornado acionista, com expressivo percentual, levou os demais a elegerem-no para a diretoria da sociedade (muito embora a capacidade técnica é que, a rigor, deveria justificar tal escolha); no segundo exemplo, poderá constar do aviso de convocação, segundo comumemente ocorre, que a eleição do novo diretor se fará *em substituição* ao diretor destituído.

66. A interpretação das deliberações sociais constitui um problema de não fácil solução, a começar da indagação se tais atos constituem, propriamente, *negócios jurídicos* ou, diversamente, *atos de hierarquia* (nesta última hipótese por se dirigirem, no mais das vezes, *aos administradores*, seus naturais destinatários, em caráter *super partes*, contrariamente aos negócios jurídicos, que se destinam a produzir efeitos *em nível de igualdade*; cf. Junqueira de Azevedo, *Negócio Jurídico e Declaração*... cit., pp. 20, 25 e 39, continuação da nota 15).

A interpretação aqui, há de atender, outrossim, se se cuida de companhia aberta ou fechada, pois no primeiro caso não é de se exigir nem sequer, por exemplo, que o acionista tenha ciência das atas referentes às deliberações anteriores, se a última a elas não fizer referência. Será muito mais difícil, nessa hipótese, perquirir acerca da vontade tácita dos votantes.

Sobre toda essa matéria de interpretação, cf. Lobo Xavier, ob. cit., n. 46, pp. 553/572, com exaustiva pesquisa doutrinária.

67. Ob. cit., pp. 575/579. Nesse sentido, o ilustre autor cita julgado do Tribunal de Roma, de 20.10.1894, no qual se entendeu que, anulada a aprovação de um balanço em que se apurara perda de um terço do capital social, caía a deliberação que, subseqüentemente, havia dissolvido a sociedade, com base em tal perda (relevante, em função do art. 146 do Código de Comércio então em vigor). Decidiu, outrossim, o *Reichsgericht*, em 4.12.1934, que, anulada a deliberação de aprovação do balanço, eliminada ficava a deliberação que exonerara os administradores de responsabilidade pelos respectivos atos de gestão (pp. 575/576, nota 44).

Doutrina

CONTRATO DE "FACTORING"

JORGE LOBO

I — Metodologia do estudo. II — Conceito de "factoring". III — Características do "factoring". IV — Natureza jurídica do "factoring". V — Pressuposto básico do "factoring". VI — Classificação do "factoring". VII — Ciclo operacional do "factoring". VIII — Finalidade do "factoring". IX — Conteúdo do contrato de "factoring": a) Serviços administrativos ou de gestão; b) Serviços de garantia; c) Serviços de financiamento. X — Diversidade de serviços como elemento caracterizador do "factoring". XI — O "factoring" como um contrato complexo. XII — Efeitos naturais do "factoring". XIII — Efeitos de compra de créditos. XIV — Ação de regresso do faturizador contra o faturizado. XV — Outras observações.

I — Metodologia do estudo

Nos itens II a VII *infra,* com apoio sobretudo na opinião de Luiz Lemos Leite, difundida em seu livro *Factoring no Brasil*, discorreremos sobre (a) o conceito, (b) as características, (c) a natureza jurídica, (d) o pressuposto básico, (e) a classificação, (f) o ciclo operacional e (g) a finalidade do *factoring*; nos itens VIII a XII, estenderemo-nos em considerações próprias e, afinal, nos itens XIII a XV, trataremos de algumas questões polêmicas com respaldo na jurisprudência dos tribunais.

II — Conceito de "factoring"

Entende-se por *factoring* a "prestação cumulativa e contínua de serviços de assessoria creditícia, mercadológica, de gestão de crédito, de seleção de riscos, de acompanhamento de contas a receber e a pagar e outros serviços, conjugada com a aquisição *pro soluto* de créditos de empresas resultantes de suas vendas mercantis ou de prestação de serviços a prazo", conforme se verifica do artigo 28 da Lei n. 8.991, de 20.1.95, repetida no Projeto de Lei do Senado n. 230, de 1995, de autoria do Senador José Fogaça, em tramitação no Senado Federal.

Para Maria Helena Diniz, contrato de *factoring* é "aquele em que um industrial ou comerciante (faturizado) cede a outro (faturizador), no todo ou em parte, os créditos provenientes de suas vendas mercantis a terceiro, mediante o pagamento de uma remuneração, consiste no desconto sobre os respectivos valores, ou seja, conforme o montante de tais créditos. É um contrato que se liga à emissão e transferência de faturas" (*Tratado Teórico e Prático dos Contratos*, Saraiva, 1993, 1ª ed., 4º v., p. 57).

Consoante Fran Martins, "o contrato de faturização ou *factoring* é aquele em que um comerciante cede a outro os créditos, na totalidade ou em parte, de suas vendas a terceiros, recebendo o primeiro do segundo o montante desses créditos, mediante o pagamento de uma remuneração" (*Contratos e Obrigações Comerciais*, Forense, 8ª ed., p. 549, n. 417).

III — Características do "factoring"

Factoring é uma "atividade contínua e cumulativa de:

I. prestação de:

a) serviço de assessoria creditícia;

b) serviço de assessoria mercadológica (busca de novos clientes, produtos e mercados);

c) serviços de avaliação de riscos;

d) serviços de seleção de créditos;

e) serviços de gestão de crédito;

f) serviços de acompanhamento de contas a receber e a pagar;

g) serviços de gestão empresarial ou gerencial (orientação na administração do fluxo de caixa, na compra de matérias-primas e insumos, na orçamentação de custos e na organização contábil, operacional e fiscal); e

h) de outros serviços que vierem a ser solicitados pela empresa-cliente, conjugada com:

II. compra *pro soluto* de créditos (direitos) resultantes das vendas mercantis realizadas a prazo pela empresa-cliente" (Luiz Lemos Leite, *Factoring no Brasil*, Atlas, 5ª ed., p. 48).

portanto, fundamentalmente, de prestação de serviços, que pressupõe uma relação de confiança, e de compra e venda irrevogável e irretratável de créditos, para alguns jamais operação financeira ou empréstimo ou desconto de títulos (o que não é pacífico, cfr. item IV *infra*), daí ensinar Luiz Lemos Leite:

"O *factoring* compreende uma relação complexa, de múltiplas funções. Só se opera o *factoring* se ocorrer a combinação de funções e serviços executados de forma *cumulativa* e *contínua,* que pode ter por conseqüência a compra de bens ou serviços produzidos por uma empresa comercial ou industrial, representados pelos direitos creditórios decorrentes de suas vendas mercantis a prazo. Esse encadeamento é essencial" (ob. cit., p. 45).

IV — Natureza jurídica do "factoring"

Lavra, no país e no exterior, acirrada controvérsia a respeito da natureza jurídica do *factoring,* sustentando Carlos Alberto Hagstrom (*RDM* v. 48/39) que a operação de *factoring* é, ao mesmo tempo, comercial e financeira; Fábio Konder Comparato que ela pode comportar um financiamento, se os créditos são liquidados no momento da cessão, ressaltando que se trata sempre de financiamentos de créditos a curto prazo (*Ensaios e Pareceres de Direito Empresarial*, Forense, 1978, p. 348), e Orlando Gomes que é um contrato bancário atípico (*Contratos*, Forense, 1978, p. 573), cumprindo acentuar que na França é considerado uma operação financeira, assim como na Alemanha e na Bélgica.

Para Luiz Lemos Leite, contudo, o *factoring* não é operação bancária ou financeira, conforme para o ilustrado Autor deixaram claro dois acórdãos do Tribunal Federal de Recursos, cujas ementas têm o seguinte teor:

"Ora, a realização de empréstimos, com meios próprios e sem captação de recursos de terceiros, não se pode equiparar às atividades específicas das instituições financeiras, que consistem, como expresso no texto legal, na 'coleta, intermediação ou aplicação de recursos financeiros próprios ou de terceiros'. O traço característico das chamadas 'financeiras' é a captação de recursos do público em geral para investimentos financeiros, cujos resultados são atribuídos aos respectivos subscritores" (habeas corpus n. 2.555 — Espírito Santo, sendo Relator o Ministro Godoy Ilha — 2ª Turma do TRF — Ac. de 9. 8.1971).

"Atuação como instituição financeira. Somente com a conjugação dos três pressupostos do *caput* do art. 17 da Lei n. 4.595, de 1964 — coleta, intermediação e aplicação de recursos financeiros próprios ou de terceiros — se há caracterizado a atividade privativa de instituição financeira" (loc. cit.),

acentuando o Relato, Ministro Jarbas Nobre, em seu voto no segundo acórdão:

"O empréstimo de dinheiro só se caracteriza como operação privativa das instituições financeiras quando o emprestador se situar na posição de intermediário recolhendo recursos de uns para emprestar a outros. Nestas condições, o empréstimo de recursos financeiros próprios, por ser matéria ligada à livre disposição de bens, que se atribui a todo homem civilmente capaz, não constitui atividade sob controle do Banco" (*idem*).

V — Pressuposto básico do "factoring"

Para que se caracterize a operação de *factoring* é indispensável, prossegue o renomado Autor, que haja efetiva prestação dos serviços discriminados no item II *supra,* pois, acentua:

"A prestação de serviços é o início da operação de *factoring*. É obrigatória para quem de fato quer praticar o *factoring*. Não é opcional.

Vale lembrar que o *factoring* é uma atividade comercial mista atípica, compreendendo a prestação contínua e cumulativa dos serviços, os mais variados, conjugada com a compra de créditos endossáveis oriundos de transações mercantis ou de prestação de serviços. As empresas de *factoring* obtêm sua personalidade jurídica, como sociedades mercantis, com o registro na Junta Comercial. Pela circular n. 1.359, de 30.9.88, o Banco Central liberou definitivamente o *factoring* como atividade comercial, com o compromisso por nós assumido de que não seriam praticadas operações de natureza própria daquelas realizadas pelas instituições financeiras autorizadas a funcionar pelo Banco Central de acordo com a Lei n. 4.595/64. Pela Portaria Conjunta n. 4, de 15.6.93, a Secretaria da Receita Federal-MF e a Secretaria de Política Comercial-MICT, acolhendo o pedido da ANFAC, de 18.8.91, incluíram o *factoring* no Código de Atividades Econômicas reproduzindo, *ipsis litteris*, a definição de *factoring* por nós apresentada. Mais ainda: o Contrato de Fomento Mercantil, adotado pela ANFAC desde agosto de 1989, foi idealizado para abarcar todas as atividades típicas de uma operação de *factoring*. Portanto, o *factoring* caracteriza-se por ser uma atividade complexa e abrangente de múltiplas funções, que se alicerça em:

a) Prestação de serviços — que historicamente caracteriza o início de uma operação de *factoring*. A empresa de *factoring*, contribuinte do ISS, é a prestadora de serviços, atividade integrada no Contrato de Fomento Mercantil e respaldada nos artigos 1.226 e 1.236 do Código Civil; e

b) Compra de Créditos — representada pela negociação de títulos correspondentes a legítimas transações mercantis amparada nos artigos 191 a 220 do Código Comercial" (Luiz Lemos Leite, ob. cit., pp. 90/91), para, afinal, concluir:

"A receita de *factoring* tem dois componentes básicos oriundos:

(a) de prestação de serviços, que representa os serviços que obrigatoriamente devemos prestar a nossos clientes (pessoas jurídicas), remunerada pela cobrança de uma comissão *ad valorem,* variável de 0,5 a 3% e contabilizada em receita de prestação de serviços; e

(b) de compra de créditos que traduz o diferencial obtido na compra dos créditos mercantis representativos das vendas efetuadas por nossos clientes (pessoas jurídicas) e que devem ser contabilizadas como receita de operações de *factoring*" (ob. e v. cits.).

VI — Classificação do "factoring"

Partindo do fato de o *factoring* ter como pressuposto básico a prestação de serviços, a doutrina o classifica em:

"(a) Convencional — é a compra de direitos creditórios ou ativos, representativos de vendas mercantis a prazo, mediante a cessão *pro soluto* notificada pelo vendedor (endossante) ao comprador (sacado-devedor). Há assunção de risco.

(b) *Maturity* — diferencia-se do convencional, porque os títulos são remetidos pelo cedente à sociedade de fomento mercantil e por esta liquidados no vencimento.

(c) *Trustee* — trata-se de gestão financeira e de negócios da empresa cliente da sociedade e de fomento mercantil. Vale dizer: administra todas as contas do cliente que passa a trabalhar com o caixa 0 (zero), otimizando sua capacidade financeira.

(d) Exportação — a vocação histórica do *factoring* é o mercado internacional. Servirá para comercializar no exterior bens produzidos pelo segmento de nossas pequenas e médias empresas, que não têm a menor possibilidade de fazê-lo. É, nos dias atuais, largamente utilizado na Europa e no Extremo Oriente" (Luiz Lemos Leite, ob. cit., p. 22/23).

VII — Ciclo operacional do "factoring"

Ensina Luiz Lemos Leite que "o ciclo operacional do *factoring* inicia-se com a prestação de serviços, os mais variados e abrangentes, e se completa com a compra dos créditos (dos direitos) gerados pelas vendas mercantis que são efetuadas por suas empresas-clientes. São dois tempos e dois componentes:

1º — Os serviços de gestão empresarial constituem-se o pressuposto básico da operação de *factoring*. Serviços que normalmente presta uma empresa de *factoring* a sua clientela-alvo, a pequena e média empresa, notadamente do setor produtivo: ajuda a comprar matéria-prima, a organizar a contabilidade, a controlar o fluxo de caixa, a acompanhar suas contas a receber e a pagar, a fazer o orçamento de custos, a buscar novos clientes, a melhorar o padrão de seus produtos e expandir as vendas. O Agente de Fomento Mercantil tem de ser o parceiro de suas empresas-clientes com elas mantendo estreito, e até diário, contato. É um profissional polivalente que deve estar preparado para dar ampla assistência a suas empresas-clientes, possibilitando-lhes alcançar o equilíbrio financeiro e permitir expansão segura de seus negócios. Pela prestação de serviços cobra-se uma comissão.

2º — A conseqüência de toda aquela gama de serviços prestados justifica-se para facilitar o crédito a suas empresas-clientes, propiciando-lhes a oportunidade de negociar os direitos de suas vendas mercantis a prazo, representadas por títulos de crédito. Ou seja: a empresa de *factoring*, fornece os recursos necessários ao giro dos negócios de suas empresas-clientes, através da compra a vista dos créditos, por ela aprovados, resultantes das vendas a prazo realizadas por suas empresas-clientes. É tipicamente uma venda mercantil prevista no art. 191 do Código Comercial. Como a empresa de *factoring* compra créditos, é necessário calcular o preço pela qual ela vai adquiri-los. Chama-se *fator de compra*. Empresa de *factoring* não faz empréstimos, portanto, não pode cobrar juros" (ob. cit., p. 37).

VIII — Finalidade do "factoring"

Segundo René Rodiére e J.L. Lange, o *factoring* é uma técnica financeira e uma técnica de gestão comercial (*Droit Bancarié*, Dalloz, 1973, n. 335): como técnica financeira, o faturizador adquire do faturizado, mediante o desconto de determinada porcentagem do valor de face, ficando o faturizado exonerado de responder pela solvência do devedor dos títulos cedidos, abrindo mão o faturizador do direito de regresso contra o faturizado; como técnica de gestão comercial, o faturizador fica encarregado e responsável pela seleção de clientes e obtenção de informações comerciais, de modo a permitir a redução de custos do faturizado, daí destinar-se sobretudo às pequenas e médias empresas.

IX — Conteúdo do contrato de "factoring"

A nosso ver, os serviços prestados por sociedades de *factoring* podem dividir-se em três tipos básicos:

a) serviços administrativos ou de gestão;

b) serviços de garantia; e

c) serviços de financiamento

além de outros, que não chegam, propriamente, a formar uma categoria, daí podermos denominá-los de "serviços diretos".

a) Serviços administrativos ou de gestão

É pacífico, na doutrina estrangeira, em especial espanhola, francesa e italiana (García-Cruces, *El contrato de factoring*, Madrid, 1990, pp. 49-50; Torres Riesco/ Jiménez-Ménez-Laiglesia, *Gestión del crédito comercial: factoring*, Valencia, 2ª ed., pp. 31 e ss.; Gerbier, *Le factoring*, Paris, 1970, pp. 10 e ss.; Ruozi / Rosignoli, *Manuale del factoring*, Milán, 1985, pp. 43 e ss,; Schwarz, *Factoring*, Stuttgart, 2ª ed., 1993, pp. 24 e ss.; Otto Nielsen, *Factoring and Data Processing*, pp. 41/42), que os serviços de gestão ou administração dos créditos cedidos é a operação essencial do *factoring*, pois, com eles, o empresário-faturizado-cedente se desobriga de adotar uma série de onerosas e complexas medidas administrativas como, *v.g.*, verificar a idoneidade econômico-financeira de seu cliente; registrar cada operação de compra e venda ou de prestação de serviços com seus clientes, substituindo-a por apenas uma conta com a empresa de *factoring*; enviar, antes do vencimento, e cobrar, no vencimento, os títulos de crédito, decorrentes de suas operações comerciais; diligenciar, através de prepostos, inclusive advogados, a cobrança dos títulos não pagos no vencimento etc.

Essa atividade ou função do *factoring* tem a virtude de iniciar um processo de descentralização em matéria de gestão de crédito, através do qual o faturizado transfere a um agente externo um setor importante de sua atividade — precisamente a administração de sua carteira de crédito —, a qual, funcionalmente, é estranha ao seu objeto social de produção de bens ou serviços.

b) Serviços de garantia

Para o faturizado, é de fundamental importância que a empresa de *factoring* o resguarde dos riscos da inadimplência, temporária ou definitiva, de seus clientes, assumindo-os integralmente (cfr. García-Cruces, *El contrato*..., cit., p. 50; Torres Riesco/Jiménez-Laiglesia, *Gestión*..., cit., pp. 35 e ss.; Gerbier, *Le factoring*, cit., pp. 154 e ss.; Ruozi/Rosignoli, *Manuale*..., cit., pp. 25 e ss.), como se de um seguro de crédito se tratasse, partindo do pressuposto que a empresa de *factoring*, por sua alta especialização na previsão de créditos bons e ruins, saberá selecionar os clientes do faturizado.

c) Serviços de financiamento

Elemento essencial do contrato de *factoring*, ao lado dos serviços de gestão e garantia, o financiamento é a operação pela qual a empresa de *factoring* paga ao empresário-faturizado-cedente o montante dos créditos transmitidos, permitindo que este obtenha liquidez imediata, sob a forma de antecipação de uma porcentagem do valor nominal dos créditos transmitidos.

X — Diversidade de serviços como elemento caracterizador do "factoring"

Embora todos reconheçam essenciais os serviços administrativos ou de gestão de créditos, de garantia e de financiamento no contrato de *factoring*, muitos sustentam que os três tipos não precisam estar, sempre, necessariamente, reunidos para caracterizar-se a operação de *factoring*, argumentando que a empresa de *factoring* pode prestar serviços de gestão de créditos e de financiamento e não de garantia ou, então, de gestão de créditos e de garantia e não de financiamento, ou, ainda, haver certos tipos de serviços em relação apenas a um determinado volume de títulos e não a todos os títulos do faturizado, ou em relação a títulos de determinada praça ou de determinada categoria profissional etc., daí classificarem o *factoring* em (a) *factoring* com recurso, (b) *factoring* sem recurso, (c) *factoring* financeiro; (d) *factoring* de vencimento, (e) *factoring* internacional; (f) *factoring* de gestão etc., o que levou Vicent Chuliá a falar na "grande plasticidade ou variedade do contrato de *factoring*" (*Compendio Crítico de Derecho Mercantil*, Barcelona, 1990, 3ª ed., t. II, p. 267), e a acentuar que o *factoring* não se apresenta sob uma forma rígida e imutável, mas, pelo contrário, a regra é a variabilidade de seu conteúdo e sua grande flexibilidade.

XI — O "factoring" como um contrato complexo

O *factoring*, a nosso ver, é um contrato complexo, cuja função econômica e objeto determinado revestem-no de individualidade própria, através do qual o faturizador se obriga a exercer diversas diferentes atividades ou funções (como visto, cumulativamente, de gestão, de garantia e de financiamento), que culminam com a venda, irrevogável e irretratável, dos créditos do faturizado, passando o risco a correr por conta única e exclusiva do faturizador, mesmo na hipótese de insolvência plena do devedor do título cedido, não podendo haver dúvida que, se o faturizador apenas (a) presta serviços administrativos ou de gestão de créditos ou (b) de garantia, sem adquirir créditos, se está diante de um contrato de prestação de serviços e de garantia, não de um contrato de *factoring*, assim como se o faturizador apenas compra os créditos do faturizado mediante o pagamento de parte do valor de face do títulos cedidos, em verdade ele está realizando uma operação de desconto, não de *factoring*.

XII — Efeitos naturais do "factoring"

Como contrato consensual e informal, o *factoring* produz, instantaneamente, efeitos entre o faturizador e o faturizado.

Em relação a terceiros, é mister distinguir os devedores dos títulos cedidos dos terceiros de um modo geral, eventuais credores do faturizado:

a) em relação aos devedores dos títulos cedidos, basta notificá-los da cessão e transferência dos créditos, para que paguem ao faturizador no vencimento;

b) em relação aos demais terceiros, que podem vir a ser prejudicados com a cessão dos créditos pelo faturizado, é necessário tornar pública a cessão.

XIII — Efeitos de compra de créditos

Se a empresa supostamente faturizadora não pratica o negócio jurídico complexo que mencionamos no item XI *supra*, mas, exclusivamente, o de compra de créditos, ela está sujeita à censura e às conseqüências apontadas por Luiz Lemos Leite:

"Os negócios realizados em infringência aos dispositivos legais citados são tratados pelo Banco Central como mercado marginal.

O Banco Central pode punir, como já puniu, pessoas físicas ou jurídicas funcionando como se instituições autorizadas fossem, e até mesmo empresas de *factoring*, que faziam intermediação no mercado, captando recursos junto ao público e realizando o "desconto de duplicatas", com todas as características de banco, operando como se banco fosse.

O *factoring* não é panacéia que resolve qualquer problema ou que serve de biombo para mascarar a sonegação de impostos ou outras práticas comerciais pouco eqüitativas.

Assim, por exemplo, empresas travestidas de *factoring*, que mascarem a realização de operações que envolvam "adiantamentos" ou "antecipações" (financiamento), desconto de duplicatas ou a prática de operações privativas de instituições financeiras, à luz da Lei n. 4.595/64 e da Lei n. 7.492/86, estão sujeitas à penalização por parte do Banco Central, ao qual caberá adotar sanções, visto que nada têm a ver com o *factoring*.

É importante enfatizar que, mesmo sem a Circular n. 703/82, no caso de realização de operações ditas de *factoring*, com características daquelas privativas de instituições autorizadas, cabe ao Banco Central fiscalizar e punir. A verdade é que o Banco Central continua munido do arsenal de penalidades do artigo 44 da Lei n. 4.595/64 e do artigo 1º da Lei n. 7.492/86. E com esse conjunto de penalidades o órgão fiscalizador está apto, em quaisquer circunstâncias, a punir todos aqueles que, sem estarem autorizados a funcionar como instituições financeiras, venham a agir como tal, pela prática de operações delas privativas" (ob. cit., pp. 208/9).

XIV — Ação de regresso do faturizador contra o faturizado

Há duas correntes de opinião a propósito da possibilidade de poder voltar-se, em regresso, o faturizador contra o faturizado, na hipótese de inadimplemento do devedor originário do título, uns entendendo que o faturizador assume o risco, não podendo ir contra o faturizado; outros, que, se o faturizador não receber do devedor principal a dívida, poderá voltar-se contra o faturizado.

Orlando Gomes ensina que o *factoring* "distingue-se do desconto porque é uma cessão de crédito, sem direito de regresso contra o cedente" (*Contratos*, Forense, 10ª ed., p. 530, n. 395).

Maria Helena Diniz doutrina que o *factoring* "consiste numa técnica de mobilização do preço, oriundo de vendas comerciais. Trata-se, geralmente, de financiamento de créditos a curto prazo (seis meses no máximo). O cessionário assumirá o risco de não recebê-los contra o pagamento de determinada comissão, a que o cedente se obriga, não tendo ação *in rem verso* contra o faturizado" (ob. e p. cits.).

Fran Martins, a seu turno, é taxativo, ao declarar que o faturizador, "adquirindo os créditos, pagando "a comissão" e "assumindo o risco da cobrança e o não pagamento das contas", não tem "direito de regresso contra o faturizado" (ob. cit., p. 555, n. 420).

Defendendo ponto de vista contrário, Waldirio Bulgarelli, em longo comentário sobre o tema ensinado: "No que toca à cessão de créditos, os problemas jurídicos decorrentes não têm sido de maior monta. Na França, alude Rodière que ela se processa pela sub-rogação convencional, assinalando que os *factors* franceses não puderam utilizar o mecanismo da cessão de crédito utilizado pelos *factors* americanos e ingleses, dadas as formalidades muito pesadas e inadequadas do art. 1.690 do Código Civil. Os *factors* franceses, desprezando por razões inexplicáveis o mecanismo das faturas protestáveis, utilizam o sistema de sub-rogação convencional do art. 1.250 do Código Civil. Dadas as exceções atribuídas ao devedor, entende o autor que isto constitui um incentivo para que os *factors* venham a abandonar a utilização da sub-rogação convencional como suporte da operação de *factoring*, passando a adotar o sistema das *factures protestables*, criadas pela Ordenação de 28 de setembro de 1967, posto que este novo título oferece mais segurança ao portador, sendo o regime de inoponibilidade de exceções calcado naquele previsto no art. 121 do Código Comercial. Para que bem se compreenda o mecanismo do *factoring*, necessário é atentar-se para o tipo de relações entre o *factor* e a empresa cedente; esta transmitirá seus créditos ou por via obrigacional comum (cessão propriamente dita) ou através de endosso, em caso de títulos de crédito, sendo o mais comum o endosso de duplicatas (até porque o comerciante brasileiro está impedido de, pelas suas vendas, emitir outro título que não a duplicata de mercadorias, segundo a Lei n. 5.764/68). Não se tratando de desconto bancário, em que o banco conserva direito de regresso contra o cliente, em caso de não pagamento da dívida representada pelo título ou pelo documento, mas de verdadeira compra dos créditos (função de garantia do *factoring*) têm-se duas situações distintas: a da transmissão do crédito simples, a da transmissão por endosso, em caso de títulos de crédito. Em relação à cessão de crédito pelo direito obrigacional comum, tornando-se necessária a notificação do devedor, ao teor do art. 1.069 do Código Civil, que dispõe: "A cessão de crédito não vale em relação ao devedor, senão quando a este notificada; mas por notificado se tem o devedor que, em escrito público ou particular, se declarou ciente da cessão feita", devendo ainda ser feito através de instrumento público ou particular (art. 1.067 do Código Civil). Evidentemente que, carregando consigo a cessão as exceções do devedor contra o cedente originário, estas podem ser opostas ao cessionário (art. 1.072 do Código Civil) e, neste caso, o *factor* poderá voltar-se, em regresso, contra o cedente, se o crédito não for certo, lícito ou regular. Já quando se tratar de título de crédito, a cessão se fará pela forma peculiar do direito cambiário, ou seja, o endosso. Neste caso, o factor poderá voltar-se contra o endossante, se o devedor recusar-se a pagar, justamente com base nas causas apontadas no art. 8º da Lei n. 5.474, de 18.7.1968, ou seja: "O comprador só poderá deixar de aceitar a duplicata por motivo de: I — avaria ou não recebimento das mercadorias, quando não expedidas ou não entregues por sua conta e risco; II — vícios, defeitos e diferenças na qualidade ou na quantidade das mercadorias, devidamente comprovados; III — divergência nos prazos ou nos preços ajustados, ..." (casos em que pelo disposto no art. 16 da recente Lei n. 6.458, de 1º de novembro de 1977, a ação de cobrança só poderá ser feita pelas vias ordinárias). Contudo, o endosso do título ao *factor* não será meramente um endosso mandato, mas pleno, transferindo-lhe a propriedade do título; entretanto, como é norma em nosso meio, o endossante ficará como garante tanto aceite como do pagamento, respondendo quer pela veracidade do título (garantia *veritas*), quer pela realização (garantia *bonitas*); enfim, ficando o *factor* com o direito de regresso" (*Contratos Mercantis*, Atlas, 3ª ed., pp. 501/2).

Por igual, Fábio Konder Comparato, que sustenta: "O fulcro da operação é, portanto, a cessão de crédito a título oneroso. Em nosso Direito, "não vale, em relação a terceiro, a transmissão de um crédito, se não celebrar mediante instrumento público, ou instrumento particular revestido das solenidades do art. 135", isto é, subscrito pelas partes e por duas testemunhas (CC, art. 1.067); e "salvo estipulação em contrário, o cedente não responde pela solvência do devedor" (mesmo Código, art. 1.074). Mas quando há emissão de títulos de crédito, a sua transferência obedece regras próprias. Assim, nos títulos à ordem, há necessidade de endosso. Ora, a regra do art. 1.074 do Código Civil brasileiro é compatível com o endosso? Em outras palavras, admite-se a cláusula "sem garantia" no endosso cambial? É sabido que no regime do Decreto n. 2.044, de 1908, a doutrina sem discrepância tem lhe negado validade cambial, interpretando a maior parte dos autores o disposto em seu art. 44, n. IV, como proibitivo dessa cláusula (cf. Carvalho de Mendonça, *Tratado de Direito Comercial Brasileiro*, v. V, 2ª parte, 5ª ed., n. 686; João Eunápio Borges, *Títulos de Crédito*, 1971, n. 82; Pontes de Miranda, *Tratado de Direito Privado*, 3ª ed., t. XXXIV, p. 332). A Lei Uniforme de Genebra, ao contrário, admite-a expressamente (art. 15). Se esta lei entrou em vigor em nosso país, como decidiu o Supremo Tribunal Federal, deve-se reconhecer, por via de conseqüência, que ao endosso de duplicatas também se aplica a cláusula "sem garantia", por força da norma remissiva contida no art. 25 da Lei n. 5.474, de 1968. No entanto, ainda que se não admita a sua validade para efeitos de cambiais, é bem de ver que ela produz todos os seus efeitos entre as partes que a pactuaram, constituindo uma defesa de mérito na eventual ação de regresso que o endossatário intente contra aquele que lhe endossou o título" ("*Factoring*", *RDM*, Nova Série, 1972, v. 6, p. 64, n. 11).

A controvérsia chegou ao Tribunal de Alçada do Rio Grande do Sul, tendo a 6ª Câmara Cível, à unanimidade, entendido que, se o faturizado, por cláusula contratual, de forma clara e expressa, admite a possibilidade de ação de regresso do faturizador, a ele não pode opor-se, sob pena de auferir "injustificado enriquecimento à custa do faturizador, situação com a qual não se compadece o direito" (Ap. Cível n. 0191.034.685 — Porto Alegre, publ. no *Boletim Informativo ADV/COAD* verbete 64.991).

Perfilhando idêntico ponto de vista, temos:

"*Factoring* — Contrato travestindo mútuo garantido por nota promissória e hipoteca — endosso da nota promissória ao faturizador.

— Ao faturizador, a quem foi endossada nota promissória pela faturizada, é conferida legitimidade para cobrá-la dos devedores. Não se cuida de ação de regresso aquela através da qual o faturizador busca haver o valor da nota promissória diretamente de seus emitentes. Se o contrato de faturização está travestindo um mútuo celebrado entre o faturizador e a faturizada, constituída esta e a endossante pelas mesmas pessoas físicas, tem-se, ante a simulação praticada, não poderem estas alegá-las para se exonerar do pagamento do título em execução. Ademais, eventual nulidade do contrato de faturização não atingiria, via de conseqüência, a nota promissória, por existente o débito por ela representado. Entendimento diverso eqüivaleria admitir-se o locupletamento injusto dos devedores à custa do faturizador" (TA-RS — Ac. unân. da 6ª Câm. Cív., de 11.3.93 — Ap. 191.034.685 — Rel. Juiz Moacir Adiers — Arrozeira Centro-Sul Ltda *x* Factor Administração Financeira Ltda.) (*Boletim Jurisprudência ADV-COAD* verbete n. 64.991).

Em sentido contrário, temos:

"*Factoring* — Não-pagamento pelo devedor dos títulos negociados — Responsabilidade do faturizado — Ineficácia de promissória emitida pelos gerentes da faturizada garantindo a dívida dos títulos negociados.

— A operação de *factoring*, face à elevada comissão cobrada pelo faturizador, distingue-se de operação bancária de desconto de títulos, razão porque o faturizador assume o risco do não-pagamento, pelo devedor dos títulos negociados. A emissão de promissória pelos gerentes da faturizada, com expressa menção de que se destina a garantir o pagamento do devedor do título negociado, representa engenho contornador da irresponsabilidade do faturizado, sem eficácia na relação faturizador-faturizado. Recurso improvido" (TA-RS — Ac. unân. da 7ª Câm. Cív., publ. na *JRTARS* n. 92329 — Ap. 194.214.144 — Rel. Juiz Leonello Paludo — JS Factoring e Fomento Comercial Ltda. *x* Péricles Roberto Gottardi) (*Boletim de Jurisprudência ADV-COAD* — verbete n. 75.352).

"*Factoring* — Cessão definitiva — Endosso típico.

— Sendo o *factoring* uma operação de risco, assume o facturizador a responsabilidade pela inadimplência dos sacados, eis que o crédito é cedido em caráter definitivo, *cessio pro soluto*, não podendo falar em direito de regresso. O endosso é forma típica e exclusiva de transferência dos documentos cambiais, não existindo endosso específico para cada tipo de título de crédito" (TA-MG — Ac. unân. da 6ª Câm. Cív. publ. em 17. 3.93 — Eap. 120.719-2/01 — Rel. Juiz Pedro Henriques — Direta Factoring — Sociedade Fomento Comercial Ltda. *x* Banco Itaú S.A.) (*Boletim de Jurisprudência ADV-COAD* — verbete n. 62.385).

"*Factoring* — Cessão de crédito — Reapresentado por duplicatas — Responsabilidade do faturizador pelas duplicatas emitidas em causa.

— A regra é a irresponsabilidade do faturizado, pelo não pagamento, total ou parcial, pelo sacado. Entretanto, é responsável o faturizado pelo reembolso ao factor relativamente às duplicatas emitidas, inobstante devolvida a mercadoria" (TA-RS — Ac. unân. da 7ª Câm. Cív., de 16.6.93 — Ap. 193.084.993 — Rel. Juiz Leonello Paludo — Credisul Fomento Comercial Ltda. *x* FERPAR - Ferramentas e Representações Ltda.) (*Boletim de Jurisprudência ADV-COAD* — verbete n. 62.896).

XV — Outras observações

a) Quanto à possibilidade de discussão da *causa debendi* pelos devedores dos títulos, atente-se para a jurisprudência dos tribunais:

(1) "*Factoring* — Endosso de cheque e duplicatas sem causa.

— Embora, à luz dos princípios, com o endosso o endossante assuma a qualidade de garantidor do pagamento, tal fundamento cede diante da prova documental e pericial produzida, que revela as exatas condições em que foi criado o cheque, assim como demonstra a emissão de duplicatas sem causa, que constitui crime, em tese, autorizando remessa de cópias ao Ministério Público. (TA-RS — Ac. unân. da 2ª Câm. Cív., de 7.12.95 — Ap. 195.117.726 — Rel. Juiz João Freire — Margil Gestão de Negócios e Participações Ltda. x Meat Factoring Fomento Comercial Ltda.) (*Boletim de Jurisprudência ADV-COAD* — verbete n. 73.495).

(2) "*Factoring* — Exceções que competem ao devedor — Possibilidade de discussão da causa que deu origem ao título.

— É possível o exame da causa que deu vida às duplicatas incluídas no negócio de *factoring*. Sem a fatura que originou a compra e venda mercantil, torna-se imprópria e suspeita a operação. A posição do demandado não é somente de endossatário e terceiro de boa-fé, desvinculado da operação de nascimento da duplicata, mas sim de um autêntico adquirente do faturamento do cedente, contra quem, evidentemente, o devedor pode opor (como ao cedente) as exceções que lhe competirem (art. 1.071, do Código Civil). Daí a necessidade de o cessionário possuir, nesse tipo de operação, a fatura correspondente, ante a possibilidade de discussão do negócio subjacente" (TA-RS — Ac. unân. da 2ª Câm. Cív., de 11.4.96 — Ap. 196.030.019 — Rel. Juiz Alberto Benke — Vale Couros Trading *x* Renato Jardim da Silva) (*Boletim de Jurisprudência ADV-COAD* — verbete n. 75.433).

(3) "*Factoring*. ... representado por duplicatas inaceitas e sem prova de entrega da mercadoria. Ônus da prova.

— A relação que vincula o faturizador (cessionário) ao faturizado (cedente) possui natureza contratual e não cambial, e na ação do primeiro contra o eminente sacado é lícita a investigação da *causa debendi*, cumprindo a ele (*factor*) a prova de validade do negócio, até porque assume o risco de não receber os valores. Permanece o faturizado responsável pelo não-pagamento do título, por razões ligadas à causa de emissão. Inexistindo comprovação da remessa e entrega da mercadoria, tratando-se de duplicatas não aceitas, compete ao faturizador provar a existência do negócio subjacente na ação de execução contra o emitente, se este nega qualquer relação negocial como faturizado, porque ao credor que alega deve-se imputar o ônus de provar a existência do crédito que pretende cobrar, mormente quando se cuida da relação não cambial. Apelação provida. Voto vencido" (TARGS, APC n. 193059177, 2ª Câmara Cível, Rel. João Pedro Freire, *RT* V 604, p. 147).

b) Quanto à propositura de ação monitória para cobrança de cheques sem fundos:

(1) "Empresa de Factoring. Pedido instruído com cheque. Exigência de juntada da fatura a que ele estava vinculado. Título não oriundo de operação mercantil da firma. Estando a ação monitória devidamente instruída, com cheque já destituído

de força executiva, não pode o Juiz, apenas por dedicar-se a empresa requerente à atividade de *factoring*, exigir-lhe a complementação da documentação que acompanha a inicial com comprovantes de operação mercantil sequer realizada, porquanto referido título, por si só, representa crédito em dinheiro tutelável por este novo procedimento especial" (Agravo de Instrumento n. 96.000807, Rel. Des. Eder Graf. Acordam, em Terceira Turma Civil do TJSC).

(2) "Juntada de faturas. Exigência descabida. Recurso provido. A ação monitória leva em conta a necessidade de facilitar o acesso do credor ao título executivo e descabe, aqui, discutir sobre o instituto do *factoring* e suas implicações jurídicas, até porque qualquer pessoa, física ou jurídica, munida de prova "escrita sem eficácia de título executivo", que pretender pagamento de soma em dinheiro, diz a lei, tem legitimidade para propor a ação monitória. Se atendido o preceito contido no art. 1.102a do CPC, o fato de ser empresa de faturização não a distingue das demais entidades e, conseqüentemente, não se lhe exclui o direito de exercitar a norma em tela.

Estando a ação monitória devidamente instruída, com cheque já destituído de força executiva, não pode o Juiz, apenas por dedicar-se a empresa requerente à atividade de *factoring*, exigir-lhe a complementação da documentação que acompanha a inicial com comprovantes de operação mercantil sequer realizada, porquanto referido título, por si só, representa crédito em dinheiro tutelável por este novo procedimento especial" (AL n. 96.000807-I, de Joinville, Rel. Eder Graf, *DJ* de 17.9.96, p. 54). Agravo de Instrumento n. 96.002219-8, de Joinville, Rel. Des. Francisco Borges. (Agravo de Instrumento n. 96.002219-8, de Joinville, Rel. Des. Francisco Borges).

c) Quanto ao protesto da duplicata emitida sem a entrega da mercadoria:

"A operação de *factoring*, face a elevada comissão cobrada pelo faturizador, distingue-se da operação bancária de desconto de títulos, razão pela qual o faturizador assume o risco pelo não pagamento pelo devedor dos títulos negociados. Duplicata emitida sem a entrega da mercadoria ou sem a prestação de serviços não podia ser protestada contra o devedor, porque viola todos os princípios de lei cambiária, sendo irregular. Apelo desprovido" (TARGS, APC n. 196111561, 7ª Câmara Cível, Rel. Vicente Barroco de Vasconcelos, 2333, 10.12.96, 2333, 22.1.97, Cível).

d) Quanto à emissão de nota promissória pela faturizada em caução do pagamento dos títulos cedidos:

"Factoring. Não pagamento pelo devedor dos títulos negociados. Ineficácia de promissória emitida pelos gerentes da faturizada garantindo a dívida dos títulos negociados. 1. A operação de *factoring*, face a elevada comissão cobrada pelo faturizador, distingue-se da operação bancária de desconto de títulos, razão porque o faturizador assume o risco do não pagamento pelo devedor dos títulos negociados. 2. A emissão de promissória pelos gerentes da faturizada, com expressa menção de que destina-se a garantir o pagamento do devedor do título negociado, representa engenheiro contornador da irresponsabilidade do faturizado, sem eficácia na relação faturizador-faturizado, recurso improvido" (TARGS, APC n. 194214144, 7ª Câmara Cível, Rel. Leonello Pedro Paludo, *Julgados TARGS*, V-92, p. 328).

e) Quanto ao saque de letra de câmbio com a mesma finalidade:

"Título de crédito. Saque por faturizador, com base em contrato que autoriza, a cobrar, do faturizado, diferenças de juros e correção monetária, proveniente de títulos cedidos pagos em cartório de protesto. Abusividade da cláusula e do aponte da letra de câmbio para protesto. É abusiva a cláusula inserida em contrato de faturização, que autoriza o faturizador a sacar de câmbio contra o faturizado, na hipótese de insucesso, total ou parcial, no recebimento do crédito cedido, por ter em vista a criação de título executivo e possibilitar seu aponte em cartório de protesto, forma mais eficiente de pressionar o devedor ao pagamento, sem maiores questionamentos, considerados os efeitos danosos que advêm, no plano econômico e financeiro, a pessoa que tem contra si, tirado o protesto. A par disso, a abusividade também decorre da circunstância de a inserção do valor da letra de câmbio ficar a critério do sacador, estabelecido unilateralmente. A cobrança das referidas diferenças quanto a juros e correção monetária pelo fato de os títulos cedidos terem sido pagos em cartório de protesto, somente se pode dar através de processo de conhecimento, com a indicação dos percentuais e índices utilizados para a obtenção do valor cobrado, possibilitando ampla discussão e defesa por parte do faturizado. Letra de câmbio declarada nula, com sustação definitiva de seu protesto. A apelação provida, por maioria. Voto vencido" (TARGS, APC n. 193138195, 6ª Câmara Cível, Rel. Moacir Adiers).

Atualidades

TITULARIZAÇÃO

Um novo instrumento financeiro

Armindo Saraiva Matias

I — Introdução. II — Breve noção de titularização. III — Breve estudo comparativo: a) Estados Unidos; b) Alemanha; c) França; d) Itália; e) Inglaterra; f) Espanha; g) Bélgica. IV — Experiências de titularização em Portugal: a) O modelo "securitisation"; b) O modelo "titrisation". V — O actual quadro legal português. VI — Conclusões.

I — Introdução

Pretende-se com o presente relatório, muito sucinto, proceder à caracterização e recorte jurídico do conceito de um instrumento financeiro conhecido, nos países de língua francesa, por *titrisation* e, nos países de língua inglesa, por *securitisation*.

Na falta de regulamentação específica, tal instrumento já foi, aliás, utilizado em Portugal, sem qualquer designação ou com designação estrangeirada.

Cremos, de resto, que aquelas referidas designações se ajustam a realidades diferentes, consoante os sistemas financeiros e jurídicos em que as operações subjacentes são realizadas.

É quanto tentaremos analisar de seguida, necessariamente de forma muito abreviada, traduzindo o fenómeno sob a designação portuguesa de "titularização", por nos parecer ser esta a que mais se lhe ajusta.

II — Breve noção de titularização

A noção genérica e ampla que nos fica da "titularização" é a de uma emissão de títulos negociáveis, tendo por base e substrato fluxos de tesouraria gerados por activos específicos.

Procede-se à agregação, por espécies, destes activos, constituídos por créditos, à sua autonomização relativamente ao património do credor, mediante alteração de titularidade, e à emissão de títulos representativos desse universo.

Distingue-se, assim, da emissão de títulos tradicionais que assentam, exclusivamente, sobre o património do emitente o qual responderá perante os tomadores.

A "titularização" incide, normalmente, sobre créditos hipotecários ou outros créditos que, com algum carácter de permanência, façam parte do activo do credor.

Tem de característico: os títulos emitidos são tomados pelos investidores perante a análise que deles façam em função do risco e da solidez dos créditos sobre que assentam. Deixa, pois, de revelar, como era tradicional, a qualidade, a honorabilidade e a solidez económica da entidade emitente.

A autonomização dos créditos faz-se, aliás, através dos chamados veículos de titularização (SPV, *special purpose vehi-*

cles), os quais, conforme o modelo adoptado, e que seguidamente ilustraremos, assume a natureza de sociedades (SPC, *special purpose companies*), de fundos (*fonds communs de créances*) ou de alienação fiduciária (*trusts*).

Os activos mais utilizados para a titularização são os créditos hipotecários para a habitação, os créditos emergentes de cartões de crédito, de empréstimos para compra de automóveis e de outros empréstimos ao consumo.

A entidade titular destes núcleos de créditos agrega-os e transfere-os para outra entidade jurídica (que tenham por objecto a tomada destes créditos a sua gestão e frutificação), mediante cessão. Esta última tentará colocá-los no mercado, com vista à sua rentabilização.

É nesta perspectiva e com este objectivo que são, então, emitidos títulos representativos daqueles créditos.

Naturalmente, os títulos são tomados pelos investidores sem qualquer relação com os devedores ou, mesmo, frequentemente, com a sociedade que os gere.

Para o investidor relevará, apenas, a viabilidade da cobrança, uma vez que o valor dos títulos reflecte o valor dos créditos cobrados e a este valor se encontram indexados.

III — Breve estudo comparativo

A) Estados Unidos

Os Estados Unidos estão na vanguarda da *securitisation*, há vários anos, tendo-se iniciado a utilização deste instrumento financeiro já na década de 70.

Para alguns, a *securitization*, à americana, visa primordialmente retirar dos balanços das instituições financeiras alguns activos os quais vão dar origem à emissão de títulos.

Estes activos são autonomizados, representados por títulos que, por sua vez, são tomados por investidores, não podendo estes opôr qualquer direito à primitiva instituição credora. Esta liberta-se dos activos (que consistem em créditos com fluxos de tesouraria assegurados), afastando-se da sorte que os mesmos venham a ter. A manter-se no processo, à entidade credora só restará a missão de mandatária ou prestadora de serviços à entidade adquirente.

Os riscos do crédito desaparecem, assim, dos seus balanços. Os riscos do mercado serão incorridos pelos investidores.

As principais categorias de activos objecto de *securitisation* são os créditos hipotecários ou outros créditos que originem fluxos de pagamentos homogéneos e indentificáveis por agregados.

Mas aos primeiros cabem, sem dúvida, a maior quota de *securitisation*, embora a imaginação dos operadores tenha feito enveredar por muitas outras espécies de activos. Serão, certamente, porém, menos duráveis e, porventura, menos seguros que os activos hipotecários.

É, em todo o caso, através da notação por *rating* que os activos são analisados para efeitos de aquisição pelos investidores.

De notar que o desenvolvimento da *securitisation*, nos USA, teve um forte impulso por parte do sistema jurídico e fiscal. Na verdade, foram propiciadas condições para o seu desenvolvimento, mediante criação de novos tipos de créditos e remoção de obstáculos à securitização de outros.

As autoridades de supervisão (*Securities and Exchange Commission*) também contribuiram para o seu desenvolvimento, aceitando a supressão ou retirada de certos activos dos balanços das instituições bancárias.

B) Alemanha

As operações de "titularização", na Alemanha, assentaram, sobretudo, nas obrigações hipotecárias e comunais, tradicionalmente havidas como viáveis e seguras.

Hoje, existem na Alemanha diversos bancos hipotecários privados, bancos hipotecários públicos e bancos comerciais mistos que emitem obrigações hipotecárias. A garantia é dada por imóveis destinados a habitação e comércio.

A par das obrigações hipotecárias são também emitidas obrigações garantidas por créditos sobre entidades públicas, colectividades locais e entidades federais.

O controlo do risco dessas obrigações é rigoroso, o valor das obrigações emitidas só pode atingir 60% do valor dos imóveis; e a sociedade emitente mantém o activos no seu balanço cabendo-lhe responder perante o investidor, em último lugar.

Tal tipo de emissão de obrigações é tomada por particulares, mas sobretudo, por institucionais: companhias de seguros, fundos de investimento, fundos de pensões (embora tenha havido, no passado, restrições à aquisição por parte das seguradoras e fundos de pensões).

Com este tipo de emissão, os bancos dissociam os riscos: continuam a assumir os riscos do crédito, no seu balanço, mas endossam os riscos do mercado para os investidores.

Não se pratica, na Alemanha, a *securitisation* para "limpeza" do balanço, não tanto por razões jurídicas quanto por razões prudenciais.

C) França

A chamada *titrisation* é praticada em França, desde 1983.

É olhada pelos bancos como um instrumento eficaz de saneamento e de melhoramento da capacidade e qualidade do endividamento das instituições de créditos.

Não obstante, a *titrisation* ou *securitisation a la française* move-se num quadro original e completamente diferente do esquema anglosaxónico.

Teve, aliás, a sua origem na Lei Dailly de 2 janeiro de 1982 a qual veio regulamentar cessão de créditos comerciais por instituições de crédito. Mais tarde em 1988, foram definidas as entidades envolvidas nas operações de *titrisation*: os fundos de investimento (*fonds communs de créances*) e as sociedades gestoras de fundos.

A *titrisation* opera-se pela transferência do crédito para o fundo comum. O conjunto dos créditos assim transferidos por uma ou mais instituições deverá ser homogéneo e não pode integrar créditos litigiosos ou incobráveis.

São, depois, emitidos títulos correspondentes a unidades de participação, representativos dos valores do fundo, cuja aquisição confere titularidade, na parte proporcional, aos respectivos tomadores.

O conjunto das operações está sujeito ao controlo da "Commission des Operations de Bourse".

O quadro legal francês mostra-se propício às operações de *titrisation*, mas o desenvolvimento deste instrumento tem sido lento, alegadamente, pelos custos que envolvem no seu arranque.

Todavia, os analistas estão crentes de que diversos factores contribuirão para o seu desenvolvimento nos próximos anos.

D) Itália

Na Itália, a *securitisation* ou *titrisation* não tem tido sucesso.

Por razões que se prendem com discussões em torno do tratamento dos activos fora do balanço (admissibilidade da chamada limpeza do balanço) e com critérios de ponderação do risco. Isto, por um lado.

Por outro lado, o quadro legal tem se mostrado impeditivo no seu desenvolvimento na medida em que limita a emissão de títulos mobiliários atípicos por intermediários financeiros.

E) Inglaterra

É o segundo mais importante mercado de "titularização", depois dos Estados Unidos.

Incide, principal e quase exclusivamente, sobre empréstimos hipotecários a cargo de sociedades de crédito imobiliário.

O quadro jurídico não conheceu qualquer alteração tendo como objectivo a promoção da *securitisation*, mas também não impede, na modalidade adoptada nos USA.

Por outro lado, o "Securities and Investment Board" (responsável pela regulamentação e fiscalização das actividades dos bancos comerciais) tem autorizado a emissão de títulos endossados a créditos hipotecários e outros activos, o mesmo se passando com a "Building Societies Commission".

O mercado de títulos endossado a outros activos tem-se mostrado muito mais moderado. Entre estes activos têm sido contemplados aos créditos por venda de automóveis, crédito de rendas, créditos garantidos por bens imobiliários e créditos resultantes de empréstimos pessoais.

F) Espanha

Em Espanha, a "titularização" de créditos tem tido algum desenvolvimento, após 1980, através da emissão de "cédulas hipotecárias, bonos hipotecários e participações hipotecárias".

As "cédulas" são títulos garantidos pelo conjunto dos empréstimos hipotecários concedidos pela entidade que os emite.

As "participações" representam parte de um empréstimo hipotecário específico.

Os "bonos" correspondem a um misto de cédula e participações, pois representam uma parte específica de um conjunto de empréstimos hipotecários.

Os diversos títulos podem ser vendidos a *fondos de titurizacion* geridos por sociedades específicas, as sociedades gestoras.

É à Comissão Nacional do Mercado de Valores que compete fazer a análise de cada emissão.

O mercado de "titularização" está a ganhar terreno em Espanha, sendo considerado óbice principal ao seu desenvolvimento a retenção na fonte de 25% das importâncias distribuídas aos investidores.

G) Bélgica

Mais do que o mercado, foi o Governo que impulsionou a *titrisation* na Bélgica. Com efeito, foi criado um sistema regulamentar, inspirado no direito francês, segundo o qual os bancos e outras instituições podem garantir os seus activos pela emissão indirecta de títulos sobre créditos.

A emissão está sujeita à supervisão da Comissão Bancária e Financeira (CBF).

Os intervenientes serão: o *originateur*, o emitente, os participantes, uma agência de notação, um valorizador do crédito, um *trustee* ou depositário.

O mecanismo de *titrisation* apresenta, apesar de tudo, alguma semelhança com o modelo americano: é identificado um conjunto de créditos homogénios que são transferidos para um Fundo (*fond commum de créances* correspondente ao *trust*, no modelo anglosaxónico) o qual, por sua vez, emite títulos sobre eles.

A grande diferença do direito americano traduz-se, precisamente, na inexistência de *trust*, figura dos direitos de *commom law*, desconhecida dos sistemas de *civil law*.

Por conseguinte, na Bélgica, tem sido adoptada a forma do *Fond commum de créances*, francês, como tal se entendendo "o património indiviso, gerido por uma sociedade gestora, por conta dos participantes, cujos direitos são representados por "títulos nominativos ou ao portador".

As sociedades gestoras, dotadas de capital mínimo, poderão gerir mais do que um fundo.

A principal questão jurídica que se coloca é a de saber se se trata de uma verdadeira cessão de créditos, se esta se opera apenas com ou acordo do devedor, ou independentemente do seu acordo ou conhecimento e como deve ser formalizada.

Da definição destes aspectos resultará o maior ou menor desenvolvimento do instrumento financeiro em causa.

Conclui-se, em todo o caso, que, face ao direito belga, resultam acautelados os princípios que subjazem à existência da *titrisation*: acautela-se o risco da insolvabilidade da instituição; promove-se a valorização dos créditos; permite-se ao credor originário que retire os riscos do seu balanço.

O tratamento fiscal é curioso e atraente: são retidos na fonte cerca de 14% dos juros pagos pelos devedores ao Fundo, mas estão isentos os pagamentos do Fundo aos investidores.

IV — Experiências de titularização em Portugal

Não se conhecem normas específicas, reguladoras deste instrumento financeiro. Inexiste mesmo, denominação própria. Já vimos chamar-lhe "securitização", mas achamos o neologismo desenraizado e sem qualquer sugestão significativa. O recurso à denominação francesa (e essa sim, teria uma raíz significativa) deveria, antes, conduzir à designação de "titularização" que é a que mais se ajusta à realidade portuguesa. Trata-se, na verdade, de uma autêntica "titularização de créditos". Ficamos por esta, por enquanto.

Em Portugal, com o ecletismo que é habitual, já foram celebrados contratos de *securitisation* e de *titrisation*. À americana e à francesa.

À americana, através de instrumentos contratuais que as partes designaram por "contratos de securitização" e que seguem, de forma fiel, os contratos de *securitisation* dos países anglosaxónicos.

À francesa, através da emissão de obrigações hipotecárias.

Vejamos o objecto, o conteúdo, a formalização e o suporte legal de cada um destes modelos.

A) O modelo "securitisation"

Existem duas partes contratuais: uma delas é o originador (credor originário) e pode ser também servidor, na medida em que, habitualmente se encarrega da cobrança dos créditos; a outra parte é o comprador.

O originador é titular dos créditos por empréstimos efectuados no exercício da sua actividade.

Originador e comprador acordam respectivamente, vendas e compras daqueles créditos (originárias e sucessivas, verificados os pressupostos).

O servidor compromete-se a, como agente do comprador, cobrar os créditos deste, mediante remuneração por simples prestação de serviços.

A transmissão dos créditos é efectuada "sem recurso ao vendedor" e independentemente do conhecimento ou acordo do devedor, ou seja, estamos perante uma autêntica cessão de créditos (art. 577º do Código Civil), sem prejuizo de o cedente (originador) aceitar a sua nomeação como agente do comprador para o representar na cobrança dos créditos contratuais.

O preço da compra e venda (isto é, da cessão) é estabelecido de acordo com os critérios fixados no contrato.

A compra dos títulos é, por seu lado, efectuada com fundos gerados por emissão de papel comercial que pode ser levada a cabo no estrangeiro por empresas por esse específico objecto.

Não havendo regulamentação nacional deste tipo de contratos, segue-se o modelo anglosaxónico: define-se todos os termos chave do contrato, estipulam-se os comportamentos a adoptar pelas partes, cria-se a obrigatoriedade de cada uma das partes respeitar e fazer respeitar o direito nacional a que esteja sujeita e estipular-se o direito regulador do contrato que, normalmente e, sobretudo, se os intervenientes pertencem a ordens jurídicas diferentes, será o direito inglês.

Naturalmente, a base legal que suporta a construção destes contratos, no direito português, é o príncipio da liberdade contratual, consagrado no art. 405º do Código Civil.

B) O modelo "titrisation"

O modelo a que nos referimos é, naturalmente, o modelo francês.

Já se viu que, em França, podem os créditos agregados ser transferidos para fundos (*fonds communs de créances*), os quais são geridos por sociedades gestoras. Estes créditos passam, assim, a pertencer aos investidores, tomadores de unidades de participação emitidas sobre aqueles créditos.

Em Portugal, a emissão de obrigações hipotecárias apresenta algumas semelhanças com o modelo francês, mas também grandes diferenças.

Nos termos do Decreto-lei n. 125/90 de 16 de abril, alterado pelo Decreto-lei n. 17/95 de 27 de janeiro, as instituições bancárias autorizadas a conceder créditos garantidos por hipoteca podem, em certas condições, emitir obrigações hipotecárias, com desaplicação do capítulo IV do título IV do Código das Sociedades Comerciais.

Todavia, o valor global nominal da emissão não pode ultrapassar 80% do valor global dos créditos hipotecários do emitente.

Os títulos, assim emitidos, são garantidos pelo conjunto das hipotecas devidamente registradas, as quais, aliás, prevalecem sobre quaisquer previlégios creditórios imobiliários.

Constata-se, assim, que as obrigações hipotecárias são títulos emitidos sobre créditos hipotecários, agregados, sendo aqueles títulos tomados por investidores que, por esta via, são também os financiadores das aquisições a que tais fundos se destinam: a construção.

Diferem, porém, dos demais modelos de titularização: primeiro, porque os créditos não são transferidos para qualquer outra entidade diferente do primitivo credor; depois, porque não são juridicamente autonomizados relativamente à pessoa do emitente; finalmente, porque perante os investidores respondem os bens dados em garantia, mas também o património dos emitentes.

Por tudo o que acabamos de referir, o modelo português de titularização de créditos hipotecários não preenche os requisitos e não prossegue, inteiramente os objectivos da verdadeira *titrisation*.

V — O actual quadro legal português

Temos, assim, em Portugal, o início de uma prática, não regulamentada, mas que a legislação geral não viabiliza, traduzida em cópia quase fiel dos contratos celebrados em países de *common law*. Algum desajuste será, por certo, inevitável. Sobretudo, faltará o controle das autoridades de supervisão seja das entidades bancárias seja do mercado de valores mobiliários.

Existe, por outro lado, uma legislação, aliás muito rígida, relativa a titularização de créditos hipotecários, mas que não responde às exigências do novo instrumento financeiro, estrigindo-o a este tipo de crédito, e não permitindo autonomização dos riscos relativamente ao emitente: nem dos riscos do balanço nem dos riscos do mercado.

Deve, entretanto, salientar-se, que existe em Portugal, experiência e instrumental jurídico para a prática da titularização de tipo francês. Referimo-nos aos fundos de investimento e suas sociedades gestoras. Tão simples quanto isto: basta que a lei especial permita a constituição de fundos de créditos, em tudo semelhantes aos fundos de investimento. Admitida a emissão de títulos de participação sobre aqueles activos, estará encontrada a autonomização, a possibilidade de colocação no mercado, enfim, estarão alcançados os objectivos associados à novidade do instrumento.

A definição dos créditos susceptíveis de "titularização" alargará ou restringirá o seu âmbito de utilização.

V — Conclusões

1ª — A titularização de créditos traduz-se na agregação de créditos homogéneos e sua autonomização relativamente ao património de activos do credor;

2ª — A autonomização dos activos referidos no número anterior pode dar-se através de técnicas diversas, conforme os sistemas jurídicos em que ocorre (de tipo societário, fiduciário ou colectivo);

3ª — As finalidades de titularização também podem ser diversas: em alguns casos, visa-se uma simples limpeza do balanço; noutros, pretende-se a rentabilização de activos; noutros ainda, a diversificação dos riscos; podendo, é claro, estar presentes todos estes objectivos;

4ª — Em Portugal, não existe regulamentação sobre a matéria;

5ª — A falta de regulamentação não inviabiliza a utilização do instrumento financeiro, mas também o não promove;

6ª — Na ausência de regras, a titularização corre o risco de se transformar num fenómeno, desconhecido das autoridades do mercado financeiro, com todos os inconvenientes que daí decorrem;

7ª — No âmbito do sistema financeiro nacional, foram celebrados contratos à imagem dos sistemas jurídicos anglosaxónicos;

8ª — Todavia, existe regulamentação próxima da "titularização", a propósito da emissão de obrigações hipotecárias a que, não obstante, os agentes económicos não têm recorrido, certamente, por ali não reconhecerem todas as virtualidades do novo instrumento financeiro;

9ª — Também existe legislação e experiência na constituição e gestão de fundos colectivos e suas sociedades gestoras, que pode aproximar o sistema dos modelos continentais ou de *civil law*;

10ª — Porém, a legislação nacional não reconhece a constituição de fundos de créditos nem as respectivas sociedades gestoras o que inviabiliza este modelo de titularização;

11ª — Admitindo maiores dificuldades na importação de instrumental jurídico de sistemas mais afastados, como sejam o *trust* ou mesmo as *special purpose companies*, a viabilização regulamentada da titularização poderá encontrar caminho fácil através da adequação da legislação nacional já existente;

12ª — Designadamente, e à semelhança dos modelos acima referenciados, a titularização poderia ter lugar através da criação de sociedades gestoras com este específico objecto ou com objecto compatível e, simutaneamente, através da admissão de fundos constituídos por créditos especialmente adequados para este efeito;

13ª — Não estará, porém, excluida a hipótese de construção de qualquer dos demais "veículos" já conhecidos: o *trust* e as sociedades com este específico objecto. Quanto ao *trust*, não se adivinham facilidades, face ao inêxito das muitas tentativas havidas no sentido da sua introdução em ordenamentos jurídicos continentais. No que toca às sociedades, admite-se a criação de um novo tipo societário, próximo, aliás, das sociedades de *factoring* que, naturalmente, careceria de adequado tratamento legal e supervisão prudencial;

14ª — De resto, em qualquer dos casos de titularização, deveria a supervisão prudencial ser atribuida segundo os critérios habituais.

Lisboa, Junho de 1998

Atualidades

A EVOLUÇÃO DO REGIME LEGAL DA PETROBRÁS E A LEGISLAÇÃO ANTITRUSTE

ARNOLDO WALD

"Com a economia brasileira aberta, não podemos só raciocinar em termos domésticos. A concentração, em nível nacional, não é necessariamente prejudicial, desde que possa enfrentar a concorrência".

(Senador José Serra, *Gazeta Mercantil*, de 26.9.1997)

I — A evolução legislativa. II — As parcerias e a legislação antitruste.

I — A evolução legislativa

1. Em todos os países, a sociedade de economia mista surgiu como um modo de flexibilização e descentralização das entidades criadas pelo Estado para atender determinados interesses no plano econômico. Dotada inicialmente de plena autonomia, regendo-se nas suas relações externas de acordo com as normas de direito comercial, podia substituir as empresas privadas ou com elas competir adequadamente, não obstante ser controlada e fiscalizada pelo Estado. Quer tenha tido a vocação de substituir um verdadeiro serviço público, quer a sua existência se justificasse pela falta de recursos financeiros da iniciativa privada para realizar grandes investimentos necessários a assegurar o desenvolvimento nacional, em todos os casos ela conciliava uma forma de direito privado com uma finalidade pública.

2. Na medida em que o Estado ampliou a sua presença na economia, sob todas as formas, recorreu a técnicas de descentralização, como a autarquia, a empresa pública e a sociedade de economia mista, para poder atender às finalidades almejadas.

3. Na doutrina, chegou a ser salientado, pelo Professor Georges Vedel, que estava ocorrendo a chamada comercialização do direito administrativo, pois afirmava o eminente mestre que:

"o Estado desapropriou os capitalistas, ficando não somente com suas empresas mas também com suas técnicas (jurídicas) e experiências".[1]

4. Assim, quando se concebeu o monopólio da Petrobrás, o então deputado Bilac Pinto salientou que se propunha:

"a constituição de uma *empresa estatal, que tenha a mesma flexibilidade das empresas privadas para executar aquele programa*".[2]

1. Georges Vedel, *La Technique des Nationalisations in Droit Social,* 1946, p. 96, e, no mesmo sentido, Jean Rivero, *Sur la Réforme des Institutions Nationales,* Dalloz, 1948, crônica, p. 181.

2. Bilac Pinto, *Documentos Parlamentares,* Petróleo, v. 6, pp. 249/263, *apud* Gilberto Paim, *Petrobrás,* Rio de Janeiro, Topbooks Editora, 1994, p. 183.

5. Na realidade, a sociedade de economia mista teve, no Brasil, um papel distinto daquele que lhe foi atribuído nos vários países da Europa, nos quais, na maioria dos casos, a sua criação decorreu das nacionalizações, que ocorreram, em grande número, após a Segunda Guerra Mundial, mantendo-se a empresa nacionalizada com uma estrutura relativamente análoga à que tinha, anteriormente, quando sociedade privada.

6. Em nosso país, com o decorrer do tempo, tanto as autarquias, como as empresas públicas e as sociedades de economia mista foram perdendo a sua flexibilidade, em virtude dos controles *a priori* e *a posteriori* que lhes foram impostos e da relativa politização que sofreram, com a aplicação, numa certa época, do *spoil system.*

7. Assim, no Brasil, num movimento pendular, tivemos, sucessivamente, a criação das autarquias e a desautarquização das mesmas, aplicando-se-lhes as normas da administração central. Organizamos as sociedades de economia mista e as empresas públicas, que acabaram, posteriormente, sendo integradas, de uma maneira ou de outra, na administração indireta, sofrendo um processo de quase autarquização.

8. Enquanto se mantinha a personalidade de direito privado da sociedade de economia mista e os princípios constitucionais lhe asseguravam o mesmo regime aplicado às empresas privadas, as leis referentes às licitações foram, progressivamente, criando uma verdadeira camisa-de-força, que limitou a plena liberdade de atuação dessas empresas, ensejando maiores despesas e menor rentabilidade e tornando-se, hoje, um dos fatores do chamado custo Brasil.

9. Por outro lado, as sociedades de economia mista mobilizaram, em seu favor, a poupança privada, de tal modo que entre as maiores sociedades abertas do país e as mais negociadas em Bolsa, nos últimos vinte anos, encontramos quase que somente empresas mistas.

10. De qualquer modo, no passado, em quase todos os países, sob inspiração do direito anglo-americano, costumava-se garantir às sociedades de economia mista as três liberdades, que consistiam na dispensa de prestação de contas ao *Bureau of the Budget,* na não-incidência das normas e processos referentes ao *civil service* (sistema de recrutamento e promoção de funcionários) e ao sistema de concorrência pública.[3]

11. Aconteceu, todavia, que com o decorrer do tempo, as sociedades de economia mista foram sendo submetidas, de um modo cada vez mais intenso, às normas de direito administrativo, perdendo a sua autonomia e flexibilidade.[4]

12. As tentativas de liberalização, como a realizada pela Lei n. 6.404, não alcançaram as suas finalidades, embora os autores do respectivo anteprojeto entendessem, na época, que se tratava de uma verdadeira lei geral das sociedades de economia mista.[5]

3. Leonard White, ***Introduction to the Study of Public Administration,*** 3ª ed., 1951, pp. 119 e ss., e Ogg e Ray, *Introduction to American Government,* 9ª ed., New York, Appleton-Century Crofts Inc., 1948, pp. 471, 608-610, 665-668 e 707-709, caracterizam nesses termos as chamadas "Government Corporations", que são empresas públicas, mas cujos traços fundamentais são aplicáveis às sociedades de economia mista.

4. Em 1953, o Professor Bilac Pinto profetizava, em excelente artigo, "O declínio das sociedades de economia mista e o advento das modernas empresas públicas" (*Revista Forense*, v. 146). Na realidade, continuou havendo o maior desenvolvimento das sociedades de economia mista, embora com um regime cada vez mais próximo do aplicável às empresas públicas e até a administração pública central. Já, naquela época, defendíamos a participação igualitária ou minoritária do Estado em sociedades de economia mista (Arnoldo Wald, "As Sociedades de economia mista", in *Revista Forense*, 152, pp. 510 e ss.).

5. Escrevem Alfredo Lamy Filho e José Luiz Bulhões Pedreira:

"A lei de sociedades anônimas, além de dispor sobre essa forma de sociedade quando utilizada pelo setor privado, é lei geral das sociedades de economia mista, que por ela se regem, com as derrogações constantes das leis especiais que autorizam a sua constituição (Constituição, art. 170, § 2º)" (*A Lei das S.A.*, 3ª ed., Rio de Janeiro, Renovar, p. 252).

13. Comentando o mencionado diploma legal, tivemos o ensejo de escrever que:

"Assim sendo, na sua estrutura e nas suas relações externas com empregados (direito trabalhista), com terceiros, clientes ou fornecedores (direito obrigacional) ou com o próprio Fisco (direito fiscal), a empresa mista obedece aos mesmos princípios que a sociedade anônima privada. Essa situação decorre do princípio da igualdade na competição que se pretende assegurar numa economia de mercado, nas áreas em que a atividade do Estado não é monopolística. Por outro lado, no tocante à fixação de suas metas, a certos princípios gerais referentes ao orçamento, às despesas de pessoal e de material, aos critérios de gastos de publicidade e divulgação e ao controle das contas e da performance da empresa, cabe evidentemente a supervisão prevista pelo Decreto-lei n. 200 e nada impede que o Estado ou o Município possam fixar, em lei, normas aplicáveis às suas sociedades de economia mista e às suas empresas públicas. Por mais que se respeite o princípio constitucional da equiparação das sociedades de economia mista às demais sociedades anônimas, a legislação ordinária tem admitido a criação de um regime próprio para as sociedades de economia mista, no tocante, às contribuições para o PASEP, a fiscalização financeira do Tribunal de Contas, a certo tipo de contratações, etc...".[6]

14. Na medida em que a Petrobrás deixou de exercer o monopólio previsto pela Lei n. 2.004 (art. 2º, II), em virtude da Emenda Constitucional n. 9, de 9.11.1995, e da Lei n. 9.478, de 6.8.1997, passou a ser uma sociedade equiparada às demais empresas comerciais, tendo inclusive o legislador afastado expressamente a incidência da Lei n. 8.666, para fazer depender as suas aquisições de bens e serviços de processo simplificado (art. 67 da Lei n. 9.478/97).

15. É interessante mencionar que a atribuição de maior flexibilidade à Petrobrás, para permitir que possa competir com as demais empresas do setor, foi a preocupação dominante do Governo, desde a elaboração do projeto que se transformaria na Lei n. 9.478. Essa posição do Poder Executivo, depois abraçada pelo legislador, se destina a garantir que a sociedade possa funcionar com "um espírito empresarial", considerado como essencial para modernizar e "reinventar o Governo".[7]

16. Assim, na Exposição de Motivos ministerial n. 23, de 25.4.1996, foi salientado que:

"Os dois últimos Capítulos do Anteprojeto cuidam da situação da Petrobrás, que é mantida com os seus objetivos originais, como agente estatal do monopólio, já agora não mais com a exclusividade que lhe conferiu a Lei n. 2.004, de 3 de outubro de 1953, mas em caráter de *livre competição* com outras empresas, estatais ou privadas. Mantendo o controle acionário da União sobre a Petrobrás, *a nova Lei proporcionará à estatal brasileira maior flexibilidade de atuação no novo cenário, permitindo-lhe, para isso, criar, transformar, fundir ou cindir subsidiárias para exercer as atividades relacionadas com seu objeto social, além da possibilidade de adotar procedimento licitatório simplificado,* segundo normas próprias previamente aprovadas pelo Ministro de Minas e Energia e publicadas no *Diário Oficial*.

Emancipada da tutela do monopólio, conservará, entretanto, a Petrobrás, suas funções genuínas de braço executivo da política nacional para o setor, *passando a exercitar-se em regime concorrencial aberto* com os predicados técnicos e de qualidade de gestão reconhecidos pela comunidade internacional da indústria do petróleo. Na verdade, a Petrobrás possui, hoje, ma-

6. Arnoldo Wald, "As sociedades de economia mista e a nova Lei das Sociedades Anônimas", in *Revista da Procuradoria Geral do Estado de São Paulo*, n. 17, p. 70.

7. David Osborne e Ted Gaebler, *Reinventando o Governo. Como o Espírito Empreendedor está Transformando o Setor Público,* 3ª ed. da tradução brasileira, São Paulo, MH Comunicação, 1994.

turidade e competência que lhe permitem *compartilhar e concorrer com outras empresas do setor, no país e no exterior, nas oportunidades negociais que estão postas à sua frente*".

17. Está, pois, presente no projeto de lei, desde os seus inícios, a preocupação de *flexibilizar a empresa*, permitindo-lhe realizar associações de toda espécie.

18. O texto da Lei n. 9.478 e especialmente os seus arts. 61 a 65 atendem plenamente à preocupação do Poder Executivo de garantir a maior liberdade de atuação à Petrobrás, a fim de permitir a criação de subsidiárias, nas quais tenha posição majoritária ou minoritária, e de realizar parcerias ou consórcios sob todas as formas legalmente permitidas.

19. Efetivamente esclarecem os mencionados artigos que:

"Art. 61. *A Petróleo Brasileiro S/A — Petrobrás* é uma sociedade de economia mista vinculada ao Ministério de Minas e Energia, que tem como objeto a pesquisa, a lavra, a refinação, o processamento, o comércio e o transporte de petróleo proveniente de poço, de xisto ou de outras rochas, de seus derivados, de gás natural e de outros hidrocarbonetos fluidos, bem como quaisquer outras atividades correlatas ou afins, conforme definidas em lei.

"*§ 1º. As atividades econômicas referidas neste artigo serão desenvolvidas pela Petrobrás em caráter de livre competição com outras empresas, em função das condições de mercado,* observados o período de transição previsto no Capítulo X e os demais princípios e diretrizes desta Lei.

"*§ 2º. A Petrobrás diretamente ou por intermédio de suas subsidiárias, associada ou não a terceiros, poderá exercer,* fora do Território Nacional, *qualquer uma das atividades integrantes de seu objeto social.*

"(...)

"Art. 63. *A Petrobrás e suas subsidiárias ficam autorizadas a formar consórcios com empresas nacionais ou estrangeiras na condição ou não de empresa líder, objetivando expandir atividades, reunir tecnologias e ampliar investimentos aplicados à indústria do petróleo.*

"Art. 64. Para o estrito cumprimento de atividades de seu objeto social que integrem a indústria do petróleo, *fica a Petrobrás autorizada a constituir subsidiárias, às quais poderão associar-se, majoritária ou minoritariamente, a outras empresas.*

"Art. 65. A *Petrobrás* deverá constituir uma subsidiária com atribuições específicas de operar e construir seus dutos, terminais marítimos e embarcações para transporte de petróleo, seus derivados e gás natural, ficando facultado a essa subsidiária associar-se, majoritária ou minoritariamente, a outras empresas."

20. Sendo evidente a correlação e a afinidade existentes entre a exploração do petróleo e do gás e a indústria petroquímica, nenhuma dúvida existe quanto à liberdade da *Petrobrás* de contratar associações e parcerias com terceiros, tanto no setor de sua atividade principal como em outras conexas.

21. Assim, não há como alegar a inconstitucionalidade dos acordos de parceria com base no art. 37, XXI, que tem a seguinte redação:

"XXI — *ressalvados os casos especificados na legislação*, as obras, serviços, compras e alienações *serão contratados mediante processo de licitação pública* que assegure igualdade de condições a todos os concorrentes, com cláusulas que estabeleçam obrigações de pagamento, mantidas as condições efetivas da proposta, nos termos da lei, o qual somente permitirá as exigências de qualificação técnica e econômica indispensáveis à garantia do cumprimento das obrigações".

22. Evidentemente que, no caso de associação ou parceria, não se tratando nem de obras, nem de serviços, nem de compras, nem de alienações, não incide a norma constitucional, que, aliás, prevê a exclusão da sua incidência nos casos especificados na legislação. Há, outrossim, mesmo em relação aos contratos regidos pela Lei n. 8.666, um regime especial para a *Petrobrás*, à qual não se aplica o mencionado diploma legal, como vimos ao analisar o art. 67 da Lei n. 9.478.

23. Também se alegou[8] que haveria violação do inciso XX do art. 37 da Constituição, de acordo com o qual:

"XX — depende de autorização legislativa, em cada caso, a criação de subsidiárias das entidades mencionadas no inciso anterior, assim como a participação de qualquer delas em empresa privada".

24. Ora, verifica-se que existe autorização legal específica para a Petrobrás criar subsidiárias, ou seja, para participar em outras empresas, acrescentando o art. 64 acima transcrito que tal participação tanto pode ser majoritária, quanto minoritária (caso em que não se trata de subsidiária, mas de participação acionária).

25. O inciso XX do art. 37 da Constituição, ao referir-se a cada caso, pretende evitar que o Executivo possa criar uma subsidiária, ou ter uma participação, que não tenha sido autorizada de modo específico pelo Poder Legislativo para uma determinada empresa e com finalidades legalmente previstas. A expressão *cada caso* significa que não pode haver autorização genérica, para todas as empresas e em qualquer hipótese. Tratando-se de autorização, para criar subsidiária, visando atender às finalidades sociais da Petrobrás, que foi dada pela Lei n. 9.478, não há necessidade de lei específica para qualquer associação, pois a autorização já existe e não se trata de realização pelo Estado de atividade não prevista pelo legislador.

26. A este respeito já tivemos o ensejo de escrever, na vigência da Constituição anterior, mas interpretando os arts. 236 e 237, § 1º, da Lei das Sociedades Anônimas, que tinham redação análoga ao atual texto constitucional:

"Como o § 1º do artigo 237 não esclarece se a lei autorizativa deve ser geral ou especial, nada impede que a faculdade de criar subsidiárias ou de modificar as finalidades sociais conste, desde logo, da lei que autorizou a criação da empresa. (...) Queremos dizer que o texto legal não deve ser interpretado como exigindo um casuísmo absoluto, com lei autorizativa para cada caso. Embora o artigo 237 *caput* se refira às atividades previstas na lei que autorizou a constituição da companhia, é evidente que qualquer lei pode alterar ou autorizar a modificação das finalidades da sociedade de economia mista, pois a lei que autorizou a constituição é do mesmo nível que qualquer outra e não pode ter qualquer prevalência sobre as leis posteriores. O que o legislador federal pretendeu proibir foi alteração do objeto pelos estatutos sem autorização legislativa. Desde que tal autorização exista, seja ela geral ou especial, pela lei criadora da empresa ou por outra posterior, nenhum óbice poderá surgir para realizar a modificação estatutária ou admitir a criação de subsidiárias.

É, aliás, preciso salientar que os próprios autores do anteprojeto admitem que não há necessidade de autorização específica para a criação de cada subsidiária, bastando a autorização genérica para que a sociedade de economia mista possa participar de outras".[9]

27. Parece-nos, assim, que não tem fundamento a Ação Direta de Inconstitucionalidade n. 1.649, na qual se pretende considerar inválido o art. 64 da Lei n. 9.478, como, aliás, decidiu o Supremo Tribunal Federal ao indeferir a liminar pleiteada, pela unanimidade dos seus ilustres integrantes, em 29.10.1997.

II — As parcerias e a legislação antitruste

28. Tem sido alegado que a concessão do direito de preferência, em determinados

8. *Correio Brasiliense* de 24.9.97, p. 16.

9. Arnoldo Wald, "As sociedades de economia mista e a nova Lei das Sociedades Anônimas", loc. cit., pp. 77 e 78.

contratos de associação, poderia constituir abuso do poder econômico, ensejando uma concentração, que propiciaria às empresas associadas um verdadeiro oligopólio. Na realidade, a situação da Petrobrás era monopolística no passado, mas com a nova legislação, passou a mesma a ser uma empresa que compete com as demais, especialmente em virtude da liberdade de importação. Assim, toda a política atual da Petrobrás consiste na realização de parcerias, tanto com empresas nacionais, como com as estrangeiras.

29. Por outro lado, já vimos que, no tocante ao setor petroquímico, surgiu, no mundo inteiro, uma espécie de oligopólio de fato, que deve ser examinado tendo em vista a economia mundial e não somente a situação brasileira. Essa nova visão da concorrência acaba de ser sedimentada, com a manifestação que os países europeus fizeram em relação à fusão entre a *BOEING* e a *McDonnel Douglas*, examinando as posições das empresas nos diversos países e os contratos que tinham para fornecer aeronaves, aos seus clientes, no mundo inteiro, e não apenas nos Estados Unidos.

30. A doutrina tem salientado que qualquer controle pela autoridade administrativa deve ter em conta não só o mercado nacional mas também o do grupo econômico regional no qual o mesmo se insere — o Mercosul — e até, eventualmente, a situação, existente em outros países, tanto das empresas que se associam como dos seus concorrentes.

31. Assim, ao lado dos interesses das partes e dos consumidores, também deve ser examinado o interesse público, que decorre da necessidade de fortalecimento de empresas nacionais ou sediadas no país, assegurando-lhes possibilidade de competição internacional, que atualmente pressupõe que tenham alcançado determinadas dimensões.

32. É evidente que o simples direito de preferência ou o dever de informação, de boa-fé, de planos de operações a serem realizadas na área na qual as empresas se associam, não pode constituir abuso do poder econômico, nem mesmo aquisição de posição dominante que possa ameaçar a livre concorrência.

33. Há cerca de quarenta anos, o Professor San Tiago Dantas já fazia a distinção entre o monopólio constituído pela atuação das partes e o monopólio natural, sendo que tais considerações se aplicam perfeitamente aos oligopólios existentes no setor petroquímico.

34. Escrevia o ilustre jurista que:

"A oposição entre livre concorrência e monopólio não parece hoje tão irredutível. O monopólio, assim, como pode ser criado artificialmente pelo Poder Público (monopólio legal) ou por um acordo de produtores (monopólio convencional) pode resultar de circunstâncias que o configuram como verdadeiro *monopólio natural.* É o que sucede, por exemplo, quando uma empresa detém a única fonte existente de certa matéria-prima, ou possui com exclusividade certa patente, ou ainda quando circunstâncias tecnológicas ou dificuldades de capital obstruem a entrada no mercado de fornecedores concorrentes. Em todos esses casos e em outros fáceis de apresentar, o mercado se acha sob condições monopolísticas, ainda que nenhuma norma legal ou convencional faça obstáculo à ampliação da concorrência.

"Essas considerações (cf. Joe S. Bain, *Pricing, distributions and employement,* ed. 1948, capts. 5º e ss.) levam à conclusão de que entre a *livre concorrência e o monopólio* não existe uma oposição antitética, mas uma diferença de grau. À medida que se reduz o número de fornecedores de um produto, e à medida que se agrava a dificuldade de entrada de novos fornecedores, a estrutura do mercado se torna mais e mais monopolística".[10]

10. F. C. de San Tiago Dantas, *Problemas de Direito Positivo,* Rio de Janeiro, Forense, 1953, pp. 94 e 95.

35. Na realidade, a partir da década de 70, a legislação ordinária brasileira reconheceu a importância crescente da concentração e da coordenação entre empresas como meios de fortalecer as empresas sediadas no país. Assim, a preocupação de evitar os abusos do poder econômico se apresenta mitigada pela necessidade de dar eficiência e dimensões adequadas às empresas nacionais, a fim de atender às necessidades do mercado interno e de enfrentar, eventualmente, os concorrentes no mercado internacional.

36. Assim, já o I Plano Nacional de Desenvolvimento, aprovado pela Lei n. 5.727, de 4.11.1971, cuidando da integração social, reconheceu a existência de meta da política nacional no sentido de:

"impedir os abusos do poder econômico, pela contínua melhoria da distribuição de renda, *sem prejuízo da eficiência que garanta às empresas o poder de competição*" (Seção V, inciso III).

37. No II PND, aprovado pela Lei n. 6.151, de 6.12.74, são numerosas as referências à necessidade de concentração econômica, à criação de estruturas empresariais poderosas, inclusive no campo da comercialização, incentivando-se, especialmente, a formação de conglomerados, devendo ser dada, às empresas sediadas no país, a necessária escala para que obtenham ou mantenham o indispensável poder de competição. Mais ainda, modificando aparentemente o espírito e a letra da então vigente Lei n. 4.137, o II PND esclarece que a repressão aos abusos do poder econômico não mais deverá ocorrer mediante a utilização de remédios jurídicos, mas sim:

"através de instrumentos econômicos. Tais mecanismos são o crédito, os incentivos fiscais, regulados no sentido de evitar práticas oligopolistas, assim como o sistema de controle de preços, orientado na forma já citada".

38. Na filosofia do II PND, a ênfase foi dada à necessidade de ser assegurada maior produtividade às empresas sediadas no país, garantindo-se, assim, a "emergência de forte expressão de capacidade empresarial". Se insistimos na visão econômica da época, é porque ela inspirou, como já vimos, a criação da indústria petroquímica brasileira, cuja estrutura básica se manteve no tempo, não obstante as mudanças legislativas, as alterações de composição acionária das sociedades que atuam no setor e o aumento da produção e do consumo, no país, e no exterior.

39. Os autores que analisaram a evolução do regime jurídico das empresas se referem, a partir daquela época, à existência de uma "concentração estimulada" pelo legislador, que atende à preocupação constitucional de assegurar o desenvolvimento econômico e a justiça social no país (art. 160 da Emenda Constitucional n. 1). Surge, assim, o princípio da chamada "economicidade", pelo qual deve ser definida "a linha da maior vantagem" na aplicação da política econômica,[11] diminuindo o campo de incidência da legislação antitruste.

40. Os mecanismos de concentração ou de integração, plena ou parcial, de empresas deixam de ser, assim, necessariamente, condenáveis, para que neles se possa vislumbrar técnicas úteis ou necessárias ao próprio desenvolvimento nacional.

41. Por outro lado, a Lei das Sociedades Anônimas (Lei n. 6.404, de 15.12.76) abriu novos horizontes aos mecanismos de associação e cooperação entre empresas, cuidando dos consórcios, das sociedades *holdings*, das coligadas, das subsidiárias e dos grupos societários. Assim sendo, a aparente ilegalidade dos "ajustes ou acordos entre empresas" e da "integração ou qualquer outra forma de concentração das empresas", que defluía do disposto na então vigente Lei n. 4.137, ficou em parte superada pela admissão dessas fórmulas, desde que nelas não se consagrasse um abuso de

11. Washington Peluso Albino de Souza, "O regime jurídico da concentração de empresa", artigo publicado na *Revista de Direito Econômico*, n. 9, abril de 1978, pp. 16 e ss., especialmente p. 30.

poder econômico destinado a assegurar, a determinada empresa, o domínio do mercado em detrimento dos interesses dos concorrentes, dos consumidores e da própria coletividade. O legislador abandonou, pois, a sua posição radical e negativista em relação aos ajustes de cooperação entre as empresas, para reconhecer a eventual utilidade dos mesmos.[12]

42. Em várias ocasiões, desde a sua criação, o Conselho Administrativo da Defesa Econômica reconheceu que os ajustes para a integração ou a concentração empresarial são lícitos, desde que não constituam o meio de conseguir o domínio do mercado ou a eliminação da concorrência, mediante abuso do poder econômico.

43. Já no Processo Administrativo n. 1, julgado ainda em 1966, a ementa da decisão salientou que:

"O abuso do poder econômico caracteriza-se por meios que tenham por fim dominar os mercados nacionais, eliminar a concorrência e aumentar arbitrariamente os lucros.

A eliminação da livre concorrência ou o emprego de meios para consegui-la é substancial à infração".

44. Cinco anos depois, apreciando o Processo Administrativo n. 6, reiterou o plenário do CADE que:

"As práticas capituladas nas alíneas *a* e *g* do item I, do art. 2º da Lei do CADE são simples meios para a obtenção dos fins previstos no *caput* do mesmo item; se estes não forem alcançados — ainda que por outros meios — não podemos cogitar de violações autônomas às alíneas em questão. Somente uma titular do monopólio natural, ou de fato, pode ser agente da prática definida como abusiva no item II do art. 2º da Lei n. 4.137/62".

12. Luiz Gastão Paes de Barros Leães, "Sociedades coligadas e consórcios", in *Revista de Direito Mercantil*, n. 12, 1973, pp. 137 e ss. e Mauro Rodrigues Penteado, *Consórcios de Empresas,* São Paulo, Livraria Pioneira, 1979, p. 24.

45. Ainda em 1976, apreciando o Processo Administrativo n. 12, decidiu o CADE que a concessão de exclusividade para a comercialização de produtos não importa em abuso de poder econômico, salientando, na ocasião, que:

"A concessão de exclusividade para a comercialização de produtos, por si só, não constitui forma de abuso de poder econômico, sobretudo, quando a exclusividade é concedida a estabelecimentos em diversos pontos, diversos locais e variadas regiões.

"Se o domínio do mercado ou a eliminação parcial da concorrência não ocorreu por meio da criação de dificuldades ao funcionamento de uma empresa ou por meio de agregação de empresas, não se caracteriza o abuso do poder econômico."

46. Em outras decisões, reiteradamente, salientou-se que "na ausência de configuração legal nítida de abuso do poder econômico" impõe-se o arquivamento da representação, conforme já se verifica na decisão proferida, em 29.4.1964, no processo de averiguações preliminares n. 1/64.

47. Em várias das suas decisões, o CADE esclareceu que, nos termos da constituição e da lei, as práticas enumeradas na então vigente Lei n. 4.137, em si mesmas, não constituíam irregularidade, só sendo suscetíveis de penalização quando, em virtude delas, ocorressem situações ilegais e quando o resultado tivesse sido alcançado por meio abusivo. No acórdão proferido no Processo Administrativo n. 6, o relator teve o ensejo de salientar que, no entendimento daquela entidade:

"a lei antitruste brasileira não incriminava, como não incrimina, a formação de grupo econômico por agregação de empresas '*per se*'; mas tão-só e unicamente, quando o mesmo grupo se tenha formado e se venha mantendo por meio de qualquer das práticas abusivas".[13]

13. *Revista de Direito Econômico*, n. 7, agosto de 1977, p. 129.

48. Essa mesma jurisprudência administrativa se aplica, em nosso entender, aos textos análogos da atual Lei n. 8.884/94, que manteve os mesmos princípios, embora fazendo incidir as sanções legais, independentemente da existência de dolo ou culpa.

49. O CADE também teve o ensejo de reconhecer, diversas vezes, que, para examinar a licitude ou não dos ajustes, devia-se invocar a "regra da razão", consagrada no direito norte-americano[14] e cujo sentido exato passaremos a analisar em seguida.

50. Mais recentemente, houve uma ampla discussão quanto ao papel do CADE, especialmente no tocante às fusões ou aos convênios de cooperação entre empresas estrangeiras e nacionais, prevalecendo a idéia de que a *joint venture* não deveria ser aprovada quando cada um dos associados ou acordantes pudesse, por si só, desenvolver adequadamente a sua atividade. A situação é evidente e absolutamente distinta da existente nos casos nos quais a simbiose dos interesses enseja nova realidade e dota as empresas do nível necessário para serem competitivas nacional e internacionalmente.

51. Alguns votos proferidos por conselheiros do CADE têm salientado, aliás, a importância de atender à política industrial do país, especialmente quando não há prejuízo para os consumidores.

52. Assim, no Ato de Concentração n. 58/95, foi lembrado por um dos eminentes conselheiros que:

"A Lei 8.884/94 é explícita ao impor aos seus aplicadores a consideração de ocorrência de eficiências e estímulos ao desenvolvimento econômico.

Parece evidente, portanto, que *a autoridade de defesa da concorrência deve otimizar sua atuação, procurando sinergias com as políticas públicas de estímulo ao investimento.* Isto não significa subordinar a defesa da concorrência à política de governo. Trata-se antes de fazer aquilo que a sociedade reclama e o legislador estabeleceu: *procurar equilíbrio e harmonia entre as diferentes ações do Estado em benefício do aumento de bem-estar da população".*[15]

53. Por outro lado, a jurisprudência norte-americana, citada em decisões recentes do CADE, se refere a casos de empresas que pretendiam unir-se, mesmo podendo, isoladamente, ocupar o seu papel no mercado. Essa jurisprudência nos parece, hoje, parcialmente superada, mesmo nos Estados Unidos, com a decisão no caso da empresa *BOEING*, no qual tanto ela quanto a *McDonnel Douglas* tinham, em tese, condições de sobreviver, embora a realidade fática pudesse vir a ser outra e a competição internacional justificasse a fusão.

54. Cabe, finalmente, lembrar que a própria Lei n. 8.884/94 cogita da matéria, dando-lhe a solução adequada, pois, no seu art. 20, inciso II, considera que constituem infração de ordem econômica, independentemente de culpa, os atos que tenham por objeto ou possam produzir o domínio do mercado, modificando, assim, a legislação anterior.

55. Além de não ocorrer tal hipótese no caso de parcerias, cabe lembrar que, no seu § 1º, o mesmo artigo esclarece que:

"§ 1º. *A conquista de mercado resultante de processo natural fundado na maior eficiência de agente econômico em relação a seus competidores não caracteriza o ilícito previsto no inciso II".*

56. Quanto à posição dominante no mercado, ela, por si só, não importa em infração econômica, como aliás não poderia acontecer dentro da sociedade capitalista, na qual sempre existem empresas com situações mais privilegiadas do que outras. O que se pune não é a obtenção da situação dominante, mas sim e tão-somente, o abuso da mesma (art. 20, inciso IV), criando-se uma responsabilidade agravada para quem domina o mercado, do mesmo modo

14. *Revista* citada, p. 127.

15. *Revista do IBRAC* 4/148-9.

que, na sociedade anônima, tem maior responsabilidade o acionista controlador.

57. De qualquer modo, verifica-se que, para o CADE, impõem-se as conclusões seguintes:

a) os ajustes de integração ou de cooperação, por si só, não são ilegais;

b) a sua ilegalidade só ocorre quando importa em abuso do poder econômico praticado com a finalidade de eliminar os concorrentes do mercado ou criar monopólio; e

c) a legitimidade dos contratos deve ser apreciada tendo em conta a chamada "regra da razão".

58. Inspirando-se no direito norte-americano, especialmente na Lei Sherman e na interpretação que lhe foi dada pela Suprema Corte norte-americana, a lei brasileira considerou que não devem prevalecer os ajustes ou acordos entre empresas que tenham a finalidade de eliminar, total ou parcialmente, a concorrência. O que a lei veda é, na realidade, a restrição desrazoável da concorrência. A razoabilidade é critério que surgiu na jurisprudência norte-americana, devendo ser apreciada conforme o caso concreto e considerando a situação econômica do momento.

59. Num acórdão histórico, o Juiz Brandeis esclareceu que não é qualquer restrição à concorrência que torna ilegal o acordo entre as partes, mas tão-somente, aquele que suprime ou elimina a concorrência.

No mencionado caso, *Chicago Board of Trade versus United States*, o eminente magistrado salientou que:

"The legality of an agreement or regulation cannot be determined by so simple a test, as whether it restrains competition. Every agreement concerning trade, every regulation of trade, restrains. To bind, to restrain, is of their very essence. The true test of legality is whether the restraint imposed is such as merely regulates and perhaps thereby promotes competition or whether it is such as may suppress or even destroy competition. To determine that question the court must ordinarily consider the facts peculiar to the business to which the restraint is applied; its condition before and after the restraint was imposed; the nature of the restraint and its effect, actual or probable. The history of the restraint, the evil believed to exist, the reason for adopting the particular remedy, the purpose or end sought to be attained, are all relevant facts. This is not because a good intention will save an otherwise objectionable regulation or the reverse; but because knowledge of intent may help the court to interpret facts and to predict consequences".[16]

60. Passando-se para o vernáculo, as conclusões do texto do acórdão norte-americano são as seguintes:

"(...)

"Para determinar a licitude de uma restrição do comércio, normalmente o tribunal deve considerar os fatos peculiares ao ramo de negócios ao qual a restrição se aplica: a condição deste ramo de negócios, tanto antes da imposição da restrição, como depois; a natureza da restrição e seus efeitos reais e prováveis. A história da restrição, o mal que se acredita existir, a razão que levou à adoção do remédio, a finalidade que se visava atingir — todas estas considerações são relevantes (...)".

61. A regra da razoabilidade se complementa pela necessidade da eficiência na produção, cabendo examinar, em cada caso, qual a relação entre a eventual restrição razoável à concorrência e o aumento de eficiência na produção que, nos seus reflexos finais, beneficia não só o fabricante ou comerciante, mas ainda o consumidor e até a economia nacional, ou seja, a comunidade no seu todo. A economia de escala, a especialização das empresas e a divisão do trabalho entre concorrentes podem, em certos casos, permitir o fortalecimento da

16. Ap. Robert H. Bork, *The Antitrust Paradox*, Basic Books Inc., 1978, p. 43.

economia nacional e, conseqüentemente, atender aos interesses sociais do país, como os referentes à diminuição do desemprego e à atribuição de uma melhor condição de vida a todos os cidadãos.

62. Este equilíbrio entre as necessidades de garantir a concorrência e de racionalizar a produção já se faz sentir no direito norte-americano, admitindo-se a licitude dos acordos de cooperação desde que não se apresentem abusivos. É ainda o Juiz Brandeis que chegou a afirmar que o *Sherman Act* não exige que a concorrência seja procurada cegamente (*American Column and Lumber Co. v. US*). Os tribunais norte-americanos esclareceram que não se deve confundir racionalização da produção com restrição à concorrência, embora a racionalização possa repercutir nas condições de concorrência existentes no mercado. Assim, no caso *Maple Flooring Mfrs. Association v. US*, decidiu a Corte que:

"*Competition does not become less free because the conduct of commercial operation becomes more intelligent...*".

"A concorrência não sofre restrição pelo fato de ser a gestão comercial mais inteligente..." [17]

63. Ao examinar o atual regime de parcerias da Petrobrás, não se pode deixar de ter em conta as condições especiais da indústria petrolífera e petroquímica, nas quais existe um oligopólio natural decorrente da importância dos investimentos necessários e da constante modernização tecnológica constantes exigidas neste setor de atividade. Nas alianças estratégicas, não cabe, pois, presumir a violação da legislação *antitruste* mas, ao contrário, aplicar sempre o critério da racionalidade, tendo em vista a maior eficiência industrial e o interesse nacional no mundo da globalização no qual vivemos.

São Paulo, 22 de junho de 1998

17. Ap. Jean Paul Maire, *Les Accords de Coopération entre Entreprises,* Lausanne, Éditions René Thonney, Dupraz, 1974, p. 144.

Atualidades

A APLICAÇÃO DO CÓDIGO DE DEFESA DO CONSUMIDOR À ATIVIDADE BANCÁRIA*

NEWTON DE LUCCA

Seja-me permitido, inicialmente, manifestar aos organizadores desse oportuno e memorável encontro os meus mais vivos agradecimentos[1] por essa honrosa oportunidade de, ao lado da pessoa ilustre e estimada do Ministro Rui Rosado de Aguiar — a quem tanto admiro e louvo — discorrer sobre tema tão interessante e atual e acerca do qual, conforme iremos verificar, logo a seguir, existe igualmente alguma coisa de trágico.

Passo, em seguida, à exposição de nosso tema de hoje, qual seja, o relativo à aplicação do Código de Defesa do Consumidor à atividade bancária, esforçando-me para não ultrapassar os 30 minutos regimentais que me foram concedidos.

Disse, há pouco, existir algo de trágico em nosso tema de hoje. Naturalmente, quis me referir, com todo respeito à exuberância da literatura helênica, à grandeza de suas tragédias...

Como é sabido de todos, supõe-se, em dado momento da narrativa, que os tormentos de um determinado personagem tenham chegado ao fim tantas que foram as desventuras por que ele já terá passado. De repente, quando supomos que a história está a terminar, somos surpreendidos por mais uma série implacável de acontecimentos ainda reservados para o nosso herói, seja ele um Odisseus, seja ele um Sísifo.

Não é muito diverso o que se passa com o nosso tema de hoje. Quando imaginamos que a matéria tenha ficado definitivamente resolvida, alguém com imaginação mais fértil do que a nossa, resolve reabrir o debate trazendo à colação um argumento até então não apresentado.

E assim como nós, do Judiciário, deveremos sempre apreciar todos os pontos do pedido, sob pena de serem interpostos embargos de declaração da decisão prolatada, pareceu-nos pertinente examinar esse novo argumento, ora introduzido no debate, ainda que a nossa conclusão possa ser — e o é realmente — no sentido de sua completa impertinência...

Faço, preambularmente, um breve retrospecto desse problema relativo à aplicação do Código de Defesa do Consumidor às instituições financeiras, em geral, e aos bancos, em particular.

Já terei perdido a conta, por certo, do número de vezes em que me manifestei sobre esse tema em oportunidades anteriores.

* Texto básico de palestra proferida em Salvador, no dia 30 de julho de 1998, no painel sobre o Código de Defesa do Consumidor, realizado em conjunto com o Ministro Rui Rosado de Aguiar, por ocasião da "Semana de Altos Estudos", promovida pela Escola Nacional da Magistratura e pelo Tribunal de Justiça do Estado da Bahia.

1. Em particular, não poderia deixar de sublinhar essa minha gratidão ao Eminente Ministro Sálvio de Figueiredo, ao Desembargador Castro Filho, de Goiânia — que preside este painel — ao Desembargador Jatahy Fonseca, à Desembargadora Fátima Nancy Andrighi, à Juíza Eliana Calmon e demais companheiros aqui da Bahia, que nos acolhem com calor humano inesquecível.

Recordo-me da primeira delas, ocorrida em 1991, numa reunião ordinária do Instituto Brasileiro de Direito Comercial Comparado e Biblioteca "Tullio Ascarelli".[2]

Recordo-me, também, da que foi feita no 2º Congresso Brasileiro de Direito do Consumidor, em Brasília, em 1994.

Confesso ter cometido, em ambas as oportunidades, dois erros.

O primeiro desses erros terá sido inteiramente involuntário. Diante da disposição expressa do § 2º do art. 3º do CDC;[3] ciente da circunstância de que as origens do Direito do Consumidor, em todo o mundo, acham-se visceralmente ligada aos abusos cometidos por instituições financeiras contra os seus clientes; ciente, ainda, de que os Pareceres emitidos em sentido contrário, conquanto provenientes de respeitabilíssimos juristas, foram encomendados por famosa entidade de classe do Sistema Bancário, a Federação Brasileira das Associações de Bancos; ciente, também, de que os banqueiros são necessariamente considerados *comerciantes*,[4] seja pelo disposto no art. 119 do Código Comercial[5] de 1950, seja pelo que está expresso no § 1º do art. 2º da Lei n. 6.404, de 15.12.76,[6] seja, ainda, pela abundante doutrina[7] a respeito de tal qualificação — e, portanto, devem os mesmos ser tidos indisputavelmente como *fornecedores*, tanto pela definição do *caput* do art. 3º do CDC, como pela retroaludida disposição do § 2º desse mesmo art. 3º expressa à atividade bancária — jamais tendo sido contestada por algum tratadista essa qualificação de comerciante ao banqueiro; ciente, enfim, de que algumas noções propedêuticas de Hermenêutica Jurídica recomendam evitar-se todo o tipo de interpretação que possa conduzir ao absurdo,[8] julguei que não seriam necessárias longas digressões para o exame da matéria e sintetizei sobremaneira o relatório apresentado na ocasião, em virtude mesmo do pouco tempo de que dispus para fazê-lo.

Embora a deliberação do plenário do Instituto[9] tenha sido unânime no sentido da aprovação das conclusões a que cheguei, não tive a preocupação, na verdade, de me entregar a maiores aprofundamentos doutrinários sobre o tema. Julguei, em suma, que a matéria logo viria a pacificar-se.

O segundo erro cometido, também de perspectiva, foi conexo com o primeiro. Julguei, na palestra proferida em Brasília durante o 2º Congresso Brasileiro de Di-

2. Cf. artigo "O Código de Defesa do Consumidor: discussões sobre o seu âmbito de aplicação", publicado na *Revista do Consumidor* n. 6, pp. 61 e ss. e na *Revista de Direito Mercantil* n. 85, pp. 81 e ss.

3. Diz esse parágrafo: "Serviço é qualquer atividade fornecida no mercado de consumo, mediante remuneração, inclusive as de natureza bancária, financeira, de crédito e securitária, salvo as decorrentes das relações de caráter trabalhista".

4. Ou, mais propriamente, *empresários*, segundo a moderna teoria da empresa, pedra angular do direito comercial contemporâneo.

5. Diz esse artigo: "São considerados banqueiros os comerciantes que têm por profissão habitual do seu comércio as operações chamadas de Banco". E o art. 120 ainda completa: "As operações de Banco serão decididas e julgadas pelas regras gerais dos contratos estabelecidos neste Código, que forem aplicáveis segundo a natureza de cada uma das transações que se operarem".

6. Diz o parágrafo: "Qualquer que seja o objeto, a companhia é mercantil e se rege pelas leis e usos do comércio".

7. Relembremo-nos, apenas de Carnelutti que, em sua *Teoria Giuridica della Circolazione*, partindo da consideração de que o comerciante exerce função intermediária na circulação de bens, fazia a seguinte classificação do comerciante: *mercador*, na troca; *banqueiro*, no crédito; *empresário*, no trabalho e *segurador*, no risco.

8. Sustentamos, com efeito, o absurdo a que se chegaria se se entendesse inaplicável a Lei n. 8.078 à atividade bancária: os contratos celebrados pelos bancos poderiam, por exemplo, conter as cláusulas mais abusivas, violando escancaradamente um ou até todos os incisos do art. 51 do Código sem que houvesse alguma conseqüência para tal procedimento. Os bancos poderiam, nessa mesma linha de raciocínio, veicular a mais enganosa ou abusiva forma de publicidade e nada lhes aconteceria posto que a eles não se aplicaria o Código de Defesa do Consumidor e assim por diante...

9. Refiro-me à reunião ordinária do Instituto Brasileiro de Direito Comercial Comparado e Biblioteca "Tullio Ascarelli", realizada no dia 9 de outubro de 1991.

reito do Consumidor, relativa à chamada *cláusula-mandato*, que essa questão preliminar da aplicação do CDC à atividade bancária já tivesse "*transitado em julgado*", não no sentido processual da expressão, com pronunciamento definitivo do Poder Judiciário sobre a matéria, conforme assinalei na oportunidade, mas na impressão de que as tentativas de subtrair a atividade bancária, em particular, e a atividade financeira, em geral, do âmbito da disciplina normativa representada pela Lei n. 8.078, de 11.9.90, tivessem sido abandonadas...

Julguei que, inexistindo esse tipo de dúvida em países como Estados Unidos, França, Inglaterra, Alemanha — para ficar apenas em alguns exemplos — não se poderia insistir numa tentativa tão desprovida de fundamentos, quer de ordem jurídica, quer de ordem econômica ou social.

Posteriormente a essas manifestações, porém, soube-se que o Ministério Público de alguns Estados de nossa Federação encontraram óbices no cumprimento de seus deveres constitucionais e legais.

Voltei, então, novamente ao tema,[10] talvez com maior vigor, para tentar esclarecer, perante a opinião pública, as razões em que se funda o movimento de alguns na organização da resistência ao princípio constitucional da proteção ao consumidor em nosso país.[11]

Um dos equívocos em que se baseiam os adversários dos consumidores em nossa pátria reside numa distinção doutrinária — aliás indubitável — entre *operações* e *serviços* de banco. Sustenta-se, com ênfase desnecessária, que existem algumas normas no Manual de Normas e Instruções do Banco Central — MNI disciplinando *serviços* bancários e que existem outras, no mesmo MNI, regulando as *operações* bancárias, divididas estas últimas, como todos sabem, em *ativas* e *passivas*.

Não parece necessária a invocação de normas regulamentares, porém, para provar a existência da conhecida distinção. Com efeito, a própria Lei n. 4.595, de 31.12.64, ao cuidar do sigilo bancário, em seu art. 38, já deixara clara essa dicotomia.

A intenção do raciocínio é bem evidente: se há *operações*, de um lado, e se há *serviços*, de outro, e se o Código de Defesa do Consumidor, ao aludir à *atividade bancária*, fê-lo tão-somente em relação a *serviços*, o mesmo não teria aplicação aos Bancos no que se refere às *operações* praticadas por estes...[12]

10. Palestra proferida no dia 24 de outubro de 1995, por ocasião do encerramento do I Seminário Brasilcon sobre o Código de Defesa do Consumidor. Teoria — Prática e Jurisprudência, no Salão Nobre da Faculdade de Direito da Universidade de São Paulo, posteriormente publicada no livro *Direito do Consumidor — Aspectos Práticos — Perguntas e Respostas*, Biblioteca de Direito do Consumidor, v. 10, Ed. RT, pp. 143 e ss. Estamos nos valendo, nesse breve retrospecto histórico, desse último texto publicado.

11. Não caberia nos limites dessa nossa palestra enfrentar a discussão relativa à atuação do Ministério Público no que se refere ao chamado controle administrativo das cláusulas gerais dos contratos de adesão, a partir do veto presidencial tanto ao § 3º do art. 51 como ao § 5º do art. 54 do CDC, ambos com idêntica fundamentação. Antes do advento do CDC, manifestei-me contrariamente à subsistência desse § 5º do art. 54 por entender que, não obstante toda a competência atribuída ao Ministério Público, tanto em sede constitucional (art. 129), quanto no âmbito da ação civil pública (Lei n. 7.347, de 24 de julho de 1985), não poderia ser retirada do Poder Judiciário a sua atribuição de julgar, por via da ação declaratória, a interpretação de uma cláusula contratual constante do "formulário-padrão". Estranhamente, a meu ver, o Ministério Público seria levado à condição de réu, parecendo-me, em princípio, procedente o veto presidencial. Tal conclusão, todavia, não implica negar a possibilidade de o Ministério Público, a exemplo do que já vem fazendo o do Estado de São Paulo, exercer o controle sobre as cláusulas abusivas com base no § 1º do art. 8º da retromencionada Lei n. 7.347/85, com a nova redação que lhe deu a Lei n. 8.078/90. Cf., a propósito, o magistério do Prof. Nélson Nery Jr. (*Código Brasileiro de Defesa do Consumidor, Comentado pelos Autores do Anteprojeto,* Forense Universitária, 1991, pp. 368 e ss. e pp. 387/388), onde a matéria é analisada em maior profundidade.

12. É claro que, para ser possível o entendimento de tal raciocínio, é preciso um certo esforço

O argumento tenta reforçar-se com a consideração de que o produto oferecido pelos Bancos em suas operações — o dinheiro — não poderia ser objeto de consumo, não penetrando, assim, no âmbito da disciplina tutelar do Código, que apenas abrange o universo das chamadas relações de consumo. Se o tomador do empréstimo não pode ser considerado destinatário final — de conformidade com um dos conceitos de consumidor estabelecido pelo Código — não poderia ele, nessa linha de argumentação, ser qualificado como consumidor, para efeitos de gozar da proteção prevista no CDC.

A fragilidade de tais ponderações é, no entanto, transparente.

Em primeiro lugar, parece necessário relembrar que o *dinheiro*, segundo o Código Civil[13], é considerado como um bem *juridicamente consumível*.

Diz-nos a respeito o nosso grande Clóvis Beviláqua:[14]

"A distinção funda-se numa consideração econômico-jurídica. Há coisas que se destinam ao simples uso, outras ao consumo do homem. Das primeiras tiramos as utilidades, sem lhes destruir a substância; as segundas destroem-se, imediatamente, à medida que se utilizam, ou aplicam.

As coisas consumíveis ou o são de fato, *naturalmente*, como os gêneros alimentares, ou, *juridicamente*, como o dinheiro e as coisas destinadas à alienação..." (grifos do próprio autor).

Seria despiciendo, por certo, o esforço de citação dos autores que versaram sobre essa matéria para uma conclusão tão inquestionável.

Passemos, pois, ao segundo ponto. Talvez seja prudente insistir-se numa idéia bastante simples — mas ainda, quiçá, não de todo compreendida — de que a Lei n. 8.078 não forneceu apenas um conceito de consumidor. Haverá, para os efeitos da proteção estabelecida pelo Código, muitos outros tipos de consumidores que jamais serão qualificados como destinatários finais. Vamos tomar um exemplo simples, pedindo escusas, evidentemente, por parecer excessivamente didático.

Eu nunca consumi cigarros durante a minha vida e nem pretendo fazê-lo. Mas isso não significa que eu não seja consumidor, para os efeitos de gozar da proteção do Código, se me considerar atingido por uma publicidade enganosa eventualmente promovida por algum fabricante de cigarros. Não sou consumidor *intermédio*, nem tampouco *final*. Mas a minha pretensão estaria amparada pelo art. 29 do CDC.

O CDC, como se sabe, estabeleceu quatro diferentes conceitos de consumidor, de conformidade com o *caput* do art. 2º, o parágrafo único desse artigo, o art. 17 e o art. 29. O exemplo tem inteira aplicação aos Bancos. Se um Banco resolve, por exemplo, promover um anúncio na TV alegando que está promovendo empréstimos sem a cobrança de juros e de IOF, alguém sustentaria, por acaso, que esse Banco não estaria violando o § 1º do art. 37 do Código de Defesa do Consumidor? No que aproveitaria, em tal caso, a alegação de que o tomador do empréstimo não é um *colecionador de moedas* ou que, no caso, se trata de uma *operação* bancária e não de um *serviço* bancário?

O argumento poderia parecer decisivo, à primeira vista, para enquadrar os Bancos na possibilidade de lhes ser aplicado o

de imaginação para entender, por exemplo, por que as informações adequadas sobre o montante dos juros de mora e da taxa efetiva anual de juros a que tem direito o consumidor (cf. inciso II do art. 52 do CDC) só se aplicariam ao consumidor que obtivesse o crédito direto do fornecedor e não na hipótese de ser o mesmo obtido em algum Banco... Seria preciso, igualmente, na leitura do *caput* do art. 53 do CDC, imaginar, com alguma dose de extravagância de espírito, que as alienações fiduciárias em garantia ali referidas seriam algum outro tipo de contrato que não aqueles corriqueiramente celebrados pelas instituições financeiras do País e assim por diante...

13. Cf. art. 51 que trata das coisas consumíveis.

14. *Código Civil Comentado,* v. I, Francisco Alves, 1956, p. 226.

Capítulo V do Código e não os demais Capítulos. Mas é claro que, com as ressalvas que indicaremos adiante, também outros Capítulos ser-lhes-ão aplicáveis, dependendo, é claro, de haver ou não *consumidores* — em qualquer um dos sentidos existentes no CDC — no outro lado das relações jurídicas que se estabeleceram entre as partes.

Tome-se, agora, o contrato de mútuo. Trata-se de uma operação e não de um serviço, é claro. Poderia ele conter, por exemplo, uma cláusula segundo a qual a taxa de juros pactuada entre as partes sofreria elevação diária, a critério exclusivo do mutuante, na hipótese de o balanço patrimonial do Banco acusar pequena queda no percentual de lucratividade, sem que se ferisse algum dos incisos do art. 51 do CDC, mais especificamente os de ns. IV, X, XIII e XV?

Ou, numa hipótese ainda mais absurda, poderia o contrato celebrado por um Banco estabelecer que o pagamento, na hipótese de atraso, por parte do mutuário, seria feito obrigatoriamente de joelhos diante do gerente da agência, sem que se conspurcasse o art. 71 do Código?[15]

Já dizia Antonio Cândido — esse grande mestre das nossas Letras recentemente agraciado com o prêmio Camões de Literatura — que nada mais importante para chamar a atenção sobre uma verdade do que exagerá-la.[16] É claro que não me passa pela cabeça a idéia, nem mesmo remotamente, de que algum Banco de nosso país possa praticar ato de tal jaez...

É igualmente claro, por outro lado, que todas essas considerações que faço estão desenvolvidas a título meramente preliminar, apenas com o propósito de rechaçar essas idéias preconcebidas de estabelecer a não aplicabilidade ou, de outro lado, a aplicabilidade absoluta. Equivocam-se, na verdade, uns e outros. Não se escapa, com efeito, de analisar as situações caso a caso.

Daí serem necessárias, a meu ver, algumas precisões complementares.

Uma dessas precisões diz respeito às formas pelas quais pode se dar o crédito ao consumidor. Imaginemos o consumidor diante da loja que lhe vende o produto em prestações diretamente, isto é, sem a intermediação de um Banco. Estamos diante de um contrato de compra e venda, inserido nas relações de consumo, e nenhuma dúvida se põe quanto à sujeição de tal contrato às normas do CDC.[17] Quer seja uma compra e venda a prazo, quer seja uma compra e venda conjugada a um contrato de mútuo, quer exista a alienação fiduciária ou não do produto negociado, consumidor e fornecedor estão sujeitos às normas do CDC. Todas as divergências surgidas entre eles, seja em relação ao produto, seja em relação ao financiamento, serão resolvidas com as normas do Código.

15. Diz o artigo 71: "Utilizar, na cobrança de dívidas, de ameaça, coação, constrangimento físico ou moral, afirmações falsas, incorretas ou enganosas ou de qualquer outro procedimento que exponha o consumidor, injustificadamente, a ridículo ou interfira com seu trabalho, descanso ou lazer". Embora, como já vimos acentuando há muito tempo, haja um evidente defeito na colocação desse advérbio "injustificadamente" — que deveria estar no final da frase ou logo após o verbo interferir — tenho a impressão de que a exigência imaginada no texto principal seria considerada desarrazoada até mesmo para o mais ardoroso defensor da desigualdade humana e da exploração do homem pelo homem que, infelizmente, conheci em minha vida...

16. *Literatura e Sociedade,* Companhia Editora Nacional, São Paulo, 1967, p. 3. Diz esse autor, logo em seguida, que também nada "é mais perigoso, porque um dia vem a reação indispensável e a relega injustamente para a categoria de erro, até que se efetue a operação difícil de chegar a um ponto de vista objetivo, sem desfigurá-la de um lado nem de outro". É o que estamos tentando fazer aqui e agora...

17. Como tenho afirmado, não se pode dizer, *a priori,* se a compra e venda está disciplinada pelos Códigos Civil, Comercial ou do Consumidor. Dependerá das partes envolvidas nos diferentes pólos da relação jurídica para definir-se por qual deles o contrato de compra e venda será regido. O esclarecimento soa como excessivamente rudimentar, mas muitas pessoas ilustradas têm tido alguma dificuldade para entender quando estamos diante de um domínio normativo ou de outro.

Imagine-se, agora, se o financiamento é feito não diretamente pelo fornecedor do produto e sim por uma instituição financeira. É evidente que o contrato de compra e venda do produto diz respeito ao fornecedor e ao consumidor. Eventual vício do produto, por exemplo, será de responsabilidade do fornecedor e não da instituição financeira que celebrou o contrato de mútuo com aquele consumidor. Mas é igualmente evidente que esse contrato de mútuo entre o consumidor e a instituição financeira também se submete às normas do CDC. É ainda igualmente claro que os eventuais problemas que esse contrato de mútuo possa ter não dirão respeito ao fornecedor do produto.[18]

Servem tais considerações para demonstrar a impropriedade de todos esses raciocínios tendentes a afirmar categoricamente, quer a não aplicabilidade aos Bancos das normas do CDC, quer a sua plena aplicabilidade independentemente de considerações adicionais. O Banco é, à luz do CDC, um fornecedor. E não é apenas um fornecedor de serviços. Ele é, igualmente, um fornecedor de produtos (o dinheiro). Mas isso não significa que as normas do CDC ser-lhe-ão sempre aplicáveis. Os contratos por ele celebrados poderão não ser considerados relações de consumo, mas não por causa de ser o tomador do dinheiro um eventual colecionador de moedas (?), mas sim pela boa razão de que a relação de consumo depende de dois sujeitos: o *fornecedor* e o *consumidor*. Se o Banco realiza contratos com partes que não poderão ser consideradas *consumidores*, a sua disciplina jurídica não será afetada pela legislação consumerista.

Vamos tomar, por exemplo, os empréstimos efetuados junto aos Bancos por empresários. Imagine-se uma rotineira operação de desconto de duplicatas. Aqui sim tem sentido dizer-se que se trata de uma operação bancária destinada à produção ou ao consumo intermédio. A prevalecer a teoria finalista[19] — que nos parece claramente a mais acertada em matéria de Direito do Consumidor — o aspecto teleológico da proteção ao Código se sobrepõe aos demais. Quer isso dizer que os empresários, salvo raras exceções,[20] não se acham albergados

18. Razão assiste ao Prof. Fábio Ulhoa Coelho (*O Empresário e os Direitos do Consumidor,* Saraiva, 1944, p. 190) quando afirma: "Nos fornecimentos com concessão indireta de crédito, o mútuo entre o consumidor-mutuário e a instituição financeira mutuante é contrato de consumo autônomo em relação ao fornecimento (cf. Leães, 1991). Embora o mutuário possa invocar contra o mutuante a tutela da legislação consumerista, essa relação obrigacional não interfere com os direitos e deveres emergentes do contrato de consumo básico. A compra e venda de produto, por exemplo, em nada se altera, quanto à existência ou extensão das obrigações das partes contratantes, em virtude da intermediação de instituição financeira através de contrato autônomo de mútuo. Explique-se: contra a concedente do crédito, o consumidor-mutuário tem os direitos do Código de Defesa do Consumidor relacionados com o mútuo (p. ex., a liqüidação antecipada, prevista no art. 52, § 2º); contra o fornecedor tem os direitos relacionados com a compra e a venda (p. ex., os decorrentes de fornecimento viciado, estabelecidos nos arts. 18 a 20), mas não poderá suscitar contra a instituição financeira os direitos de adquirente de produto e nem contra o fornecedor os de mutuário. Trata-se, em suma, de duas relações contratuais distintas e inconfundíveis."

19. Sobre as duas correntes de pensamento — a finalista e a maximalista — existentes nessa matéria, cf. Cláudia Lima Marques (*Contratos no Código de Defesa do Consumidor*, Ed. RT, 1992, pp. 67 e 68).

20. Seria necessário distinguir, em tais casos, quando o empresário estaria adquirindo o produto como destinatário final e quando não. O nosso CDC não forneceu um critério legislativo. À míngua desse critério, como temos salientado, começam a surgir critérios doutrinários. Ex.: a) todos os bens e serviços de que se utilizam os empresários são *insumos,* pois todos se incorporariam (material ou economicamente) ao produto final fornecido no mercado (Prof. Geraldo de Camargo Vidigal); b) os produtos oferecidos no mercado seriam ou não abrangidos pela legislação tutelar dependendo de seu caráter massificado (Luiz Antonio Nunes); c) os bens adquiridos pelo empresário seriam *insumo,* quando indispensáveis para o processo produtivo e de *consumo,* nos demais casos (Prof. Fábio Ulhoa Coelho). Embora os autores retrocitados cheguem a conclusões distintas, a contribuição de todos eles é importante já que não havendo uma distinção, no CDC, entre bens de *produção* e bens de *consumo* (como, por exemplo, no direito norte-americano, onde há os *consumer goods* e os *capital goods*), todo esforço para a fixação de critérios deve ser bem recebido.

pela legislação tutelar, não obstante a definição de "consumidor", constante do *caput* do art. 2º do CDC que, com a expressão "pessoa jurídica", contemplou a possibilidade de os empresários, quando destinatários finais, serem também abrangidos pela proteção.

Embora não se duvidasse que outras considerações ainda pudessem ser trazidas à colação, tanto a doutrina quanto a jurisprudência foram se encarregando de espancar as dúvidas porventura subsistentes sobre a matéria, bastando lembrar a respeito — e temos à nossa mesa a ilustre figura do Eminente Ministro Rui Rosado de Aguiar que exporá exatamente acerca da jurisprudência do Superior Tribunal de Justiça sobre o Código de Defesa do Consumidor e me corrigirá, por certo, se eu estiver cometendo alguma impropriedade... — os julgados de nossos Tribunais e, em especial, do STJ.

Quando essa questão parecia estar definitivamente apaziguada, novo argumento foi levantado pelos adversários da aplicação do Código de Defesa do Consumidor aos bancos.

Tal argumento — absolutamente improsperável, a meu ver — pretende basear-se numa suposta questão de hierarquia de leis. Em síntese grosseira, essa nova argumentação poderia ser exposta da seguinte forma.

O *caput* do art. 192 da Constituição do Brasil estabeleceu que o sistema financeiro nacional, entre outras coisas, seria regulado em lei complementar. Essa lei complementar, como se sabe, não foi promulgada até hoje, sendo de interrogar-se, portanto, se as Leis n. 4.595, de 31 de dezembro de 1964 — alcunhada de Lei da Reforma Bancária — e n. 4.728, de 14 de julho de 1965 — conhecida por Lei do Mercado de Capitais — teriam sido ou não recepcionadas pela atual Constituição de 1988.

Existindo consenso no sentido de que tais leis foram, efetivamente, recepcionadas pela atual Carta Magna, teriam elas o *status* de lei complementar, a qual, segundo o art. 59 desse nosso Texto Supremo (inciso II), estaria hierarquicamente superior às leis ordinárias (inciso III), sendo o Código de Defesa do Consumidor — Lei n. 8.078, de 11 de setembro de 1990 — uma simples lei ordinária.

Nessa ordem de idéias, não poderia essa lei ordinária dispor sobre atividade que, constitucionalmente, estivesse reservada exclusivamente ao âmbito de uma lei complementar.

Passemos, então, a um singelo exame dessa argumentação que, na verdade, muito me agradou. Sei que tal afirmação poderia, a princípio, mais parecer um paradoxo para quem tem procurado defender com firmeza — mas sempre acompanhado da indispensável serenidade — os direitos do consumidor no Brasil. Agradou-me, sim, porque ela nos revela e nos propõe uma interessante reflexão acerca do que é *visível* e do que é *invisível* para certas pessoas.

Poder-se-ia observar, a título liminar, que se vê *demais* quando se afirma que a atividade disciplinada por uma lei complementar não pode ser afetada por uma lei ordinária. A lei complementar é hierarquicamente superior à lei ordinária — ninguém, por certo, o discutirá — mas isso não significa que não possam ambas conviver no contexto geral da ordenação jurídica.

Diz-nos a respeito o Prof. Roque Antonio Carrazza:[21]

"Como em termos estritamente jurídicos, só podemos falar em hierarquia de normas quando umas extraem de outras a validade e a legitimidade (Roberto J. Vernengo), torna-se onipatente que as leis nacionais (do Estado brasileiro), as leis federais (da União) e as leis estaduais (dos Estados-membros) ocupam o mesmo nível, vale consignar umas não preferem às outras. Realmente, todas encontram seu fun-

21. *Curso de Direito Constitucional Tributário*, 10ª ed., 1997, Malheiros Editores, p. 95.

damento de validade na própria Carta Magna, apresentando campos de atuação exclusivos e muito bem discriminados. Por se acharem igualmente subordinadas à Constituição, as várias ordens jurídicas são isônomas, ao contrário do que proclamem os adeptos das 'doutrinas tradicionais'.

"Observamos que as leis nacionais — que encerram normas de caráter geral, obrigando súditos da Federação e as próprias pessoas políticas — tanto podem ser veiculadas por meio de leis ordinárias (como se observa no inc. XXVII do art. 22 da CF, que remete à União competência para legislar sobre 'normas gerais de licitação e contratos') ou de atos normativos de igual tope jurídico (*v.g.*, uma Resolução do Senado fixando alíquotas máximas do ICMS, na operações internas, ou um decreto legislativo, referendando um tratado internacional), quanto por via de leis complementares (*e.g.*, a prevista no art. 146 da Carta Magna)".

Diz-nos, igualmente, Reinaldo Pizolio Jr.:[22]

"O importante a ser considerado para a convivência harmônica e pacífica de ambas não é a subordinação da lei ordinária para com a complementar e sim o respeito que reciprocamente deve haver entre as mesmas no que concerne à esfera privativa própria de atuação de cada uma.

"Com efeito, se ambas as espécies legislativas têm campo próprio de atuação (como de fato o têm) e se tanto a lei complementar quanto a lei ordinária respeitam mutuamente os limites de cada um destes campos (de tal forma que não vá dispor sobre matéria que compete à outra, não havendo, portanto, invasão), é forçoso reconhecer que pouco importa que haja relação de subordinação entre elas e que tais campos encontrem-se em mesmo nível hierárquico."

E, complementa, o autor, linhas adiante:[23]

"Importa que o legislador ordinário saiba que não poderá tratar normativamente de determinado tema de modo diverso pois estará ingressando em campo de atuação que é reservado privativamente ao legislador complementar e, sendo assim, ao dispor sobre matéria inserida neste campo, não poderá fazê-lo contrariando a dita lei complementar, não porque esta lhe é superior, mas sim porque detém a exclusividade para dizer normativamente neste campo de atuação.

"Assim sendo, e para finalizar, acreditamos que a lei ordinária que venha a tratar de maneira diversa, de matéria afeta à lei complementar, vale dizer, de matéria cujo tratamento foi reservado à norma complementar por força de dispositivo constitucional, não estará eivada de ilegalidade por ter, em tese, desobedecido outra lei que lhe é hierarquicamente superior. Ao revés, padecerá de vício de inconstitucionalidade, por invasão de competência, na medida em que pretendeu regular de modo diverso matéria cujo tratamento somente é admitido pela espécie legislativa lei complementar, nos termos previstos pela Constituição Federal."

Também o Prof. José Souto Maior Borges — que escreveu todo um volume sobre essa questão (ainda que aplicada ao Direito Tributário) — foi incisivo ao afirmar que não existe esta superioridade formal entre leis complementares e leis ordinárias, posto que cada uma atua em campos jurídicos distintos, não existindo interpenetração de competências legislativas:[24]

"Não se nega a procedência da afirmação de que a lei ordinária não pode revogar a lei complementar. Todavia, partindo dessa afirmação não é possível a conclusão pela superioridade formal da lei

22. "Considerações acerca da lei complementar em matéria tributária", *apud Cadernos de direito tributário e finanças públicas*, v. 14, p. 196.

23. Ob. cit., p. 196.

24. *Lei Complementar Tributária*, 1975, Ed. RT, pp. 24 e 25.

complementar porque a recíproca é verdadeira: a lei complementar não pode revogar a lei ordinária.

"E não pode em virtude basicamente de dois argumentos: 1º) os campos da lei complementar e da lei ordinária em princípio não se interpenetram, numa decorrência da técnica constitucional de distribuição *ratione materiae* de competências legislativas; 2º) a superveniência da lei complementar somente suspende ou paralisa a eficácia da lei ordinária, em casos excepcionais..."

Assim, vêem *demais* aqueles que, por defenderem a hierarquia superior da lei complementar sobre a lei ordinária, inferem que a sua coexistência seja impossível, implicando na sobrevivência da primeira em detrimento da segunda.

Vê-se *de menos*, por outro lado, quando não se percebe que essa argumentação tenta provar muito mais do que, na verdade, pretende. Nunca ninguém questionou, por exemplo, a plena aplicabilidade da Lei n. 6.404, de 15 de dezembro de 1976, às instituições financeiras. Sendo estas, por força de lei, constituídas obrigatoriamente sob a forma de sociedades por ações, sempre se entendeu e se entende que os bancos estão sujeitos a ela...

Se os bancos abrem seu capital, por exemplo, hão de sujeitar-se às normas existentes sobre as sociedades abertas, sejam elas provenientes da retro-referida Lei n. 6.404, sejam da Lei n. 6.385, sejam, ainda, da Comissão de Valores Mobiliários.

Os bancos sujeitam-se, igualmente, às normas tributárias não necessária e exclusivamente previstas no Código Tributário Nacional — que, como se sabe, foi recepcionado como lei complementar — mas também aquelas que se originam de leis ordinárias como, por exemplo, as que regulam a matéria do imposto sobre a renda...

É claro que os exemplos poderiam ser multiplicados, mas a sua continuação já seria, positivamente, uma verdadeira afronta à inteligência da seleta platéia que superlota este auditório...

Prefiro encerrar dizendo, pura e simplesmente, que há sempre, em nossas vidas, o *visível* — que, às vezes, não se quer ver — e o *invisível* — que só se vê porque se deseja fazê-lo — sendo tudo, na ordem das coisas, uma questão de *saper vedere*, como dizia Leonardo...

Agradeço a todos pela paciência com que me ouviram.

Atualidades

OS CUSTOS PROVOCADOS PELO DIREITO

RACHEL SZTAJN

Em artigo publicado na *Gazeta Mercantil* de 10.9.98, p. A-2, intitulado "Direito da concorrência e seus custos", Fábio Ulhoa Coelho faz uma incursão no que poderia ser considerado o avesso de uma análise econômica do direito.

Afirma o autor que há uma ligação, nem sempre perceptível, entre custo de produção e obrigações legais, especialmente as decorrentes da complexidade do sistema normativo, pois a complexidade gera incertezas, do que decorre que as margens desejadas pelos empresários serão mais elevadas. A afirmativa é parcialmente verdadeira e põe o dedo na ferida ao ligar incertezas à exigência de retornos mais altos.

A incerteza gera desconforto, cria risco e, como se sabe, maior o risco, maior o retorno exigido pelo investidor. O risco do negócio acrescido dos riscos de a) mudança das regras do jogo no meio da partida; e b) o risco do não cumprimento da lei, nem mesmo recorrendo aos Tribunais, ou seja, a dificuldade de *enforce* as regras, de obter o exato cumprimento dos contratos é outra e significativa fonte de incertezas.

Da primeira relação, segue-se, quase que como conseqüência, a afirmativa do articulista de que o Direito contribui para o barateamento dos preços na medida em que for o menos complexo possível. Também aqui, creio, há uma falácia.

Estudo francês sobre a matéria locatícia demonstrou que, lá em França, tal como ocorre aqui no Brasil, a tutela dos locatários leva a resultado perverso. Os investidores que carrreariam recursos para a edificação de novas habitações não o fazem, o que gera escassez de imóveis para locação no mercado. Com a escassez o preço dos novos alugueres aumenta (é a famosa lei do mercado, da oferta e da procura), portanto os eventuais novos inquilinos terão de, ou pagar valor mais elevado, ou morar em localidade mais distante do que gostariam ou do que seria conveniente. Aqueles que têm contratos locatícios que se renovam compulsoriamente, mantêm o benefício da locação barata, mas o fazem à custa de todos os demais, novos ingressantes no mercado.

Que poética injustiça se faz com os que que chegam ao mercado para proteger os que já lá estão! A alocação legal, em norma simples, pois bastam um ou dois artigos para que se dificulte ou impossibilite quer a revisão do preço da locação, quer a recuperação do imóvel pelo proprietário.

Igual constatação pode ser feita com relação à lei de transplantes de órgãos. Antes da edição da lei, a consulta à família da pessoa com morte cerebral diagnosticada era, na maioria dos casos, prática comum, e dela resultava a doação de órgãos que eram transplantados, salvando muitas vidas. Após a aprovação da lei, a corrida para substituição das carteiras de identidade, inserindo a informação de o titular não ser doador, alcançou números expressivos, a ponto de ser manchete em jornais.

Qual o custo dessa lei simples que considera cada pessoa um doador? O custo é enorme e, no caso, ainda mais sério, pois se refere a vidas humanas ou à melhora da qualidade da vida humana. Além disso, há que somar o valor econômico representado por produtividade, logo criação de riqueza que se perde, o custo de obter nova cédula de identidade e, pior, a desconfiança que se estabelece entre a população que se vê como provedora de órgãos para transplante, apesar de sua crença ou fé religiosa.

Esse custo social pode ser encontrado em muitos outros casos de normas simples. Ocorreu quando se aumentou os benefícios às mulheres grávidas, fazendo com que mulheres à procura de emprego fossem submetidas, nos exames admissionais, a testes de gravidez, e em muitos outros casos. A garantia de privilégios para alguns, acaba por impor custos a outros. Esses custos é que devem preocupar o estudioso do Direito na análise da legislação e não meramente a complexidade, ou não, da norma.

Apesar de ter clamado contra a complexidade do direito não explica, Ulhoa Coelho, como deve o Direito ser o menos complexo possível numa sociedade que é extraordinariamente complexa. Aliás, será que simplicidade, *tout court*, alguma vez caracterizou qualquer sistema jurídico? Que valores devem prevalecer nessa busca de simplicidade? Que interesses devem ser objeto de especial tutela? Como definir a igualdade, e a desigualdade, entre sujeitos diferentes?

Entende, ainda, o articulista que agilizar, simplificar, decisões administrativas ou judiciais pode contribuir para a redução de custos. O argumento proposto, que se destina a apresentar sob sua óptica, a questão da Resolução n. 15/98 do CADE, quanto à apreciação de atos potencialmente lesivos ou limitativos de concorrência no regime do *fast track*. Já observei acima que a maior reclamação está na desconfiança quanto à coercitividade das normas e o cumprimento dos contratos. A agilização das decisões apenas contribui para dar maior segurança de que medidas protelatórias, como as há em profusão no país, não contribuirão para gerar incertezas quanto ao resultado final da demanda.

Passando ao tema do artigo propriamente dito, afirma que o direito da concorrência, assim como a defesa do consumidor, o direito ambiental, se incluem naquelas áreas em que aparecem os custos "implícitos" (a expressão é minha) e que o fortalecimento das estruturas do livre mercado implicam em menores custos de implantação de novas empresas com mais breves prazos de amortização dos investimentos. E que atos anticoncorrenciais podem gerar passivos ocultos.

Imaginar que atos anticoncorrenciais geram passivos ocultos, parece-me, equivale a afirmar que a contabilidade não reproduz, como deve, os atos da administração ao longo de certo período, e mais que as contingências decorrentes de tais atos de administração permaneçam no limbo, ignoradas quando há possibilidade de aplicação de sanções, sejam elas administrativas ou judiciais. Tendo presente que as regras contábeis exigem sejam provisionadas as possíveis saídas de caixa, deixar de fazê-lo indica má-fé, falta de transparência na prestação de informações para o mercado.

Pior, irreal, porém, é supor que ao dizer livre mercado não haja custos de entrada. Demonstra desconhecimento da mais elementar verdade, já de longo tempo demonstrada por Ronald Harry Coase, de que a melhor alocação dos recursos escassos só se faz porque há custos de "transação" (a palavra tem o sentido a ela dado pelos economistas). Faltando custo de transação a alocação dos recursos será aleatória e perder-se-á sua eficiência com prejuízo para a coletividade. Seria a era do Pareto péssimo, se é que há um Pareto péssimo.

De outro lado, nem sempre os custos ou acréscimos aos custos de produção devem ser eliminados. Por vezes o custo de evitá-los supera o de distribuí-los entre consumidores. Exemplo seria o de manter-se sistema de controle de qualidade de produto, para evitar seja posto no mercado algum produto defeituoso, que implicaria em dobrar o custo do produto. Melhor será fazer seguro de danos, garantindo o consumidor, a custo menor para a sociedade em geral. A maximização da riqueza leva, na segunda hipótese, a melhor resultado alocativo. Isto porque as pessoas e organizações interagem dentro do sistema e, cada um, na procura de maximizar seu bem-estar age ou reage de forma a facilitar ou dificultar a ação dos demais. A cooperação ou não é decisão estratégica a cada momento.

Se os recursos são escassos, e se os agentes são racionais e maximizadores de utilidade, cada um dará aos seus recursos a melhor alocação a fim de maximizar seu bem-estar. E, se os recursos são escassos, a escassez atinge a todos indiscriminadamente, de sorte que os consumidores pagam o preço das ineficiências alocativa e produtiva das empresas. Importa, pois, maximizar o valor da produção total e, se as pessoas agem visando promover seus interesses, a forma de alterar-lhes o comportamento é demonstrar que será de seu interesse fazê-lo.

A busca de eficiência é que deve mover os agentes ou investidores/consumidores. De outro lado, sendo os recursos escassos, a transferência de renda entre diferentes agentes econômicos pode ser desejável e visada pela norma. Aqui não se fala em Pareto mas sim em Kaldor-Hicks, pois que se reconhece que alguns ficarão piores para que outros fiquem melhor. Logo o custo econômico é socialmente desejável. Muitas vezes, na distribuição de ônus em caso de responsabilidade civil é o que faz a norma. Veja-se, a propósito, a regra do art. 1.521, inciso III, do Código Civil.

A insegurança que decisões apressadas e inconsistentes pode provocar nos agentes econômicos constitui fonte inesgotável de custo pois aumenta os custos de transação, do que resultará ineficiência alocativa.

Sempre que a lei, embora complexa, dá maior segurança aos operadores econômicos, ao contrário do que afirma Ulhoa Coelho, os preços tendem a cair pois que os custos de transação ficam reduzidos. Quando há certeza de *enforcement*, a complexidade pesa menos.

Finalmente, no campo do direito da concorrência, há que lembrar que: a) concorrência perfeita é modelo econômico inexistente na maioria dos mercados, por isso que se diz concorrência real; b) liberdade de concorrência não significa entrada no mercado a custo zero e, menos ainda, permanência no mercado sem custo; c) rapidez na decisão de atos eventualmente lesivos ou danosos para a concorrência como forma de redução de custos sem qualquer análise do mundo real, é argumento que desconhece o comportamento dos mercados.

O que se pode dizer, com certa margem de segurança, dadas as experiências em outros países, é que a demora na decisão de atos relacionados às estruturas concorrenciais no mercado de que se trate, pode, sim, criar fatos consumados cujo desfazimento imporia às empresas custos elevados, ou que, por vezes, não mais seriam possíveis. Nesses casos o dano ao mercado pode estar consumado. Sem dúvida os empresários sempre têm pressa e, ao atendê-los no *timing* legal, a administração nada mais faz do que cumprir a norma.

Se o direito da concorrência pode ser analisado como o reverso do direito do consumidor, claro que é desejável que haja formas de redução dos custos de produção e isso pode significar concentração para obter ganhos de escala. Nesse caso o que seria desejável é, sim, algum tipo de controle para evitar que haja transferência de renda do consumidor para o monopolista ou oligopolistas. Será que isso está previsto no custo do direito da concorrência que busca atomizar os mercados? Como é que se atomizam setores em que o custo do investimento é elevado e o prazo de maturação longo? Ou há exigência de pesquisa e desenvolvimento, como nos setores de tecnologia de ponta?

Mercados monopolistas ou oligopolistas aumentam os custos de entrada de novos concorrentes, mas mercados extraordinariamente pulverizados podem não propiciar os ganhos de escala necessários a uma boa estrutura de custos e, também aqui, sofre o consumidor.

Por isso que, nessa matéria, o melhor é definir-se a quem se deseja tutelar com mais ênfase, aos mercados e, por via indireta aos consumidores, ou às empresas. Se a tutela for dos mercados, a regulação deve permitir seu funcionamento livre, desde que não haja dominação com transferência de renda.

Insista-se, livre mercado e livre concorrência são dois conceitos distintos e inconfundíveis. O primeiro trata da entrada, permanência ou saída do mercado; o outro trata da competição honesta. Da garantia de que se alguém desejar entrar no mercado não encontrará barreiras, o que não tem que ver com o custo dessa entrada.

Imaginar que não há custo de entrada é utópico. Imaginar que definir um nicho de mercado decorre do acaso é irreal. Entendo que até alguma dominação, em certos setores, deve ser permitida, estabelecendo-se controles para garantir que os consumidores não sejam atingidos.

Tome-se setores que exigem altíssimos investimentos de entrada — instalação de unidade produtiva, desenvolvimento de produtos, investimentos em tecnologia, pesquisa e desenvolvimento, treinamento. Que empresários arriscariam recursos escassos nessas áreas ou em inovações se não imaginassem que podem recuperar os investimentos/custos? Claro que alguém pagará, mas a circulação dos recursos na economia é a regra. O que se deve evitar é que sejam esterilizados, isto é, não retornem para o sistema.

Aqui a teoria dos jogos aplicada ao direito permite analisar comportamentos prováveis dos agentes e oferecer as alternativas que levem àquele que seja desejado pela comunidade.

Se há área no direito em que a análise econômica foi importante para seu desenvolvimento esta é sem dúvida a do direito da concorrência. Mas nunca se discute que o *fast track* sirva para reduzir custos. O que se discute, sempre, e até fora do direito da concorrência é como a demora no cumprimento de prazos, como sistemas judiciais repletos de recursos e manobras contribuem para o aumento dos custos por gerarem incertezas.

A palavra de ordem é segurança. Lentidão na distribuição da justiça equivale a insegurança, mas não se deve concluir que rapidez sem segurança constitua diminuição de custos. Tornar as operações mais ou menos simples, mais ou menos onerosas, pode servir como vetor para que os comportamentos sejam alterados, é fato inconteste.

A pergunta que fica, em face do artigo de Fábio Coelho, é se facilitar a tramitação do exame de operações que eventualmente possam ser danosas para a concorrência pelo CADE, por intermédio do *fast track* é o caminho apropriado, ou se isso não servirá de estímulo para a realização de operações que acabarão por ser lesivas para o bem-estar das pessoas.

A política econômica, como aponta Coase, deve ser uma escolha entre instituições sociais alternativas que são criadas por ou dependem da lei. Como sempre, a norma é a indutora de condutas socialmente desejáveis e que a sociedade reconhece como necessárias.

Atualidades

IMUNIDADES DO ICMS E A LEI COMPLEMENTAR 87/96

JOÃO LUIZ COELHO DA ROCHA

A — Não incidência e imunidade. B — As imunidades do art. 155, inc. X, "b", da Constituição. C — A Lei Complementar 87/86 e suas restrições à imunidade constitucional.

A — Não incidência e imunidade

A imunidade, no campo tributário, tem o seu clássico e pertinente conceito traçado por Rubens Gomes de Souza (*Compêndio de Legislação Tributária*, 3ª ed., 1996, Parte Geral, pp. 75 e 76):

"Não incidência pela suspensão da competência impositiva para tributar certos fatos".

É por isso que, junto com o sedimentado entendimento doutrinário, temos bem diferenciadas no sistema jurídico brasileiro, (a) a não incidência, propriamente dita, que trata de *fattispecies* estranhas ou indiferentes à ordem tributária, (b) a imunidade, por cuidar de hipóteses que em tese teriam efeitos tributários, mas que o constituinte, por valorações soberanas outras (de cunho econômico, social etc.), exclui da ordem tributaria, e, enfim (c) a isenção, por tratar de casos, dentro da normal aplicação da tipologia tributária, em relação aos quais o legislador comum opta por suspender a suspensão dos efeitos decorrentes.

Se entrego um álbum, ou filme antigo a um amigo, que queira exibi-lo aos filhos, temos caracterizada uma ocorrência factual indiferente ao ICMS, pois que não há aí no rigor legal "operação relativa à circulação de mercadorias". É caso de não incidência do tributo.

Mas, se minha empresa remete por venda, aos Estados Unidos, uma partida de brinquedos elétricos, há, em tese, configuração da incidência do ICMS, por se tratar, obviamente, de uma daquelas operações de circulação de mercadorias. Contudo, o Constituinte houve por retirar (art. 155 § 2º, X, "b") do âmbito da tributação do ICMS "operações que destinem ao exterior produtos industrializados". Existe aí imunidade.

B — As imunidades do art. 155, X, "b", da Constituição

O inciso X do § 2º do art. 155 da Carta dispõe, a respeito do ICMS, que o imposto

"Não incidirá:

"a) sobre operações que destinem ao exterior produtos industrializados, excluídos os semi-elaborados definidos em lei complementar;

"b) sobre operações que destinem a outros Estados petróleo, inclusive lubrificantes, combustíveis líquidos e gasosos dele derivados, e energia elétrica;

"c) sobre o ouro, nas hipóteses definidas no art. 153 § 5º."

Não se pode tropeçar ou deixar enganar pela terminologia nem sempre adequada da Carta Constitucional. O que o dispositivo acima pretende, falando em três hipóteses nas quais o ICMS "não incidirá", na verdade é declarar que aquelas três hipóteses cuidam de operações *imunes* ao imposto, dentro do conceito técnico jurídico do instituto, por isso que há, em princípio, fato concreto não indiferente à ordem tributária, há circulação de mercadorias no sentido fiscal, mas, exclui-se, por opção valorativa do legislador maior, conseqüências tributárias relativas ao ICMS derivadas de tais fatos.

Aliás, em outros pontos também o Constituinte escorregou nos termos da graça tributária, pois p. ex., em relação à imunidade óbvia contida no art. 150, VI, declara ser "vedado à União, Estados e Municípios instituir impostos sobre:

"a) patrimônio, renda ou serviços uns dos outros

"b) templos de qualquer culto (...)"

Foi uma maneira circunloquial de declarar que aquelas ali listadas são entidades imunes a tais impostos.

Pois bem, uma das espécies que o art. 155, § 2º, X da Constituição grava com imunidade do ICMS (alínea "b" do dispositivo), é aquela concernente às "operações que destinem a outros Estados petróleo, inclusive lubrificantes, combustíveis líquidos e gasosos dele derivados, e energia elétrica".

Bem de se ver que não há condicionantes nessa graça constitucional. Temos aí uma daquelas normas de "eficácia plena" da Lei Máxima, independentes, para sua perfeita aplicação e pleno efeito, de regulação adicional, por Lei complementar ou Lei ordinária.

Tome-se a norma imunizante da alínea imediatamente anterior (art. 155, X, "a") que declara o não advento do ICMS: "sobre operações que destinem ao exterior produtos industrializados, excluídos os semi-elaborados definidos em Lei Complementar."

Aí sim, a eficácia do favor constitucional não é plena, pois que cabia à lei qualificada — e a LC 65/91 assim fez — definir o que seriam os produtos industrializados "semi-elaborados" que não desfrutariam da imunidade.

A graça imunizante do art. 155, § 2º, X, "b" é pois completa e incondicional.

Em um sistema como o do ICMS no país, com caráter de não cumulatividade na sucessão de alíquotas sobre as bases de cálculo aferidas, conceda-se como economicamente problemática a imunidade em foco.

O abalizado Sacha Calmon Navarro Coelho logo chamou atenção para essa particularidade incômoda (*Comentários à Constituição de 1988 — Sistema Tributário*, p. 236):

"A não acumulatividade supõe uma série de operações tributáveis, um *continuum*. A imunidade interestadual quebra em vários pontos e etapas esta continuidade, em sistemas integrados como o são os de energia elétrica e do petróleo".

Além dessa ponderação puramente econômica, há outras, sob o ponto de vista fazendário, que José Eduardo Soares de Melo, abeberando-se em Geraldo Ataliba e Hamilton Dias de Souza, classifica na sua obra (*ICMS — Teoria e Prática*, Ed. Dialética, 1996, p. 224):

"— a imunidade conduziria aí à negativa do princípio da capacidade contributiva, discriminando os destinatórios das mercadorias.

"— iguais efeitos acarretam afronta ao princípio da livre e igual concorrência.

"— o legislador maior nunca teria a intenção de retirar aos Estados a carga tributária em operações com produtos tão importantes."

O próprio renomado professor paulista, extraindo lições de Souto Maior Borges, conclui, contudo, por rebater os argumentos fazendários com as mais simples e contundentes contrapartidas (ob. cit., pp. 226 e ss.):

"Os inconvenientes econômicos devem ser solucionados por emenda ou revisão constitucional (arts. 60 e 3º do APCT) não podendo prosperar correção pela via exegética".

"Não se deve distinguir onde a CF não distinguiu. Quanto às operações de vinculação (não imunes) que destinem bens a consumidor final, adotar-se-á a alíquota interestadual quando o destinatário for contribuinte do ICMS (art. 155 § 2º, VII, "a") e a alíquota interna, quando o destinatário não for contribuinte dele (art. 155,§ 2º, VII, "b"). Aí a constituição claramente distinguiu."

C — A LC 87/86 e suas restrições à imunidade constitucional

Desta forma, ao vir a Lei Complementar n. 87/96 ditar em seu art. 3º que o ICMS não incide sobre:

"Operações interestaduais relativas a energia elétrica e petróleo, inclusive lubrificantes e combustíveis líquidos e gasosos dele derivados, *quando destinados à industrialização ou comercialização"*.

Está ela afrontando a norma constitucional supra, pelo simplíssimo mas ponderável elemento de que está ela criando uma condição para existência da imunidade que inexistia na regra maior.

Hugo de Brito Machado (*O ICMS e as Operações Interestaduais Imunes. O ICMS e a LC 87/96*, Ed. Dialética, 1996, pp. 55 e ss.) logo se apercebeu da ofensa constitucional por ter a lei qualificada estabelecido "uma distinção que não está na norma imunizante, e com esta não se compatibiliza".

O próprio Sacha Calmon Navarro Coelho, dos primeiros a afrontar possíveis (não inevitáveis) distorções econômicas no advento de uma imunidade em tributos não cumulativos, enfaticamente reconhece:

"É irrefutável que a Constituição Federal concedeu de forma ampla, incondicional e ilimitada, sem qualquer discriminação ou restrição, imunidade às operações interestaduais de circulação de petróleo, seus derivados e energia elétrica" (*O ICMS e a LC 87/96*, Ed. Dialética, 1996, p. 116).

O STJ, contudo, pela sua 1ª Turma, e mesmo antes da Lei Complementar em tela, quando a matéria vinha sendo cuidada em simples Convênio, vem adotando o entendimento de que se o destinatário naquelas operações for o consumidor final, incide o ICMS. Anotamos as decisões abaixo neste sentido: AGA 69.228/RJ, *DJU,* 14.8.95, pp. 24.005; REsp 78.879/RS, *DJU,* 4.3.96, pp. 5.389; REsp 63.515/RS, *DJU,* 13.11.95, pp. 38.642.

A 2ª Turma daquela Corte Superior de igual modo assim decidia:

"ICMS — compra e venda de derivados de petróleo, operação feita com o consumidor final. Incidência do Tributo" (acórdão n. ROMS 0005894-DF, *DOU* de 27.9.95).

Já agora mais recentemente o TJ-AC no Ac. unân. 775 da Câm. Cível, julgado em 9.6.97, in *ADCOAS* 1998 n. 8155266) confirma orientação pela restrição da imunidade:

"ICMS — Aquisição de petróleo e seus derivados — Incidência — Pagamento — Ônus.

"É devido o ICMS nas aquisições de combustível e lubrificantes quando se tratar de consumidor final, que adquire para seu consumo produtos em outros Estados da Federação. Consoante inteligência do art. 9º da Lei Complementar 87/96, o imposto incidente na operação será devido ao Estado onde estiver localizado o adquirente e será pago pelo remetente" (TJAC-Ac. unân. 775 da Câm. Cív. Julg. em 9.6.97 — Ap. e Rem. *ex ofício* 97.00081-2 — Capital — Rel. Des. Ciro Facundo — Adv.: Luiz Carlos Gatto; in *ADCOAS* 8155266).

E ainda o TJ-MT no ac. unân. da Sessão Plena, julgado em 13.11.97 (in *ADCOAS* 1998, *BJA* n. 8159374):

"ICMS — Petróleo — Estado receptor — Incidência.

"A não-incidência do ICMS a que se refere o art. 155, § 2º, inc. X, alínea "b", da CF, só alcançara os Estados de origem do petróleo e seus derivados, não os Estados destinatários, onde as operações estão sujeitas à incidência do tributo" (TJMT — Ac. unân. da Ses. Plena julg. em 13.11.97 — MS 1.638 — Canarana — Rel. Des. Tadeu Cury; in *ADCOAS* 8159374).

Desta tendência discordavam outras Cortes, como o TJRJ, pela sua 1ª Câm. Cível, em acórdão unânime registrado em 24.5.96, ementado no *BJA* n. 8152453:

"A aquisição de combustível petrolífero destinado a uso e consumo final sem caráter de comercialização sendo de um estado federado para outro, desfruta de plena imunidade tributária, constitucionalmente, ao dispor, sem meias palavras, a "não incidência"o art. 155 § 2º, inciso X, letra "b", CF/1988 — no que importa dizer, o ICMS em tais operações é inexigível..."

Acreditamos estar o tema em aberto para a inafastável decisão final do STF pois que de Matriz essencialmente Constitucional se cuida aqui.

Em obra muito interessnte (*ICMS — Sistema Constitucional Tributário — Algumas Inconstitucionalidades da LC 87/96*, pp. 158 e ss.) Clélio Chiesa, mestre e doutorando da PUC-SP nos aponta o caráter herético dessa pretensão ilaqueadora da graça constitucional:

"A imunidade prevista no Texto Constitucional é ampla e irrestrita. Esta é uma regra constitucional que não pode ser acutilada por normas infraconstitucionais, ainda que seja por meio de Lei Complementar..."

O instituto da imunidade contribui para a determinação do campo impositivo de cada ente tributário.

De sorte que sua alteração não pode ser realizada por normas infraconstitucionais, pois a modificação do campo de atuação de cada ente constitucional somente pode ser feita por meio de emenda à Constituição...

A Constituição Federal não faz qualquer distinção entre as operações imunes destinadas ao consumidor final e a contribuinte do imposto.

Ao propulsionar aquela Lei qualificada, as autoridades fazendárias interessadas buscaram talvez uma saída artificiosa, pois que se de um lado a lei qualificou, restringiu a expressão imunizante tal como repetida no seu art. 3º, III, de outra parte tipificou na incidência pretendida (art. 2º, § 1º, III):

"O imposto incide também:

"— *sobre a entrada, no território do Estado destinatário*, de petróleo, inclusive lubrificantes e combustíveis líquidos e gasosos dele derivados, e de energia elétrica, quando não destinados à comercialização ou à industrialização, decorrentes de operações interestaduais, cabendo o imposto do Estado onde estiver o adquirente" (grifamos).

Veja-se que decerto com a preocupação de não caracterizar assim tão frontalmente um desrespeito à norma constitucional (porque essa declara imunes aí "operações que destinem a outros Estados..."), houve-se ali por dividir em dois lances a operação básica de circulação de mercadorias, e que é a raiz da existência do ICMS.

J.E. Soares de Mello (ob. cit., p. 92) bem observou esse procedimento singular da LC 87:

"Procura o legislador complementar um escape à declaração constitucional ao proferir (art. 2º, III) que o ICMS incide "sobre a entrada" no Estado destinatário, de petróleo, derivados e energia elétrica quando não destinados à comercialização ou à industrialização."

Como se houvesse aí para efeitos do imposto duas operações:

— uma de saída do Estado A

— outra de entrada no Estado B

E assim se a Constituição imunizou às claras a primeira delas, o fisco pode ir buscar a receita perdida tributando a segunda; neste caso o fisco do Estado receptor da mercadoria sai beneficiado, pois que a norma qualificada já declara ser ele o sujeito ativo dessa obrigação tributária.

Ainda José Eduardo Soares de Mello (ob. cit., p. 92) anotou bem esse incrível — e injurídico — artifício da LC 87/96:

"Estranhamente, cindiu uma única operação mercantil, vilipendiando o regime jurídico tributário estabelecido pela CF, que prestigiou as operações com os aludidos produtos, a fim de eliminar a carga tributária. Sutilmente, desprezou a imunidade constitucional, ao consubstanciar o entendimento de que se trataria de dois negócios jurídicos distintos". Em verdade, conferiu o ICMS aos Estados destinatários dos referidos bens, sem qualquer arrimo constitucional...

O imposto é sobre operações de "circulação de mercadorias", e tal fato, qualifica-se, por entendimento óbvio e manifesto, como "movimentação com mudança de patrimônio, mudança de titularidadade, é, em suma, o fato jurídico de incidência de titularidade de um bem em virtude de negócio jurídico..." (René Bergmann Ávila, *ICMS — Lei Complementar 87/96 Comentada e Anotada*, Ed. Síntese, 2ª ed., p. 33).

Ou ainda Geraldo Ataliba e Cleber Giardino ("Núcleo da definição constitucional do ICMS", *RDT* 25/26, p. 104):

"Não só a transferência da propriedade *stricto sensu* importa circulação. Também a mera transferência de posse a título negocial produz circulação, quando implique transferir poderes jurídicos atípicos do domínio, conferindo ao transmitido disponibilidade jurídica sobre a mercadoria".

Como admitir então que, na operação de circulação de certas mercadorias, imunizada por ordem constitucional, tal benefício deixe de existir a meio caminho da operação em tela, pois que ao entar no estado destinatário daquela circulação o imposto incide? O absurdo é evidente.

A operação de circulação interestadual do petróleo, de seu derivado, ou da energia elétrica, aquela tipificada na regra imunizante da Constituição, é uma só, vai desde o comerciante de origem até o adquirente no outro Estado da Federação. A regra constitucional opera em toda a linha, ao longo de toda operação.

Aparentemente, acreditamos nós, pretendeu-se usar então na (LC 87/96) uma modelagem semelhante à do próprio art. 2º, § 1º, no seu inciso I (regra já existente em sua essência no art. 1º, II, do DL 406/68) que declara a incidência do ICMS na "entrada de mercadoria importada do exterior..."

Aí contudo, a norma clássica, que vem, como se nota, já dos primórdios do ICMS no país, respeita a ausência de poder da ordem jurídica interna sobre operações realizadas extrafronteira, onde o contribuinte — sujeito passivo — tipo seria uma empresa lá fora sediada.

Sobre a *operação de circulação* na mercadoria importada pois, não teria cabimento jurídico e nem eficácia a tributação do ICMS na ponta inicial, sendo pois diferido o advento da tributação ao entrar a mercadoria no país, e sendo seu contribuinte o adquirente da mesma.

Nada disso se aplica ao caso presente. A operação imunizada pela Constituição, de circulação de certas mercadorias entre Estados, é uma só, na ordem jurídica brasileira, e sobre ela em toda a sua integridade, não há de se admitir incida o tributo.

Veja-se que o art. 153, § 2º, II, da Carta concede imunidade de imposto de renda "sobre rendimentos de aposentadoria e pensão", pagas pela Previdência Social dos entes federativos a idosos que não tenham renda de capital.

A admitir-se o fracionamento que a LC 87 concedeu àquela hipótese do ICMS teríamos que dar como razoável e constitucional que outra lei complementar viesse determinar que "incide imposto de renda sobre os rendimentos *recebidos* por aqueles aposentados dos órgãos previdenciários oficiais", pois que aí se estaria tributando o rendimento ao ser recebido e não ao ser pago.

Infelizmente, a LC 87/96 ao procurar suprir expectativas de receitas estaduais frustradas com o resultado prático daquela imunidade — que trata aliás de produtos, insumos, essenciais na estrutura econômica — cometeu uma flagrante inconstitucionalidade.

Para mudar aquela graça constitucional, concedida de modo claro e transparente, só reformando a Constituição.

Aguardando-se o posicionamento da Corte Suprema a respeito, pode-se garimpar manifestação anterior do mesmo STF, bem antes da LC 87, é claro, mas que, por indícios já nos aponta para a sensibilidade mais apurada que preserva a inteligência da lei maior:

ICMS — Petróleo e derivados — Operações que se destinem a outros Estados — Crédito anterior — Anulação — Inexistência.

"O ICMS não incide nas operações que se destinem a outros Estados, sobre petróleo, inclusive lubrificantes, combustíveis líquidos e gasosos dele derivados, e energia elétrica — art. 155, § 2º, X, "b", da CF, devendo anular-se o crédito relativo às operações anteriores — art. 155, § 2º, II, "b", da CF, embora o convênio CONFAZ-ICM 66/88 não faça tal exigência. Trata-se de dispositivo que, com fundamento na ressalva da própria norma constitucional — inc. II, § 2º, estabelece como regra aquilo que a Constituição indicou como exceção, devendo ser suspensa a sua eficácia" (STF — Ac. da Ses. Plena publ. no *DJ* de 18.12.92 — Aç. de Inconst. 715-7-DF — Rel. Paulo Brossard).

E é importante na hipótese seguir o raciocínio exposto no acórdão:

"Ora, se a Constituição estabeleceu, como regra geral, que a não-incidência acarretará a anulação do crédito relativo às operações anteriores, mas ela própria ressalvou que a legislação poderia determinar em contrário, é de entender, pelo menos neste exame preliminar, que o convênio que veio provisoriamente regular a matéria, em substituição à lei complementar não editada, também poderia fazê-lo. A matéria relacionada com a manutenção de crédito do ICMS está reservada à referida lei complementar, já que no inc. XII do art. 155 da CF, expressamente, dispõe que a ela cabe: 'f') prever casos de manutenção de crédito, relativamente à remessa para outro Estado e exportação, para o exterior, de serviços e de mercadoria".

O Supremo Tribunal, no seu plenário, explicitou a inteireza da imunidade do art. 155, § 2º, X, "b", e declarou que, em matéria de aproveitamento de créditos, relativamente a remessas interestaduais ou exportação, Lei Complementar (ou seu convênio então excepcionalmente e erradamente, achamos nós, admitido) poderia dispor regulando tal matéria, na seqüela da aplicação *da regra imunizante*.

E força concluir que, em matéria da própria imunidade, a sua aplicação singela à operação de circulação interestadual daquelas mercadorias (petróleo, derivados, energia elétrica), não cabe à Lei Complementar mudar a regra constitucional. Até porque neste ponto, a Carta não confere nenhuma possibilidade ou poder a regra a ela inferior.

A imunidade do ICMS nas operações interestaduais de petróleo, derivados e energia elétrica é princípio constitucional de eficácia plena. A Lei Complementar n. 87/96 traz em seu bojo, portanto, uma regra inconstitucional.

Atualidades

REGULAÇÃO DE INFRA-ESTRUTURA E DEFESA DA CONCORRÊNCIA: PROPOSTA DE ARTICULAÇÃO

BOLÍVAR MOURA ROCHA

Introdução. Regulação e defesa da concorrência. Experiências estrangeiras. O caso brasileiro. Proposta de articulação.

Introdução

A supressão de monopólios estatais e o processo de desestatização têm resultado na retração do Estado brasileiro como prestador de serviços públicos de infra-estrutura, e na instalação de órgãos reguladores dos respectivos setores — até o presente, Agência Nacional de Telecomunicações (ANATEL), Agência Nacional de Energia Elétrica (ANEEL), e Agência Nacional do Petróleo (ANP).

O presente artigo discute a articulação institucional entre as novas agências reguladoras e os órgãos da administração responsáveis pela defesa da concorrência. A discussão é empreendida em três partes. A primeira aponta a relevância e complexidade da relação entre regulação setorial e defesa da concorrência. A segunda descreve de forma concisa o tratamento que dão à questão Inglaterra, França e Estados Unidos. A terceira descreve a forma como o sistema brasileiro delineia a relação entre os órgãos de defesa da concorrência e as agências reguladoras, e sugere modelo de articulação entre ambos.

Regulação e defesa da concorrência

A complexidade subjacente ao relacionamento entre sistemas de defesa da concorrência e órgãos reguladores encerra dilema entre dois imperativos. Por um lado, o de assegurar uma aplicação uniforme e sistêmica do direito e das políticas concorrenciais no país como um todo. Com efeito, caso fosse conferida a cada agência reguladora a atribuição relativa à concepção e aplicação das políticas de concorrência no respectivo setor, haveria um risco de fragmentação e desvirtuamento da política de concorrência no País. O outro imperativo é o de atribuir a um órgão dotado de capacitação técnica apropriada o tratamento de problemas que com freqüência envolverão questões de grande especificidade e tecnicalidade. Esse primeiro dilema comporta outro, consistente no risco de serem criados *conflitos de competência*, positivos ou negativos — ou seja, situações em que duas autoridades entendem ter competência para tratar determinado assunto; ou em que cada uma entende que a outra é que tem essa competência. Ambas, situações indesejáveis.

Exemplos hipotéticos permitem ilustrar situações de conflito de competência. A lei que criou a ANP determinou que a Petróleo Brasileiros S.A. (Petrobrás), empresa que exercia sozinha o monopólio da União no setor de petróleo, constitua subsidiária com atribuições específicas de operar e construir seus dutos, terminais marítimos e embarcações para transporte de petróleo e derivados.[1] É possível imaginar situações em que essa nova empresa, deliberada ou inadvertidamente adote decisões que tenham por efeito beneficiar determinada distribuidora de combustíveis, em detrimento das demais — por exemplo, no tocante a alocação de espaço de armazenagem, ou a prioridade no transporte de combustíveis. No setor de telecomunicações, no esteio do processo de privatização, determinada empresa poderá ao mesmo tempo deter o monopólio na condição de *carrier* interurbano e internacional, e a condição de titular de participação acionária, ou controle, em operadora de telefonia fixa local. É possível que essa empresa hipotética sinta-se tentada a praticar tarifas diferenciadas de interconexão, de forma a favorecer a operadora na qual detenha participação acionária. No setor elétrico, por fim, será preciso vigilância para assegurar a observância dos limites de concentração, definidos pela ANEEL, aplicáveis aos setores de geração e distribuição, e mencionados abaixo. Nas três situações hipotéticas, alguma autoridade deverá intervir para evitar o dano à concorrência. Os três casos ilustram o dilema proposto pela presente discussão: a saber, o de definir a quem cabe fazê-lo — se a respectiva agência reguladora, ou algum dos órgãos de defesa da concorrência.

É intuitivo que há dificuldade em conciliar os imperativos de uniformidade na aplicação de políticas concorrenciais, por um lado, e por outro lado o de reservar a órgão aparelhado tecnicamente mais bem aparelhado a tarefa de fiscalizar o respectivo setor. Se essa dificuldade existe e é ressentida em outros países,[2] no Brasil ela é acentuada por duas peculiaridades adicionais. A primeira, o fato de que entre nós encontra-se em fase de definição a articulação institucional no seio mesmo do chamado sistema de defesa da concorrência, que envolve três atores. O Conselho Administrativo de Defesa Econômica (CADE), autarquia vinculada ao Ministério da Justiça, órgão colegiado que constitui a instância decisória do sistema. A Secretaria de Direito Econômico (SDE), do mesmo Ministério, que conduz a instrução e investigação de processos em matéria concorrencial, e emite parecer sobre atos de concentração. E a Secretaria de Acompanhamento Econômico (SEAE), do Ministério da Fazenda, que pronuncia-se sobre aspectos econômicos de atos de concentração sujeitos, nos termos da lei, à apreciação da administração, e que tem a faculdade de emitir opinião, também relativa a aspectos econômicos, sobre processos administrativos relativos a condutas anticoncorrenciais, instaurados pela SDE.[3] Esse sistema encontra-se ainda em fase de consolidação. Em razão de uma conjugação de fatores inibidores — economia fechada à concorrência estrangeira, inflação elevada, forte intervenção do Estado na economia, existência de mecanismos de controle de preços — a defesa da concorrência não era, até recentemente, tarefa verdadeiramente exeqüível no Brasil. A mudança radical dessas circunstâncias permitiu, e passou a exigir, que a tarefa da defesa da concorrência seja empreendida de forma vigorosa. Restam entretanto por definir, com maior concretude e clareza, se não as atribuições legais — que se encontram claramente delineadas na lei — do CADE e das duas secretarias da administração direta que integram o sistema, ao menos o relacionamento informal entre esses órgãos, e as modalidades de colaboração e coordenação entre eles. É óbvio que a definição dessa articulação no seio do sistema de defesa da concorrência tem repercussões no tocante ao diálogo desse sistema com os órgãos reguladores.

1. Artigo 65 da Lei 9.478, de 6 de agosto de 1997.

2. Jean-Louis Lesquins, "Tutelle et Régulation", *Revue de la Concurrence* n. 95 (janeiro-fevereiro de 1997), pp. 8-13, à p. 10.

3. O desenho institucional da administração pública brasileira relativo à tarefa de defesa da concorrência é dado pela principal lei relativa à matéria — a Lei 8.884, de 11 de junho de 1994.

A segunda peculiaridade a agregar complexidade ao relacionamento entre regulação setorial da infra-estrutura e defesa da concorrência, diz respeito ao fato de que no Brasil a necessidade de definir essa articulação funcional ocorre ao mesmo tempo em que têm lugar mudanças estruturais nesses setores. Essa simultaneidade de processos ocorre com efeito nas três áreas reguladas. No setor de energia elétrica, onde já está em curso a desestatização nos segmentos de geração e distribuição, nos âmbitos federal e estadual. No setor de telecomunicações, onde encontra-se igualmente delineado o processo de privatização, e onde já vêm sendo outorgadas concessões para a exploração de serviços de telefonia celular. No setor de petróleo e derivados, onde toca à ANP, nos termos da lei, apreciar informações relativas às bacias sedimentares brasileiras, com o fim de definir quais serão objeto de exploração pela Petrobrás, e quais serão objeto de novos contratos de concessão.

Definições adotadas no contexto desse processo de modelagem dos setores de infra-estrutura terão importância inequívoca na definição do quadro concorrencial nos respectivos setores. O desenho da articulação institucional entre reguladores setoriais e órgãos de defesa da concorrência deverá portanto desenrolar-se nesse contexto dinâmico, o que só agrega complexidade à tarefa.

Com relação à complexidade da articulação entre defesa da concorrência e regulação setorial é preciso registrar, por fim, que a extensão e dificuldade da tarefa serão função da medida em que a legislação que trata de cada setor contemple e resolva, de partida, situações que envolvem questões concorrenciais. Conforme descrito abaixo, a lei que institui a ANATEL trata com minúcia questões que dizem respeito a aspectos concorrenciais, diferentemente do que fazem as leis da ANP e da ANEEL — e, neste sentido, dá margem mais reduzida ao surgimento de conflitos que envolvam a defesa da concorrência. Não basta, entretanto, deter-se na análise da legislação ordinária. Terão também papel determinante as normas editadas pelas novas agências reguladoras, no exercício do poder normativo de que são dotadas, em maior ou menor extensão. Essas normas secundárias serão determinantes do espaço de relacionamento entre as respectivas agências e o sistema de defesa da concorrência, e darão a medida da necessidade de atuação desse sistema.[4]

Experiências estrangeiras

A relação entre regulação setorial e defesa da concorrência desenvolveu-se, como é natural, de forma diferenciada nos diversos países. A despeito da existência de problemas comuns, as diferenças de tratamento são explicadas por um conjunto de particularidades. Questões relativas à estrutura federativa, que explicam uma maior complexidade derivada da existência de órgãos reguladores nos entes federados. Desenvolvimentos históricos que levaram o Poder Legislativo, não satisfeito com a supervisão de determinada atividade, a criar órgão regulador com poderes específicos. A rápida evolução tecnológica e o avanço do processo de privatização a exigir especialização e agilidade do órgão regulador. A descrição a seguir empreendida ressalta, com relação ao relacionamento entre reguladores setoriais e autoridades de defesa da concorrência em três países — Reino Unido, França e Estados Unidos — características que apresentam relevância

4. Exemplo relevante da resolução de situações que podem envolver conflito de natureza concorrencial é dado pela regulação, pela ANEEL, dos limites de concentração nos setores de geração, transmissão e distribuição, através da Resolução 94, de 31 de março de 1998. Antes da Agência, o DNAEE, até então o poder concedente no setor elétrico, já vinha implementado novas regras, de importância central para os aspectos concorrenciais. Foi o caso da Portaria 459, de 10 de novembro de 1997, que dispôs sobre as condições de acesso a sistemas de transmissão.

para a discussão da questão no caso brasileiro.[5]

No Reino Unido a criação dos órgãos reguladores ocorreu através das leis que determinaram a privatização dos respectivos setores: *Oftel*, para telecomunicações, em 1983; *Ofgas*, para o setor de gás natural, em 1986; *Offer*, para o setor de energia elétrica, em 1989, e *OFFR*, para o setor de estradas de ferro, em 1993.[6] "De maneira geral, a principal atribuição dos reguladores setoriais é de monitorar o cumprimento das condições constantes nos contratos de concessão nas respectivas áreas. Muitas das questões relacionadas à concorrência são objeto de condições inscritas nos contratos de concessão. Quanto à atuação em matéria de assuntos concorrenciais, os órgãos reguladores têm competência concorrente com aquelas do *Office of Fair Trading* (OFT), órgão de defesa da concorrência e dos direitos do consumidor situado no Ministério da Indústria e Comércio. Para evitar duplicação de tarefas e decisões divergentes, os órgãos reguladores e o Ministério da Indústria e Comércio celebram *concordates*, ou convênio, o que permite que o OFT concentre-se nas questões concorrenciais, e órgão regulador específico nas questões propriamente regulatórias do setor.

A *Monopolies and Merger Comission* (MMC), comissão dotada de função consultiva em matéria concorrencial, tem por outro lado atribuições específicas no que diz respeito ao relacionamento com os reguladores setoriais. As legislações que criaram os órgãos reguladores prevêem que a MMC opinará nos casos em que o regulador setorial quiser impor uma modificação aos termos de determinado contrato de concessão, e encontrar resistência do concessionário.[7]

Na França, a primeira agência reguladora do setor de infra-estrutura foi a Autoridade de Regulação das Telecomunicações, ou ART, criada em 1º.1.1997, através de legislação que tem o objetivo mais amplo de instaurar um ambiente concorrencial no setor, dominado pela *France Télécom*.[8] Na área de defesa da concorrência convivem na França, por um lado, uma Direção Geral, ou Secretaria, no seio do Ministério das Finanças, responsável também pela defesa do consumidor e outras fraudes financeiras. E por outro lado o Conselho da Concorrência, órgão autônomo adjudicante, na esfera administrativa, das práticas anticoncorrenciais, e desprovido de competência em matéria de controle de estruturas.

Para lidar com a questão da articulação entre a ART e os órgãos de defesa da concorrência, a lei adotou a solução de criar competências específicas para a agência, ao mesmo tempo em que criou uma sistemática de consultas recíprocas entre a agência e o Conselho da Concorrência. Assim, a ART tem competência exclusiva para decidir (i) litígios relativos a questões de interconexão e de acesso a redes; (ii) questões relativas a contratos de fornecimentos de serviços de telecomunicações que devam usar a rede da France Télécom; e (iii) sobre condições de utilização compartilha-

5. A descrição de aspectos institucionais dos sistemas britânico, francês e americano, aqui empreendida, tem por base visitas feitas pelo autor aos respectivos órgãos, e entendimentos com funcionários dos países em questão.

6. Textos do *Department of Trade and Industry; Competition policy guide to the privatisation and regulation of public utilities*, e *The regulatory framework for the privatised utilities;* e Luc Poyer, "La régulation des entreprises de réseaux au Royaume-Uni", *Revue de la Concurrence* n. 95 (janeiro-fevereiro 1997), pp. 14-20.

7. A MMC tem igualmente papel no que diz respeito aos atos de concentração. No Reino Unido não há notificação obrigatória de atos de concentração. Entretanto, o Ministro de Indústria e Comércio pode submeter alguma fusão ou aquisição à MMC, embora mantenha o poder discricionário de aceitar ou não as sugestões da Comissão. A revisão do desenho institucional para a defesa da concorrência no Reino Unido encontra-se em discussão, no contexto de projeto de lei submetido pelo Executivo ao Parlamento.

8. Ver a respeito Pierre Jaillard, "Télécommunications et Régulation", *Revue de la Concurrence* n. 95 (janeiro-fevereiro, 1997), pp. 5-7.

da de instalações de domínio público. Ainda assim, a ART deverá necessariamente consultar o Conselho da Concorrência quando tiver que aplicar as noções de *mercado relevante, posição dominante* e *influência significativa sobre o mercado*, para evitar interpretações divergentes.

Com relação a qualquer outro tipo de litígio, a lei dá à ART uma missão de conciliação, sem afastar as competências dos órgãos de defesa da concorrência. A lei determina ainda que a ART dê ciência ao Conselho de qualquer prática que represente abuso de posição dominante, ou outra prática anticoncorrencial, de que venha a ter notícia. No sentido inverso, a lei prevê que o Conselho consulte a ART sobre qualquer prática sobre a qual venha a decidir, relativa ao setor de telecomunicações.

Nos Estados Unidos, é extremamente complexa a teia que caracteriza o relacionamento entre reguladores setoriais, a nível federal e estadual, e os principais órgãos de defesa da concorrência — a saber, o Ministério de Justiça, através de sua Divisão Antitruste, e a Comissão Federal de Comércio.[9] Ao longo do tempo as cortes americanas desenvolveram a doutrina do *pervasive power*, segundo a qual a competência das autoridades concorrenciais estará afastada sempre que a lei houver conferido ao órgão regulador setorial poderes de tal forma extensos ou profundos, com relação às atividades regulamentadas, que torna forçoso reconhecer que o legislador desejou que a cargo dela, agência reguladora, estivesse também a aplicação das normas em matéria de defesa da concorrência.

Se essa é a situação descrita em linhas gerais, a casuística é complexa e fragmentada, e tanto mais assim em razão do ativo papel exercido pelo Poder Judiciário, e pela existência de órgãos reguladores nos Estados federados.

Na área de *telecomunicações*, a regulação da indústria é desde 1934 sujeita à competência da *Federal Communications Commission* (FCC). O Congresso americano aprovou em 1996 legislação destinada a aprofundar o já aguçado quadro concorrencial existente no setor. Nem essa lei, nem a legislação anterior que disciplinava o setor, prevêem competência exclusiva da parte da FCC para decidir casos em matéria concorrencial. Sem embargo, a *Federal Trade Commission* e o Departamento de Justiça, assim como o Judiciário quando provocado pelo Executivo, com freqüência abstiveram-se de analisar algum assunto que estivesse pendente de decisão pela FCC.

As áreas de distribuição de combustíveis, e de energia elétrica, no Brasil sujeitas respectivamente à competência da ANP e da ANEEL, estão regrupadas sob a jurisdição de uma única agência responsável de forma geral pelo setor de energia, a *Federal Energy Regulatory Commission*, ou FERC, criada em 1977. As questões potencialmente problemáticas do ponto de vista concorrencial são objeto de normas expedidas pela agência, situação que seguramente será repetida no Brasil. Curiosamente, tanto a FERC quanto os órgãos encarregados da defesa da concorrência têm competência para apreciar atos de concentração nos setores de energia elétrica. Consta que a despeito dessa existência de competências decorrentes não são freqüentes os casos de decisões divergentes. O potencial de divergência foi um pouco minimizado pelo fato de que a FERC adotou as diretrizes comuns da Comissão Federal de Comércio e da Divisão Antitruste do Ministério da Justiça em matéria de atos de concentração.

O caso brasileiro

No Brasil, as três agências pioneiras de regulação do setor de infra-estrutura —

9. Sobre questões relativas ao relacionamento entre regulação setorial e defesa da concorrência nos Estados Unidos, ver *ABA Section of Antitrust Law, Antitrust Law Developments* (4ª ed. 1997), e Calixto Salomão Filho, *Direito Concorrencial — As Estruturas*, São Paulo, Malheiros Editores, 1998, em particular, pp. 201-205.

ANEEL, ANATEL, e ANP, responsáveis respectivamente pelos setores de energia elétrica, telecomunicação e petróleo — foram criadas na esteira da entrada em vigor da lei que disciplina o instrumento por excelência da prestação de serviços públicos pela iniciativa privada — qual seja, a Lei 8.987, de 13 de fevereiro de 1995, conhecida como lei de concessões. A ANATEL e a ANP, em particular, foram criadas como desdobramento da reforma da ordem econômica da Constituição Federal, a qual removeu óbices à participação do setor privado na exploração da atividade econômica nos respectivos setores.

As três agências já criadas por lei têm características básicas em comum. Autonomia, traduzida na existência de diretorias com mandatos fixos, e previsão quanto a fonte de recursos. Algum grau de poder normativo, mais extenso e inequívoco no caso da ANATEL, mais tímido e indireto no caso da ANP, com a ANEEL em posição intermediária; incluindo algum poder para definir questões tarifárias, questão central em se tratando de indústrias de rede. Competência para licitar e fiscalizar as atividades nas respectivas áreas, e em particular para monitorar o cumprimento dos contratos de concessão, e intervir em casos de descumprimento de obrigações. Registradas as características comuns, é útil sublinhar, com relação ao relacionamento entre essas agências e o sistema de defesa da concorrência, que é díspare o grau de detalhamento das respectivas legislações.[10]

A lei de instituição da ANEEL,[11] em seu artigo 3º, encarrega a agência de "zelar pelo cumprimento da legislação de defesa da concorrência, monitorando e acompanhando as práticas de mercado dos agentes do setor de energia elétrica". O parágrafo primeiro do mesmo artigo dispõe que no exercício dessa competência a Agência "deverá articular-se com a Secretaria de Direito Econômico do Ministério da Justiça".[12] O decreto que regulamenta a lei, prevê por fim que a ANEEL "celebrará convênios de cooperação com a Secretaria de Direito Econômico do Ministério da Justiça e demais órgãos de proteção e defesa da ordem econômica, com o objetivo de harmonizar suas ações institucionais".[13]

A *lei que instituiu a ANP*[14] prevê no seu artigo 10 que "quando, no exercício de suas atribuições, a ANP tomar conhecimento de fato que configure ou possa configurar infração de ordem econômica, deverá comunicá-lo ao Conselho Administrativo de Defesa Econômica — CADE, para que este adote as providências cabíveis, no âmbito da legislação pertinente". Não foi ainda editado decreto de regulamentação da lei que instituiu a ANP.

A *lei que criou a ANATEL* é bem mais detalhada.[15] O *caput* de seu artigo 7º diz que as normas gerais de proteção à ordem econômica são aplicáveis ao setor de telecomunicações, quando não conflitarem com aquela lei. O parágrafo primeiro desse artigo determina que os atos envolvendo qualquer prestadora de serviço de telecomunicações que visem a qualquer forma de concentração econômica, inclusive mediante fusão ou incorporação, ficam submetidos aos controles, procedimentos e condicionamentos previstos nas normas gerais de proteção à ordem econômica. O parágrafo segundo do mesmo artigo manda que os atos de que trata o parágrafo anterior — portanto, tendentes a concentração econômica — serão submetidos pela ANATEL à

10. O que reflete o processo de elaboração de cada uma dessas leis. A lei da ANATEL foi precedida do amplo trabalho de uma consultoria internacional, que levou em conta a experiência estrangeira. Não foi o caso da ANEEL, que foi a primeira das três a ser criada, nem tampouco da ANP.

11. Lei 9.427, de 26 de dezembro de 1996.

12. A redação de ambos os dispositivos foi dada após a promulgação da Lei 9.427/96, pela Medida Provisória 1.531-16, de 5 de março de 1998, posteriormente convertida na Lei 9.648, de 27 de maio de 1998.

13. Artigo 13, parágrafo único, do Decreto 2.335, de 6 de outubro de 1997.

14. Lei 9.478, de 6 de agosto de 1997.

15. Lei 9.472, de 16 de julho de 1997.

apreciação do CADE. Mais adiante, o artigo 19 da lei prevê que cabe à ANATEL *exercer, relativamente às telecomunicações, as competências legais em matéria de controle, prevenção e repressão das infrações da ordem econômica, ressalvadas as pertencentes ao CADE.*

Esse o quadro legal, que comporta quatro observações. Primeiro, com relação ao caso do *setor de telecomunicações*, o legislador deixou à nova agência uma dupla tarefa. Em primeiro lugar, quanto a condutas, a tarefa de investigação e julgamento preliminar das infrações à ordem econômica, que no sistema da Lei 8.884 cabem à SDE, com o eventual auxílio da SEAE. E encarregou o CADE do controle das condutas em grau de recurso — ou seja, da decisão da ANATEL de arquivamento ou não do processo em matéria de prática anticoncorrencial caberá recurso ao CADE. Em segundo lugar, a lei atribuiu à ANATEL o controle, em caráter originário, das estruturas. Nesse caso, à agência caberá o papel que, nos termos da Lei 8.884/94, cabe à SDE e à SEAE — ou seja, de instrução prévia da decisão do CADE. Curiosamente, ao mesmo tempo em que a lei preservou, expressamente, a tarefa do CADE de juiz dos atos de concentração, ela conferiu à ANATEL, também expressamente, a competência para aprovar previamente qualquer ato de cisão, fusão, transformação, incorporação, redução do capital ou transferência do controle acionário de empresa sujeita à jurisdição da agência; e também para aprovar acordos operacionais entre empresas. As outras duas leis, da ANP e da ANEEL, não dão a essas agências poderes em matéria de controle de estrutura.

Segunda observação: do dispositivo na lei da *ANP* que manda que a agência comunique ao CADE qualquer fato que possa configurar infração à ordem econômica, decorrem duas leituras. A primeira, o dispositivo indica que a ANP *não* é competente para investigar e decidir sobre práticas anticoncorrenciais. A segunda é que não é razoável ler no dispositivo uma derrogação à Lei 8.884/94 em matéria de controle de condutas. Em outras palavras, o dispositivo não tem o condão de afastar as competências da SDE/SEAE. Até porque isso criaria um sistema desfalcado, na medida em que, nos termos da lei, ao CADE não cabe o papel instrutório. O que significa que, na prática, o CADE receberá a notícia da ANP, e acionará a SDE para que esta proceda à investigação. Quanto ao controle de estruturas, permanece intacto o sistema da Lei 8.884, já que não é prevista nenhuma atribuição formal para a ANP.

Terceira observação. No caso da *ANEEL*, o dispositivo do decreto que regulamenta a lei é bastante genérico, e reconhece, apropriadamente, que a autoridade principal do sistema de defesa da concorrência em matéria de investigação de práticas anticoncorrenciais é a SDE. Quanto ao controle de estruturas, a exemplo do caso da ANP, permanece intacto o sistema da Lei 8.884/94, já que não é prevista nenhuma atribuição formal para a ANEEL.

A quarta observação muda o foco de análise, das agências, para o CADE. Ainda nos casos em que nenhuma parcela de controle formal de estrutura seja atribuída às agências — o que é o caso da ANP e da ANEEL, será útil ao CADE, na análise de um ato de concentração relativo ao respectivo setor, colher elementos técnicos junto a essas agências. Donde a utilidade de algum relacionamento com elas.

Proposta de articulação

Isso leva à sugestão de um modelo de articulação entre essas agências e os órgãos do sistema de defesa da concorrência. Essas características de nosso sistema parecem exigir uma estrutura de convênios. Cada agência deveria celebrar dois convênios: um com o CADE, outro com as duas Secretarias — SDE e SEAE. O objeto desses convênios deverá variar caso a caso, conforme a seguinte descrição esquemática.

No caso da ANATEL, deveriam ser celebrados

• um convênio com o CADE, para implementar aquilo que determina a lei *expressamente* no caso de controle de estrutura — ou seja, a agência prepara os assuntos, e o CADE decide; e *implicitamente* no caso de controle de condutas — ou seja, a agência investiga, e o CADE decide em grau de recurso; bem como

• convênio com a SDE e a SEAE. Esse convênio teria utilidade, apesar de a lei prever expressamente que é a agência quem investigará condutas, por duas razões. Primeiro, porque é do interesse da agência contar com a colaboração e assessoria de quem tem a atribuição, no sistema legal de defesa da concorrência, de conduzir essa tarefa com relação à economia como um todo. Segundo, uma razão mais técnica. Embora a lei tenha dado à ANATEL a tarefa, ela não lhe deu poderes extensos de investigação. Algo que a SDE e a SEAE têm.

Nos casos da ANP e da ANEEL, deveria haver um padrão comum:

• um convênio com SDE e SEAE, prevendo, de forma mais ou menos detalhada, que as agências comunicarão à SDE qualquer ato ou fato de que tenham notícia que possa constituir infração à ordem econômica. O convênio poderá prever, no sentido inverso, que a SDE consultará a agência respectiva, em busca de elementos técnicos, quando estiver conduzindo alguma investigação na respectiva área; a esse se agregaria;

• convênio com o CADE, apesar de a lei não dar a essas agências nenhum poder em matéria de controle formal de estruturas. A razão consiste em que no exercício de sua tarefa de monitoramento dos respectivos mercados, e em particular dos contratos de concessão, as agências podem com freqüência estar adotando medidas que tenham impacto sobre questões concorrenciais, o que é motivo para querer cercar-se de cuidados. Por exemplo, quando se pronunciarem sobre a transferência de determinado contrato de concessão, ou de sua prorrogação, hipóteses que as respectivas leis prevêem. Para o que poderão acionar o CADE, a quem a lei conferiu expressamente uma competência consultiva, raramente utilizada.

O padrão de relacionamento entre os novos órgãos reguladores e o sistema de defesa da concorrência é, por si só, questão cuja importância requer reflexão e ação cuidadosas. Importância acentuada pelo fato de que aquilo que vier a ser decidido com relação às agências já criadas constituirá balizamento para os órgãos das demais áreas de infra-estrutura, que ainda surgirão — é o caso de saneamento básico, e de transportes. Além disso, o mesmo tipo de raciocínio é aplicável a outros setores regulados da economia, entre os quais o sistema financeiro, objeto da jurisdição do Banco Central do Brasil. Em economias de mercado mais maduras que o Brasil, regulação setorial e defesa da concorrência são tarefas mais antigas, mas nem por isso é necessariamente bem resolvida a articulação entre ambas. Temos a oportunidade de aprimorar a experiência estrangeira.

Atualidades

A PRIVATIZAÇÃO NO BRASIL

FREDERICO SIMIONATO

Está em curso na atualidade um dos mais tristes episódios da política brasileira. O discurso da privatização, como a nova panacéia institucional, apta em solucionar todos os problemas existentes na economia, consagra pretensões bem definidas dos conglomerados econômicos nacionais e internacionais. Para estes fins, o atual governo federal age com profundo esmero. A mídia de massa controla os segmentos sociais, transformando-os em meros espectadores de um processo perverso, que solapa toda uma multidão, perdida pelo discuso liberal, e sem voz neste processo.

O "valor da empresa" que tantas discussões provoca, bem como todos os aspectos que envolveram a Lei n. 9.457/97, representam bem a vontade do governo em criar mecanismos para facilitar a alteração do controle das empresas. Casos como os setores da siderurgia, extração mineral, bancos e telecomunicações são tão notórios que dispensam maior análise. Acrescenta-se a tudo isto a indecente participação de recursos públicos e a legislação para a desestatização.

A máquina estatal aliou-se, há muito tempo, com os grandes grupos que comandam a política econômica dos países. É deste cenário que o processo de privatização precisa ser verificado.

Quando do começo da industrialização brasileira, por volta dos anos 50, foi imensa a quantidade de recursos financeiros investidos pelo governo, mediante empréstimos internacionais. Esta situação provocaria uma ruptura lógica do sistema estatal. O endividamento de outrora, encontra seu reflexo hoje.

A estatização foi utilizada sabiamente pelos comandantes da economia internacional, impedindo o surgimento de uma elite nacional, que poderia conflitar com os já consolidados conglomerados. Também, era um grande risco financeiro investir, sem a garantia dos governos nacionais, quantias vultosas em países com problemas de infra-estrutura e falta de vivência no mundo industrial. O endividamento foi a chave do negócio.

Com esta sistemática, o governo, através da utilização destes recursos construiu um significativo parque industrial, propiciando o florescimento da indústria, das cidades, e da urbanização.

Nada mais lógico que este patrimônio fosse "devolvido" a iniciativa particular, particulares que gostam de se esconder atrás dos fundos públicos, mesmo que isto custe grande parte do desenvolvimento brasileiro. Um projeto nacional se impõe para remediar esta situação.

Não resta dúvida que a privatização possui dois fundamentos. Um destes fundamentos é de natureza econômica; o outro, é político. O discurso econômico, que se fundamentou no ocidente e alcançou facilmente o oriente, está na redução dos custos de produção, no aumento da concentração de capitais, e na diminuição da participação dos trabalhadores no processo produtivo. Com a automação cresce o desemprego, tornando o capital no senhor único da contratação da mão-de-obra, pagando os salários que deseja, e para quem deseja.

Com isso, é fragmentada toda a antítese que poderia ser colocada contra o discurso liberal. O que está sendo presenciado é a revitalização do capitalismo, que optou em criar uma esfera de consumidores, e outra de excluídos. As modernas técnicas de publicidade, cada vez mais, reduzem o ser humano a mero consumidor, iludindo-o pela compulsão do consumo, para que desta forma consiga ser viabilizada a manutenção do sistema de dominação.

A demanda reprimida em setores de consumo no Brasil representa um fôlego para o empresariado, que pode explorá-la com facilidade. Nada mais justo que todos possam comprar, porque somente desta forma poderão ser considerados não como cidadãos, mas como consumidores. Quando o Estado nacional se intitulou como o grande contratador de pessoas e de serviços, controlando inúmeras empresas, obviamente o seu poder gerencial seria limitado pelo fator financeiro, já detectado pelos ideários da elite internacional. Era o monopólio público. Porém, isto não permitiria a entrada de novos capitais, que já estavam dispersos pelo planeta. O crescimento era pequeno, porque foi feito para ser pequeno.

Com a maturação do capitalismo nestes países, incluído o Brasil, ficou fácil culpar o Estado por todas as agruras da sociedade, surgindo a defesa do Estado mínimo. Esta premissa, profundamente bem desenvolvida pela elite, viabiliza a privatização. A pergunta principal não se refere em se a atividade empresarial deve estar com o Estado ou com o particular. A pergunta essencial está em como será controlada a atividade empresarial? Quais são os limites éticos de sua atuação? Qual seria a participação dos trabalhadores e da coletividade na fiscalização da administração da empresa? São todas questões que devem ser avaliadas em razão da empresa como instituição.

Se o Estado deve ser mínimo, como defendem os liberais que tomaram os Ministérios, o comando econômico da sociedade caberia aos particulares, senhores do capital. É bem verdade que a estatização no Brasil atendeu a vontade dos próprios meios empresariais, que se serviram, durante décadas, desta situação, e com preços subsidiados. O aço para as montadoras de veículos, a energia elétrica para a produção empresarial, e tantos outros exemplos, consagram o proveito que foi retirado da estatização. O petróleo é a próxima etapa.

A atual desestatização retira um fardo pesado do governo federal, tanto que pôde ser notado um alívio após a privatização do sistema Telebrás. A meta foi cumprida, é o que transparece. Um caso eloqüente surgiu logo em seguida desta privatização, por ocasião da aquisição de todo o sistema norte, que envolve do Estado do Rio de Janeiro até o Acre. Foi questionada a capacidade gerencial do conglomerado adquirente, que não possui nenhuma vivência empresarial nas telecomunicações. A solução encontrada foi que este conglomerado deverá negociar com outra empresa que possui experiência na área, sob pena de revogação da concessão. Esta organização ocorreu dentro do BNDES, no dia após a privatização de todo o sistema.

Outro aspecto que pode ser levantado a respeito da privatização no Brasil se refere às novas ANATEL, ANEEL e ANP. Se a experiência demonstrou que mesmo os Estados nacionais não conseguiram fazer frente aos conglomerados internacionais, é no mínimo leviano acreditar que agências, despidas de poder efetivo, poderão controlar atividades empresariais que envolvem bilhões de dólares. Isto ocorre não pela falta de competência de seus integrantes, mas pela pressão óbvia que decorre do enorme poder econômico destas empresas. O sistema imposto pelo CADE também demonstrou que o controle não se efetiva de per si, mas requer o engajamento de toda a sociedade, inclusive do Poder Judiciário.

As infrações da ordem econômica pressupõem o conceito de livre concorrência. Nos termos do artigo 20 da Lei n. 8.884/94, constituem infrações da ordem econômica, mesmo que não praticada com culpa, as condutas que tenham por objetivo limitar, falsear ou prejudicar a livre concorrência e a livre iniciativa, dominar *mercado relevante* de bens e serviços, aumentar *arbitrariamente* os lucros, e exercer *abusivamente* posição dominante. Combinando com o artigo 21, estão enumeradas algumas formas de manipulação da atividade empresarial. A Constuição Federal de 1988 consagra como absoluta a defesa da liberdade como sustentáculo da propriedade individual e dos bens de produção. Mas é preciso perguntar se existiu e se ainda existe realmente esta liberdade.

O intérprete não pode olvidar a falta de concorrência em vários setores empresariais. Os preços predeterminados, tecnologia e o controle externo são exemplos das manipulações realizadas pelos conglomerados, que objetivam a sua perpetuação. Como são as empresas que mantêm o sistema de dominação, a importância de sua continuidade ultrapassa os limites societários, e encontra no próprio Estado o seu maior incentivador.

Uma guerra silenciosa está sendo travada pelos países no âmbito do comércio internacional, cada qual procurando atrair capital para o seu interior, mesmo que este capital venha para o lucro fácil garantido pelos altos juros, ou para a simples transposição do controle das empresas estatais ou particulares. Com a debilidade de grande parte do empresariado brasileiro, constituído por empresas familiares, sem participação em bolsa, e com pequena possibilidade de obtenção de recursos, a abertura econômica acaba por causar o desaparecimento deste tipo de empresa, que está sendo adquirida todos os dias pelas grandes companhias transnacionais. Está acontecendo uma modiificação de posições dentro das sociedades. A excessiva entrada de recursos estrangeiros, comemorada pelo governo, não significa necessariamente que estes valores estejam sendo direcionados para o aumento da produção, mas, pelo contrário, demonstra apenas que está ocorrendo a alteração no controle de empresas já existentes. Portanto, o capital internacional possui três vias de investimento: vai em direção dos juros pagos pelo governo; adquire o controle de empresas; ou vai para a produção. Este é muito menor se comparado com os dois anteriores.

Neste quadrante, a privatização representa apenas a alteração no poder de controle, sem um conseqüente aumento dos investimentos produtivos. Os valores que futuramente possam ser investidos na produção sairá do preço dos serviços prestados. Com o reajustamento destes preços pelo governo, antes da privatização, a conta financeira poderá ser fechada.

A participação do Estado não se limitou em oferecer o seu patrimônio aos adquirentes. Ele, Estado, contribuiu financeiramente para que o seu próprio patrimônio fosse adquirido. Casos não faltaram com o Programa de Estímulo à Reestruturação e ao Fortalecimento do Sistema Financeiro Nacional. É uma situação absurda. Todavia, tudo isto ocorreu sob o referendo do Congresso Nacional, e do Poder Judiciário. Este, mais uma vez, agiu com mero homologador da vontade do Executivo, e em nenhum momento se inclinou decisivamente para verificar a oportunidade da privatização e o seu mérito. O Judiciário deveria ter funcionado como um limite à ganância do Executivo e dos adquirentes.

Enfim, como tudo já foi realizado conforme desejou os organismo da administração pública, somente resta defender a alteração de perspectiva do conceito de empresa. Deve ser aproveitado o ensejo da privatização e postular a reestruturação orgânica da sociedade por ações no Brasil, com a criação de órgãos de fiscalização da gestão, e não somente das contas. Todos os envolvidos na atividade empresarial, ou seja, consumidores, trabalhadores e coletividade, deveriam compor este órgão, alterando a noção da propriedade e de controle.

Um dos meios mais eficazes de controlar a atividade empresarial é colocar órgãos sociais encarregados de realizar esta função. Eles acompanhariam diretamente a administrção, denunciando o abuso de poder e desvio de finalidade. Representantes dos empregados e da coletividade deveriam participar ativamente desta fiscalização para realizar um controle posterior da gestão colocada a efeito pelo controlador e pelos administradores. O Conselho Fiscal também deveria ter função destacada. Esta solução não é esdrúxula, e existem sistemas semelhantes na Alemanha, França e EUA.

Não é peciso redupiar ideologicamente este ou aquele sistema de produção, ou seja, o estatal ou o particular; cada qual possui uma função determinada, de natureza complementária, e devem ser analisados sem excessos preconcebidos, que perturbam o melhor conhecimento da situação. A preocupação social deve existir quer se esteja dentro de um sistema ou de outro. É uma postura extremada a defesa unilateral do meio de produção. Esta posição em nada contribui ao fortalecimento das instituições. Precisaria ser realizado um debate nacional, com todos os envolvidos, para que fosse planificada uma nova atuação das entidades produtoras, volvida para a diminuição das disparidades sociais. Os sequazes das posturas extremistas do liberal deveriam rever sua posição, lembrando que o todo somente pode ser satisfeito em parte. A justiça no mundo dos homens, já falava Aristóteles, nasce do equilíbrio das forças sociais, equilíbrio que está na eqüidade.

A Consituição Federal determina que a propriedade atenderá sua função social (art. 5º, XXIII). No artigo 170, a Constituição estabelece que a ordem econômica será fundada na valorização do trabalho humano, e na *livre iniciativa,* tendo por fim assegurar existência digna, conforme os ditames da justiça social. São princípios da ordem econômica brasileira, entre outros: soberania, *propriedade privada, função social da propriedade,* livre concorrência. A Constituição mantém o discurso da função social sem uma maior determinação de seus aspectos. A propriedade dos bens de produção deve cumprir sua função quer a empresa seja "pública" ou "particular". Por isso, seria de boa técnica a inserção de preceitos específicos para as sociedades controladas por particulares, o que não ocorre na Constituição de 1988. Esta situação precisa ser alterada, e o momento da privatização pode ser o fato ensejador da alteração de perspectiva sobre a atividade empresarial, muitas vezes voltada para a exploração do consumidor, e por práticas abusivas contrárias ao interesse da empresa.

O que causa perplexidade na privatização do setor público brasileiro é a falta de seriedade pela qual foi tratada a matéria. Não houve debate, a comunidade acadêmica não foi ouvida, existência de inúmeros problemas de ordem política e estrutural na condução do processo, e o péssimo critério para fixar o "valor" das participações sociais. Tudo isto torna sem legitimidade a privatização, que caracterizou um lamentável episódio da recente política nacional.

Para reparar esta situação existem meios jurídicos que deveriam ser movimentados. Contudo, se eles forem julgados procedentes, quem suportará o prejuízo da condenação patrimonial será o Estado, e porque não dizer, a população. Pode-se acreditar, com toda a certeza, que o Estado não existe que para suportar os ganhos da elite, e os lamentos da massa populacional...

Isso precisa mudar.

Jurisprudência Comentada

DESPEJO POR FALTA DE PAGAMENTO, COMBINADO COM COBRANÇA. DISCUSSÃO SOBRE A NÃO COMPENSAÇÃO, NO CÁLCULO DO DÉBITO, DOS VALORES PAGOS A TÍTULO DE "RES SPERATA"

Comentários de
HAROLDO MALHEIROS DUCLERC VERÇOSA
ao acórdão da Ap. s/rev. 523.931-00/1-SP do 2º TACSP

Despejo por falta de pagamento c/c cobrança – "Shopping center" – "Res sperata" – É válido e exeqüível o contrato de reserva de uso de área em "shopping center" ("res sperata") quando atender aos requisitos dos contratos em geral, quais sejam, capacidade das partes, objeto lícito e forma prescrita ou não defesa em lei. O aluguel, a contribuição condominial e de fundo de promoção são contribuições contratuais do lojista, essenciais para a manutenção do "shopping Center", cuja mora enseja despejo e cobrança. Sentença mantida. Recurso improvido (2º TACIVIL, 2ª C., ap. s/rev. 523.931-00/1 – SP, rel. Juiz Felipe Ferreira, j. 30.7.98, v.u.).

ACÓRDÃO

Vistos, relatados e discutidos estes autos, os juízes desta turma julgadora do Segundo Tribunal de Alçada Civil, de conformidade com o relatório e o voto do relator, que fica fazendo parte integrante deste julgado, nesta data, negaram provimento ao recurso, por votação unânime.

Felipe Ferreira, Juiz Relator.

VOTO

Trata-se de recurso de apelação, contra r. sentença, de fls. 194/196, de relatório adotado, que julgou procedente a ação de despejo por falta de pagamento c/c cobrança, assinando à ré o prazo de 15 dias para desocupação voluntária do imóvel.

Pleiteia a apelante a reforma do julgado para a improcedência da ação, pela não compensação no cálculo do débito dos valores pagos a título de *res sperata*, reiterando os termos da constetação quanto à abusividade e à falta de justificativa dos valores cobrados, inclusive aqueles referentes às despesas de condomínio. Aduz que o cálculo do débito está majorado pois nele desconsiderou-se a quitação de alguns valores já acrescidos dos 20% referentes à verba honorária. Também requer a redução dos honorários advocatícios de 20% para 10% sobre o valor da dívida.

Apresentadas as contra-razões, às fls. 208/209, subiram os autos a esta Corte de Justiça.

É o relatório.

O recurso não merece prosperar, devendo prevalecer a respeitável sentença, por seus próprios, jurídicos e proficientes fundamentos.

De fato, tratando-se de locação de espaço comercial em *shopping center*, a lei faculta às partes ampla liberdade no estabelecimento de suas cláusulas e condições, nos termos do artigo 54, *verbis*:

"Artigo 54. Nas relações entre lojistas empreededores de 'shopping centers', prevalecerão as condições livremente pactuadas nos contratos de locação respectivos e as disposições procedimentais previstas nesta lei".

É que, na definição de João Carlos Pestana de Aguiar (*Nova Lei das Locações Comentada*, Rio de Janeiro, Lumen Juris, 1992, p. 96), tal locação agrega componentes diversos dos normais, no ramo comercial, pois:

"O 'Shopping Center', anglicanismo de origem norte-americana, consiste num empreendimento de construção dispendiosa, destinada a um conjunto comercial composto de várias lojas de maior (âncoras) e menor dimensão (satélites), todas voltadas para galerias internas confortáveis, sendo as lojas logicamente localizadas quanto aos negócios nelas explorados ('tenant mix'), fornecendo ao consumidor facilidades de acesso (estacionamento), requintes na apresentação do conjunto, qualidade dos produtos, segurança, conforto e lazer, atrativos que sustentam o sucesso do empreendimento" (*Teoria e Prática da Locação de Imóveis*, Nilton da Silva Combre, Saraiva, 4ª ed., p. 44).

Assim, dada a grandiosidade e o elevadíssimo custo do empreendimento, nada há de anormal no contrato de reserva de área para futura locação, denominado de *res sperata*, pois tal instituto visa captar suporte econômico-financeiro necessário para o sucesso do empreendimento do qual vai usufruir o futuro lojista.

Sobre o tema, Maria Elisa Gualandi Verry, em excelente estudo sobre "Shopping Centers" aborda com bastante clareza o contrato em julgamento.

"A '*res sperata*' de que tratamos constitui como que uma garantia de que o futuro lojista terá seu lugar assegurado em uma das unidades do 'shopping center'. Referida garantia representada por um pagamento feito ao empreendedor pelo lojista, normalmente anterior à efetivação da relação entre eles. No entanto, é também bastante comum a situação onde a '*res sperata*' é contratada concomitantemente com a assinatura do instrumento firmado entre empreendedor e lojista para a utilização da unidade do 'shopping center' o que normalmente ocorre quando este último instrumento é firmado antes da inauguração do 'shopping center'".

O conceito de Fernando Albino A. de Oliveira complementa ainda mais a noção a respeito da *res sperata*:

"Importância paga pelo lojista como retribuição pelos estudos técnicos procedidos pelo empreendedor do 'shopping center', envolvendo pesquisas de mercado, estudos de viabilidade econômica, de projetos e de alocação do 'tenant mix', garantia de reserva de espaço e direito de participar da estrutura organizacional do 'shopping center'.

"Por estar diretamente ligada às vantagens que advirão da colocação da unidade no 'tenant mix' do 'shopping center', a 'res sperata' é calculada de acordo com a valorização da unidade à mesma relativa" (*Shopping Centers*, Livraria Del Rey Editora, pp. 80/81).

O eminente Juiz do Primeiro Tribunal de Alçada Civil do Estado de São Paulo, Antonio de Pádua Ferraz Nogueira, também abordou esse tipo de negócio no artigo publicado na *Revista de Direito Mercantil*, v. 77, pp. 82/86. São oportunas as observações seguintes:

"Assim, além de critérios de seleção e localização dos lojistas, tem-se ainda que o fim objetivado pelo Shopping Center, não é unicamente – como proficientemente sintetizou Orlando Gomes – 'alugar unidades imobiliárias, na execução de negócios desse gênero, como procedem investidores que adquirem num edifício incorporado alguns compartimentos destinados ao comércio a varejo. O propósito principal é, como se registra no estudo citado, a relação direta entre a rentabilidade do empreendimento e a rentabilidade das atividades comerciais que se exercerão no prédio. Essa relação, por assim dizer associativa, é inexeqüível porque o empreendedor põe em prática um plano estratégico, misturando produtos e serviços, selecionando lojistas, fazendo dos grandes magazines ou lojas de departamentos, designadas lojas-âncoras, ponto de atração que impele os freqüentadores para as pequenas lojas, ditas 'magnéticas', promovendo campanhas publicitárias – enfim, criando condições favoráveis à exploração do comércio lojista' (trab. cit., in *RT* 576/17).

"(...)"

"Diante dessas importantes conceituações, constata-se que, ainda antes de iniciar a edificação do 'Shopping Center', o proprietário-locador firma com o pretenso-locatário em contrato, a título de direito de reserva da localidade ('res sperata') "forma de captação de recursos em que o empreendedor recebe dos futuros usuários, ou futuros lojistas, quantia com que contribuem durante a fase da construção, até o momento em que a edificação se completa e é aberta à utilização efetiva' (cf. Caio Mário da Silva Pereira, "Shopping center – Organização econômica e disciplina jurídica", in *RT* 580/19)."

O insigne e culto juiz Norival Oliva, nesta mesma Câmara, em proficiente voto sufragado à unanimidade, na Apelação n. 497.138, com percuciência bem observa sobre a natureza e validade jurídica desse tipo de contrato, que:

"Para a sua validade parece-me irrelevante buscar sua natureza jurídica em mútuo, arras, luvas ou outro instituto. Destinado a dotar esse tipo de negócio de lastro jurídico e obrigacional, o contrato ora exibido se reveste de validade por atender aos requisitos dos contratos em geral, quais sejam, capacidade das partes, objeto lícito e forma prescrita ou não defesa em lei.

"Consigne-se não ser a causa, na legislação pátria, requisito essencial dos contratos. A causa confunde-se com o próprio contrato e só o vicia quando ilícito o seu objeto."

E o brilhante e aprofundado julgado, no tema específico, recebe a seguinte ementa:

"Contrato. 'Reserva de locação'. Área situada em "shopping center". Requisitos dos contratos em geral. Preenchimento. Condição de validade.

"É válido e exeqüível o contrato de reserva de uso de área em 'Shopping Center' ('res sperata') quando atender aos requisitos dos contratos em geral, quais sejam, capacidade das partes, objeto lícito e forma prescrita ou não defesa em lei" (ap. c/ rev. 497.138, 2ª C., rel. Juiz Norival Oliva, j. 20.10.97).

No mesmo sentido tem julgado esta Corte de Justiça, vejam-se os seguintes arestos:

"Cobrança. Encargos locatícios. Imóvel situado em "shopping center". Prestação pela "res sperata" (condomínio, fundo promocional, empreendimentos coletivos). Emissão de nota promissória pelo locatário. Admissibilidade.

"A assunção de débitos pelo locatário, com emissão de notas promissórias a favor da locadora, a título de pagamento da "res sperata", não se vinculando a melhoramento específico, mas a benecífios gerais do empreendimento, enseja cobrança como encargo locatício" (ap. c/ rev. 463.453, 10ª C., rel. Juiz Euclides de Oliveira, j. 19.9.96).

"Locação. Contrato misto. Imóvel situado em "shopping center". Relação jurídica única. Inadimplemento de um dos contratantes. Prova da rescisão por inteiro. Necessidade.

"O contrato de 'res sperata' se integra no negócio jurídico complexo e atípico pactuado entre o 'empreendedor' e o 'lojista' em centro comercial. Por conseqüencia, inviável opor-se o 'lojista' ao pagamento das prestações decorrentes daquela avença, sob o fundamento de inadimplemento de obrigações do 'empreendedor' decorrente do negócio jurídico complexo, sem demonstrar ter rescindido a este por inteiro" (ap. c/ rev. 472. 632, 5ª C., rel. Juiz Laerte Sampaio, j. 25.3.97, *JTA* (LEX) 167/390).

Assim, a pretensão do apelante de se compensar por pagamentos feitos a título de *res sperata* é no mínimo antijurídica pois, firmado livremente dentro de sua autonomia da vontade, norteada pelos princípios da conveniência e oportunidade, com os riscos que toda atividade empresarial traz em si, fazendo incidir a regra do *pacta sunt servanda* e, como preleciona Orlando Gomes (*Contratos*, 5ª ed. , p. 44), tem-se que:

"Se aceitou condições contratuais extremamente desvantajosas, a presunção de que foram estipuladas livremente impede se socorra da autoridade judicial para obter a suavização ou a libertação 'pacta sunt servanda'".

No mais não há qualquer abusividade ou falta de justificativa dos valores cobrados e, estando o locatário em mora e não se ultilizando do instituto da sua purgação, no devido tempo, era de rigor a procedência da ação.

De fato, como bem observado no item "d", fls. 168, o pagamento apenas parcial de dívida, que por liberalidade a locadora parcelou mas o locatário não honrou, foi deduzida na planilha, como ali indicado.

Doutra parte, o valor do locativo, conforme o contrato, deve corresponder a 4% sobre o faturamento da locatária ou a um valor mínimo estabelecido, prevalecendo o superior e, assim, se o locativo foi aferido conforme o faturamento apresentado pela apelante, não há o que discutir.

E, também quanto ao fundo de promoção e contribuição condominial, são obrigações contratualmente assumidas pela locatária, sem as quais, aliás, o empreendimento condominial não poderia subsistir, cujos gastos e previsões orçamentárias são aferidas, permanentemente, pela comunidade dos lojistas, como bem observa a apelada, nestes termos:

"As 'previsões orçamentárias' e os gastos efetivos praticados pela Administradora do 'Shopping' são fiscalizados pela 'Associação dos Lojistas do Shopping Interlar' e auditados permanentemente. Assim é que todas as contas do 'Shopping' já estão aprovadas pela auditoria e associação, sendo certo que os milhares de documentos, desde coletas de preço até recibos e comprovantes de pagamento, encontram-se na Administração do 'Shopping', que não se confunde com a autora" (fls. 169/170).

Por último, anota-se que o percentual da verba honorária que há de incidir sobre o débito foi bem aferido, pois deve apresentar justa e condigna remuneração do profissional advogado.

Ante o exposto, nega-se provimento ao recurso.

Felipe Ferreira, Relator.

Comentários de

HAROLDO MALHEIROS DUCLERC VERÇOSA

Em ação ajuizada por empresa administradora de *shopping center* contra lojista inadimplente, os julgadores entenderam não ser devida a compensação, no cálculo do débito, de valores anteriormente pagos pelo segundo, a título de *res sperata*. Para chegar a essa conclusão, alguns pontos foram discutidos na decisão sobre exame, destacando-se dois deles: o princípio de liberdade no estabelecimento das condições das relações entre os empreendedores de tais entidades e os lojistas, às quais devem aplicar-se as *disposições procedimentais* da Lei das Locações; e a validade da cobrança de importâncias a título de *res sperata* dos lojistas.

Em que pesem os doutos argumentos determinantes da orientação adotada nesse aresto, em votação unânime, não nos parece que se chegou a uma solução plenamente justa para o lojista, tendo sido omitidos pontos fundamentais da questão, adiante demonstrados. E, para esse efeito, bastaria que, além dos subsídios fornecidos pela doutrina consultada e referida no texto do acórdão, se fizesse uma pequena pesquisa sobre os elementos diferenciais deste tipo de contrato e sobre os conceitos de estabelecimento comercial, aviamento e clientela.

Em primeiro lugar, devemos reconhecer que não estamos diante de um contrato de locação *tradicional*, ou seja, aquele pelo qual se entrega o uso de coisa móvel ou imóvel a terceiro, mediante o pagamento de uma remuneração periódica. Não é o caso de nos voltarmos presentemente para a questão do estudo de sua natureza jurídica, mas facilmente se verifica existirem nesses acordos muitos mais e novos elementos do que pode pretender uma vã análise. Basta, para tanto, fazer-se um rápido exame das suas múltiplas e complexas cláusulas, entre as quais encontrar-se-á aquela reguladora do pagamento da *res sperata*, jamais presente em um contrato de locação *normal*, digamos assim.

No contrato de locação tradicional, o bem já existe no patrimônio do locador e este simplesmente cede seu uso para o locatário, devendo este pagar o devido aluguel. Tal não acontece, evidentemente, em um acordo celebrado entre o empreendedor do *shopping center* e os diversos futuros lojistas, os quais contribuirão com recursos próprios para tornar-se viável o empreendimento, vindo eles, portanto, a pagar pela *res sperata*.

Fernando Albino A. de Oliveira, citado pelo acórdão, conceitua a *res sperata* como sendo "a importância paga pelo lojista como retribuição pelos estudos técnicos procedidos pelo empreendedor do *shopping center*, envolvendo pesquisas de mercado, estudos de viabilidade econômica, de projetos de alocação do *tenant mix*, garantia de reserva de espaço e direito de participar da estrutura organizacional do *shopping center*. Por estar diretamente ligada às vantagens que advirão da colocação da unidade no *tenant mix* do *shopping center*, a *res sperata* é calculada de acordo com a valorização da unidade à mesma relativa".

De outra parte, é ainda no próprio texto do acórdão que se encontra a alusão a ensinamentos de Antônio de Pádua Ferraz Nogueira e Caio Mário da Silva Pereira, segundo os quais, *ainda antes de iniciar a edificação do "Shopping Center", o proprietário-locador firma com o pretenso-locatário em contrato, a título de direito de reserva da localização (res sperata),* ***uma*** *forma de captação de recursos em que o empreendedor recebe dos futuros usuários, ou futuros lojistas, quantia com que contribuem durante a fase da construção, até o momento em que a edificação se completa e é aberta à utilização pública.*

O próprio conceito de *res sperata* não nos parece aplicar-se afinadamente ao caso em foco. Pode-se comprar uma safra futura de laranjas, embora nem sequer ainda tenham florescido as laranjeiras. Essa safra é, claramente, *res sperata*. Dependendo do tipo de acordo entre as partes, os riscos da frustração da colheita ou da variação do preço poderão ocorrer por conta do comprador ou do vendedor. Mas não costuma o comprador contribuir juntamente com o vendedor para o plantio das laranjas ou tendo cuidados com o laranjal. O contrato entre comprador e vendedor é abertamente sinalagmático, ou seja, à prestação de uma das partes corresponde a outra, em sentido contrário.

Diferentemente, nas relações de que trata o aresto objeto destas considerações, existe uma contribuição conjunta para o término bem-sucedido do empreendimento. Da mesma forma como acontece na franquia, existe um certo nível de associação entre as partes, que entre si costumam denominar-se de *parceiros*, embora, do lado do mais forte, tal *parceria* somente funciona na *saúde* e não na *doença* do mais fraco. Não chegam a constituir contrato de sociedade, por não estar neles configurada a chamada *affectio societatis*. Mas também não são puramente contratos bilaterais. A ignorância dessa circunstância certamente contribuiu também para a orientação que veio a ser tomada pelo tribunal no caso presente.

Nos termos acima, verifica-se a existência de uma contribuição prévia dos lojistas, adiantada ao proprietário-locador que, agregada aos recursos próprios deste, contribui decisivamente para o término da obra e para o início de sua utilização pelo público cliente. Uma vez concluído o empreendimento, a unidade automaticamente se valoriza, ou seja, passa a valer mais, sendo a *res sperata* calculada justamente em função dessa mesma valorização, como bem observado por Fernando Albino no trecho acima reproduzido. Após esse momento, o lojista irá remunerar o locador segundo as condições entre eles livremente pactuadas, geralmente sob a forma de uma participação sobre o faturamento do locatário, com a previsão de um determinado valor mínimo. Além disso, outras despesas podem estar incluídas no mesmo contrato, tais como a contribuição condominial e o fundo de promoção.

Pode-se perceber claramente que as importâncias adiantadas pelo locatário a título de *res sperata* valorizam o emprendimento, tanto do ponto de vista individual, ou seja, aquele espaço em particular, como sob o aspecto geral — o *shopping* como um todo —, pois o esforço comum é que torna-o factível, a não ser que o empreendedor bancasse sozinho todo o custo da construção e das instalações necessárias, para somente ao fim chamar os interessados. E neste caso é indubitável que ele repassaria aos lojistas esses mesmos custos e a valorização do empreendimento.

Considerados ambos os aspectos, parece-nos, sem sombra de dúvida, que o preço da *res sperata* passa a integrar o estabelecimento comercial do locatário, valorizando-o, tornando-o apto a gerar lucros, ou seja, criando quanto a ele um *aviamento*. Esse foi outro ponto fundamental, olvidado pelos ínclitos julgadores, cujo reconhecimento resultaria na aceitação da compensação pretendida pelo locatário inadimplente.

Nas palavras de Oscar Barreto Filho, em obra até hoje inigualada, "o aviamento é o conjunto de variados fatores pessoais, materiais e imateriais, que conferem a dado estabelecimento 'in concreto' a aptidão para produzir lucros" (*Teoria do Estabelecimento Comercial*, Max Limonad, São Paulo, 1969, p. 169).

Não somente as lojas-âncora, mas também as pequenas lojas de serviços em um *shopping center*, tornam-no plenamente apto ao objeto lucrativo buscado por todos os integrantes (proprietário empreendedor e lojistas), pois seu conjunto forma o *tenant mix* adequado ao atendimento de quaisquer necessidades dos consumidores. Daí a presença de um aviamento geral e de aviamentos individuais, sob o aspecto *objetivo* ou *real*, isto é, aquele *inerente aos elementos singulares do estabelecimento, às suas qualidades, à sua organização e também à atividade do fundador enquanto transfundida e objetivada no estabelecimento*. Esse aviamento objetivo diferencia-se daquele denominado *subjetivo* ou *pessoal*, *que deriva da pessoa e do prestígio do titular e que lhe é indissoluvelmente unido*" (Barreto Filho, ob. cit., p. 174).

Na qualidade de elemento integrante ou mesmo que somente considerado como atributo do estabelecimento, discussão colocada por Barreto Filho em seu trabalho, mas que não é necessário abordar para nossos objetivos, o aviamento torna possível a geração de lucros e, na forma objetiva, agrega-se ao estabelecimento comercial, independentemente da pessoa do titular. Se o titular passa a ser outro, ainda que por força do despejo do lojista anterior, o sucessor vai ser favorecido pela capacidade geradora de lucros ali presente, para a qual, no caso dos *shopping centers*, a contribuição do lojista na forma do pagamento da *res sperata* teve papel absolutamente relevante, a ser definitivamente computado em seu benefício.

Não é difícil perceber ser esse o entendimento mais adequado. Basta considerar que, após haver retomado a posse da loja, o proprietário-locador imediatamente procurará outro lojista interessado em desenvolver sua atividade naquele *shopping center* (e, dentro do esquema do *tenant mix* do *shopping, no mesmo ramo de atividade do lojista despejado*), do qual cobrará, a título de luvas iniciais, uma importância relativa ao *ponto*, em cujo cálculo incluirá o custo proporcional dos custos de projeto e de conclusão da obra, ou seja, a tão falada *res sperata*, já anteriormente paga do antigo locatário. Dessa maneira, ele estará recebendo duas vezes pelo mesmo bem, em claro enriquecimento sem causa.

Por esses motivos, entendemos que foi infeliz a decisão sob exame, no ponto em que deixou de abater dos débitos do locatário inadimplente os valores antecipados na forma de *res sperata*, de maneira a que não houvesse enriquecimento sem causa do proprietário-locador, como se verificou no caso concreto.

São Paulo, dezembro de 1998

Jurisprudência Comentada

PENHORABILIDADE DE COTAS SOCIAIS NAS SOCIEDADES POR COTAS DE RESPONSABILIDADE LIMITADA

Comentários de UNIE CAMINHA
ao acórdão do REsp 39.609-3-SP do STJ

Ementa: Processo Civil e Direito Comercial. Penhorabilidade das cotas de sociedade de responsabilidade limitada por dívida particular do sócio. Doutrina. Precedentes. Recurso não conhecido.

I — A penhorabilidade das cotas pertencentes ao sócio de sociedade de responsabilidade limitada, por dívida particular deste, porque não vedada em lei, é de ser reconhecida.

II — Os efeitos da penhora incidente sobre as cotas sociais hão de ser determinados em atenção aos princípios societários, considerando-se haver, ou não, no contrato social, proibição à livre alienação das mesmas.

III — Havendo restrição contratual, deve ser facultado à sociedade, na qualidade de terceira interessada, remir a execução, remir o bem ou conceder-se a ela e aos demais sócios a preferência na aquisição das cotas, a tanto por tanto (CPC, arts. 1.117, 1.118 e 1.119).

IV — Não havendo limitação no ato constitutivo, nada impede que a cota seja arrematada com inclusão de todos os direitos a ela concernentes, inclusive o status de sócio. Acórdão

Vistos, relatados e discutidos estes autos, acordam os Ministros da Quarta Turma do Superior Tribunal de Justiça, na conformidade dos votos e das notas taquigráficas a seguir, por maioria, não conhecer do recurso, vencido o Ministro Antônio Torreão Braz. Votaram com o Relator os Ministros Barros Monteiro, Dias Trindade, convocados nos termos do art. 1º da Emenda Regimental 3/93, e Fontes de Alencar.

Brasília, 14 de março de 1994 (data do julgamento).

Ministro Fontes de Alencar, Presidente. Ministro Sálvio de Figueiredo Teixeira, Relator.

RELATÓRIO

O Sr. Ministro Sálvio de Figueiredo: Proferida nos autos da execução ajuizada pelo recorrido decisão indeferitória da penhora das cotas de sociedade por cotas de responsabilidade limitada, de propriedade dos executados, foi interposto agravo pelo exeqüente.

O Eg. Primeiro Tribunal de Alçada Civil de São Paulo, sob a relatoria do Juiz Ópice Blum, ao dar provimento ao recurso lançou acórdão do qual extraio este excerto:

"A postulação de fls. 58, não redigida com a perfeição desejada e, por isso, causadora do indeferimento de penhora, em realidade, pretende que sejam penhoradas cotas sociais, pertencentes ao patrimônio do sócio. E, tal pretensão é viável, mormente porque o que se pretende penhorar são os direitos decorrentes da utilização desse patrimônio, principalmente seus eventuais créditos.

"O C. Supremo Tribunal Federal já decidiu, no RE 90.910, publicado in *RTJ* 95/837, que 'o argumento de que o capital pertence à sociedade, e não aos sócios, traduz apenas meia verdade. É ele pertencente à sociedade, sem dúvida, mas, não sendo fruto de geração espontânea, formam-se necessariamente pelas contribuições dos sócios que o integralizam. Por essas contribuições, traduzidas pelas cotas, a sociedade deve aos sócios, que junto a ela possuem créditos correspondentes. Esses créditos são direitos que compõem os patrimônios individuais dos sócios, integrando-se na garantia geral com que contam seus respectivos credores'.

"Esta mesma Câmara, como salientado em razões de recurso, já decidiu que 'o quinhão social integra o patrimônio do sócio e responde pelas suas dívidas, com a ressalva de que a eventual arrematação ou adjudicação do quinhão penhorado não importa em transmissão da qualidade de sócio, mas apenas de direitos orientados à solução da dívida, ainda que à custa da dissolução da sociedade' (cf. *RT* 520/159).

"A notícia de alienação das quotas a terceiros (fls. 108/114), sob pena de suprir-se um grau de jurisdição, será apreciada e decidida no juízo de primeiro grau."

Foram oferecidos pelos executados embargos declaratórios, que restaram rejeitados.

Irresignados, manifestaram os executados recurso especial fundamentado em ambas as alíneas do autorizativo constitucional, argumentando, além do dissenso interpretativo, com afronta aos arts. 648 e 649, CPC, 292 do Código Comercial e 5º, LIV, da Constituição, alinhando em suas razões argumentos do seguinte teor:

"Ora, ínclitos julgadores, na hipótese dos autos, verifica-se claramente ter havido equívoco na apreciação dos fatos, uma vez que além do recorrido pretender a penhora das cotas sociais da empresa Stemcar, estranha à execução, certamente também não foi considerado que a referida sociedade por cotas de responsabilidade limitada é constituída por apenas 02 (dois) sócios, e que somente um deles faz parte da relação processual executiva.

"Nesse passo, a afirmativa de que 'a eventual arrematação ou adjudicação do quinhão penhorado não importa em transmissão da qualidade de sócio, mas apenas de direitos orientados à solução da dívida, ainda que à custa da dissolução da sociedade', necessariamente, implica dizer que na defesa do direito do credor é possível ser violado o direito do outro sócio, Sr. Carlos Wasserstein, cuja arrematação da penhora a concretizar-se, restará como único sócio da empresa Stemcar, fato que obrigatoriamente acarretará a extinção da sociedade, uma vez que nesse caso específico, de sociedade com apenas dois sócios, não será possível a sua resolução parcial, com vistas à exclusão do sócio indesejado.

"Inegavelmente, para proteger o direito de uma lei não pode prejudicar o direito de terceiro, sob pena de afrontar-se o dispositivo constitucional estabelecido no inciso LIV do artigo 5º, entre outros.

"(...)

"Conforme também já decidiu o E. Tribunal de Justiça de São Paulo, impossível, jurídica e economicamente, é a penhora da cota social por dívida particular do sócio (*RT* 140/541).

"Por sua vez, a doutrina, na lição do mestre comercialista Prof. Waldemar Ferreira, assim se expressou: 'Não são as cotas representadas por nenhum título especial. Porque elas não são títulos de crédito. Não podem, por isso mesmo, ser representadas ou convertidas em ações: nem em ações nominativas e nem em ações ao portador, o que desvirtuaria a sociedade. Ela é sociedade por cotas e não por ações' (*Livro de Direito Comercial*, Tipografia Siqueira, São Paulo, 1927, v. 1º/244)."

As cotas, uma vez conferidas, desintegram-se do patrimônio dos sócios para constituírem fundo autônomo da sociedade. É o que nos ensina J. X. Carvalho Mendonça, in *Tratado de Direito Comercial*, v. III/108. Segundo esse autor, "por fundos líquidos cuja penhora a lei permite, entendem-se: a) os saldos à disposição do sócio; b) a parte ou cota apurada na liquidação da sociedade e partilhada ao sócio devedor".

Pertencendo à sociedade e não aos sócios que a compõem, se um deles se retira, salvo pacto em contrário, não tem direito a participar de qualquer parcela de tais fundos (mesmo autor e obra, v. III/536; "Pareceres", II/47). Esse também é o pensamento do Prof. Waldemar Ferreira: "Não tem as cotas vida distinta da do patrimônio social. Desde que o sócio entre para a sociedade e formação de seu capital, com dinheiro, bens ou direitos, com que se obrigará a integralizar as cotas tomadas ou subscritas, a sua contribuição se integra no capital e, pois, no patrimônio social. Deixa de pertencer-lhe. Desintegra-se do seu patrimônio individual e transmuda-se no da sociedade, como pessoa jurídica de direito privado. Impossível, jurídica e economicamente, portanto, é a penhora da cota social por dívida particular do sócio. Não tem ela existência autônoma. Não constitui coisa distinta do patrimônio social. Não se representa por nenhum título, que, à semelhança da ação, pudesse ser objeto de penhora" (*Compêndio das Sociedades Mercantis*, v. 1º/279).

Na lição do mesmo autor, "o credor particular do sócio e, principalmente, do cotista, pela regra do artigo 292 do Código Comercial, só pode executar os fundos líquidos que o devedor possui na companhia ou sociedade, *não tendo este outros bens desembargados*" (*Tratado de Direito Comercial*, v. 3º, n. 548) (grifamos).

Aos credores particulares de sócio de sociedade por cotas, para o caso de inexistência de bens para a penhora, assiste-lhes, pois, proceder à penhora do lucro verificado em favor do devedor, em balanço da sociedade de que é partícipe, na forma da lei. Não, porém, penhorar-lhe a cota social.

Dir-se-á que entre os bens absolutamente impenhoráveis enumerados no artigo 649 do CPC, não se encontram as cotas das sociedades por cotas de responsabilidade limitada. Pouco importa, porém, porque outros bens há que são impenhoráveis e que, não obstante, não foram contemplados pelo Código de Processo Civil, como, por exemplo, a Bandeira Nacional, quando fora das prateleiras dos comerciantes.

Aliás, embora não contemplados na restrição do artigo 649 do CPC, são também impenhoráveis os cheques que o Imposto de Renda emite a favor dos contribuintes com direito a restituição (cheques que não são títulos de crédito, porque inegociáveis, ou melhor, intransferíveis), o que comprova que a enumeração do precitado artigo 649 não é taxativa.

Não pode, pois, a penhora recair sobre a suposta parte imaginária do sócio no patrimônio da sociedade, apurável somente quando da sua liquidação.

Por outro lado, a penhorabilidade de direitos se submete ao pressuposto da livre transferibilidade dos mesmos, por subrogação, adjudicação ou arrematação, sem ofensa ao direito de terceiros. Inadmissível essa transferibilidade em relação à sociedade por cotas de responsabilidade limitada, tendo em vista que esta se constitui e se mantém pelo elemento efetivo, ou pela convergência dos interesses entre os sócios. Não seria lícito constranger os sócios a aceitar o ingresso de outro, ou forçar a dissolução da sociedade.

Sabido é que na constituição desse tipo de sociedade a lei exige expressamente que desse contrato fique constando que a responsabilidade do sócio está limitada à importância total do capital social. A obrigação principal dos sócios cotistas reside no dever de integralizarem eles o capital social pelos mesmos subscrito. O que distingue esse tipo de sociedade é justamente a circunstância de ter o seu capital integralizado.

Já se tem dito que a sociedade por cotas de responsabilidade limitada é uma sociedade solidária, de responsabilidade limitada. Não é uma sociedade de capitais, como a sociedade anônima e sim de pessoas. O capital, cota dos sócios, entra para a sociedade, constituindo patrimônio autônomo e distinto do patrimônio dos sócios. Daí afirmar Waldemar Ferreira ser impossível a penhora da cota social, por dívida particular do sócio. Não se pode furtar à regra do artigo 292 do Código Comercial, segundo a qual o credor particular do sócio só pode executar os fundos líquidos que esse possa ter na sociedade.

No presente caso, o requerido pretende a penhora das cotas integralizadoras do capital subscrito da sociedade devedora e que não faz parte da execução e, dada a natureza constitutiva da empresa Stemcar, com apenas 02 (dois) sócios, em que apenas um é parte da execução, a lei não permite a efetivação da mesma.

Destarte, a sociedade por quotas de responsabilidade limitada é um tipo societário particular *vis a vis*, tal a classificação, sociedade de pessoas e sociedade de capitais.

Nelas, às vezes, aproximando-se das sociedades de pessoas, prevalecerá a *affectio*. Outras vezes, prevalecerá a intenção capitalística.

Elemento indicativo (não o único) é a cessibilidade das quotas sem a anuência dos demais sócios àquele cedente. Por exemplo, e aí até foi imposição legal, como no caso das sociedades anônimas transformadas em sociedades por quotas segundo a previsão do artigo 298 da Lei 6.404/76, em que as quotas são livremente transferidas (inc. II). Outro elemento poderia ser o emprego de denominação, para as sociedades por cotas com sentido capitalístico, ou de firma ou razão social, para aquelas constituídas *intuitu personae*, como nome comercial (Egberto Lacerda Teixeira, *Das Sociedades por Quotas no Direito Brasileiro*, pp. 55 e 56), não devendo tal elemento ser visto isoladamente. Estabelecida a caracterização como sociedade de capital, o que deve ser feito caso a caso, cederá a restrição à penhora das quotas. E tal caso, já que a intenção, o *animus*, não sendo pessoal, é capitalístico, não haverá o obstáculo apontado. Porém, nas sociedades de pessoas o óbice permanece.

Segundo a jurisprudência:

"Sociedade comercial — Responsabilidade limitada — Penhora de cotas sociais por débito de cotistas para com terceiros — Viabilidade atrelada à natureza da sociedade — Admissibilidade se de capital e estabelecida a livre cessibilidade, cedendo a *affectio societatis* — Inadmissibilidade em tese se de pessoa, supondo anuência dos demais sócios à cessão de cotas.

"Ementa oficial: Sociedade por quotas de responsabilidade limitada. Penhora de quotas sociais por débito de quotistas para com terceiros.

"Possibilidade ou impossibilidade, segundo a doutrina e a jurisprudência, indexada à natureza da sociedade. Se sociedade de capital e estabelecida a livre cessibilidade, cede a *affectio societatis* e cabe a penhora. Se a cessão das quotas supõe a anuência dos demais sócios, há sociedade de pessoas e, em tese, a quota é impenhorável" (ap. 190013219 — Erexim — 4ª Câm. Civil do TARS — Apte.: Prorec — Processamento, Representações e Assessoria Contábil Ltda. — Apdo.: Banco Meridional do Brasil S/A — v.u. — j. 29.3.90 — Rel. Juiz Sérgio Müller) (*RT* 655/172).

Daí, pois, não é isenta de observações a decisão do Egrégio Supremo Tribunal Federal, no RE 90.190-PR, inserta na *Revista dos Tribunais* n. 551/275, em que se lastreou o v. acórdão ora recorrido, sobretudo porque o ilustre Relator, Min. Xavier de Albuquerque, advertido pelo d. Prolator do voto vencido, Min. Cunha Peixoto, reconheceu em seu voto que: "não chegara a examinar esse aspecto" (RE 90.910-PR, aditamento de voto).

Ora, no caso dos autos, reza a cláusula VIII do contrato social (fls. 108/114), que é "proibido a qualquer um dos sócios, ceder ou transferir suas quotas a terceiros, sem que previamente notifique por escrito os demais sócios", cuja disposição reforça a tese da impenhorabilidade, pois caso ocorresse, direitos de terceiros que teriam a preferência seriam fraudados.

Indubitavelmente, trata-se a empresa Stemcar de sociedade de pessoas. Os atos constitutivos, o contrato social, fazem depender da anuência de ambos os sócios, por força da cláusula V. Assim, eis que, mais do que solução ao problema do credor, a efetivação da penhora da cotas sociais do capital integralizado da empresa Stemcar só traria problemas ao próprio credor e à própria sociedade.

Ademais, cotas sociais não são "fundos líquidos", conforme o artigo 292 do Código Comercial.

Cota social é uma fração do capital social. Não integram elas o fundo líquido, mas sim o fundo social, o patrimônio da sociedade, que não pode ser penhorado por dívida de sócio. A cota social, isto é, a fração do capital social, é, pois, absolutamente impenhorável. Somente em caso de dissolução, o fundo social pode converter-se em fundo líquido do sócio, passando da impenhorabilidade para a penhorabilidade relativa. O mesmo já não acontece com os fundos líquidos, penhoráveis a qualquer momento.

Fundos líquidos são os saldos que ficam à disposição do sócio, considerados dinheiro em mãos de terceiro ou a parte da liquidação da sociedade que for partilhada.

No caso dos autos, não se trata de discussão sobre os fundos líquidos dos sócios, nem há qualquer indicação de que as cotas sociais são os únicos bens dos avalistas, ou que se trata de hipótese de dívida particular de sócio.

Por derradeiro, a cláusula VII do contrato social prevê a dissolução da sociedade na hipótese de falecimento de qualquer dos sócios. Essa adaptação per si, diz que não é permitida a alienação de cota a terceiro nem mesmo *causa mortis*. Preferiram liquidá-la.

Com a restrição do contrato social que estabelece que qualquer tipo de cessão de cotas depende do consentimento prévio do outro sócio, evidentemente que tanto o penhor, a caução ou a penhora, que constituem princípio de alienação, só se efetivam se houver manifestação favorável dessa pessoa, como se verifica da cláusula VIII".

As contra-razões recursais apresentadas pelo recorrido foram desentranhadas, em virtude da decisão proferida às fls. 195, pelo em. Presidente do Tribunal de origem, em face da irregularidade na representação processual do patrono da parte. O agravo a propósito então interposto pelo ora recorrido e encaminhado a esta Corte, por mim relatado, foi desprovido, tendo já o *decisum* transitado em julgado (Ag. 33.557-9/SP, *DJ* 22.8.93).

Foi admitido o recurso em decisão de cujos fundamentos colho:

"Viável a abertura da instância superior, com suporte na alínea *a*, do permissivo constitucional.

Ab initio, alerte-se que assertivas de ofensa a dispositivos da Constituição da República não servem de suporte à interposição de recurso especial. No concernente aos arts. 648 e 649 do Código de Processo Civil, embasadores da fundamentação acerca da inadmissibilidade da penhora de cotas sociais do devedor, por dívida pessoal deste, impende assinalar que, na relação de bens absolutamente impenhoráveis contida no preceito do art. 649 do Código de Processo Civil, não consta a referida cota social, a desautorizar, por isso, a procedência da alegação de afronta a estes dispositivos legais questionados.

Todavia, no atinente à assertiva de contrariedade ao art. 292 do Código Comercial, melhor sorte socorre os recorrentes.

Com efeito, em síntese, nesta norma está expresso que o credor particular do sócio, somente pode executar os fundos líquidos possuídos pelo devedor na sociedade. Assim, se entendermos por "fundos líquidos", os saldos que ficam à disposição do sócio, excluídas estão as cotas societárias e, conforme o citado artigo, apenas aqueles podem ser penhorados, inadmitindo-se como garantia do juízo, as aludidas cotas sociais do devedor. Dessa forma, diante do eventual risco de ofensa ao dispositivo de lei mencionado, aconselhável a manifestação da Corte Superior.

Quanto à letra *c*, consigne-se que o exame de admissibilidade do recurso especial, tendo como causa dissídio de jurisprudência, requer a demonstração analítica para comprovar a identidade do suporte fático e normativo. Não basta, em princípio, apenas a transcrição de ementa, isto porque: "só pela ementa, como tem reconhecido a jurisprudência, não se perfaz a demonstração da divergência, mesmo que nela se contenha uma tese jurídica apreensível, mesmo porque é induvidoso que a ementa não integra o texto do acórdão, sendo este o que constitui o padrão" (*RTJ* 117/740). Assim, restou descumprido o art. 255, § 2º, do Regimento Interno do Superior Tribunal de Justiça.

Cumpre observar que, com relação ao julgado in *Boletim AASP* 1.385, além de não se enquadrar no requisito previsto no art. 255, § 1º, letra *b*, do Regimento Interno do Superior Tribunal de Justiça, de rigor registrar que os recorrentes apresentaram a cópia reprográfica do referido Boletim fora do prazo legal e, não tendo sido o respectivo acórdão decidido supervenientemente ao v. julgado hostilizado, restou inobservado o art. 141, inc. I, do mencionado Regimento, combinado com o art. 26, parágrafo único, da Lei 8.038/90."

É o relatório.

VOTO

O Sr. Ministro Sálvio de Figueiredo (Relator): Alegam os recorrentes, em síntese, que o pedido formulado pelo exeqüente fora no sentido de que recaísse a penhora sobre "as quotas sociais da empresa Stemcar, estranha à execução", além do fato de que apenas um dos dois sócios figura como executado, daí derivando equívoco na apreciação dos fatos pelo Tribunal de origem.

Em relação a isso, entendeu o Colegiado que, embora não redigida a postulação com a perfeição desejada, o que pretendeu o exeqüente foi a penhora das quotas sociais pertencentes ao patrimônio do sócio. No ponto, não indicaram os recorrentes qualquer norma legal pretensamente vulnerada ou paradigmas para cotejo, razão pela qual desmerece a questão análise mais detalhada.

No que concerne à impenhorabilidade das quotas, quanto ao dispositivo da Constituição, inviável o enfrentamento do tema em sede especial, por não enquadrar-se na competência desta Corte.

No âmbito da legislação infraconstitucional, já tive oportunidade de manifestar-me em duas ocasiões anteriores, ao proferir voto-vista no REsp 19.018-0/PR, relatado pelo Sr. Ministro Athos Carneiro, e ao votar como Relator no REsp 30.854-2/SP, quando afirmei:

"A Eg. Terceira Turma, ao enfrentar a questão, em três oportunidades, adotou por unanimidade, nos dois primeiros recursos que julgou, posição favorável à penhorabilidade das quotas de sociedade de responsabilidade limitada. Os Resps 21.223-PR (*DJ* 1º.3.93), da relatoria do Sr. Ministro Dias Trindade, e 16.540-PR (*DJ* 8.3.93), relatado pelo Sr. Ministro Waldemar Zveiter, receberam, respectivamente, ementas que traduzem essa orientação, do seguinte teor:

"Processual Civil. Penhora de quotas em sociedade de responsabilidade limitada.

"Responde o devedor com todos os seus bens, presentes ou futuros, para o cumprimento de suas obrigações, não havendo lei que exclua da execução as quotas do sócio em sociedade de responsabilidade limitada".

"Processual. Penhorabilidade de quotas sociais. Matéria de fato.

"I — Doutrina e jurisprudência dominante são acordes em que a penhora de quotas sociais não atenta, necessariamente, contra o princípio da *affectio societatis* ou contra o da *intuitu personae* da empresa, eis que a sociedade de responsabilidade limitada dispõe de mecanismo de autodefesa.

"II — Matéria de prova ou de interpretação de contrato não se reexaminam em especial (Súmulas 5 e 7 do STJ).

"III — Recurso não conhecido".

Em data mais recente, voltando a examinar a matéria, ao ensejo do julgamento do Resp 34.882-5/SP (*DJ* 9.8.93), de que foi Relator o Sr. Ministro Eduardo Ribeiro, aquela Turma, sem a participação dos Srs. Ministros Dias Trindade e Cláudio Santos, sufragou entendimento resumido por esta ementa:

"Sociedade por quotas de responsabilidade limitada. Penhorabilidade das cotas do capital social.

"O artigo 591 do CPC, dispondo que o devedor responde, pelo cumprimento de suas obrigações, com todos os seus bens, ressalva as restrições estabelecidas em lei. Entre elas se compreende a resultante do disposto no artigo 649, I, do mesmo Código que afirma impenhoráveis os bens inalienáveis.

"A proibição de alienar as cotas pode derivar do contrato, seja em virtude de proibição expressa, seja quando se possa concluir, de seu contexto, que a sociedade foi constituída *intuitu personae*. Hipótese em que o contrato veda a cessão a estranhos, salvo consentimento expresso de todos os demais sócios. Impenhorabilidade reconhecida".

No primeiro julgado cuja ementa transcrevi, a análise do tema enfocou o aspecto processual da questão, enquanto no segundo se abordou a matéria do ponto de vista dos princípios do direito comercial relativos à empresa.

O último dos precedentes adotou como fundamento a impenhorabilidade dos bens inalienáveis, nos termos do art. 649, I, CPC, podendo derivar a inalienabilidade da vedação contida no contrato constitutivo, seja expressamente, seja quando do contexto exsurja natureza *intuitu personae* da sociedade.

Divirjo, respeitosamente, desse entendimento, sob o argumento de que a impenhorabilidade atinente aos bens inalienáveis, preconizada pelo art. 649, I, CPC, concerne aos bens gravados com cláusula de inalienabilidade, nos moldes fixados pela legislação civil. Esses casos são regulados em lei, não sendo de dilargar as causas de sua instituição, principalmente em face da repercussão sobre os direitos de terceiros, não valendo sua estipulação em causa própria.

A constituição de sociedade com proibição de alienação de quotas tem validade entre os sócios e pode ser oposta aos terceiros adquirentes, no âmbito do direito privado. Não pode, entretanto, ser erigida em autêntica "cláusula de inalienabilidade", oponível *erga omnes*.

A propósito do tema, discorrendo sobre a "inalienabilidade", professa Caio Mário:

"Para que prevaleçam e produzam os seus efeitos, as restrições voluntárias ao direito de propriedade devem ser subordinadas a determinados requisitos: a) Hão de provir de doações ou testamento. Não é lícita a imposição das cláusulas em contrato de compra e venda, permuta, ou outra modalidade aquisitiva onerosa. Nem se tolera que resultem de ato do próprio dono. É inválida, obviamente, a declaração restritiva em relação aos próprios bens" (*Instituições de Direito Civil*, v. IV, Forense, 1981, 4ª edição, n. 301, p. 96).

Em monografia sob o título *Das cláusulas de inalienabilidade, incomunica-*

bilidade e impenhorabilidade (Saraiva, 1986, 3ª ed., n. 4, p. 28), consigna Carlos Alberto Dabus Maluf:

"No Brasil, apesar de haver divergências entre os autores, nossa lei civil permite a inalienabilidade temporária ou vitalícia, conforme o disposto nos arts. 1.676 e 1.723".

Evidentemente a personalidade jurídica do sócio e da sociedade não se confundem. Entretanto, a personalidade da sociedade nasce da vontade dos sócios, em decorrência do ato de sua constituição, corporificado no contrato social. Daí por que a restrição voluntária ao direito de propriedade, contida nesse instrumento, não tem o condão de arredar a afetação dessa parcela do patrimônio devedor ao cumprimento de suas obrigações.

O cerne da controvérsia, no entanto, que reclama adoção de orientação uniforme, foi com precisão sumariado pelo Sr. Ministro Xavier de Albuquerque, no julgamento do RE 90.910-PR (*RTJ* 95/834), após referir-se aos julgados divergentes da colenda Suprema Corte, neste excerto:

"De um modo geral, a tese da impenhorabilidade das cotas assenta em princípios doutrinários de direito comercial: o capital social pertence à sociedade, que tem personalidade jurídica distinta da dos sócios que a integram, sendo destacados, portanto, os patrimônios daquela e destes; por outro lado, não se pode admitir o ingresso na sociedade, à revelia dos sócios e pela via da expropriação e venda forçada das cotas de um só deles, de pessoa estranha, quiçá indesejável, com quebra de *afectio societatis*. Também busca apoio, de ordinário, no art. 292 do Código Comercial. E ainda se fundava, no regime do Código de Processo Civil de 1939, no art. 942, XII, daquele estatuto, que dizia impenhoráveis os fundos sociais, pelas dívidas particulares dos sócios, não compreendendo a isenção os lucros líquidos verificados em balanço". E, mais adiante, refutando argumentação contestatória expendida pelo Sr. Ministro Cunha Peixoto, asseverou:

"Na execução falimentar, a arrecadação faz as vezes da apreensão judicial na execução singular. Ora, se não é possível que para a sociedade ingresse um estranho no lugar do sócio que lhe devia, ou um estranho que arrematou, em juízo, o direito do sócio devedor, então, que se converta essa solução em apuração de haveres, em liquidação parcial, ou no que quer que seja, contanto que se persevere — isto é o que me impressiona — no entendimento de que um bem patrimonial indiscutível, que alguém possui, não responde pelas suas dívidas junto aos seus credores. Haverá soluções, que não examinei, porque não é propriamente o que está em causa, e a Lei de Falências dá ensejo a que encontre um modo adequado à preservação da *afectio societatis*; mas, a exclusão pura e simples da penhorabilidade, em nome de uma vedação contratual de ingresso de estranho — a permitir que o princípio jurídico basilar de que o patrimônio de cada qual responde pelas suas obrigações, seja excepcionado por uma convenção privada —, parece-me que não é possível".

Esse, a meu sentir, é o questionamento relevante diante do problema, a confrontação e a interação das normas processuais, de interesse público, com as regras do direito privado concernentes às sociedades por cotas de responsabilidade limitada.

A matéria invoca problemática complexa, cujo deslinde percorre vasta gama de normas e princípios, como adverte Carlos Henrique Abrão em monografia sobre o tema:

"O trato da questão, em matéria de penhora das cotas se reveste, na atualidade, de alta significação, porquanto, procura delimitar a responsabilidade societária, no que concerne à assunção de obrigações pelo sócio fora das relações internas da empresa à qual se associa.

O instituto, não se pode negar, compreende o inter-relacionamento das matérias de Direito material e formal, embora não se possa admitir que a Ciência Jurídica seja formada por compartimentos estanques; há vasos comunicantes que se completam na estrutura e determinação da mesma árvore genealógica.

O Direito que se busca é essencialmente prático, ligado à realidade espontânea dos fatos. Assim é que, o fim do Direito destina-se, substancialmente, ao serviço da comunidade. Os direitos se afiguram efetivos, dentro de seu plano de eficácia, tendo existência real, coadunando-se com a pluralidade do grupo social.

A preocupação na abordagem do tema é, evidentemente, de se saber quais as limitações que a matéria comporta, sem no entanto deixar de lado o aspecto prático que o conteúdo normativo apresenta. O Direito tem que significar regras concretas do dever-ser, assim ele é um constante *hic et nunc* para se amoldar ao caso concreto, na perspectiva de solução do conflito verificado.

A regra-matriz da norma jurídica, em termos de sociedade por cotas apresenta um conflito de natureza substancial, porque não se logrou captar o real significado da matéria. Hodiernamente, os comandos jurídicos não são estabelecidos para satisfazerem as necessidades individuais, mas para atenderem à ordem pública.

Surge assim, na elaboração deste estudo a problemática de se perquirir a real situação do credor, tendo em vista a relação obrigacional que o vincula ao devedor-cotista. O direito do credor é uma prerrogativa jurídica, ou seja, uma relação entre o sujeito ativo, titular de um crédito, e um sujeito passivo, obrigado a suportar a responsabilidade correspondente ao direito creditício. Haveria uma situação jurídica subjetiva relativa a direitos-padrões, jungida à construção do legislador na feitura da ordem jurídica.

No plano jurídico da certeza e da segurança se impõe a plenitude de um sistema normativo, que deve, obviamente, propor ao intérprete os mecanismos tendentes a regular este conjunto ordenado" (ob. cit., n. 1, p. 9).

Abordando o assunto em tópico específico, aduz o referido doutrinador:

"Com o advento do Código de Processo Civil de 1973, o problema da penhora das cotas ganhou singular importância, porquanto não tratou, de forma expressa, desta questão.

Entretanto, prevê o art. 591 do CPC/73: "O devedor responde, para o cumprimento de suas obrigações, com todos os seus bens presentes e futuros, salvo as restrições estabelecidas em lei".

Tal preceito implica concluir que a responsabilidade do devedor-cotista é integral, não importando o fato dos seus bens estarem unidos a um patrimônio social. Entretanto, a ressalva do art. 292 do CCom., poderia ser compreendida como restrição legal, dando azo à impenhorabilidade das cotas do capital social. Não se pode equiparar a penhora da cota à penhora do rosto dos autos, tendo em vista uma restrição à eventual disponibilidade, pelo devedor-executado, da sua cota, bem como dos fundos líquidos e lucros existentes que lhe fossem atribuíveis. A reserva de um capital que satisfaça o débito do cotista é o principal meio que encontra o credor para receber o seu crédito. Na realidade, existindo uma pluralidade de execuções contra o devedor-cotista, é normal e natural que o credor por dívida particular requeira ao órgão judicante a reserva de seu quinhão.

No rol dos bens absolutamente impenhoráveis, o legislador pátrio não inclui as cotas, o que leva a concluir que o art. 649 do CPC/73, não veda a aquisição do quinhão pertencente ao devedor-cotista.

Se não existe uma disposição expressa, que proíba a penhora, o mais correto parece se utilizar das regras gerais que regulam o instituto. Com efeito, o art. 655 do CPC/73 estabelece uma ordem dispositiva concernente à graduação dos bens, sendo lógico moldar a figura desta norma, ao inc. X, que dispõe sobre a penhora de direitos e ações.

A cota não deixa de representar um direito, um bem incorpóreo, dotado de conteúdo econômico, relativo à relação existente entre o sócio e a sociedade. Elas, por evidente natureza representam os direitos do cotista sobre o patrimônio líquido da sociedade, isto é, sobre aquela diferença de cálculo existente entre o ativo e o passivo da empresa, incluindo-se o capital.

Penhorada a cota da sociedade, o credor adquiria o *status* de sócio? Se a sociedade quiser impedir o ingresso do terceiro estranho, poderá remir o valor da execução.

Consoante determina o art. 651 do CPC vigente é lícito ao executado remir a execução. Na realidade, a sociedade como terceiro interessado que é, pode realizar esta operação, evitando o ingresso de terceiros, pagando e se sub-rogando nos direitos do credor exeqüente.

Ainda que a penhora se efetue, dentro desta linha de raciocínio, o credor não adquirirá, *data venia*, o *status* de sócio. O credor, efetuada a penhora, passa a ocupar a posição de devedor, uma vez que a constituição judicial abarca os direitos de conteúdo patrimonial, não as qualidades inerentes do sócio. A posição de cotista não se adquire pela simples penhora do quinhão social, porquanto, o *status socii*, compreende um conjunto complexo de direitos e obrigações de ordem econômica e pessoal. Entendemos que se a cota for adquirida por terceiro, não querendo a sociedade o seu ingresso, deve-se liquidá-la, reduzindo o capital social, caso se necessite.

Uma vez admitida a possibilidade jurídica da penhora da cota, a sociedade, ou os demais sócios que a compõem devem ter preferência ao licitante, utilizando este direito no prazo de cinco dias, depositando o valor da arrematação, assim se impediria a entrada do credor particular do devedor-cotista na sociedade, contrariamente à vontade social estabelecida.

Apesar destas inúmeras posições tiradas a lume da legislação adjetiva civil, há, ainda, uma corrente que se utiliza da analogia do art. 720 do CPC/73, para defender a tese da penhora das cotas. Com efeito, este dispositivo normativo ao permitir o quinhão do sócio na empresa, por intermédio do usufruto estabelece e prioriza a própria penhora das cotas sociais. Para que haja o usufruto judicial, torna-se imprescindível a penhora anterior do quinhão. A interpretação desta norma comporta, porém, melhor análise. O seu real escopo é facilitar as garantias que, evidentemente, uma empresa necessita no gerenciamento de suas atividades, dotando o interesse do credor de plena eficácia na prestação jurisdicional. Trata-se, no entanto, de medida excepcional cuja origem se liga à circulação das riquezas existentes no mundo dos negócios, onde o empresário precisa de crédito correspondente ao capital de giro, para se manter no exercício da sociedade. Ainda que o usufrutuário, por força da penhora do quinhão do sócio da empresa, exerça os direitos inerentes ao devedor, nem por isso ele se torna sócio da sociedade, mas sim mero fruidor dos benefícios destas, uma vez que o *status socii* se prende à figura do nu proprietário" (ob. cit., n. 24, p. 71).

Humberto Theodoro Júnior, escrevendo a propósito, assinala:

"Sem embargo de algumas opiniões em contrário, tem prevalecido, desde longa data, na doutrina e jurisprudência, o entendimento de que apenas os fundos líquidos que o sócio tenha como credor da sociedade comercial podem ser penhorados; não assim a sua cota social, que, salvo na hipótese de sociedade anônima, não seria um valor disponível, mas parte do próprio capital da pessoa jurídica, sem o qual esta não pode subsistir.

Daí o corolário inevitável de que a cota social do devedor ou "a fração do capital social é impenhorável".

Argumentam, mais, os adeptos desse entendimento, que as sociedades, inclusive as limitadas, são formadas *intuitu personae*, de sorte que seria inadmissível que, por via da penhora e conseqüentemente arrematação da cota, um estranho viesse a imiscuir-se na sociedade, assumindo a posição de sócio contra ou sem a vontade dos demais participantes do contrato social.

Os argumentos, sem embargo das excelentes autoridades que os prestigiam, não me convencem do acerto da radical posição dos que se opõem, intransigentemente, à penhorabilidade da participação do sócio no capital social da empresa econômica.

Embora a pessoa jurídica tenha personalidade e patrimônio próprios, a conseqüência obrigatória desse fato me parece que é a de que não responderá ela, como pessoa jurídica, pelas dívidas dos sócios, nem vice-versa. Mas, não se me afigura razoável dizer que o capital da sociedade não integra o patrimônio do sócio, a nenhum título.

Ora, o patrimônio de qualquer pessoa natural se compõe de todos os valores de expressão econômica de que possa usufruir e dispor. E nesse sentido é inegável que a criação e manutenção da pessoa jurídica, no plano comercial, se fazem apenas no interesse lucrativo dos respectivos sócios. A sociedade, na verdade, existe para servir aos sócios, para assegurar-lhes lucros e rendimentos. É um instrumento, enfim, da atividade econômica dos seus componentes.

A personalidade jurídica que o direito atribui ao ente criado pelos sócios não lhe retira esse apanágio de criatura dos sócios com o fim único de lhes servir no plano econômico.

Ademais, não perde o sócio o domínio sobre a sua cota social, pois, na dissolução da sociedade deverá ser reembolsado de parcela do acervo societário que lhe seja correspondente. E, no caso de sucessão hereditária, seus herdeiros receberão ditas cotas, ou pelo menos o seu equivalente econômico, como parcela integrante do inventário e partilha do patrimônio deixado pelo *de cujus*.

A posição do sócio não é, de tal arte, a de alguém que apenas tenha perdido a propriedade dos bens que deu para a formação do patrimônio social. Ao contrário: por não configurar a espécie uma doação, a verdadeira posição do sócio é a de real credor, perante a pessoa jurídica, do valor correspondente à sua cota-parte no acervo social. E tanto é, realmente, assim, que o capital social, na contabilidade mercantil figura entre as verbas do passivo da empresa.

A meu entender, o desvio de ótica que cometem os que negam a penhorabilidade da cota-social se prende ao fato de focalizarem apenas o contrato entre os sócios, deixando de lado o principal, para os credores, que não é o vínculo social, mas a expressão ou o produto que desse vínculo se pode extrair em conversão econômica.

A qualidade de sócio me parece que, inegavelmente, é personalíssima e, assim, nas sociedades *intuitu personae*, não pode ser expropriada e transferida a terceiro por arrematação em execução forçada.

Mas, a expressão dessa qualidade no patrimônio do devedor, isto é, o que representa essa participação na sociedade para a economia do devedor, esse valor ou esses haveres me parece que não podem ser sonegados à responsabilidade patrimonial, sob pena de colocar o sócio em posição de suprema e injusta vantagem perante o credor insatisfeito, que não consegue executar seu devedor, por falta de bens particulares, embora seja titular de meios econômicos expressivos empregados em sociedade comercial, não raras vezes detentora de vultosos patrimônios e recursos.

O que urge reconhecer é que a cota do sócio integra o patrimônio da pessoa jurídica apenas enquanto aquele conserva sua condição plena de sócio. Rompida a relação econômica entre os sócios, o valor da cota é um crédito como qualquer outro, que o respectivo titular pode exigir e dispor como o condômino exige seu quinhão e dispõe dele ao dissolver-se a comunhão.

Respeitada, portanto, a impenhorabilidade da qualidade personalíssima do sócio, não vejo obstáculo a que a penhora incida sobre a expressão econômica da participação do devedor nos bens sociais.

A arrematação ou adjudicação da cota social, destarte, faz-se por meio de sub-rogação apenas econômica do adquirente sobre os direitos do sócio de requerer a dissolução total ou parcial da sociedade, a fim de receber seus haveres na empresa, nunca, como adverte Amílcar de Castro, como substituição ao devedor, como se fosse, na qualidade de novo sócio, um sucessor do devedor.

Daí por que se me afigura melhor o entendimento de que a penhora dos fundos líquidos do sócio deve alcançar não apenas os créditos dele perante a sociedade, mas igualmente sua cota-parte no patrimônio social.

Essa possibilidade de penhora da própria cota social está, aliás, implicitamente reconhecida pelo novo Código de Processo Civil, cujo art. 720 regula, de maneira expressa, o usufruto forçado sobre quinhão do sócio na empresa, como uma das formas de pagamento ao credor na execução por quantia certa. Ora, para se chegar a essa modalidade de pagamento, é claro que a cota do sócio teria que, previamente, ter sido submetida à penhora.

Ainda no regime do CPC revogado, o Colendo Tribunal de Alçada Civil de São Paulo chegou a admitir a penhora da cota social e mereceu, por isso, aplausos de Luiz Gastão Paes de Barros Leães.

Mais recentemente, e já sob o império do Código de 1973, voltou o 1º Tribunal de Alçada Civil paulista a decidir que "o quinhão social integra o patrimônio do sócio e responde pelas suas dívidas, com a ressalva de que a eventual arrematação ou adjudicação do quinhão penhorado não importa em transmissão de qualidade de sócio, mas apenas de direito orientado à solução da dívida, ainda que à custa da dissolução da sociedade" (*Curso de Direito Processual Civil*, v. II, Forense, 1991, 3ª edição, n. 816, p. 922).

Do citado Tribunal são exemplos os julgados cujas ementas transcrevo:

"Penhora. Cota social. Admissibilidade. Efeitos. Inteligência do art. 292 do Código Comercial. Apelação improvida.

"O quinhão social integra o patrimônio do sócio e responde pelas suas dívidas, com a ressalva de que a eventual arrematação ou adjudicação do quinhão penhorado não importa em transmissão da qualidade de sócio, mas apenas de direitos orientados à solução da dívida, ainda que à custa da dissolução da sociedade" (*RT* 520/159).

"Sociedade comercial. Responsabilidade limitada. Cotas sociais. Penhorabilidade.

"Penhoráveis são as cotas de sócio de sociedade de responsabilidade limitada em execução aforada contra ele por obrigação sua, e não da sociedade" (*RT* 569/105).

"Penhora. Cotas de capital. Sociedade de responsabilidade limitada. Dívidas de sócio. Admissibilidade.

"Em execução movida contra sócio de sociedade comercial de responsabilidade limitada admissível é a penhora das cotas de capital a ele pertencentes, visto que elas integram seu patrimônio e respondem por suas dívidas" (*RT* 571/134).

Também foi adotado esse entendimento em julgado relatado no Supremo Tribunal Federal pelo Sr. Ministro Francisco Rezek (*RTJ* 115/919), sumariado pela ementa do seguinte teor:

"Sociedade de Responsabilidade Limitada. Quotas de capital. Penhorabilidade. São penhoráveis, por dívida particular do sócio, as respectivas quotas de capital na sociedade limitada. Precedentes do STF".

O voto proferido pelo Sr. Ministro Athos Carneiro, como Relator do referido REsp 19.018-0/PR, consigna argumentos de relevância jurídica que, a meu sentir, harmonizam, em posição intermediária, os princípios do direito societário com a garantia de efetividade dos mecanismos judiciais da execução forçada das obrigações, tanto as resultantes de ato de vontade quanto as derivadas de ordem judicial.

Desse voto, destaco:

"O Prof. João José Ramos Schaefer, em trabalho de doutrina (in Rev. *AJURIS*, v. 30/203), sustentou a penhorabilidade das quotas, concluindo em que, feita a penhora, o credor particular do sócio não se torna sócio, 'continuando este a exercer os direitos pessoais a ela inerentes"; todavia, vendida a quota em hasta pública, o adquirente dela entrará na sociedade "com os mesmos direitos e obrigações decorrentes da qualidade de acionista".

Tal posição foi contestada pelo Des. Clarindo Favretto, do Tribunal de Justiça do Rio Grande do Sul (artigo na Rev. *AJURIS*, v. 36/23), que realça a diferença entre uma cota de sociedade limitada e uma ação de sociedade anônima, esta formada *intuitu pecuniae*, aquela *intuitu personae*, valendo de seu trabalho alinhar o seguinte trecho:

"Os credores do sócio particular não podem considerar como garantia a quota do sócio, mas os rendimentos que esta venha a produzir na sociedade, a que a lei denomina de fundos líquidos do sócio, enquanto permanecer como quota. A quota do sócio só se considera garantia do credor particular, por dívida daquele, como potencial, quando venha a ser transformada em patrimônio individual, por despedida, que pode ocorrer pela dissolução da sociedade, pela dissidência, pelo acordo ou pela morte.

"Há que se observar, por sobre tudo, que o contrato de sociedade pode não conferir aos sócios a faculdade de disposição de suas quotas, para transferência a estranhos, por sorte que não se torna disponível o respectivo direito."

Esta orientação, em última análise, e em termos, foi a adotada pelo ilustre comercialista e igualmente Des. do TJRS, prof. Cristiano Graeff Junior (in Rev. *AJURIS*, v. 53/21-33) para quem há que partir da distinção: se o pacto societário prevê a livre transferência de quotas, "há antecipada concordância à substituição dos sócios", ocupando o arrematante o lugar do devedor; porém se a sociedade houver sido formada *intuitu personae*, então a expropriação forçada de uma quota irá esbarrar "na lei e na vida mercantil, pois acarretará a dissolução da sociedade ou sua ruína, com manifesto prejuízo para os demais quotistas". Nesse segundo caso, "a penhora e conseqüente expropriação não pode recair na 'quota' social, mas apenas no direito patrimonial que ela confere ao sócio: *fruir os lucros durante a vida social e na liquidação participar da partilha de eventuais resíduos*" (grifo nosso). Em última análise, "basta penhorar ao invés da quota, o direito e ação a ela correspondente (arts. 655 X e 720)". Situação similar, diga-se, *mutatis mutandis*, à do usufruto de empresa — CPC, arts. 716 e ss.

A conclusão desse voto, no particular, determinou recaísse a penhora não sobre a quota social mas sobre os direitos e ações a ela correspondentes, a fim de que o arrematante ou adjudicatário deles usufruíssem.

Na oportunidade desse julgamento não me pus de acordo com tal solução. Em verdade estaria a penhora recaindo sobre o direito de usufruto da cota social, posto que a lei civil define o usufruto como "o direito real de fruir as utilidades e frutos de uma coisa, enquanto temporariamente destacado da propriedade" (art. 713). Esse direito não está, no momento, constituído. O bem que integra o patrimônio do executado é a cota, e é da essência do processo executivo a garantia do juízo mediante a penhora. O usufruto de empresa não se confunde com a penhora, que é, no dizer da doutrina, "o primeiro ato executivo e coativo do processo de execução por quantia certa" (Theodoro Júnior, ob. cit., v. II, n. 807, p. 906), e tem por conseqüência "sujeitar os bens por ela alcançados aos fins da execução, colocando-os à disposição do órgão judicial" (idem, ibidem), enquanto aquele é forma de pagamento do credor, somente tendo lugar na fase final do processo. Nesse sentido o precedente do Tribunal de Justiça da Guanabara, estampado em *RT* 467/200, de cuja ementa se colhe, no que interessa:

"A constituição de usufruto de imóvel ou de empresa — instituto novo surgido com o atual Código de Processo Civil — é, na sistemática deste, medida que o juiz somente poderá conceder ou deferir na fase final do processo de execução, após percorridas as etapas preliminares nas quais o mesmo se desenvolve: penhora, depósito, avaliação etc., isso porque referido usufruto não se equipara à penhora, mas, ao pagamento ao credor".

Ademais, ao determinar tal desdobramento, no momento de declarar a subsistência, ou não, da penhora efetuada sobre as cotas, estar-se-ia monitorando os atos seguintes do processo executivo, impondo-se a constituição do usufruto que, no entendimento da doutrina, "depende sempre do pedido do credor, já que este tem o direito de exigir sempre que a execução termine, desde logo, pela entrega da soma de dinheiro a que corresponde a obrigação" (Theodoro Júnior, ob. cit., n. 886, p. 986). Confira-se, também a respeito, nota que fiz constar do *Código de Processo Civil Anotado*, art. 721, da editora Saraiva, 5ª edição, citando José Augusto Delgado, no sentido de que não deve ser concedido de ofício.

A penhorabilidade das cotas, porque não vedada em lei, é de ser reconhecida. Os efeitos de sua excussão, no entanto, hão de ser determinados em atenção aos princípios societários, considerando-se haver, ou não, no contrato, proibição à livre alienação das mesmas. Daí, na esteira do magistério de Carlos Henrique Abrão, entender que seja facultado à sociedade, na qualidade de terceira interessada, remir a execução sub-rogando-se nos direitos do credor, ou, ainda, remir o bem (CPC, art. 787) ou conceder-se à sociedade e aos demais sócios a preferência na aquisição das cotas, a tanto por tanto, aplicando-se os arts. 1.117, 1.118 e 1.119, CPC, ou, ainda, que sejam apurados os haveres do arrematante. Garante-se, desta forma, que possa a sociedade obstar a entrada em seu meio de pessoa indesejável. Não havendo restrição no ato constitutivo, nada impede que a cota seja arrematada com inclusão de todos os direitos a ela concernentes, inclusive o *status* de sócio".

Em oportunidade mais recente, tive acesso a artigo de doutrina sob o título "A penhorabilidade da cota do sócio de uma limitada", de autoria de Domingos Afonso Kriger Filho, estampado em *Revista Jurídica* 191/21, do qual extraio:

"A nosso ver, sendo a penhorabilidade do universo de bens do devedor a regra e possuindo a cota um conteúdo patrimonial, não há como deixar de admitir que esta possa ser penhorada para garantir a satisfação do direito do credor de sócio executado. E as razões desta conclusão nos são dadas pela nossa própria sistemática legal.

"Em primeiro lugar, deve-se tornar claro que a penhora não recairá sobre a integralidade da cota, mas apenas sobre uma das suas parcelas.

"Como já analisamos, a cota possui na sua estrutura jurídica duas parcelas distintas e inconfundíveis: a parcela patrimonial e a parcela pessoal. Como somente o que possui valor econômico pode ser virtualmente adquirido em hasta pública, é peremptório que a penhora incida somente sobre a parcela patrimonial da mesma, uma vez que é unicamente ela que possui a economicidade necessária prevista no artigo 591 do nosso CPC. A parcela pessoal não sofrerá a incidência do ato constritivo, num primeiro momento, pelo simples fato de que, com tal procedimento, se estaria quebrando um dos cânones basilares do direito societário, qual seja: o de que "ninguém é obrigado a aceitar alguém como sócio ou a permanecer em sociedade contra a sua vontade", o que fatalmente aconteceria se esta parcela fosse suscetível de ir à arrematação. Em segundo lugar, não se olvide que o referido ato de expropriação executiva, com que o órgão judicial operará a transferência coativa da cota, será precedido de ampla publicidade, uma vez que para tal deverão ser expedidos editais nas formas legais (artigos 686 e 687 do CPC) e procedido o arquivamento da penhora no Registro do Comércio, nos moldes do artigo 37, VII, da Lei n. 4.726/65. Tais editais, é claro, deverão conter a peculiar menção de que a arrematação recairá apenas sobre a parcela patrimonial da cota, sendo que a aquisição dos direitos pessoais inerentes à mesma ficará subordinada à aceitação posterior dos demais sócios. Esta menção, perfeitamente admitida pelo artigo 686, I, do CPC, faz-se necessária para dar uma completa ciência aos interessados de todas as características do bem por eles pretendido no leilão, a fim de que não possam, posteriormente, exigir que lhes seja reconhecido o *status* de sócio em decorrência da arrematação.

Em terceiro, para finalizar, deve-se salientar que, face a esta publicidade, a sociedade e/ou os sócios têm ao seu dispor determinadas providências legais capazes de impedir que a arrematação se transforme na porta de entrada de terceiros indesejados no seio da sociedade. Dentre estas, destacamos a participação no leilão das cotas penhoradas através de lances (artigos 690, § 1º, do CPC, e 8º do D. 3.708/19) e remição da própria execução pelo pagamento ou depósito do principal e acréscimos de estilo (artigo 651 do CPC c.c. 930, e 8º do CC, e D. 3.708/19, respectivamente). Inclusive a própria remição de bens é possível, a nosso ver, na especialíssima hipótese do contrato social prever que a sociedade continue com os herdeiros do sócio pré-morto ou tornado incapaz.

Além do mais, em uma época em que as facilidades de crédito são inúmeras, não seria de todo absurdo admitirmos a idéia de que a omissão dos sócios em adquirir as cotas penhoradas, pelas formas supramencionadas, acarrete a "presunção" de que estes abdicaram do caráter *intuitu personae* imposto à sociedade, principalmente se usufruírem de boa reputação na comunidade em que atuam.

Porém, como a possibilidade de os sócios não conseguirem impedir que a cota seja arrematada por terceiro(s) é uma variável que não pode ser desprezada, é de bom alvitre que ao(s) adquirente(s) se imponha, se isto acontecer, a tarefa de promover(em) a intimação daqueles a fim de que se manifestem, em determinado prazo, acerca da sua aceitação ou não na sociedade. Somente neste momento é que se estará tratando da aquisição dos direitos pessoais contidos na cota.

Se a manifestação for positiva, nenhum problema advirá, pois o(s) arrematante(s) terá(ão) adquirido, juntamente com a parcela patrimonial, a parcela pessoal da cota, permanecendo íntegra a *affectio societatis*. Se negativa, caberá então, ao(s) adquirente(s) ou aos sócios requerer(em) a dissolução parcial da sociedade, a fim de se apurarem os haveres referentes ao valor pecuniário da cota arrematada na forma convencionada no contrato social (artigo 668 do CPC de 1939, ainda em vigor)

V — Conclusão

Diante das considerações expostas no presente trabalho, não vemos empecilho legal algum que impeça que o sócio de uma sociedade por cotas de responsabilidade limitada tenha a sua cota penhorada. Ao contrário do que muitos pensam, as vantagens advindas de tal modo de pensar sobrepõem-se, em muito, às eventuais desvantagens, geralmente relacionadas com o mesquinho caráter personalista. Veja-se a vantagem de ter a vitalidade da sociedade renovada pelo ingresso de uma pessoa com maiores recursos financeiros e idoneidade, além do próprio robustecimento do crédito, uma vez que se aumentam as garantias para o comércio em geral.

A possibilidade da penhora sobre a cota coaduna-se perfeitamente (e sempre se coadunou) com a nossa sistemática legal, desde que observados determinados aspectos, tais como a correta caracterização de certos institutos comerciais e a incidência do ato constritivo apenas sobre a parcela patrimonial da mesma. A *affectio societatis* e os princípios informativos do processo de execução em nenhum momento se desvirtuam da finalidade a que estão adstritos, graças à existência e meios legais que os mantêm íntegros no curso da execução.

A nosso ver, a prevalecer o ponto de vista contrário, estar-se-á dando ensejo a que uma falsa análise de perspectiva alimente a ação, cada vez maior, dos devedores tergiversantes, diminuindo-se, conseqüentemente, a segurança das relações jurídicas e a credibilidade na própria Justiça".

Permanecendo convencido do acerto dessa orientação e na linha dos argumentos desenvolvidos no voto que transcrevi, não vislumbro vulneração dos dispositivos legais invocados.

O alegado dissenso interpretativo não lograram os recorrentes demonstrar, à míngua da confrontação analítica dos julgados.

Pelo exposto, do recurso não conheço.

VOTO (VENCIDO)

O Sr. Ministro Antônio Torreão Braz: Sr. Presidente, conheço do recurso pela letra *a* e lhe dou provimento para restaurar a sentença de primeiro grau, *data venia*.

VOTO

O Sr. Ministro Dias Trindade: Sr. Presidente, sou favorável à corrente que entende penhoráveis as quotas, porque se na execução um estranho arremata essas quotas, nem por isso, passa a ser sócio; ele é dono de quotas, mas não é sócio. Só será sócio se for admitido como tal pelos outros sócios.

EXTRATO DA MINUTA

REsp n. 39.609-3 – SP – (93.0028291-3) – Relator: o Sr. Ministro Sálvio de Figueiredo. Rectes.: Sidney Eugênio Cupolo e outro. Advogados: Lourival Mateos Rodrigues e outros. Recdo.: Banco Bovista S/A. Advogados: Henrique Ribeiro e outros.

Decisão: A Turma, por maioria, não conheceu do recurso, vencido o Sr. Ministro Antônio Torreão Braz (em 14.3.94 — 4ª Turma).

Votaram com o Relator os Srs. Ministros Barros Monteiro, Dias Trindade, convocado nos termos do art. 1º da Emenda Regimental 03/93, e Fontes de Alencar.

Presidiu o julgamento o Sr. Ministro Fontes de Alencar.

Comentários de

UNIE CAMINHA

A *penhorabilidade de quotas de sociedade limitada* ainda é assunto bastante polêmico, tanto na doutrina quanto na jurisprudência nacionais. Discute-se, portanto, se é possível expropriar as quotas de sociedade limitada para pagamento, em execução forçada, de dívida *particular* do sócio quotista.

Cumpre observar, desde logo, que grande parte do desencontro de opiniões sobre esse assunto resulta de abordagens *parciais* da problemática que lhe é correlata. É que a "penhorabilidade de quotas" é tema complexo, no sentido de suscitar questões quer de direito material, quer de direito processual e exigir a compatibilização de interesses heterogêneos, a saber, os interesses do credor do sócio, do sócio devedor, dos demais sócios e da própria sociedade. Qualquer solução que venha a ser proposta sobre a "penhorabilidade de quotas" não pode deixar de enfrentar de forma coerente todas essas questões, à luz de uma interpretação sistemática das diversas normas, materiais e processuais, aplicáveis à espécie.

Nessa perspectiva, é fácil verificar que a decisão do Eg. STJ, aqui comentada, não é fruto de uma abordagem compreensiva da questão referida. Com efeito, não obstante a louvável intenção de assegurar uma efetiva satisfação de um crédito representado em título executivo — o que condiz com a exigência de efetividade da tutela jurisdicional — a decisão ora comentada incorreu em graves equívocos, por não levar em consideração aspectos essenciais da problemática enfrentada.

Inicialmente, deve-se salientar que o tratamento de qualquer tema referente à sociedade por quotas de responsabilidade limitada não pode deixar de ter, como ponto de partida, a análise de sua natureza.

A legislação brasileira aplicável a essa espécie societária disciplinou-a de forma flexível, de modo que está ao livre alvedrio dos contratantes dar-lhe o formato mais conveniente a seus objetivos. Daí não ser possível, *a priori,* enquadrar a sociedade por quotas em uma das espécies societárias reconhecidas na clássica dicotomia *sociedade de pessoas — sociedade de capitais.*[1] Ela pode assumir uma ou outra forma dependendo de características suas, variáveis caso a caso, que lhe são conferidas pelo contrato social.

Verifica-se, portanto, que somente a análise dos elementos fornecidos por seu instrumento de constituição permite caracterizar determinada sociedade por quotas como de pessoas ou capital.[2]

Nessa perspectiva, o principal ponto a ser observado, a fim de estabelecer o caráter de determinada sociedade por quotas, diz respeito à *cessibilidade das quotas sociais.* Quando o contrato veda ou subordina a cessão das quotas à anuência dos demais sócios, claro está que se trata de uma sociedade constituída *intuitu personae.* Por outro lado, quando ficar estabelecida a livre cessibilidade das quotas, a limitada aproxima-se das sociedades por ações, retirando o elemento personalístico de sua natureza.

Quando, porém, o contrato é omisso no que diz respeito a este ponto, outros elementos seus devem ser analisados de modo a se extrair, sempre do mesmo contrato social, a natureza da sociedade em questão. Assim, por exemplo, a cláusula que impõe a extinção ou continuação da sociedade com a morte de um dos sócios, indica seu caráter *intuitu personae* ou *intuitu pecuniae*, respectivamente.[3]

A possibilidade da sociedade por quotas caracterizar-se ora como sociedade de pessoas, ora como sociedade de capital é de suma importância no deslinde das questões abordadas no presente trabalho. É que, como se verá oportunamente, a problemática relativa à "penhorabilidade de quotas" exige soluções diferenciadas, segundo estiver referida a sociedade por quotas constituída *intuitu personae* ou não.[4]

Nessa ordem de idéias, é fundamental apontar as diferentes acepções com que vem sendo empregada a expressão "quota", e delimitar-lhe o sentido no presente traba-

1. O critério de classificação das sociedades, embora muito questionado pela doutrina, é ainda de grande valia para a resolução de controvérsias acerca da aplicabilidade ou não de certas normas a determinadas sociedades. Essa é a lição de Fábio Ulhoa Coelho in "Penhorabilidade das cotas sociais", *RDM*, Nova Série, n. 82, abr./jun. 1991, p. 96, explicando que o art. 334 do Código Comercial não pode ser aplicado a todas as sociedades, mas somente àquelas em que um sócio pode se opor licitamente à alienação total ou parcial da participação societária de outro sócio a terceiros, que seriam as sociedades de pessoas.

2. É a lição de Waldemar Ferreira ao explicitar que o fato de a sociedade por quotas se apresentar como sociedade de pessoas ou de capitais fica a depender do contrato social, que deve ser claro a darlhe esse, ou aquele feitio. In *Sociedade por Cotas*, 5ª ed., São Paulo, Companhia Gráphico-editora Monteiro Lobato, 1925, p. 24. No mesmo sentido, Fábio Ulhoa Coelho, ob. cit., p. 97.

3. Fábio Ulhoa Coelho, ob. e loc. cits.

4. Daí não ser possível o "tratamento uníssono para o problema", proposto por Carlos Henrique Abrão, em sua monografia específica sobre o assunto, a saber: *Penhora de Cotas de Sociedade de Responsabilidade Limitada,* 2ª ed., São Paulo, Ed. RT, 1991, pp. 14-5. Não se pode dar tratamento uniforme em relação às sociedades por quotas pois a própria Lei deu aos sócios a possibilidade de formatá-la de acordo com os objetivos e dimensões da sociedade. As soluções para as diversas questões suscitadas sobre essa espécie societária devem ser consideradas caso a caso.

lho. É comum, na análise da doutrina, encontrar-se as mais diversas acepções para o termo, como por exemplo, parcela do patrimônio da sociedade, ou mesmo do sócio;[5] por vezes identifica-se a quota com um tipo híbrido entre as ações das anônimas e as participações das sociedades de pessoas,[6] ou parte ideal do capital da limitada.[7] Assim, cabe aqui esclarecer em que sentido se pode falar em "quota" na abordagem do tema em tela.

Na sua acepção clássica, "quota" é o termo utilizado para designar o quinhão com que o sócio contribui para a formação do capital social de qualquer sociedade. É, na definição de Egberto Lacerda Teixeira, a entrada ou contingente com que cada um dos sócios contribui ou se obriga a contribuir para a formação do capital social.[8]

Assim, é parte integrante do patrimônio da sociedade, apartado do patrimônio dos sócios por força de sua personalidade jurídica (CCiv. art. 20).

A quota, no momento em que é integralizada, sai do patrimônio do sócio para integrar o capital social, montante original do patrimônio da sociedade, que aumenta ou diminui segundo as vicissitudes desta.[9] A sociedade é um ente autônomo em vários aspectos: tem objetivos próprios, forma de funcionar determinada, disciplina legal e, obviamente, patrimônio apartado do daqueles que a constituíram.

Nesse sentido, assevera Carvalho de Mendonça que o patrimônio social não pertence aos sócios, mas sim à sociedade. Os sócios não têm direito a partes determinadas nos bens da sociedade, mas somente um quinhão em valor, apreciado depois de pago o passivo, no caso de haver resíduo.[10]

Na mesma esteira, ao tratar da autonomia patrimonial das pessoas jurídicas, Carnelutti sustenta magistralmente que para que reste caracterizada a personalidade jurídica de um grupo, não é essencial que seus componentes não respondam pelas dívidas do conjunto, mas sim o contrário, que o patrimônio do grupo nunca responda pelas dívidas daqueles que o constituíram.[11]

5. Nesse sentido Fábio Ulhoa Coelho, ob. cit., p. 98 e Carlos Henrique Abrão, ob. cit., p. 31

6. Assim considera Roger Lecoutre in *La Nature Juridique et les Transferts des Parts Sociales dans la Société à Responsabilité Limité: Étude de Droit Comparé,* Genebra, Richter, 1943, p. 7, quando afirma que *il est donc natural que la port sociale que représente la participation de l'associé au patrimoine social et d'une maniére plus générale, à l'activité de la société, constitue, elle-même un type intermediaire entre la part d'interêt des sociétés de personnes et l'action des sociétés anonymes.*

7. Nelson Abrão, *Sociedade por Quotas de Responsabilidade Limitada,* 5ª ed., São Paulo, Ed. RT, 1995, p. 79.

8. Egberto Lacerda Teixeira, *Das Sociedades por Quotas de Responsabilidade Limitada,* São Paulo, Max Limonad, 1956. O autor distingue a terminologia quota, quando se trata especificamente de sociedade por quotas de reponsabilidade limitada, como sendo a porção de capital que a cada sócio cabe na sociedade, porém, mais adiante, quando trata especificamente do tema e defende a impossibilidade de penhora da quota, afirma: "A quota não pode ser definida como sendo apenas um fundo líquido que o sócio possui na sociedade. A quota representa um título complexo de participação na vida econômica e administrativa da sociedade. Habilita seu titular a gerir, direta ou indiretamente, os negócios sociais e a compartir dos lucros periódicos ou de liquidação produzidos pela sociedade. Confere-lhe, em suma, *status socii.* Por esse lado, poder-se-ia, de logo, afirmar que as quotas dos sócios nas sociedades limitadas são insuscetíveis de penhora" (p. 264). Apesar de concluir pela impossibilidade da penhora das quotas, o autor fundamenta sua opinião basicamente no fato de não cartularidade da quota, argumento que não convence se se recordar as ações escriturais de sociedades anônimas, que também não estão representadas em título e nem por isso deixam de ser penhoráveis.

9. Nesse sentido, Cristiano Graeff Júnior, "A expropriação de quotas de sociedades comerciais", *AJURIS*, n. 53, nov. 1991, pp. 21-32.

10. Carvalho de Mendonça, *Tratado de Direito Comercial Brasileiro*, São Paulo, Freitas Bastos, 1945, p. 70.

11. Carnelutti sintetiza a incomunicabilidade do patrimônio social com a seguinte fórmula: "Se si indica com A il patrimonio del gruppo e com a, b, c, il patrimonio dei singoli, *come negar che sien distinte le obbligazioni dei singoli che sono rispettivamente obbligazioni dei patrimoni a b c*, dalle obbligazioni del gruppo, che sono obbligazioni del patimonio A +a+b+c". (não há grifos no original), in *Personalitá Giuridica e Autonomia Patrimoniale nella Società*

Numa segunda acepção, a expressão quota pode ser empregada para designar o conjunto de direitos e obrigações inerentes à posição do quotista. Com efeito, o fato de alguém ter contribuído para a formação de certo capital, e, por conseguinte, de um ente autônomo, torna-o titular de direitos e obrigações em relação à sociedade e aos outros sócios.

Carvalho de Mendonça[12] classificou esses direitos, com muita propriedade, em dois grupos: direitos de caráter pessoal e direitos de cunho patrimonial.

Os direitos de caráter pessoal dizem respeito a uma série de prerrogativas típicas do *status socii,* como a participação na administração da sociedade, em assembléias, fiscalização de administradores e exercício de certos direitos como o recesso, o pedido de apuração de haveres, entre outros. O *status socii* também gera obrigações em relação à sociedade, como, no caso da limitada, a prestação da quota no devido tempo, a responsabilidade pela integralização do capital, velar pelos interesses da sociedade.

Por outro lado, os direitos de cunho patrimonial são, basicamente, dois, a serem exercidos em momentos distintos da vida societária. O primeiro, oriundo da atividade normal da sociedade, consiste em o sócio perceber o quinhão de lucros durante a existência social. O segundo, exigível quando a sociedade é dissolvida, total ou parcialmente, é o de participar na partilha da massa resídua, depois de liquidada a sociedade.

Carvalho de Mendonça explicita ainda que esses direitos de crédito são condicionados, uma vez que só podem ser exercidos sobre os lucros líquidos, partilháveis conforme o contrato social, e sobre o ativo líquido, ou seja, verificado após a liquidação.[13]

e nella Comunione, Studi di Diritto Civile, Roma, Athenaeum, 1916, pp. 152-3.

12. Carvalho de Mendonça, ob. cit. pp. 71-2

13. Carvalho de Mendonça, ob. e loc. cits.

Como se vê, a expropriação da quota social por dívida particular do sócio é sempre impossível, quando se trata de sua concepção clássica, ou seja, do quinhão com que o sócio contribuiu para a formação do capital social. Isso ocorre porque o sócio não tem direito a ela, a não ser que, se liquidada a sociedade, haja resíduo que lhe caiba. Respondem pelas dívidas os bens e direitos do devedor, jamais direitos de que não seja titular nem tampouco direitos de terceiros.

O capital social, formado, originariamente, pela integralização das quotas de cada sócio é garantia dos credores da sociedade. Eles sim podem exigir que seus créditos sejam adimplidos à custa dele. Os credores particulares do sócio nenhum direito têm sobre esse patrimônio.[14] O sócio, e só ele, responde por suas dívidas. Isso é o que está expressamente consagrado no art. 591 do Código de Processo Civil, *verbis* "o devedor responde, para o cumprimento de suas obrigações, com todos os seus bens presentes e futuros, salvo restrições estabelecidas em lei".

Logo, é inteiramente descabido se falar em expropriação de quota se como tal se entende a contribuição do sócio para a formação do capital social. Nesse caso, repita-se, a quota não integra o patrimônio do sócio quotista, razão pela qual não pode ser expropriada em execução, na qual apenas o sócio figure como devedor. Dessa forma, só se pode cogitar em expropriação de quotas, se como tal se designar os direitos provenientes do fato de se ter contribuído para a formação do patrimônio autônomo da sociedade, e não a própria contribuição.

14. No mesmo sentido, conf. Hermano de Vilemor Amaral, in *Das Sociedades Limitadas*, 2ª ed., Rio de Janeiro, F. Briguiet & Cia, 1938, p. 82. Dentro desta linha, observa que na cessão ou transferência de quotas, o sócio cede, apenas, seus direitos de sócio, jamais os bens com que entrou para a formação do capital social, qualquer que seja sua natureza, os quais ficam pertencendo à sociedade, como entidade à parte, que é, com vida própria e independente de seus sócios (p. 122).

Apenas esses direitos, por integrarem o patrimônio do sócio quotista, podem ser objeto de expropriação em processo executivo movido contra ele. Contudo, convém advertir que embora seja possível, em linha de princípio, a "penhora de quotas", entendida "quota" como designando os referidos direitos do sócio, tal possibilidade deve observar certos limites impostos pelo tipo de sociedade em questão, se de pessoas ou de capital. É que, como se verá, dependendo do tipo de sociedade, nem sempre será lícito expropriar todos esses direitos.

Com efeito, em se tratando de limitada com características de sociedade de capital, são expropriáveis tanto os direitos de cunho pessoal, quanto aqueles de caráter patrimonial, já que as características pessoais do sócio não são determinantes para o funcionamento da sociedade. Não há inconveniente em se estabelecer relação direta entre o credor do sócio e a sociedade, podendo ele sub-rogar-se em todos os direitos de seu devedor, inclusive para pedir a apuração de seus haveres visando a satisfação de seu crédito, ou continuar na sociedade, uma vez que, nesse caso, não seria necessária a aprovação por parte dos demais sócios para seu ingresso, a exemplo do que ocorre com as sociedades anônimas.

Já no caso de sociedade por quotas de natureza pessoal, são apenas passíveis de expropriação os direitos de caráter patrimonial de que o sócio é titular, quais sejam, os lucros líquidos no caso da empresa estar em funcionamento, ou o ativo residual que lhe couber, no caso de liquidação. São esses direitos que correspondem aos *fundos líquidos*[15] a que se refere o artigo 336 do Código Comercial e que são, portanto, expropriáveis.

Os direitos que compõem a complexa relação entre a sociedade e o sócio, quando ela é formada *intuitu personae,* não são passíveis de expropriação por dívida particular do sócio, pois isso atentaria contra todos os princípios societários e contra direitos de terceiros,[16] principalmente dos outros sócios e da sociedade.[17]

O caráter personalístico da sociedade por quotas torna inviável a satisfação do credor de sócio através de solução que estabeleça entre ele — o credor — e a sociedade, relação de qualquer espécie. Isso ocorre por que na sociedade de pessoas, as relações são estabelecidas visando as características pessoais de cada sócio, não sendo possível a inserção, no âmbito dessas relações fechadas, de um estranho. Tal não ocorre quando se trata de sociedade eminentemente de capital. Por não serem constituídas *intuitu personae,* são passíveis de expropriação todos os direitos do sócio devedor em relação a esse tipo de sociedade.

Assim, em nenhum caso se estabelecerá relação direta entre o terceiro e a sociedade, alheia à expropriação. Da mesma forma, em nenhuma hipótese o credor particular do sócio pode concorrer com os credores sociais, uma vez que nem o próprio sócio tem esse direito.[18]

15. Carvalho de Mendonça, ob. cit., pp. 105-7.

16. Sobre o assunto pronuncia-se Liebman, *Processo de Execução*, 4ª ed., São Paulo, Saraiva, pp. 99-101, afirmando que o objeto da execução são os bens e direitos que se encontram no patrimônio do executado, e que fogem à execução os direitos do executado cuja transferência não é possível sem consentimento de terceiro.

17. Nesse sentido, conf. Fran Martins, in *Sociedades por Quotas no Direito Estrangeiro e Brasileiro*, Rio de Janeiro, Forense, 2 vs., v. 1, p. 666. Afirma o autor que as quotas não podem ser vendidas judicialmente porque os que a adquirirem possuirão, não uma parcela exata do capital, mas uma parcela acrescida de uma responsabilidade extra que tem limite máximo, mas varia quanto ao mínimo, segundo a marcha dos negócios da sociedade.

18. Nesse sentido, Carvalho de Mendonça anota que "os sócios, sob qualquer pretexto, nao concorrem com os credores da sociedade; têm direito de crédito subordinado inteiramente à liquidação social, de modo que este poderá ser igual a zero ou ainda descer abaixo de zero, tornando-se quantidade negativa, passivo". Ob. cit., p. 71. Na mesma esteira, Carnelutti, ob. cit., p. 153, cita Thaller que considera o direito de preferência dos credores sociais *le veritable pivot juridique de la personalité des societés en droit moderne.*

Estabelecidas essas noções fundamentais, conclui-se ser a solução oferecida pelo Superior Tribunal de Justiça incompatível com o sistema jurídico por atentar contra diversos preceitos societários.

Em suma, decidiu aquele tribunal admitir a penhora das quotas de sociedade limitada, sendo que por ter esta sociedade, *in casu,* caráter personalístico, a penhora recairia apenas no que diz respeito à sua "parcela patrimonial".

Explica o relator que "parcela pessoal" da quota não sofreria a incidência do ato constritivo, por configurar-se em ato contrário ao princípio da liberdade de associação. Caberia ao adquirente, caso não fosse aceito como sócio pelos demais, pedir a dissolução parcial com respectiva apuração de seus haveres.

Embora o relator tenha pretendido distinguir os direitos pessoais e patrimoniais do sócio devedor, não logrou êxito pois o fez em relação à própria quota, considerando aquela contribuição do sócio para a formação do capital social, e não aos direitos decorrentes dessa contribuição. Não se pode falar em parcela pessoal ou patrimonial da quota, mas sim dos direitos que a posição de sócio quotista confere a alguém.

Assim, a primeira impropriedade em que incorre a decisão diz respeito à própria possibilidade de se penhorar a quota social, considerada como uma parcela do capital da sociedade. Como já foi explicitado, a quota, nesse sentido, não integra o patrimônio do sócio, mas sim de pessoa distinta, a sociedade da qual é membro. Não é possível, portanto, que direitos que não fazem parte do patrimônio do sócio respondam por suas dívidas.

A solução plausível, quanto a este aspecto, é a penhora dos direitos patrimoniais do sócio, quais sejam, os lucros líquidos provenientes da atividade normal da sociedade, e, no caso de liquidação, aquilo que ao sócio caberia depois de pagos os credores sociais. Vê-se que a relação, assim solucionado o problema, estaria restrita ao sócio e seu credor, não envolvendo a sociedade, e seu capital. Em nenhuma hipótese seria admissível que o credor do sócio tivesse adimplido seu crédito antes de verificada a parte que caberia ao sócio em caso de liquidação da sociedade, sob pena de preterir os credores da sociedade, de quem o capital social é garantia. A relação a ser estabelecida deve ser somente entre o sócio e seu credor, não comprometendo a sociedade e seus credores.[19]

Continuando a analisar a Decisão do Superior Tribunal de Justiça, o acórdão novamente mostra-se inapropriado quando indica a possibilidade de o terceiro — credor ou arrematante da "parcela patrimonial" da quota — pedir a apuração de seus haveres na sociedade.

Ora, a apuração de haveres é prerrogativa do sócio.[20] Não tendo sido incluídos na expropriação os direitos inerentes ao *status socii*, como poderia um terceiro, não sócio, exercer essa prerrogativa?

Nesse sentido decidiu o próprio STJ, dispondo que a ação de apuração de have-

19. No mesmo sentido, Cristiano Graeff Júnior, ob. cit., p. 29. "Destarte, a penhora e conseqüente expropriação não podem recair na "quota" social, mas apenas no direito patrimonial que ela confere ao sócio: fruir os lucros durante a vida social e na liquidação participar da partilha de eventuais resíduos". Vários outros autores defendem soluções em alguns aspectos semelhantes à aqui defendida, porém, com diferentes fundamentos. Assim, Clarindo Favretto, "Impenhorabilidade da quota social em sociedade comercial de responsabilidade limitada", *AJURIS*, n. 36, mar./abr. 1986, pp. 21-39; Arnoldo Wald, "Do regime jurídico do usufruto de cotas de sociedade de responsabilidade limitada e de ações de sociedade anônima", *RDM*, Nova Série, n. 77, jan./mar. 1990, pp. 5-14; Carlos Fulgêncio da Cunha Peixoto, *A Sociedade por Cotas de Responsabilidade limitada,* 2ª ed., Rio de Janeiro, Forense, v. 1, 1958; Francesco Ferrara Jr., *Gli Impreditori et le Società*, 2ª ed., Milão, Giuffré, 1946; Luiz Gastão P. de Barros Leães, "Comentário a acórdão", *RDM*, n. 5, 1972, pp. 116-124.

20. Nesse sentido, conf. Egberto Lacerda Teixeira, ob. cit., p. 235, em sentido contrário, Celso Barbi Filho, que, em comentário ao acórdão citado em seguida (*RDM*, Nova Série, n. 100, out./dez. 1995, pp. 123-131) sustenta poder o não sócio — mero

res é própria daquele que possui o *status socii,* sendo que o mero detentor das quotas não teria esse direito, como se vê na ementa a seguir transcrita:

"Ação de apuração de haveres em sociedade comercial por quotas de responsabilidade limitada cabe somente a quem dela seja sócio, não se equiparando a tal quem adquire quotas de outro sócio, ainda que em partilha em dissolução de casamento pelo regime de comunhão de bens".[21]

Sobre o assunto pronuncia-se José Alfredo Ferrari Sabino, adotando solução em tudo semelhante à aqui proposta. Julga o autor que a saída que nosso ordenamento jurídico oferece para o dilema — legitimidade para apuração de haveres — não se situa, quer na atribuição de legitimidade a não sócio para requerê-la, quer na recusa pura e simples de qualquer efeito no campo societário da expropriação de direitos relativos à quota. A solução estaria, ainda segundo o mesmo autor, no reconhecimento de uma sociedade subordinada, ou de segundo grau, entre credor e devedor, nos moldes do artigo 334 do Código Comercial.[22]

A solução adotada pelo acórdão conduziria a uma situação absurda. Seria estabelecida uma relação entre o credor ou arrematante e a sociedade, e não entre o credor e seu devedor. Da mesma maneira, não haveria meio legal de o terceiro retirar-se da sociedade, uma vez que o recesso e a dissolução parcial são prerrogativas daquele que tem o *status socii,* que continua na esfera do devedor.

Há ainda um terceiro problema, de ordem prática, envolvendo o teor da solução adotada pelo caso em tela. Trata-se de se avaliar, de se compatibilizar os interesses envolvidos na questão, que transcendem a esfera da relação credor-devedor. Que interesses mereceriam maior proteção por parte do Poder Judiciário, os do credor do sócio, ou da própria sociedade?

Até que ponto a continuidade da empresa pode ser ameaçada por um terceiro que pretenda retirar do capital social de uma sociedade o adimplemento de obrigação assumida por um de seus sócios?

Uma vez que se admita que um terceiro, estranho à sociedade e por conseguinte, que não saiba em que condições ela opera, se imiscua na sociedade para dela retirar uma parte de seu patrimônio, está se admitindo a possibilidade de extinção de uma sociedade por causa de dívida que a ela não toca.

Especialmente no caso em tela, em que se trata de sociedade de apenas dois sócios, é muito pouco provável que a empresa possa ainda prosperar com seu capital reduzido à metade.

Em outro aspecto, mesmo que se trate de sociedade com diversos sócios, para que se proceda a apuração de haveres, há necessidade de, primeiro, se verificar a existência de ativos para pagar os credores sociais, uma vez que o credor do sócio não pode com eles concorrer. Somente depois de se constatar que ao sócio devedor tocaria alguma quantia em liquidação, poder-se-ia pagar, com esse resíduo, o credor. Ocorre que nesse momento, o resultado da

detentor de quotas — pedir apuração de haveres, desde que sua condição tenha sido oriunda não de ato voluntário, mas de disposição legal, como é o caso de partilha em dissolução de casamento, e expropriação em execução forçada. O autor sustenta que apesar dessas medidas não assegurarem o *status socii,* deve ser assegurado ao detentor das quotas a prerrogativa do sócio, no que diz respeito à legitimidade para a ação de apuração de haveres, uma vez que a transferência das quotas se deu por disposição legal. O argumento não prospera já que a legitimidade exclusiva do sócio para a ação de 3.708/19, quando diz que essa prerrogativa "assiste ao sócio". Ocorre que não se teria sequer de enfrentar essa questão se a penhorabilidade das "quotas" fosse encarada da forma que aqui se propõem, ou seja, a expropriação recairia sobre os direitos do sócio, criando uma relação apenas entre ele e seu credor, não envolvendo a sociedade, que, como já se frisou, é estranha à execução de seu sócio, devendo seu patrimônio ser excluído dessa relação.

21. REsp n. 29.897-4, publicado da *Revista do STJ* (45): 109-409, maio de 1993.

22. "Anotações sobre a legitimação para requerer a apuração de haveres", *RDM* n. 106, abr./jun. 1997, p. 184.

liquidação poderia ser zero, ou mesmo negativo por uma eventual falta de liquidez do patrimônio da sociedade.

Uma operação como essa poderia acarretar a falência ou a dificuldade de obtenção de crédito de uma unidade produtiva que guarda um equilíbrio, frágil em diversos aspectos.

O fato de um estranho entrar em uma sociedade constituída *intuitu personae* pode, nesse sentido, quebrar esse equilíbrio existente por conta de fatores subjetivos, ligados ao nome da sociedade, e que garante, em muitos casos, a continuidade da empresa. Essa continuidade não beneficia apenas os sócios, mas os empregados da sociedade, outras sociedades ou pessoas físicas com quem contrate, enfim, a comunidade em que atua.

A possibilidade de se romper com uma estrutura produtiva por causa de um credor do sócio parece ser algo que não se compatibiliza com a nova feição do Direito Privado, voltado à consecução da função social da propriedade, que é princípio constitucional.

Ao determinar qualquer tipo de interferência em um organismo empresarial, o magistrado deve exercer um juízo de proporcionalidade, de modo a estabelecer a solução que, dentro da Lei, traga mais benefícios que prejuízos.

Pareceres

AÇÃO SOCIAL DERIVADA DE RESPONSABILIDADE CIVIL DOS ADMINISTRADORES

LUIZ GASTÃO PAES DE BARROS LEÃES

I — A ação social, originária e derivada, como garantia da responsabilidade civil dos administradores. II — Legitimidade extraordinária e as fronteiras da "res in iudicium deducta". III — A importância da prova pericial técnica nas ações indenizatórias. IV — O "quitus" passado pela assembléia e a anulação e nulidade das deliberações assembleares.

PARECER

I — A ação social, originária e derivada, como garantia da responsabilidade civil dos administradores

1. A leitura dos vários autos da ação social de responsabilidade civil movida por Francisco Giaffone Júnior e outros, na qualidade de acionistas da Companhia Mogiana de Óleos Vegetais — COMOVE, contra José Mário Junqueira Netto e outros, perante o MM. Juízo da Comarca de Orlândia (Processo n. 1.955/91), impressiona e assusta.

2. A principal garantia da responsabilidade civil dos administradores para com a sociedade reside, como se sabe, no engenhoso mecanismo da ação social, concebido pela lei do anonimato para torná-la efetiva. A complacência, porém, com que vem sendo admitidos em juízo, nas ações sociais aforadas pelas companhias ou por seus substitutos processuais, os expedientes os mais reprováveis, orientados sempre no sentido de procrastinar ou de subverter o regular andamento do feito, emascula o aparato da medida judicial refinada, tirando-lhe todo o vigor e lhe negando eficácia efetiva. É o que se observa também no vertente caso, onde se repete o mesmo melancólico processo de esvaziamento da ação social proposta por acionistas minoritários.

3. Com efeito, a Lei das Sociedades por Ações (Lei n. 6.404, art. 159, *caput*) assegura à sociedade o direito de propor ação de indenização contra os seus administradores, pelos prejuízos que tenham causado ao patrimônio social. Verificada a condição especial estabelecida pela lei para a propositura da ação pela sociedade (ou seja, a prévia deliberação da assembléia geral dos acionistas), os administradores, contra os quais deverá ela ser ajuizada, ficarão impedidos e deverão ser substituídos no aludido conclave. A ação deverá ser iniciada pela sociedade no prazo de três meses, a contar da assembléia, findo o qual qualquer acionista poderá promover a ação. Ora, para evitar essas conseqüências, a assembléia geral pode deliberar não promover a ação — circunstância freqüente, já que os administradores via de regra se confundem com acionistas controladores, ou atuam à testa da gestão social como *longa manus* dos mesmos, titulares de votos, que são, e que lhe asseguram a preponderância decisória nas assembléias.

4. Nessas condições, a lei, para fazer frente a essa dificuldade, estabelece que, se a assembléia deliberar não promover a ação, poderá ela ser proposta, sempre em defesa do patrimônio social, por acionistas que representem 5% (cinco por cento), pelo menos, do capital social. Solução justa e engenhosa introduzida pelo legislador, que, na espécie, vê, no acionista, um representante da sociedade. Na primeira hipótese, temos a ação social *uti universi*, e, na segunda, a ação social *uti singuli,* exercida pelo acionista, a meio caminho entre a ação social e a ação individual *stricto sensu,* que também poderá ser promovida pelo acionista diretamente prejudicado por ato do administrador (art. 159, § 7º).

5. Há que se ressaltar que, num e noutro caso, trata-se da mesma e idêntica ação, variando, apenas, a titularidade da iniciativa processual. Ao exercer a ação com base no § 4º do art. 159 da Lei n,. 6.404, o acionista age em nome próprio mas no interesse da companhia, cujo patrimônio visa a defender. Tem-se, no caso, a legitimação extraordinária, a excepcionar o princípio insculpido no art. 6º do Código de Processo Civil, sob forma de substituição processual. O acionista é, aí, parte, mas apenas no sentido formal, já que a sociedade preserva a sua condição de parte em sentido material, sendo dela o interesse *sub iudice* e a ela deferidos os resultados da ação promovida pelo acionista (art. 159, § 5º).

6. Daí que o extremado rigor dispensado aos proponentes de ações derivadas, sob pretexto de assim evitar que postulações espúrias sejam levadas à justiça, com fins outros que não o ressarcimento da sociedade, aliado à benevolência com que são encarados os expedientes de que lançam mão as maiorias, com o propósito de acobertar, por trás de teses de aparência insuspeita, atos culposos ou dolosos praticados pelos administradores, ou violadores da lei e dos estatutos (art. 158), vêm, na verdade, impedindo a reparação das lesões causadas ao patrimônio da sociedade, que uma habilidosa construção legal almejava tornar efetivo. Toda a energia e toda a eficiência que o sistema do acionariato acalentava imprimir à ação social, originária ou derivada, se frustram nos meandros de uma prática forense a que falta, no mínimo, equilíbrio.

7. A quase absoluta ausência de casos registrados nos repertórios jurisprudenciais pátrios de ações derivadas é, aliás, a prova a mais gritante desse lamentável desencontro. O presente processo é simplesmente mais um, em que se observa que as vantagens obtidas por uma maioria desidiosa e eivada de culpa atropelam, com facilidade, os mecanismos de proteção da sociedade. O agasalho generoso que tem sido dispensado às manobras engendradas pelos administradores acionados, em contraste com a severidade, beirando à aversão, com que são recebidos os mais comezinhos pedidos formulados pelos autores, conspiram contra o êxito da ação proposta. Se não, vejamos.

II — Legitimidade extraordinária e as fronteiras da "res in iudicium deducta"

8. Comecemos pela questão da ilegitimidade extraordinária dos autores para ajuizarem a aludida ação social de responsabilidade civil, com relação a pedidos que não foram examinados na assembléia (que aliás deliberou não promover a ação), e que foi argüída pelos réus, em contestação. Em despacho de 19 de abril de 1993, o MM. Juízo acolheu a contradita, julgando os autores carecedores da ação quanto aos pedidos relacionados nas letras A, B, C, F, G e H do item 64 da peça inaugural, não versados na assembléia, determinando o prosseguimento do feito somente quanto àqueles especificados nas letras D, E e I, que haviam sido levados ao conclave.

9. Isto porque, a seu ver, não tendo a assembléia examinado a conveniência de a sociedade aforar ação com tal abrangência, como legitimada ordinária, em face dos réus, não teria emergido para os autores, acionistas da sociedade, a legitimidade extraordinária para atuarem com tal elastério, na defesa dos interesses da companhia, já que a substituição processual está sempre subordinada à prévia recusa ou à omissão da companhia em atuar em seu próprio nome. Na legitimação extraordinária, sob a forma de substituição processual, por se tratar de regra excepcional, a autorização legal deve ser interpretada de maneira restritiva. Daí a conclusão acima.

10. Irresignados com o decidido, os autores interpuseram o agravo de instrumento n. 211.557-1/9 ao Tribunal de Justiça do Estado de São Paulo, que deu provimento ao recurso. Com efeito, no seu r. despacho, o MM. Juízo partia de pressupostos não previstos em lei (falta de apresentação dos pedidos à assembléia), que não dariam aos autores legitimidade para a propositura de ação quanto aos itens especificados. Na verdade, o art. 159 da Lei n. 6.404, de 1976, impõe como condição, tanto para o ingresso da ação social *uti universi*, quando *uti singuli*, única e exclusivamente a "prévia deliberação da assembléia", autorizando ou negando a iniciativa, sem, em nenhum momento, limitá-las aos atos noticiados na assembléia, que teriam causado prejuízos ao patrimônio social.

11. Será na inicial da ação judicial que o autor legitimado — seja ele a sociedade autorizada pela assembléia, seja qualquer acionista, escoado o prazo de três meses a contar da assembléia, seja ainda uma minoria habilitada por força de disposição da lei — irá exprimir a sua pretensão, demarcando as fronteiras da *res in iudicium deducta*, sem obviamente ter que se restringir aos fatos levados à apreciação da assembléia, em que se deu a referida deliberação.

12. Seria, de resto, um despropósito, que atentaria contra os princípios básicos da lei processual, sustentar que, na ação social, o autor já encontraria previamente demarcado o perímetro da demanda que pretende propor. O argumento de que a substituição processual, por consubstanciar hipóteses de legitimação extraordinária, seria regra excepcional, e, como tal, deveria ser interpretada restritivamente, de modo que somente autorizaria ação social relativamente a atos apreciados pela assembléia, obviamente não tem a menor procedência.

13. Se cabe aí interpretação restritiva, cumpriria justamente concluir que a única condição para a propositura da ação social, em suas duas vertentes, seria tão-somente a prévia deliberação da assembléia, autorizando ou não a sociedade a promover a ação, como estabelecido de maneira expressa na lei. Adicionar qualquer outra condição, como a de só versar os pontos levados ao conhecimento da assembléia, sobre a qual a lei silencia, significaria justamente o oposto, emprestando-lhe inteligência "extensiva".

14. O v. acórdão, no entanto, não se lastreou apenas nesse raciocínio para dar acolhida à pretensão recursal (que certamente considerou incontestável), mas, também, na insuficiência da fundamentação do decidido, não encontrando nenhum suporte na motivação da r. decisão recorrida, como previsto no art. 165 do Código de Processo Civil para as decisões interlocutórias, exigência essa, ademais, que se engasta na Constituição, que, em seu art. 98, IX, impõe a fundamentação de todas as decisões judiciais, sob pena de nulidade. Daí o acolhimento do agravo, para anular a r. decisão agravada, determinando o Tribunal que "outra (fosse) prolatada com integral fundamentação do decidido".

15. "É lamentável (rezava ainda o v. acórdão do TJESP) que a nulidade haja de ser reconhecida, frustrando os esforços das partes e de seus nobres patronos. Mas melhor será assegurar a higidez da relação processual a fim de que a prestação jurisdicional reclamada possa ser prestada (...). Demais, é de se ressaltar que, *in casu*, o exame da admissibilidade da decisão sobre o mérito da quizília foi expressamente cindido, consoante a r. decisão recorrida, que relegou para momento posterior a decisão sobre as preliminares suscitadas pelos agravados".

16. Ora, à vista dos termos da decisão no recurso de agravo de instrumento, o juiz *a quo*, por despacho de 14 de maio de 1994 (fls. 1.239), simplesmente anulou a decisão recorrida, de fls. 1.129/1.131, sem porém prolatar outra com integral fundamentação do decidido, reservando-se para "oportunamente analisar as preliminares suscitadas pelos réus". A seguir, consignou no saneador, proferido em 26 de maio de 1994 (fls. 1.246), que "as preliminares levantadas em contestação, serão examinadas no final".

17. Vejam a picardia: não obstante o acolhimento do recurso em instância superior, deixa Sua Excelência sem solução definitiva parcela substancial dos pedidos formulados pelos autores, cujas provas, ademais, exigem dos mesmos especial atenção e esforço, sem que saibam se serão ou não consideradas. Para os autores, portanto, a situação é de absoluta incerteza e insegurança. Cumpre ainda observar que, no que concerne a um dos pedidos elencados na inicial, decidiu o v. acórdão que a legitimidade dos agravantes seria ordinária, mas a passiva não seria dos réus, e sim da própria companhia, já que visa à anulação das deliberações tomadas em assembléia geral. Por conseqüência, determinou a citação da companhia para integrar o pólo passivo da relação processual, o que, de resto, foi cumprido pelo juiz *a quo*. É claro que não se trata mais aqui, no tocante a esse tópico, de ação social exercida derivativamente pelos acionistas, já que não se pode imaginar a sociedade litigando consigo mesmo.

III — A importância da prova pericial técnica nas ações indenizatórias

18. Outro ponto assustador nos vertentes autos é o das provas. Do ato do administrador podem resultar prejuízos para a sociedade; e a ação social, originária ou derivada, visa justamente ao ressarcimento desses prejuízos. Trata-se, pois, de uma ação indenizatória contra os administradores, e, na ação de indenização, a prova assume relevo especial.[1] E há de ser quádrupla, cabendo ao autor pôr em evidência a conduta antijurídica dos administradores, o prejuízo causado ao patrimônio social, o seu valor, para efeito da indenização, e o nexo causal, que evidencie que a lesão sofrida decorreu do comportamento contraveniente dos administradores.

19. Em suma, dada a relevância das provas, no processo indenizatório, para a comprovação e reparação dos fatos danosos, devem ser empregadas todas as espécies de evidência admitidas em direito, variando o meio conforme o que deva ser provado. Sendo ainda certo que, requerida na petição inicial a prova pericial, "o juiz não pode indeferi-la, especialmente se se tratar de ação de responsabilidade civil" (*RT* 117/668 e *RT* 635/223). Obviamente, a simples alegação dos autores, ou a contradita dos réus, não são suficientes para formar a convicção do juiz: *allegatio et non probatio quasi non allegatio.*

20. Ora, não parece que assim tem sido encarada a questão no processo em pauta. Embora tenham sido admitidas as provas orais e documentais requeridas pelas partes, indeferiu-se, no saneador, a pericial, postulada pelos autores, e considerada "desnecessária", não tendo o MM. Juízo se manifestado sequer a respeito da inspeção judicial em Sílvia Junqueira Netto, conforme expressamente requerido pelos autores (a fls. 1.059).

21. Pois bem, a prova pericial, requerida e justificada pelos autores (a fls. 1.057/

1. Em uma ação indenizatória "a perícia não pode ser relegada para a fase de execução da ação de indenização, devendo ser realizada na de conhecimento, pois sem a demonstração do dano efetivo e seu nexo causal com o acidente o feito poderá ter outro desfecho. Ademais, é essa prova que permitirá as premissas conseqüentes, posto que os critérios de fixação das verbas indenizatórias estão vinculadas à constatação do dano e sua extensão" (in *RT* 635/223).

1.084/1.088) dizia respeito à pericial contábil nos livros da sociedade Cia. Mogiana de Óleos Vegetais—COMOVE e de suas controladas e coligadas, certamente necessária para a demonstração dos atos lesivos praticados pelos administradores, argüídos na inicial, assim como para quantificar os danos causados à sociedade e as verbas reparatórias. Pois a essa contabilidade os acionistas minoritários, que propuseram a ação social de responsabilidade dos administradores, não têm obviamente acesso. O indeferimento da perícia foi tão descabido, que até os réus insistiram na necessidade da prova técnica, "dadas as conotações da controvérsia" e "para possibilitar o pleno conhecimento dos fatos debatidos" (fls. 1.257), ou "para que não ocorra cerceamento de defesa" (fls. 1.260).

22. Ou — acrescentaríamos nós — para que não se configure autêntica *situação de denegação de Justiça*, como acentua o Superior Tribunal de Justiça: "Se a pretensão do autor depende da produção da prova requerida, esta não lhe pode ser negada, nem reduzido o âmbito de seu pedido com um julgamento antecipado, sob pena de configurar-se uma situação de autêntica denegação de Justiça" (*RSTJ* 21/416). Que é o risco que desenganadamente corre o presente feito.

23. Por outro lado, na especificação e justificação das provas requeridas pelos autores, além das provas periciais contábeis e dos exames dos livros da companhia, protestava-se pela inspeção judicial pessoal em Sílvia Junqueira Netto, na forma dos arts. 440 e seguintes, combinados com o art. 339 do Código de Processo Civil, por indispensável face aos fatos argüídos na inicial, a fls. 48, *in fine*, e 49, e itens 20, 21 e 22 da réplica. Pois muito bem, no saneador, o MM. Juiz sequer fez referência a essa inspeção expressamente requerida, fundamental para comprovação dos fatos indigitados.

24. Com efeito, na inicial, os autores fizeram menção aos imensos e espantosos débitos em conta corrente dos administradores faltosos, constituídos sempre sob o pretexto comum de adiantamentos a fornecedores de soja em grão, habituais na atividade desenvolvida pelas empresas de esmagamento (tal como a Companhia Mogiana), e que foram confessadamente admitidos por ocasião do pedido de concordata preventiva da empresa.

25. Eram débitos imensos e espantosos (repita-se) dado o agravante de que tinham sido constituídos pelos sócios-administradores em grande parte sem a contraprestação dos fornecimentos pretextados, e cuja somatória suplantava, em duas vezes, a cifra de todos os adiantamentos feitos aos demais 657 produtores e fornecedores da empresa. O que, por si só, é evidência de gritante irregularidade de gestão, consubstanciando uso, em benefício próprio, de recursos da companhia, a ponto de inviabilizá-la e arrastá-la à insolvência.

26. Com o fim de tentar afastar os ilícitos civil e penal que caracterizam a ação de cada um de apropriar-se descaradamente de recursos da companhia que gerem, os referidos administradores resolveram pagar os seus débitos através de dações de imóveis de sua propriedade, aliás sempre superavaliados e desacompanhados de toda e qualquer avaliação. Assim, um deles, José Mário Junqueira Netto e sua mulher, por escritura de 3 de dezembro de 1990, deu em pagamento para a companhia credora, uma propriedade agrícola, destacada de área maior, que fora adquirida através de ato maculado de nulidade (como apontado na inicial), o que comprometeria a dação em pagamento e a respectiva quitação, passada pela companhia.

Ora, alegado o vício, aos autores caberia o ônus da prova, donde a razão do pedido de inspeção judicial.

27. Realmente, o vício existente residiria na escritura de divisão amigável que se destinava a extinguir a comunhão resultante de sucessão hereditária, no tocante à Fazenda Paineiras, através da qual José Mário houve a área maior, da qual foi destacada a gleba de terras dada em pagamento à companhia credora, COMOVE. De fato, nessa escritura, um dos comunheiros-herdeiros, d. Sílvia Junqueira Netto, que comparecera ao ato, não tinha capacidade para manifestar o seu consentimento, uma vez que é portadora de debilidade mental congênita, razão pela qual o seu comparecimento pessoal ao ato o viciava, acarretando-lhe nulidade *pleno iure*.

28. À vista do silêncio do MM. Juízo a respeito da inspeção judicial no despacho saneador, os autores ofereceram em 12 de agosto de 1994 embargos de declaração, reiterando o pedido (fls. 1.251-52). O MM. Juízo, em despacho de 16 de agosto (fls. 1.589/1.591), deixou de receber a petição em pauta como embargos de declaração, sob o argumento — pasmem! — de que tal recurso cabe somente contra sentença e, no caso, nada teria decidido, mas apenas proferido um despacho ordenatório. Todavia, recebeu-a como "pedido de reconsideração" daquele despacho — e, em o fazendo, ato contínuo, o indeferiu, na medida em que não via necessidade de inspeção judicial, no caso.

29. Ora, é claro que está à inteira discrição do juiz proceder ou não à inspeção pessoal (*RT* 629/206), não constituindo o seu indeferimento, em princípio, cerceamento de defesa (*RT* 633/134). Mas na espécie, tratando-se de pessoa que sempre foi absolutamente incapaz, e que, em atos notariais, dispôs de seu próprio patrimônio, a que outra prova menos constrangedora poderiam os autores recorrer para a comprovação do alegado? Nessas circunstâncias especiais, como não encarar o indeferimento à pretendida inspeção como agudo cerceamento do elementar direito de prova do alegado a que os autores fazem jus?

30. Tanto essa conclusão não é despropositada que o próprio E. Tribunal de Justiça do Estado de São Paulo, em acórdão proferido em 27 de junho de 1995, no agravo de instrumento n. 258.043.1/7, deu total provimento ao recurso, enfatizando: (1º) que o saneamento do processo, na medida em que envolve decisão interlocutória, comporta, sim, embargos declaratórios, consoante doutrina e jurisprudência pacíficas, ou "cediças, incomportando maior aprofundamento", sendo certo ainda que a circunstância de os embargos terem sido recebidos como pedido de reconsideração "não assegura higidez jurídica ao decidido";[2] e (2º) que, por outro lado, o MM. Juízo *a quo* não fundamentou suficientemente o seu indeferimento quanto à admissibilidade da prova de inspeção judicial, pelo que impenderia fazê-lo em nova oportunidade (fls. 1547-1551).

31. Em despacho de 20 de setembro de 1995, o MM. Juízo *a quo* determinou certificasse a serventia nos autos do que fora decidido nos embargos de declaração em superior instância, voltando a indeferir o pedido de inspeção pessoal. Logo a seguir, em decisão proferida em 16 de outubro sobre a questão, nova e expressamente rejeita a referida prova "tendo em vista o objeto da demanda colocada em juízo, além do que, trata-se de diligência de caráter facultativo e não obrigatório, já que de acordo com a inteligência do art. 440 do CPC faz parte do poder discricionário do juiz". Como se observa, a questão da inspeção judicial pessoal passou a ser questão... pessoal para Sua Excelência, com manifesto agravo para os interesses em jogo, já que na verdade continuou a não fundamentar o indeferimento.

32. Ainda no campo das provas, outro ponto onde se patenteia idêntica situação de cerceamento do direito de produzir provas (e, portanto, denegação de justiça) está no episódio da comprovação de fraude praticada pelos diretores Heraldo Caiuby Salles e José Mário Junqueira Netto, como

2. Dizia o r. acórdão: "A circunstância dos embargos de declaração em tela terem sido recebidos como pedido de reconsideração não assegura higidez jurídica ao decidido. É que tal pedido, sem disciplina expressa no sistema processual, carece de eficácia suspensiva ou interruptiva de prazos, o que implicaria para os agravantes a expiração destes para recorrer do saneador, se mantida a caracterização de tais embargos como esse pedido".

representantes da coligada Santa Elza Taxi Aéreo Ltda., promovendo a venda de um avião Cessna-C 210, ano 84, série 210/64839, prefixo PT-LQH — para Octávio Junqueira Leite de Moraes, logo após o ingresso do pedido de concordata preventivo da COMOVE, de resto por valor inferior a um quarto do preço de mercado. Na medida em que no despacho saneador indeferiu a prova pericial contábil nos livros e documentos da COMOVE e de suas controladas e/ou coligadas, tal como requerido (fls. 1.057-59), o indeferimento torna esse ato ilícito insucetível de comprovação. Pois sem essa prova técnica, como evidenciar a fraude?

33. Por certo, ao juiz, como destinatário das provas, cabe aferir sobre a necessidade ou não de sua realização, indeferindo as diligências inúteis e as provas meramente protelatórias (CPC art. 130). Mas se não são inúteis nem protelatórias (como de fato não são as provas requeridas neste processo), o indeferimento "imotivado" — como aliás por duas vezes foi caracterizado pelo E. Tribunal de Justiça do Estado o despacho denegatório do juiz *a quo* — importa em evidente cerceamento de direito (*RTJ* 79/640 e *RSTJ* 13/306), podendo acarretar a nulidade da decisão que tanto se espera (*RT* 620/144).

34. Com efeito, a liberdade do juiz na valoração da prova (CPC art. 131) por certo não estende a ponto de lhe abrir a faculdade de desatender arbitrariamente ao direito das partes de produzir provas (que lhes é assegurada pelos arts. 282, VI, e 300 da lei processual), nem às normas estabelecidas nos arts. 332 a 443 do CPC, que coarctam a liberdade do juiz quanto à apreciação das mesmas. A menos que, ao indeferir a prova pericial, no despacho saneador, Sua Excelência já estivesse convencido por outros elementos já constantes dos autos, e no exercício de sua livre convicção, dos prejuízos causados pelos administradores à sociedade, cuja quantificação, conforme admite a jurisprudência, seja liquidada em execução de sentença (*RTJ* 107/310 e *RT* 582/221). É o que legitimamente podem inferir os autores da ação proposta da conduta do ilustre magistrado.

IV — O "quitus" passado pela assembléia e a anulação e nulidade das deliberações assembleares

36. Na verdade, os réus, administradores da Companhia Mogiana de Óleos Vegetais-COMOVE, além de faltarem ao dever que lhes são impostos de observar rigorosamente os limites de suas atribuições, cumprindo e fazendo cumprir os estatutos e a lei, exerceram o cargo sem a diligência com que o negociante, ativo e probo, administra os seus próprios negócios (art. 153), e sem a lealdade que se espera dos gestores de bens alheios (art. 155), fazendo uso dos bens e haveres sociais, no próprio interesse ou no interesse de terceiro. Essas *faltas de gestão* foram tais e de tal vulto que transformaram, em poucos anos, uma empresa próspera, que experimentara um crescimento notável entre 1979 e 1986, num empreendimento a caminho da insolvência.

36. De fato, após 1987, quando Heraldo Caiuby Salles e José Junqueira Netto passaram a administrar todos os negócios da companhia e suas controladas, a empresa se orientou, a toque de caixa, para o malogro, não por força dos azares dos negócios, mas porque entrou num período administrativo caracterizado por atos de abuso de poder, fraudes, favorecimentos de administradores e de terceiros, malversação dos recursos da companhia, procedimentos culposos e dolosos, em manifesto prejuízo da companhia e em benefício de diretores e conselheiros, que se conluiaram. Tudo, enfim, como minuciosamente exposto e documentado na inicial da ação *sub examine*.

37. Nem se diga, como foi sustentado na contradita, que a série de atos imputados aos administradores, em que se fundamenta os pedidos de reparação (como, por exemplo, os vícios apontados nas dações em pagamento feitas pelos administradores, José Mário, Flávio e Heraldo, e os empréstimos tomados da sociedade por José Mário, Heraldo, Flávio, Sílvio e Maria Cecília, com abuso de confiança), sobre não constar do pedido formulado à AGE do dia 23.8.91, que negou autorização para a propositura da ação social, (1º) dependeria da anulação das deliberações assembleares que aprovaram, sem reservas, as contas dos exercícios de 1988, 1989 e 1990, épocas em que teriam ocorrido tais atos, sendo certo que as ações para esse fim já estariam prescritas; e (2º) teria sido expressamente referendada pelos acionistas — inclusive com a presença dos autores — na AGE realizada em 30.4.91, que aprovou o plano de saneamento econômico-financeiro da companhia.

38. Em primeiro lugar, a ação proposta é de responsabilidade civil dos administradores, cujas *sedes materiae* é o art. 287, inc. II, letra *b*, e não o art. 286 da Lei 6.404, de 1976, que trata da ação para anular as deliberações tomadas em assembléia geral. Neste caso, a prescrição é de 2 (dois) anos, contados da deliberação, enquanto no caso de ação contra administradores o prazo de prescrição é de 3 (três) anos, contado da data da publicação da ata que aprovou o balanço referente ao exercício em que a violação ocorreu. Ora, as atas das assembléias que aprovaram os balanços dos exercícios de 1988, 1989 e 1990 foram divulgadas em 29.7.89, 23.6.90 e 6.7.91. Nesses termos, apenas a aprovação do balanço de 1988 poderia ser eventualmente considerada alcançada pelo lapso prescritivo.

39. De qualquer forma o *quitus,* ou seja, a exoneração de responsabilidade dos administradores passada pela aprovação, sem reserva, dos balanços e das contas, pela assembléia geral, pode ser não só *(i) anulável* se se insinuou algum dos vícios da manifestação de vontade, ou seja, erro, dolo, fraude ou simulação, sendo o prazo de prescrição de (2) dois anos (art. 134 da Lei 6.404), como também *(ii) nulo*, quando se refere a atos eivados de imperfeições insanáveis (praticado por pessoas absolutamente incapaz, quando for ilícito ou impossível o seu objeto, etc.), sendo, nesta última hipótese, o prazo de prescrição o do direito comum (CC art. 177).[3] Ora, os atos indigitados, ou seja, os empréstimos e dações em pagamento, realizados nos referidos exercícios, padecem dessas últimas imperfeições, e, destarte, escapam da prescrição bienal do artigo 286 da lei do anonimato.

40. Para concluir, cabe repelir a caracterização da presente ação como uma *strike suit,* ou seja, de uma ação de combate ou de choque, cujo objetivo básico seria o de propiciar ao autor da ação a realização de acordos vantajosos com a administração da companhia — increpação feita pelos réus em contestação e que parece ter sensibilizado o MM. Juízo. Ora, para que a ação derivada possa constituir uma *strike suit,* a doutrina exige: (1) que o autor da ação não tenha sido titular de direitos de acionista ao tempo em que ocorreram os danos que alega e (2) que o autor da ação não tenha esgotado todas as possibilidades de solução do problema no âmbito da companhia.

41. Pois bem, os autores da vertente ação eram acionistas ao tempo em que ocorreram os danos que alega, e, por outro lado, se desdobraram no sentido de dar uma solução ao problema societário (apoiando medidas como a contratação da Arhur Andersen e do Professor J. Lodi, para o exame e a solução dos problemas administrativos, assim como os programas de reestruturação financeira), sem que a administração tenha dado o menor seguimento a essas propostas técnicas, ou implementado as menores providências administrativas sugeridas. Aliás, as

3. Sobre a aplicação dos princípios do direito comum relativos à nulidade, a par dos princípios especiais referentes à anulabilidade, com referência às deliberações das sociedades anônimas, v. o estudo clássico de Tullio Ascarelli, in *Problemas das Sociedades Anônimas e Direito Comparado,* 1943, pp. 397 a 420.

chamadas *strike suits*, da prática norte-americana, são ações derivativas cujo propósito nuclear é a obtenção de altos honorários ou acordos rentáveis entre os acionistas e seus advogados, usualmente *entrepeneural lawyers*, que aliciam clientes para a propositura dessas ações.[4]

41. Ora, basta a leitura da procuração *ad judicia* passada nos autos pelos autores da presente ação social ao seu patrono comum, o finado *Maître* Dr. José Gallia de Oliveira, um dos profissionais mais capazes e honrados de nossas cortes, para constatar que, entre os poderes que lhe foram conferidos, não se inscreve o poder de transigir, fato que afasta, de pronto, deste feito, a motivação espúria da ação com o objetivo de chantagem e barganha. Na verdade, os autores da presente ação social, e o seu patrono, a promoveram no exclusivo interesse da sociedade, razão pela qual têm o direito de esperar que lhes seja dispensado um tratamento mais sereno e equânime do que vêm recebendo, por ser de Justiça.

São Paulo, 26 de junho de 1996

4. Cf. Modesto Carvalhosa, *Comentários à Lei de Sociedades Anônimas*, v. 5, p. 208.

Pareceres

AUDITOR INDEPENDENTE — SIGILO PROFISSIONAL

NELSON EIZIRIK

A consulta. O parecer: a) Introdução; b) Poder de polícia da CVM face ao auditor independente; c) O sigilo profissional do auditor independente; d) Os "papéis de trabalho" do auditor independente e o "dever de sigilo"; e) Conclusões.

A CONSULTA

A empresa de auditoria X solicita-nos um Parecer sobre o âmbito do poder disciplinar da Comissão de Valores Mobiliários — CVM — com relação aos auditores independentes, e, mais especificamente, no que toca à eventual competência daquela autarquia para exigir que o auditor lhe forneça cópias de seus *papéis de trabalho*.

O PARECER

A) Introdução

1. A questão apresentada pela Consulente é de inequívoca importância no contexto da regulação do mercado de capitais, no qual a figura do auditor independente assume relevante papel, tendo em vista especialmente a adequada delimitação do âmbito de atuação da Comissão de Valores Mobiliários — CVM — enquanto órgão regulamentador e fiscalizador do mercado.

2. Objetivando uma análise ordenada e sistemática da matéria, desenvolveremos o presente Parecer da seguinte maneira:

a) apreciação do poder de polícia administrativa da CVM com relação aos auditores independentes, apresentando os princípios que justificam a tutela daquela autarquia sobre as atividades de auditoria, assim como os limites de tal poder disciplinar;

b) análise do instituto do *sigilo profissional* e sua aplicação ao auditor independente;

c) confrontação das normas regulamentares da CVM que tratam dos *papéis de trabalho* com as regras e princípios que impõem ao auditor independente o dever de guardar sigilo;

d) apresentação de conclusões.

B) Poder de polícia da CVM face ao auditor independente

3. No modelo de regulamentação do mercado de capitais entre nós adotado, nitidamente inspirado no direito norte-americano, constitui princípio fundamental do *disclosure*, ou seja, da *transparência* das informações acerca das companhias que oferecem publicamente seus títulos aos investidores, em Bolsa de Valores ou no Mercado de Balcão, conforme já tivemos a oportunidade de analisar.[1]

4. Vale observar, a propósito, que a Lei 6.404/76 adotou plenamente o princípio do

1. *Questões de Direito Societário e Mercado de Capitais* Rio de Janeiro, Forense, 1987, pp. 123 e ss.

disclosure, objetivando, na disciplina das Demonstrações Financeiras das companhias, fazer com que elas, elaboradas com base em critérios uniformes, de fato reflitam a situação patrimonial das sociedades anônimas, particularmente daquelas com seus títulos publicamente negociados.

5. Ademais, consagrou expressamente a Lei das S.A. o *dever de informar* como uma das obrigações fundamentais do administrador de companhia aberta, ao dispor, no seu art. 157, § 4º, que cumpre-lhe comunicar imediatamente à Bolsa de Valores e divulgar pela imprensa qualquer deliberação da assembléia geral ou dos órgãos de administração da companhia, ou fato relevante ocorrido nos seus negócios, que possa influir, de modo ponderável, na decisão dos investidores do mercado de vender ou comprar valores mobiliários emitidos pela companhia.

6. A Lei 6.385/76 igualmente consagrou o princípio do *disclosure* em vários de seus dispositivos (art. 4º, VI, art. 19, art. 20), especialmente ao delegar à Comissão de Valores Mobiliários — CVM — o poder de fiscalizar a veiculação de informações relativas ao mercado de capitais (art. 8º, III). Ademais, fixou claramente a competência normativa da CVM relativamente: à natureza e periodicidade das informações prestadas pelas companhias abertas; aos relatórios da administração das companhias; aos padrões de contabilidade e pareceres dos auditores independentes; à divulgação de deliberações da assembléia geral ou dos órgãos de administração (art. 22, parágrafo único).

7. Uma vez adequadamente provido das informações relevantes sobre a companhia e sobre os títulos que está ela a emitir, o investidor tem condições de avaliar o mérito do empreendimento e a qualidade dos papéis.

8. O postulado básico da regulação do mercado de capitais, assim, é de que o investidor estará protegido na medida em que lhe sejam prestadas todas as informações relevantes a respeito das companhias com os títulos publicamente negociados. As informações financeiras sobre as companhias abertas devem ser *fidedignas*, refletindo portanto a real situação financeira das companhias, e *comparáveis*, seguindo, na sua elaboração e apresentação, os mesmos critérios.

9. Daí a importância da auditoria externa das demonstrações financeiras das entidades atuantes no mercado de capitais, atividade na qual está presente inegável interesse público.

10. Tanto no caso das companhias abertas como das instituições financeiras justifica-se a obrigatoriedade de auditoria externa, dado o interesse público envolvido na correta apresentação de suas contas. Com efeito, busca-se, com a auditoria independente, verificar se os demonstrativos não só apresentam corretamente a situação financeira da empresa auditada, como também se estão conformes aos princípios de contabilidade geralmente aceitos.[2]

11. Cumpre ao auditor independente conferir *credibilidade* às demonstrações contábeis das companhias abertas e das instituições financeiras, na medida em que revisa, como especialista que é, referidas demonstrações, de maneira absolutamente isenta, neutra, com total autonomia frente à empresa auditada.

12. Com efeito, o objetivo da auditoria é precisamente o de verificar se os registros contábeis estão em conformidade com os princípios de contabilidade geralmente aceitos e se as demonstrações financeiras refletem adequadamente a situação econômica do patrimônio e os resultados verificados no exercício examinado.[3]

13. Nesse sentido, o Conselho Federal de Contabilidade, em suas *Normas de Auditoria Independente das Demonstra-*

2. Hugo Rocha Braga, *Introdução à Análise Contábil e Financeira*, Rio de Janeiro, IBMEC, 1975, p. 8.

3. Hilário França e Ernesto Marra, *Auditoria Contábil*, São Paulo, Ed. Atlas, 1982, p. 27.

ções Contábeis (NBC-T-11), assim conceitua a auditoria independente:

A auditoria independente das demonstrações contábeis constitui o conjunto de procedimentos técnicos que tem como objetivo a emissão de parecer sobre a adequação com que estas representam a posição patrimonial e financeira, o resultado das operações, as mutações do patrimônio líquido e as origens e aplicações de recursos da entidade auditada, consoante as *Normas Brasileiras de Contabilidade* e a legislação específica, no que for pertinente.

14. Tendo em vista as atividades que desenvolve, quando revisa as contas das companhias abertas e das instituições financeiras, manifesta-se, na atuação do auditor independente, inequívoco interesse público, dada a sua função de conferir credibilidade a ditas contas.

15. É a presença do interesse público na função do auditor independente que legitima o poder de polícia administrativa conferido à CVM, à semelhança do que ocorre em outros países, conforme já analisamos,[4] para regulamentar e fiscalizar o exercício da atividade de auditoria independente no âmbito do mercado de valores mobiliários.

16. Assim, a atividade de auditoria independente das companhias abertas e instituições financeiras integrantes do mercado de valores mobiliários está submetida ao poder de polícia da CVM, nos limites da legislação específica, conforme veremos em seguida.

17. Inicialmente, a Lei das S.A., em seu art. 177, § 3º, estabelece que as demonstrações financeiras das companhias abertas deverão observar as normas expedidas pela CVM, devendo, ademais, ser *obrigatoriamente* auditadas por auditores independentes registrados na CVM.

18. A Lei 6385/76, em seu art. 26, igualmente dispõe que somente as empresas de auditoria contábil ou auditores independentes registrados na CVM poderão auditar as demonstrações financeiras das companhias abertas e das instituições financeiras integrantes do sistema de distribuição e intermediação do mercado de valores mobiliários.

19. Adicionalmente, dispõe a Lei 6.385/76, em seu art. 26, § 1º, que compete à CVM estabelecer as condições para registro e seu procedimento, assim como definir os casos em que o registro poderá ser recusado, suspenso ou cancelado. Ao longo do tempo, a CVM foi baixando normas regulamentadoras do dispositivo acima mencionado, sendo que, presentemente, a Instrução CVM 216, de 29.6.94, dispõe sobre o registro e o exercício da atividade de auditoria independente no âmbito do mercado de valores mobiliários, define os deveres e responsabilidades do auditor independente, bem como os casos em que o registro pode ser recusado, suspenso ou cancelado.

20. A Lei 6385/76, ademais, previu, em seu art. 1º, V, o estabelecimento da disciplina e da fiscalização, dentre outras, da atividade de auditoria das companhias abertas.

21. Nos termos do art. 9º, I, letra *e*, da Lei 6.385/76, foi conferida à CVM, no âmbito do seu poder disciplinar do mercado de valores mobiliários, competência para examinar os registros contábeis, livros ou documentos dos auditores independentes.

22. Constitui dever fundamental do auditor atuar de maneira *independente*,[5] fundamentando sempre seu relatório em

4. "Poder de Polícia da CVM frente aos auditores independentes", in *Revista de Direito Administrativo*, Rio de Janeiro, FGV, v. 193, julho-setembro de 1993, pp. 384 e ss.

5. O Conselho Federal de Contabilidade, em suas *Normas Profissionais de Auditor Independente* (NBC-P-1-1.2) assim dispõe: O auditor deve ser independente, não podendo deixar-se influenciar por fatores estranhos, por preconceitos ou quaisquer outros elementos materiais ou afetivos que resultem perda, efetiva ou aparente, de sua independência.

argumentos absolutamente *técnicos*.[6] Se o auditor comprometer sua independência ou agir em desacordo às normas técnicas de sua profissão, causando, em virtude de sua atuação dolosa ou culposa, danos a terceiros,[7] deve por eles responder civilmente, a teor do art. 26, § 2º da Lei 6.385/76.[8]

23. Por outro lado, há determinados *limites* ao poder de polícia administrativa delegado à CVM com relação à normatização e fiscalização dos auditores independentes, os quais obedecem a alguns princípios jurídicos fundamentais, conforme veremos em seguida.

24. Nos termos da legislação e da regulamentação administrativa — Lei das S.A., art. 177, § 3º; Lei 6.385/76: art. 1º, inciso V; art. 22, parágrafo único, inciso IV; art. 26, §§ 1º e 2º; e Instrução CVM n. 216/94, especialmente: art. 1º; art. 24: art. 26; e art. 29 — dois são os pressupostos de existência do poder de polícia da CVM com relação ao auditor independente:

1. a natureza do trabalho desenvolvido pelo auditor; e

2. a natureza da entidade auditada.

25. Com relação à *natureza do trabalho*, vale notar que o auditor, seja pessoa física, seja pessoa jurídica, desenvolve usualmente outros trabalhos típicos da profissão de contador, que não se confundem com o de auditoria, para os efeitos da Lei 6.385/76.

26. Com efeito, além dos trabalhos de auditoria, pode o contador, no exercício de suas atividades profissionais, realizar outras tarefas, tais como: instalação de sistemas de contabilidade; escrituração; elaboração de demonstrativos financeiros; contabilidade de custos; controladoria; planejamento fiscal; investigações especiais.[9] Na execução de tais atividades, o contador, por definição, *não* está submetido ao poder disciplinar da CVM.[10]

6. A propósito, as *Normas Profissionais do Auditor Independente* (NBC-P-1-1.1) estabelecem que: 1.1.1 — *O contador, na sua função de auditor independente deve manter seu nível de competência profissional pelo conhecimento atualizado das Normas Brasileiras de Contabilidade, das técnicas contábeis, especialmente na área de auditoria, da legislação inerente a profissão, dos conceitos e técnicas administrativas e da legislação específica aplicável à entidade auditada. 1.1.2 — O auditor deve recusar os serviços sempre que reconhecer não estar adequadamente capacitado para resolvê-los, contemplada a utilização de especialistas noutras áreas, face à especialização requerida e dos objetivos do contratante.*

7. No direito norte-americano, a jurisprudência faz uma distinção entre a responsabilidade civil do auditor com relação a seu cliente da responsabilidade civil com relação aos terceiros que confiaram em seus relatórios e opiniões. Como regra geral, o auditor pode ser civilmente responsabilizado por seu cliente por mera negligência. Porém sua responsabilidade com relação a terceiros não é tão abrangente: considera-se que, na ausência de lei especial impondo um sistema de responsabilidade mais rigoroso, o terceiro, para ser ressarcido dos prejuízos sofridos, deve demonstrar que o auditor agiu fraudulentamente. (E. McGruder Faris, *Accounting and Law in a Nutshell*, St. Paul, West Publishing Co., 1984, p. 363).

8. A propósito da responsabilidade do auditor, a jurisprudência dos tribunais norte-americanos assim expressou os princípios fundamentais a orientar a matéria: "(...) The certified public accountant, therefore, in providing accounting statements which all concerned may accept as disinterested expressions, based on technically sound procedures and exprienced judgment, may serve as a kind of arbitrer, interpreter, and umpire among all the varied interests. Thereby he can eliminate the necessity for costly separete investigations by each party at interst, as well as endless doubt, delays, misunderstanding, and controversies which are so much sand in the economic machine" (in *Touche, Niven, Bailey & Smart*, 37 S.E.C. 629, 670 - 1957).

9. Harry A. Finney & Herbert E. Miller, *The Accounting Process*, Prentice Hall, 1963.

10. Em interessante decisão, a 1ª Câmara Cível do Tribunal de Justiça do Rio Grande do Sul, apreciando a questão da natureza do serviço de auditoria independente, e apartando-o das demais atividades que podem ser executadas por contador, concluiu que: "... A auditoria independente, cujo conceito é técnico... não se compatibiliza com as funções complementares de execução, direta ou indireta, de trabalhos contábeis, visto que aí deixará de ser independente, porque auditará, em exame analítico e pericial, fatos próprios". Em sua declaração de voto, entendeu o Relator que: "A função do auditor, portanto tem como conteúdo instrumental o examinar, pericial ou analiticamente, as demonstração contábeis a exame *e que sirvam para a emissão do pare-*

27. Daí decorre que o auditor deve obedecer às normas da CVM apenas quando está exercendo a atividade típica de *auditoria independente*, para o fim específico de emitir *parecer* sobre a adequação das demonstrações financeiras: à real situação patrimonial e financeira da entidade auditada; à legislação específica aplicável; e aos princípios de contabilidade geralmente aceitos.

28. As demonstrações financeiras objeto da auditoria independente compreendem: o balanço patrimonial; as respectivas demonstrações do resultado, das mutações no patrimônio líquido e das origens e aplicações de recursos; as notas explicativas (NBC-T-11-1.1.3, do Conselho Federal de Contabilidade).

29. O *Parecer do Auditor Independente*, conforme as regras estatutárias baixadas pelo Conselho Federal de Contabilidade, constitui o documento mediante o qual o auditor expressa sua opinião sobre as demonstrações contábeis da entidade auditada.

30. Dada a responsabilidade técnico-profissional assumida pelo auditor na emissão do Parecer, tal documento deve obedecer, na sua elaboração e redação, as normas específicas baixadas pelo Conselho Federal de Contabilidade (NBC-T-11-3.1.2).

31. Conforme dispõem as regras estabelecidas pelo Conselho Federal de Contabilidade, o *Parecer do Auditor Independente* deve expressar, de maneira clara e objetiva, se as demonstrações contábeis auditadas, na opinião do auditor, tendo em vista as *Normas Brasileiras de Contabilidade* e a legislação específica, correspondem: à posição patrimonial e financeira; ao resultado das operações; às mutações do patrimônio líquido; e às origens e aplicações de recursos (NBC-T-11-3.1.8).

32. Tendo em vista a opinião técnica do auditor, o Parecer pode ser emitido nas seguintes modalidades: *sem ressalva*, quando as demonstrações financeiras foram elaboradas em conformidade às *Normas de Auditoria Independente das Demonstrações Contábeis*; *com ressalva*, quando o auditor conclui que, embora tenha restrições ou discordâncias, não são elas de tal monta que requeiram parecer adverso ou abstenção de opinião; *parecer adverso*, caso em que o auditor emite opinião de que as demonstrações contábeis não representam, adequadamente, a posição patrimonial e financeira, e/ou o resultado das operações, e/ou as mutações do patrimônio líquido, e/ou as origens e aplicações dos recursos da entidade; *parecer com abstenção de opinião,* na hipótese em que o auditor deixa de emitir opinião sobre as demonstrações contábeis, por não ter obtido comprovação suficiente para fundamentá-la (NBC-T-11.3).

33. Assim, conforme se pode verificar, a emissão do parecer do auditor sobre as demonstrações contábeis é disciplinada por normas específicas baixadas pelo Conselho Federal de Contabilidade, as quais foram objeto de aceitação expressa por parte da CVM, nos termos dos arts. 24 e 25 de sua Instrução 216/94.

34. É apenas quando está no exercício da atividade de auditoria independente, isto é, quando está emitindo *Parecer de Auditor Independente* que o auditor submete-se ao poder disciplinar da CVM. Ao realizar qualquer outra atividade profissional, o auditor *não* está submetido às normas regulamentares baixadas pela CVM, muito menos ao seu poder de fiscalização.

35. Assim, quando promove investigações especiais, implanta sistemas de contabilidade, estuda alternativas de planejamento fiscal, etc., mesmo que a contratante seja uma companhia aberta ou uma insti-

cer técnico. Daí o qualificativo de independente que se lhe dá corresponder à sua desvinculação com a empresa contratante quer no plano jurídico, afetivo, técnico ou econômico, por outros motivos que não seja a própria atividade atinente à auditoria" (Revista de Jurisprudência do Tribunal de Justiça do Rio Grande do Sul, v. 135, p. 205).

tuição financeira, o auditor, no exercício de tais atividades, que são inteiramente estranhas ao mercado de valores mobiliários, não está obrigado a cumprir as normas baixadas pela CVM nem a seguir qualquer determinação por ela adotada.

36. Se, por exemplo, o auditor é contratado para realizar uma *investigação especial* na contabilidade de uma companhia aberta, para avaliar o seu patrimônio, no caso de alienação de controle acionário, ou para testar o seu sistema de escrituração, em tais hipóteses, como não está atuando para o fim de emitir *Parecer do Auditor Independente*, descabe qualquer atuação fiscalizadora da CVM.

37. Com relação à *natureza da entidade auditada*, deve ser observado que constitui pressuposto indispensável à competência normativa e fiscalizadora da CVM o fato de estar o auditor a emitir parecer sobre entidade atuante *no âmbito do mercado de valores mobiliários* (Instrução CVM n. 216/94, arts. 1º, 24 e 29).

38. Nesse sentido, aliás, já tivemos o ensejo de comentar que o poder de polícia administrativa da CVM com relação ao auditor refere-se apenas ao exercício da atividade de auditoria independente no mercado de valores mobiliários, não implicando em controles exercidos pela CVM, genericamente, com relação à profissão de contador.[11]

39. A Lei 6.385/76, em seu art. 26, *caput*, e § 1º é clara nesse sentido, ao dispor que:

"Art. 26 — Somente as empresas de auditoria contábil ou auditores contábeis independentes, registrados na Comissão de Valores Mobiliários, poderão auditar, para os efeitos desta lei, as demonstrações financeiras de *companhias abertas e das instituições, sociedades ou empresas que integram o sistema de distribuição e intermediação de valores mobiliários.*

11. Cf. o nosso Parecer "Poder de polícia da CVM frente aos auditores independentes", cit., itens 50 e 51.

"§ 1º — A comissão estabelecerá as condições para o registro e o seu procedimento, e definirá os casos em que poderá ser recusado, suspenso ou cancelado" (grifamos).

40. Ou seja, deve ser previamente registrado na CVM, submetendo-se ao seu poder disciplinar, o auditor que realiza a auditoria independente das companhias abertas e das entidades que integram o sistema de distribuição e intermediação de valores mobiliários, e que são as Bolsas de Valores e as instituições financeiras que atuam como *underwriters* e/ou como intermediários no mercado de valores mobiliários (arts. 15 a 18 da Lei 6.385/76).

41. É com relação às entidades acima mencionadas que existe, na atividade de auditoria independente de suas demonstrações contábeis, interesse público a justificar a atuação fiscalizadora da CVM.

42. Por outro lado, se o auditor é contratado para auditar as demonstrações contábeis de uma companhia fechada, não existe, em tal mister, qualquer interesse público envolvido. Em tal caso, portanto, o auditor *não* se submete ao poder de polícia da CVM.

Portanto, é legítimo o exercício do poder regulamentar e disciplinar da CVM com relação à figura do auditor independente única e exclusivamente quando presentes, concomitantemente, os dois elementos essenciais abaixo indicados:

a) o auditor está realizando a atividade específica de auditoria independente, para o efeito de emitir o *Parecer do Auditor Independente*; e

b) a entidade auditada é uma companhia aberta ou uma instituição integrante do sistema de distribuição e intermediação do mercado de valores mobiliários.

C) O sigilo profissional do auditor independente

43. Uma das mais notáveis evoluções dos modernos sistemas jurídicos é a que diz respeito à positivação dos chamados *direi-*

tos da personalidade, próprios à pessoa humana.

44. Dentre os direitos da personalidade destacam-se aqueles referentes à *privacidade* e à manutenção do *sigilo.* Nesse sentido, a ordem jurídica visa proteger a intimidade, a vida privada, a qual abrange, conforme tem acentuado a doutrina, todos os aspectos que, por qualquer razão, não gostaríamos de ver cair no domínio público.[12] Tal proteção da ordem jurídica, embora sofra algumas limitações, visa precisamente resguardar o direito que todas as pessoas têm de manter-se em reserva, de velar por sua intimidade, enfim, de não permitir que se lhes devassem a vida privada.[13]

45. Os componentes básicos da *privacidade* e que merecem a tutela jurídica são, conforme aponta a doutrina,[14] os seguintes:

a) o físico (imagem, constituição etc.);

b) o psíquico (caráter, anomalias etc.);

c) o afetivo (sentimentos, afeto etc.);

d) o vivencial (relações amorosas, profissionais, familiares etc.);

e) o material (condições econômicas, nível de vida etc.).

46. No processo de positivação do direito à vida privada, como um dos direitos essenciais da personalidade, a vigente Constituição Federal estabeleceu, em três dispositivos, a inviolabilidade do sigilo de dados, o resguardo do sigilo profissional e o direito à privacidade.

47. Nesse sentido, entre os direitos e garantias individuais, estabeleceu o art. 5º da Constituição Federal, em seus incisos X, XII e XIV que:

"X — são invioláveis a intimidade, a vida privada, a honra e a imagem das pessoas, assegurado o direito a indenização pelo dano material ou moral decorrente de sua violação;

"(...)

"XII — é inviolável o sigilo da correspondência e das comunicações telegráficas, de dados e das comunicações telefônicas, salvo, no último caso, por ordem judicial, nas hipóteses e na forma que a lei estabelecer para fins de investigação criminal ou instrução processual penal;

"(...)

XIV — é assegurado a todos o acesso à informação e resguardado o sigilo da fonte, quando necessário ao exercício profissional."

48. A teor do inciso XIV do art. 5º da Constituição Federal, garante-se, conforme refere a doutrina,[15] a faculdade de resistir ao devassamento de informações, mesmo ilegais, que o sujeito, em razão de sua atividade profissional, pode lhe ver confiadas.

49. Em princípio, considera-se que está protegido pelo sigilo profissional aquele que desempenha ofício que, por sua natureza, exige a ampla confiança por parte e no interesse de quem confidencia. Nesse sentido, constituem exemplos tradicionais de pessoas submetidas ao dever de sigilo o médico, o advogado, o psicólogo, o banqueiro, o auditor etc.[16]

50. A possibilidade juridicamente amparada de resistir ao devassamento, mantendo-se, pois, o sigilo profissional, constitui um instrumento fundamental para garantir o indivíduo que confiou informações de sua vida privada, que não deseja ver reveladas a terceiros.

12. Renê Ariel Dotti, *Proteção da Vida Privada e Liberdade de Informação,* São Paulo, 1980, p. 23.

13. Pontes de Miranda, *Tratado de Direito Privado,* São Paulo, Ed. RT, 1983, t. VII, p. 125.

14. Celso Bastos, "Sigilo Bancário", in *Estudos e Pareceres — Direito Público,* São Paulo, Ed. RT, 1993, p. 64.

15. Tércio Sampaio Ferraz, "Sigilo de dados: o direito à privacidade e os limites à função fiscalizadora do Estado", *Caderno de Direito Tributário e Finanças,* São Paulo, Ed. RT, v. 1, dezembro de 1992, pp. 141 e ss.

16. René Floriot e Raoul Combaldieu, *Le Secret Professionnel,* Flamarion, 1973, pp. 28 e ss.

51. Daí ter o ordenamento jurídico, em vários dispositivos, consagrado o dever de *sigilo* profissional, por parte daqueles que, em razão de ofício ou posição, têm acesso a informações confidenciais de clientes.

52. Nesse sentido, o Código Civil, em seu art. 144, dispõe que ninguém pode ser obrigado a depor sobre fatos a respeito dos quais, por estado ou profissão, deva guardar segredo.

53. Já o Código de Processo Civil, em seu art. 363, IV, estabelece que a parte ou terceiro podem legitimamente deixar de exibir em juízo documento ou coisa, caso a exibição acarrete a divulgação de fatos a cujo respeito, por estado ou profissão, devam guardar sigilo.

54. O Código Tributário Nacional, no parágrafo único do art. 197, exclui da obrigação de prestar informações às autoridades fiscais quanto a fatos sobre os quais o informante esteja legalmente obrigado a observar segredo em razão de cargo, ofício, função, ministério, atividade ou profissão.

55. A Lei 4.595/64, em seu art. 38, *caput*, dispõe que as instituições financeiras conservarão sigilo em suas operações ativas e passivas e serviços prestados. A jurisprudência de nossos tribunais, conforme já tivemos a oportunidade de comentar, tem considerado que o dever de sigilo das instituições financeiras constitui obrigação de ordem pública, somente podendo ser revelada a informação bancária em casos excepcionais, elencados em lei.[17] O dever de sigilo profissional consiste em obrigação essencial de qualquer instituição financeira, caracterizando sua violação ilícito penal, nos termos do § 7º do art. 38 da Lei 4.595/64 e do art. 18 da Lei 7.492/86.

56. Ademais, o Código Penal, em seu art. 154, tipifica como delituosa a conduta de quem viola sigilo profissional sem justa causa.

57. Não há dúvida de que o auditor independente, no exercício de sua atividade profissional, tem acesso a informações de natureza confidencial e sigilosa da entidade auditada.

58. Com efeito, no desempenho de seu míster, o auditor, por definição, deve ter amplo acesso a *todas* as informações financeiras e econômicas da entidade objeto da auditoria; com relação a algumas de tais informações, pode, a entidade auditada, ter legítimo interesse em não vê-las divulgadas a terceiros.

59. Da relação profissional mantida entre o auditor e a entidade auditada, tendo em vista as funções que ao auditor são atribuídas, decorre um grau de confiança semelhante ao que existe em outras profissões ou atividades que lidam com questões sigilosas, como são, por exemplo, os casos do médico, do padre, do advogado, que se tornam uma espécie de *confidentes necessários*.

60. Tal se dá porque ao auditor, no desempenho de sua atividade de verificar a fidedignidade das informações financeiras, nenhum limite de acesso a dados pode ser oposto por parte da entidade auditada, mesmo no caso de documentos e papéis que tratam de questões internas, não diretamente pertinentes ao objetivo do trabalho de auditoria. A entidade auditada, conforme já analisado doutrinariamente,[18] dado o postulado do *sigilo profissional,* tem a total confiança no auditor, sem qualquer receio de que informações de natureza confidencial às quais o auditor tem acesso venham a ser divulgadas a terceiros.

61. Nesse sentido, as *Normas de Auditoria* (NBC-P-1.6) baixadas pelo Conselho Federal de Contabilidade, contêm preceitos tratando expressamente do *sigilo profissional do auditor,* nos seguintes termos:

17. *Aspectos Modernos do Direito Societário*, Rio de Janeiro, Ed. Renovar, 1992, p. 206.

18. Miguel Reale Júnior, "Sigilo profissional dos auditores independentes", *Revista Forense* 277, p. 127.

1.6 — SIGILO

1.6.1 — *O auditor deve respeitar e assegurar o sigilo* relativamente às informações obtidas durante o seu trabalho, não as divulgando, *sob qualquer circunstância,* para terceiros, sem autorização expressa da entidade auditada, salvo quando houver obrigação legal de fazê-lo.

1.6.2 — O dever de manter o sigilo continua depois de terminados os compromissos contratuais.

62. Assim, não há qualquer dúvida de que o auditor independente, que se qualifica como um *confidente necessário,* dado o total acesso que tem às informações da entidade auditada, muitas das quais confidenciais, *deve manter sigilo,* não podendo revelar tais informações a terceiros, mesmo depois de findo o seu contrato de prestação de serviços.

D) Os "papéis de trabalho" do auditor independente e o "dever de sigilo"

63. A questão da manutenção do sigilo profissional por parte do auditor independente manifesta-se, especialmente, com relação aos seus *papéis de trabalho.*

64. No desempenho de suas atividades profissionais, ao analisar a adequação das demonstrações contábeis à realidade patrimonial e financeira da entidade auditada, o auditor independente procede a uma série de levantamentos de informações, compilação de dados, realizando observações preliminares que mais tarde serão eventualmente utilizadas para a redação do seu Parecer.

65. Tais tarefas são, o mais das vezes, executadas por funcionários da empresa de auditoria (que, no caso do *Auditor Independente-Pessoa Jurídica,* deve ser uma sociedade civil, nos termos do art. 5º, II da Instrução CVM 216/94), diversamente do que ocorre na emissão do Parecer, o qual, por constituir o documento *oficial,* contendo a opinião definitiva sobre as demonstrações contábeis da entidade auditada, deve, necessariamente, ser assinado por *responsável técnico* da empresa de auditoria (Instrução CVM 216/94 art. 3º, § 1º).

66. As informações colhidas e as observações preliminares realizadas pelos funcionários da empresa de auditoria são usualmente anotadas nos chamados *papéis de trabalho* do auditor.

67. A expressão *papéis de trabalho* constitui tradução literal de *working papers,* de larga utilização na prática de auditoria nos Estados Unidos, para designar uma enorme e não uniforme variedade de papéis usados pelos auditores para anotações e relatórios.[19]

68. Tais papéis de trabalho contêm em regra, elementos que possibilitarão ao auditor expressar a sua opinião final, sob a forma do chamado *Parecer do Auditor Independente,* este sim o documento formal e público, no qual o auditor expressa a sua opinião *oficial* sobre as demonstrações financeiras da entidade auditada.

69. Assim, os papéis de trabalho, por definição, não contêm julgamentos definitivos, mas mera coleta de informações e juízos provisórios, sujeitos mesmo a posterior verificação antes da emissão do Parecer.

70. Nesse sentido, as *Normas Brasileiras de Contabilidade* (NBC-T-11.1.3) definem os papéis de trabalho da seguinte maneira:

"11.1.3.1 — Os papéis de trabalho são o conjunto de documentos e apontamentos com informações e provas coligidas pelo auditor, que constituem a evidência do trabalho executado e o fundamento de sua opinião."

71. Os papéis de trabalho, por não expressarem ainda a opinião oficial do auditor, *não* são documentos que possam ser

19. Comentou-se a propósito que: "the term *workings papers* is used to describe a wide variety or worksheets used by accountants in auditing records and preparing reports" (E. McGruder Faris, ob. cit., p. 116).

mostrados a terceiros. A propósito, há disposição expressa nas *Normas Brasileiras de Contabilidade* estabelecendo que:

"11.1.3.2 — Os papéis de trabalho são de propriedade exclusiva do auditor, responsável por sua guarda e sigilo".

72. Contendo informes e juízos ainda provisórios, sujeitos a posterior confirmação, constituem os papéis de trabalho do auditor, conforme aponta a doutrina,[20] *documentos personalíssimos*, devendo portanto ser objeto de proteção jurídica contra qualquer violação de seu conteúdo.

73. Os papéis de trabalho podem muitas vezes conter informações sigilosas acerca dos negócios da entidade auditada, que não constarão das demonstrações financeiras, nem serão objeto de qualquer comentário por parte do auditor na emissão de seu Parecer. A entidade auditada pode ter um legítimo interesse na preservação da confidencialidade de tais dados. Daí decorre que, com relação a tais informações confidenciais, o auditor tem um inequívoco *dever de sigilo,* decorrente do exercício de sua atividade profissional.

74. Por outro lado, a Lei 6.385/76, em seu art. 9º, inciso I, letra *e*, e inciso II, estabelece que:

"Art. 9º — A Comissão de Valores Mobiliários terá jurisdição em todo o território nacional e no exercício de suas atribuições, observado o disposto no art. 15, § 2º, poderá:

"I — examinar registros contábeis, livros e documentos:

"(...)

"e) dos auditores independentes;

"(...)

"II — intimar as pessoas referidas no inciso anterior a prestar informações ou esclarecimentos, sob pena de multa."

75. Já a Instrução CVM 216/94, em seu art. 29, incisos III, IV e V, estabelece que:

"Art. 29 — São deveres do auditor independente no exercício de suas atividades no âmbito do mercado de valores mobiliários:

"(...)

"III — comunicar à Comissão de Valores Mobiliários circunstâncias que possam configurar atos praticados pelos administradores em desacordo com as disposições legais e regulamentares aplicáveis às atividades da entidade auditada e/ou relativas à sua condição de entidade integrante do mercado de valores mobiliários, atos estes que tenham ou possam vir a ter reflexos sobre as demonstrações contábeis auditadas e eventuais impactos nas operações da entidade;

"IV — conservar em boa guarda, pelo prazo de 05 (cinco) anos, toda a documentação, correspondência, papéis de trabalho, relatórios e pareceres relacionados com o exercício de suas funções;

"V — dar acesso à fiscalização da Comissão de Valores Mobiliários a todos os documentos que tenham servido de base à emissão do parecer de auditoria."

76. À primeira vista, poderia parecer que existe um conflito entre as normas que impõem o sigilo por parte do auditor e aquelas que permitem à CVM ter acesso e examinar os livros, registros contábeis e documentos do auditor.

77. Tal conflito, porém, é aparente. A norma do art. 9º da Lei 6.385/76, na realidade, permite a CVM, no exercício do seu poder de fiscalização, examinar os registros contábeis, livros e documentos, dentre outras pessoas — companhias abertas, instituições financeiras integrantes do sistema de distribuição de valores mobiliários, fundos e sociedades de investimento, e outros, enumerados no inciso I do art. 9º — também do auditor independente.

78. Tais *exames* realizados pela fiscalização da CVM referem-se aos *registros contábeis, livros e documentos da pessoa do auditor independente*, a qual, conforme antes analisado, está submetida ao poder

20. Miguel Reale Júnior, artigo citado.

disciplinar da CVM quando atua no âmbito do mercado de valores mobiliários.

79. Seria inconcebível que a CVM, coagindo o auditor a violar o dever de sigilo profissional, intimasse-o, sob pena de multa, a entregar os papéis de trabalho com suas anotações sobre determinada companhia aberta ou instituição financeira.

80. Intimação de tal natureza seria, em primeiro lugar, desnecessária, posto que a CVM, nos termos do art. 9º da Lei 6.385/76, pode determinar *diretamente* a qualquer companhia aberta, instituição financeira ou outra entidade submetida a seu poder disciplinar que lhe franqueie acesso a documentos e registros contábeis.

81. Ademais, a intimação do auditor, em tal situação, caracterizaria evidente *abuso de poder* por parte da CVM, a qual, como entidade integrante da administração pública, está submetida ao princípio da *moralidade administrativa,* nos termos da Constituição Federal, art. 37, no qual se compreende o *dever de lealdade* frente ao administrado, sendo vedado à administração qualquer procedimento astucioso, produzido de maneira a confundir, dificultar ou minimizar o exercício de direitos por parte dos cidadãos.[21]

82. Assim, caracterizaria inequívoco abuso de poder, com manifesta infração ao dever de lealdade da Administração, ato da CVM determinando ao auditor independente, sob pena de multa, que entregue seus papéis de trabalho para serem juntados a inquérito administrativo instaurado pela CVM.

83. Ademais, conforme antes analisado, os papéis de trabalho constituem estudos preliminares, que ainda não expressam a opinião *oficial* do auditor acerca das demonstrações financeiras da entidade auditada.

84. Daí decorre que, por definição, não constituem os papéis de trabalho *meios de prova* sobre eventuais ilicitudes cometidas pelas entidades auditadas.

85. Assim, se a CVM eventualmente intima o auditor independente para que lhe entregue seus papéis de trabalho, com vistas a instruir determinado procedimento disciplinar, pode ele, legitimamente, com fundamento no seu dever de *sigilo profissional* e com base no art. 5º, inciso XIV da Constituição Federal, assim como no art. 363, IV do Código de Processo Civil, de aplicação analógica aos procedimentos administrativos, recusar-se a fazê-lo. Tal recusa é plenamente legal, *não* constituindo embaraço à fiscalização da CVM.

86. As normas contidas no art. 9º, inciso I, letra *e* da Lei 6.385/76 e no art. 29, inciso V da Instrução CVM 216/94, devem ser interpretadas *restritivamente,* dado o dever de sigilo que o auditor tem diante da entidade auditada.

87. Daí decorre que o dar *acesso* à fiscalização da CVM com relação aos papéis de trabalho do auditor independente significa apenas que os fiscais daquela autarquia podem *examinar* referidos documentos. O auditor *não* tem a obrigação de entregar à CVM cópias dos papéis de trabalho, que são documentos personalíssimos, de sua propriedade.

88. Tal *exame* realizado pelos fiscais da CVM deverá ocorrer no estabelecimento do auditor e na sua presença; pode ainda o auditor recusar-se legitimamente a mostrar aqueles documentos que contenham dados sigilosos da entidade auditada e que não digam respeito ao âmbito de atuação disciplinar da CVM.

E) Conclusões

89. Face à análise desenvolvida, podemos concluir que:

1. A CVM somente pode exercer o seu poder de polícia administrativa frente ao auditor quando ele está realizando a atividade de auditoria independente de companhia aberta ou entidade integrante do mer-

21. Celso Antônio Bandeira de Mello, *Elementos de Direito Administrativo,* São Paulo, Malheiros Editores, 1992, p. 61.

cado de valores mobiliários para o fim específico de emitir o *Parecer do Auditor Independente;*

2. Não pode a CVM, portanto, examinar documentos ou papéis de trabalho do auditor quando ele está realizando a auditoria de companhias fechadas ou quando está efetuando, para companhias abertas ou outras entidades integrantes do mercado de valores mobiliários, quaisquer serviços que não se relacionem à emissão do *Parecer do Auditor Independente;*

3. O auditor independente deve guardar sigilo sobre as informações confidenciais da entidade auditada, às quais tem acesso no exercício de sua atividade profissional;

4. Os *papéis de trabalho* constituem documentos personalíssimos do auditor independente, contendo informações e juízos provisórios sobre as contas da entidade auditada, nos quais não está expressa a opinião oficial do auditor;

5. Por sua própria natureza, não podem os *papéis de trabalho* ser utilizados como meios de prova em inquéritos administrativos instaurados pela CVM;

6. Não pode a CVM, sob pena de se caracterizar o abuso de poder, determinar ao auditor independente que lhe entregue cópias de seus *papéis de trabalho.*

É o nosso parecer.

Rio de Janeiro, 14.11.1994

Pareceres

A NORMA INSCRITA NO § 1º DO ART. 102 DA CF E SUA INTERPRETAÇÃO

GASTÃO ALVES DE TOLEDO

Ementa: Anteprojeto de lei reguladora do § 1º do art. 102 da Constituição Federal, que trata da argüição de descumprimento de preceito fundamental. Trata-se de proposta de lei ordinária, que não elenca quais sejam tais preceitos fundamentais, porque caberá ao intérprete — Supremo Tribunal Federal — dizer a este respeito, já que o próprio texto constitucional é silente sobre a matéria. A doutrina nos fornece exemplos de preceitos constitucionais fundamentais. Basicamente, são os princípios constitucionais e outros dispositivos, expressos ou implícitos que cuidam da estrutura e funcionalidade do sistema normativo. Consta do anteprojeto a possibilidade de concessão de liminar e as decisões do Supremo terão eficácia "erga omnes" e efeito vinculante, devendo ser tomadas por, ao menos, seis ministros. A proposta poderá ser encaminhada a quem de direito, para converter-se em projeto de lei.

Parecer

Primeiramente, é necessário classificar o dispositivo em questão. Para tanto, e, em um primeiro momento, cabe analisá-lo sob o ponto de vista da sua aplicabilidade e eficácia.

A norma veiculada por esse preceito, introduzida na Carta Republicana de 1988, constava inicialmente do parágrafo único do mesmo artigo 102, posteriormente alterado pela Emenda Constitucional n. 3, de 1993, para figurar como seu § 1º, tendo a mesma redação.

Diz o § 1º do art. 102 da CF:

"Art. 102 (...)

"§ 1º. A argüição de descumprimento de preceito fundamental, decorrente desta Constituição, será apreciada pelo Supremo Tribunal Federal, na forma da lei."

Trata-se, como se nota, de dispositivo constitucional que necessita de integração ulterior, isto é, deve ter sua aplicabilidade disciplinada pela lei a que se refere, da qual passa a depender em relação ao exercício do direito ali contido. Com efeito, a lei não visa regulá-lo quanto a sua abrangência ou precisar-lhe os contornos, mas, tão-somente, disciplinar a forma de seu exercício.

Sem dúvida, o dispositivo veicula uma prerrogativa de índole constitucional, submetendo-se ao legislador comum, no que concerne o aspecto processual nele referido, uma vez que o órgão competente para apreciar a matéria se acha designado.

Embora seja útil a noção de que nos encontramos diante de norma "regulamentável" ou de "operatividade reforçável", segundo nos ensinam Celso R. Bastos e Carlos A. Brito,[1] não se pretende adentrar

1. "... Das regras de aplicação não-rejeitantes do manuseio legal da sua matéria, umas admitem reforço de conteúdo, e, outras, de funcionalidade. As que toleram reforço de substância são as 'normas de conteúdo reforçável'. As que aceitam reforço quanto à sua funcionalidade, apenas, são as 'normas

no estudo deste aspecto, conquanto relevante para situar a questão sob o prisma da necessidade de regramento infraconstitucional.

Suficiente, portanto, reconhecer que há um espaço legislativo a ser preenchido, em face desse preceito, cuja integração, por lei ordinária, é devida para conferir-lhe inteira aplicabilidade. Lei ordinária, e não complementar (em sentido estrito), porque se acata a idéia de que é necessária a expressa menção do termo "complementar", no texto constitucional, para justificar a edição dessa espécie normativa, salvo raríssimas exceções em que a interpretação nos pode demonstrar a imposição de lei complementar para o tratamento de certas matérias, ainda que não claramente preconizada pelo Texto Magno. A nosso ver, tal hipótese é perfeitamente cabível, não sendo, porém, pacífica a doutrina a esse respeito.

A identificação da necessidade de legislação complementar (em sentido estrito), para regular dispositivo constitucional, quando não claramente pedida, requer delicado trabalho hermenêutico, especialmente voltado para as inter-relações normativas estabelecidas na Constituição, seu caráter sistêmico, e sobretudo a consideração de seus princípios estruturantes e funcionais. Esta análise é, via de regra, de relativa complexidade, inclinando-se a doutrina em não desafiar o próprio texto, esquivando-se de dizer-lhe que deveria demandar lei complementar, onde não o faz. Daí a prevalência da tese da menção expressa deste requisito para a edição daquela espécie normativa. A lei a que se refere o dispositivo ora comentado é, pois, lei comum.

Sob o ponto de vista da matéria de que cuida, o preceito confere competência ao Supremo Tribunal Federal, compreendida no âmbito da fiscalização da constitucionalidade, em sentido amplo, isto é, na esfera da Jurisdição Constitucional.

regulamentáveis', ou 'regras de operação reforçável';" (in *Interpretação e Aplicabilidade das Normas Constitucionais*, pp. 76-77).

Clèmerson Merlin Clève, pondo-se ao lado de José Afonso da Silva, admite que a argüição está relacionada ao recurso constitucional alemão, cujo similar no Brasil é o recurso extraordinário.[2]

Para Oscar Dias Corrêa, o dispositivo é dotado de notável relevância política, superior às ações de inconstitucionalidade e de inconstitucionalidade por omissão.[3]

Deve ressaltar-se que a redação do mesmo não é muito feliz, ao constar de parágrafo do art. 102, cujo *caput* já expressa o que este vem repetir, isto é, que se trata de definir competências do Supremo Tribunal Federal. Bastaria que o texto enunciasse "a argüição de descumprimento de preceito fundamental decorrente desta Constituição", sem aludir novamente à competência da Corte, pois é desta que o artigo 102 cuida.

Por outro lado, ao empregar o termo "decorrente", a Constituição não limita os referidos preceitos àqueles nela expressamente consignados, nada obstando o alcance, também, dos implícitos. "Preceitos decorrentes" são todos os que, pela interpretação, podem ser identificados e extraídos do texto, sejam expressos ou não.

Estamos, portanto, diante de norma regulamentável, atribuidora de competência especial e restrita à mais alta Corte para apreciar matéria identificada apenas por seu gênero, inexistindo caracterização precisa

2. "Este parece ser o melhor caminho. A *Verfassungsbeschwerde* não pode, porém, sem mais, ser transplantada para o Brasil. A imensa maioria dos recursos constitucionais propostos, perante a Corte Constitucional alemã, impugna decisões judiciais. Ora, no Brasil, o recurso extraordinário serve para a mesma finalidade. De modo que, entre nós, a lei deverá conferir à argüição uma funcionalidade muito menor que a alcançada pelo recurso constitucional alemão" (*A Fiscalização Abstrata de Constitucionalidade no Direito Brasileiro*, p. 277).

3. "Reveste-se de alta importância política (no mais alto sentido), não igualada nem mesmo na amplitude das ações de inconstitucionalidade, ou na inconstitucionalidade por omissão do § 2º do art. 103. (*A Constituição de 1988, Contribuição Crítica*, p. 157).

do que venham a ser "preceitos fundamentais", não nos parecendo, ademais, que tal tarefa tenha sido delegada à lei reguladora do dispositivo.

Em verdade, quando o mesmo diz "na forma da lei", está a pedir, apenas, integração normativa sob o ponto de vista processual, não alcançando o núcleo deôntico do conceito genérico veiculado pela expressão "preceito fundamental". Seu objeto só pode ser captado pela análise de todo o feixe de normas de que se compõe a Carta Magna, tarefa atinente à hermenêutica constitucional.

Parece-nos, em seqüência a essas considerações, necessário avaliar a possibilidade de concreção da norma constitucional, em razão da respectiva estrutura semântica, e como primeiro critério aplicável à sua interpretação.

É certo que o próprio texto maior poderia trazer expressos os "preceitos" que, a juízo do constituinte, fossem considerados fundamentais, para sujeitá-los, e tão-somente eles, à apreciação do Supremo Tribunal Federal, quando de sua eventual inobservância. Contudo, não é este o propósito da Carta.

Pode indagar-se, por isso, se ao legislador ordinário competirá essa tarefa, no silêncio da Constituição. Neste ponto, devemos ferir a questão fulcral deste problema, que reside na análise da possibilidade de identificação objetiva dos preceitos fundamentais a que alude o dispositivo.

Convém lembrar que pode parecer inadequada a utilização do termo "decorrente" pela Constituição, quando nela mesma se encontrem os preceitos fundamentais. Parece-nos que eles — os preceitos fundamentais — não decorrem propriamente da Carta, mas são partes integrantes dela, ou seja, seu conhecimento ou identificação pode obter-se pela interpretação do conjunto de dispositivos componentes de toda a estrutura constitucional, revelando-se mais apropriado concluir que tal processo nos conduz a tais preceitos, porque são inerentes à referida estrutura, não conseqüência dela.

Neste sentido, o termo "decorrente" não deve ser interpretado em sua acepção comum, e, sim, para significar "inerente" ou "integrante". Ademais, ele é inteiramente despiciendo, por nada agregar ao significado da norma. Em outras palavras, os preceitos, por serem fundamentais, alicerçam a própria Constituição, integram sua essência, não decorrem dela.

Resta claro que nos referimos ao direito positivo, ao dizer que tais preceitos estruturam a própria Constituição. Mais ou menos abertos, indeterminados, não decorrem da Carta, sendo, por sua natureza política, econômica, sociológica ou filosófica, elementos precursores dela ou a ela fundamentais, assim positivados e integrantes de seu contexto.

Não há dificuldade maior, também, em depreender-se que, se os preceitos a que se refere o dispositivo são "fundamentais", a própria Constituição está a admitir conter outros que não o são.

Em outro dizer, torna-se evidente que nem todas as normas constitucionais têm o mesmo patamar axiológico, embora inseridas no mesmo conjunto sistêmico. Por fundamentais, portanto, devemos entender aquelas que exercem um papel de tal relevância no texto constitucional, que sua ausência poderia acarretar sua decomposição interna, por insuficiência normativa, desfiguração ideológica, ruptura estrutural ou funcional.

De tais ponderações, podemos extrair algumas conseqüências:

a) o texto constitucional contém normas de relevância diferenciada;

b) a ausência de algumas determinaria uma alteração axiológica ou sistêmica da Carta;

c) a interpretação das normas (preceitos) não-fundamentais não pode dar-se sem observância das fundamentais.

Não se deve, contudo, conduzir este raciocínio para alcançar o estabelecimento de uma hierarquia normativa na própria

Constituição, isto é, os preceitos (normas) que são fundamentais, não devem considerar-se hierarquicamente superiores aos demais. Apenas cuidam de matéria especial ou orientam o intérprete sobre aspectos relevantes a serem observados. Não se trata, pois, de imaginar-se a hipótese de subordinação normativa, nem de antinomias. Tais situações deverão ser sempre contornadas pela via interpretativa, que buscará identificar as vigas mestras do sistema para compatibilizar as normas aparentemente antinômicas, tendo em vista a prevalência material daquelas substancialmente fundamentais.

Do contrário, algumas poderiam tornar-se inconstitucionais, caso a matéria versada não observasse os limites impostos pelo conteúdo dos aludidos preceitos, por estarem invadindo um campo por eles preenchido, os quais são as vigas de sustentação e funcionalidade do sistema.

Não fosse assim, deveríamos admitir a hipótese de convivência entre preceitos contraditórios, dispondo sobre matérias equivalentes ou inter-relacionadas, o que, evidentemente, não se coaduna com a necessidade de consistência substancial do ordenamento jurídico. Quando este se curva ao princípio da "unidade lógica" está, também, a indicar que sua elaboração e interpretação devem observar a prevalência material de alguns comandos sobre outros, para que a indispensável coerência interna possa manter-se. Só neste sentido — de preeminência de alguns preceitos — é que se pode aceitar a tese da possível inconstitucionalidade de regras constitucionais,[4] porque haveria discrepância entre a "ordem de valores", imposta por estes preceitos maiores, conhecidos pela doutrina e por ela assinalados como "princípios constitucionais" ou vetores que direcionam a elaboração normativa, e aqueles cuja compatibilidade se questiona.

O que foi antes dito acerca das antinomias, não subsiste, contudo, se considerarmos a hipótese, aventada por J. G. Canotilho, das chamadas "contradições transcendentes".[5]

Não se trata, porém, de confrontar o direito positivado com alguma ordem de valores que ele denomina de "direito suprapositivo", porque tais valores se encontram positivados pela Constituição, expressa ou implicitamente (dedução hermenêutica).

4. "Nestes casos, a existência de normas constitucionais inconstitucionais continua a ser possível, desde que se conceba (o que neste curso se rejeita) uma relação de hierarquia entre as próprias normas constitucionais. Dito por outras palavras: a inconstitucionalidade de uma norma constitucional resulta do facto de esta norma ser considerada hierarquicamente inferior (*rangniedere Norm*) e estar em contradição com outra norma da constituição julgada hierarquicamente superior (*ranghöre Norm*). A contradição positiva poderá resultar também da contradição entre uma norma constitucional escrita e um princípio não escrito. A este respeito, o *Bundesverfassungsgericht* (Tribunal Constitucional Federal), da Alemanha Federal, fixou a doutrina de que 'uma norma constitucional pode ser nula se ofender de um modo insuportável os postulados fundamentais da justiça subjacente às *decisões* (*Grundentscheidungen*) fundamentais da constituição'. Deve também observar-se que, de acordo com os ensinamentos atrás explanados a propósito da *optimização dos princípios* (cfr. supra Cap. 2º, II e III), o problema das normas constitucionais inconstitucionais pode reconduzir-se, antes, a um *conflito de princípios/valores* susceptíveis de soluções, *prima facie*, harmonizatórias" (J. J. Gomes Canotilho, in *Direito Constitucional*, 5ª ed., p. 241).

5. "O problema das normas *constitucionais inconstitucionais*, é levantado por quem reconhece um direito suprapositivo vinculativo do próprio legislador constituinte. É perfeitamente admissível, sob ponto de vista teórico, a existência de *contradições transcendentes*, ou seja, contradições entre o direito constitucional positivo e os 'valores', 'diretrizes' ou 'critério' que servem para modelação do direito positivo (direito natural, direito justo, idéia de direito, etc.). Surgindo, assim, a questão da *constitucionalidade da constituição*, logicamente que se porá também o problema de saber quem controla a conformidade da constituição com o direito supraconstitucional. O Tribunal Constitucional Alemão, ao admitir uma *ordem de valores* vinculativamente modeladora da constituição, considerou-se igualmente competente para medir valorativamente a própria constituição. O Tribunal Constitucional teria um papel de guia na defesa da ordem de valores constitucionais" (in *Direito Constitucional*, cit., p. 240).

Pode ter-se em conta, em verdade, um dado extrajurídico, conforme antes assinalado, qual seja, o de que tais valores, antes de positivados pelo constituinte, já compunham uma pletora de conceitos captados pelo artífice constitucional que, ao prestigiá-los, não o fez porque desejasse converter a Carta em um repertório de idéias ou de valores nem sempre passíveis de regulação jurídica, mas pelo fato de que os mesmos se tornam o eixo axiológico, sem o qual a própria consistência normativa viria a perecer.

Feitas estas ponderações, cabe-nos voltar à questão anteriormente posta, qual seja, a da conveniência ou possibilidade de que "os preceitos fundamentais" venham a ser indicados pela lei, quando a própria Carta silencia sobre eles.

Sem dúvida, seria possível, ao legislador ordinário, discriminar esses preceitos, mas não parece claro que tal comportamento seja conveniente. O texto constitucional poderia tê-lo feito, mas preferiu deixar aberta à faculdade interpretativa, a tarefa de elencá-los. Nisto, os autores do anteprojeto agiram com sabedoria, pois de alguma forma seria inadequada a lista que pudesse contê-los, vindo a pecar por omissão, por excesso ou por mero erro de interpretação, restando sempre, ao hermeneuta, o ônus de identificar e retificar tais insuficiências.

Diante do legislador, este problema é acrescido do elemento "incerteza", quanto aos desdobramentos futuros do campo normativo abrangido pela Constituição; é dizer, em razão do inevitável processo de "mutações constitucionais", não lhe seria simples fixar o que se pode depreender do texto constitucional como sendo os seus preceitos maiores.

Com efeito, a natureza mesma da matéria não recomenda ao legislador ordinário trazê-la ao patamar da estratificação legislativa, sobretudo porque, expressa ou implicitamente, os preceitos encontram-se na Constituição, dispostos de forma aglutinada ou esparsa. Sua reunião, em artigo de lei, poderia, assim, pecar pela omissão, pelo excesso ou pelo equívoco, como antes assinalado, mormente em razão das modificações sofridas pela Carta, exibidas nos diversos matizes valorativos de que pode revestir-se no decorrer do tempo.

Daí, termos por inconveniente que a lei ordinária disponha sobre matéria acerca da qual a própria Constituição decidiu silenciar. A melhor postura é, pois, a de deixar a cargo do intérprete a tarefa de identificar os preceitos fundamentais, toda vez que for instado a isso.

Na esteira do que foi anteriormente dito, devemos lembrar que a argüição não se confunde com inconstitucionalidade por omissão. Esta visa a que o Supremo Tribunal Federal determine ao Poder Legislativo a edição de norma regulaméntadora de preceito constitucional, carente de plena eficácia, e, "em se tratando de órgão administrativo, para fazê-lo em trinta dias" (art. 103, § 2º, CF).

Na argüição, questiona-se o descumprimento de preceito constitucional de aplicabilidade plena. Trata-se de uma espécie de omissão pelo *descumprimento* de norma constitucional, não por *inação* do legislador ou do administrador.

Neste passo, devemos atentar para um aspecto relevante do problema: dizer quem poderá ser o descumpridor da norma constitucional, ou seja, qual o responsável pelo ato em cujo bojo se deu a omissão.

Sem dúvida, tanto os atos judiciais quando os atos administrativos não normativos, podem ser objeto da ação. Judiciais que, de alguma maneira, tenham arranhado o ordenamento constitucional em um de seus fundamentos. Atos administrativos não normativos, de competência federal ou estadual, isto é, atos de concreção administrativa em oposição aos normativos que se põem na esfera do controle abstrato de normas, objeto da ação prevista no artigo 102, I, "a", pertinente à "ação direta de inconstitucionalidade de lei ou ato normativo federal ou estadual..."

O Supremo Tribunal Federal já posicionou-se, contrariamente à fiscalização da constitucionalidade de disposição de lei, cujo conteúdo não encerre normas "que disciplinam relações em abstrato".[6]

Considerando-se que, na hipótese de controle da constitucionalidade, a Carta Magna se restringe às citadas espécies normativas, pode-se interpretar que a argüição deverá abranger os aplicadores das citadas normas. No caso do Poder Executivo, o desrespeito a preceito fundamental pode ocorrer em virtude de errônea interpretação de ato administrativo normativo ou, como se disse, da edição de ato administrativo de efeito concreto. O Judiciário, por sua vez, restringe-se à interpretação e aplicação das normas já editadas. Não se cuida, portanto, de atacar a lei ou ato normativo federal ou estadual em abstrato, mas de buscar-se impor o acatamento de preceito constitucional fundamental, inobservado tanto administrativa quanto judicialmente.

Exemplificação de preceitos fundamentais

Não é difícil identificar alguns preceitos fundamentais na Constituição. Em várias de suas passagens, ela mesma os aponta, estando, em primeiro plano, todos os "princípios constitucionais".[7] Contudo, nem todos os preceitos fundamentais são princípios, nem estão claramente evidenciados pelo texto.

Citemos alguns exemplos deles:

A) O art. 1º, que trata dos fundamentos da República, introduzindo a noção de "Estado Democrático de Direito", e elencando: a soberania, a cidadania, a dignidade da pessoa humana, os valores sociais do trabalho e o pluralismo político, valores fundamentais e estruturantes do referido Estado, aduzindo, o parágrafo único do mesmo artigo, o princípio da soberania popular.

B) O art. 2º refere-se à separação de poderes ou funções do Estado. Trata-se de princípio fundamental ao Estado Democrático de Direito, base do regime e da própria democracia. A idéia de separação de poderes, conforme nos foi transmitida por Montesquieu, está presente em todas as constituições modernas e, embora ela não se revele rígida e sua visão se tenha revelado bastante romântica, certo é não admitir-se um Estado constitucional sem o primado dessa divisão, cujo alcance material foi proclamado na Declaração dos Direitos do Homem e do Cidadão de 26 de agosto de 1789.[8]

Este princípio permeia toda a atividade estatal, especialmente quanto à natureza das funções e seus limites, dele socor-

6. "A jurisprudência do Supremo Tribunal Federal tem considerado inadmissível a propositura de ação direta de inconstitucionalidade contra atos de efeito concreto.

Assim, tem-se afirmado que a ação direta é o meio pelo qual se procede ao controle de constitucionalidade das normas jurídicas *in abstrato,* não se prestando ela 'ao controle de atos administrativos que têm objeto determinado e destinatários certos, ainda que esses atos sejam editados sob a forma de lei — as leis meramente formais, porque têm forma de lei, mas seu conteúdo não encerra normas que disciplinam relações em abstrato'. Na mesma linha de orientação, afirma-se que 'atos estatais de efeitos concretos, ainda que veiculados em texto de lei formal, não se expõem, em sede de ação direta, à jurisdição constitucional abstrata do Supremo Tribunal Federal' (...) porquanto 'a ausência de densidade normativa no conteúdo do preceito legal impugnado desqualifica-o enquanto objeto juridicamente inidôneo para o controle normativo abstrato'" (Gilmar Ferreira Mendes, in *Jurisdição Constitucional*, pp. 157-158).

7. Ensina o Prof. Celso Bastos: "Não há dúvida de que esta Constituição encampou institutos para os quais não ofereceu o balizamento necessário para servir de orientação ao legislador ordinário. É compreensível, como vimos acima, que haja opiniões tão díspares. São poucos os elementos extraíveis desse parágrafo. Pode-se concordar que o objeto desse instituto seja a defesa de preceito fundamental. Por preceito fundamental entende-se os princípios constitucionais" (in *Comentários à Constituição do Brasil*, p. 237).

8. Diz o texto, citado por Canotilho: "Toute societé dans laquelle la garantie des droit n'est pas assuré ni la separation des pouvoirs determinée n'a pas de constitution" (ob. cit. p. 72).

rendo-se, muitas vezes, a hermenêutica constitucional. Aliás, uma das questões de relativa complexidade, com que se defronta o intérprete, tem sido aquela pertinente à mensuração dos limites da atividade dos entes públicos no que respeita a abrangência de cada uma das funções. De seu conhecimento, muito depende o resultado da análise empreendida.

C) O Título II da Constituição, destinado aos direitos e garantias fundamentais, por seu próprio enunciado nos mostra a relevância da matéria. Pode parecer, inicialmente, que todos os incisos do art. 5º da Carta Magna se constituem em preceitos fundamentais ou estariam abrangidos pela rigidez imposta às chamadas "cláusulas pétreas" ou "inatacáveis" por emendas constitucionais. Contudo, devemos salientar que a análise sistêmica da Constituição nos revela a existência de direitos e garantias *substancialmente* fundamentais, ao lado daqueles apenas *formalmente* fundamentais. Por isso, é necessário distinguir, dentre eles, quais estariam sujeitos ao tratamento prioritário no que respeita a sua aplicabilidade, eficácia e rigidez, em relação àqueles ali expressos, mas carecedores da natureza especial a que se refere o preceito. Vale mencionar alguns da primeira espécie: o princípio da igualdade, o direito à vida, à liberdade, à segurança, à propriedade, que são os "*chefs de chapitre*" de quase todos os demais, que dizem respeito, basicamente, aos seus desdobramentos.

Só a interpretação poderá apartar este daqueles, o que significa estarem alguns protegidos pelo § 4º do art. 60 (insuscetíveis de emenda), e outros, não.

D) A organização político-administrativa do país, conforme estabelecida no art. 18, é preceito estruturante fundamental. De fato, ali estão postos os elementos que compõem a federação brasileira, cuja noção se espraia por todo o processo interpretativo da estrutura constitucional.

E) Na Ordem Econômica e Financeira, a Constituição cravou alguns princípios, como ela mesma os denomina, tais como: soberania nacional, propriedade privada, livre concorrência, que visam dotar a todos de uma existência digna, conforme os ditames da justiça social, tendo em conta, basicamente, que essa ordem se funda na valorização do trabalho humano e na livre iniciativa.

Além desses, podemos mencionar o voto direto, secreto, universal e periódico, a dignidade da pessoa humana, os valores sociais do trabalho, o pluralismo político, além do próprio princípio republicano.

Muitos outros preceitos encontram-se esparsos no texto constitucional. Seria desnecessário tentar pinçá-los. Tarefa, ademais, pouco útil ao escopo do presente trabalho.

Do anteprojeto de lei

Primeiramente, lembramos que o anteprojeto de lei, ao transformar-se em projeto, pode ser iniciado pelo Congresso Nacional (Câmara ou Senado) ou pelo Poder Executivo. Não é matéria privativa de nenhuma das casas do Congresso ou do Presidente da República, nem dos demais legitimados constantes do art. 61 da CF.

Conforme diz a exposição de motivos que o acompanha, institui, "um vínculo processual adequado a levar à mais alta Corte do país, argüição de situações jurídicas que estejam a lesar preceito fundamental expresso na CF", de cuja ausência ressente-se o sistema brasileiro de fiscalização da constitucionalidade. Refere-se, também, a "situações jurídicas surgidas no bojo de um processo ou da utilização indiscriminada de múltiplos processos, o mais das vezes com finalidades subalternas...", acatando, também, a figura do "amicus curiae", no sentido de obter o "fornecimento de informações relevantes sobre o tema em discussão...".

Como se nota da exposição e do próprio texto do anteprojeto, há referência a "preceito fundamental expressamente previsto na Constituição Federal" (art. 1º).

Anteriormente já mencionamos a possibilidade de identificação de princípios ou preceitos implícitos na Constituição, já que a norma enunciada pelo § 1º do art. 102 não faz restrição a este respeito.

Ademais, tivemos a ocasião de anotar que o termo "decorrente", conforme ali empregado, pode ter dupla acepção: a primeira, significando "extraído", "retirado"; a segunda, conducente ao próprio entendimento da ontologia dos preceitos fundamentais, eis que os mesmos são elementos integrantes da estrutura constitucional, fazem parte da sua essência, sendo, pois a ela inerentes. Neste sentido, dela não defluem, e o processo interpretativo identifica-os na Carta Magna, como vetores básicos.

Mais uma vez, é oportuna a lição de J.G. Canotilho a esse respeito, ao discorrer sobre os princípios jurídicos fundamentais e os princípios constitucionais "informadores".[9]

O art. 2º do anteprojeto dispõe sobre os legitimados para propor a ação. Neste ponto, optou por adotar o mesmo critério constitucional que elegeu os que podem ingressar com ação direta de inconstitucionalidade. Nada a opor quanto a essa escolha, já por si bastante ampla.

Vale lembrar que a Corte Suprema tem adotado o critério da "relação de pertinência" quando da propositura da ação direta de inconstitucionalidade por entidades sindicais ou de classe, relação essa que se traduz na compatibilidade entre a atividade dos referidos entes e o objeto da ação, segundo nos relata o Prof. Gilmar Ferreira Mendes.[10]

Não se deve, contudo, traçar nova categoria de legitimados para a propositura da ação referida no anteprojeto, sobretudo considerando-se que caberia à discrição constitucional definir outras pessoas aptas a iniciá-la, como é o caso da *Ação Declaratória de Constitucionalidade*, prevista no art. 103, I, "a", cuja propositura foi deferida àqueles constantes do § 4º do mesmo artigo, neste sentido mais restritivo que o seu *caput*, onde se encontram os legitimados para a *Ação Direta de Inconstitucionalidade*.

Portanto, não havendo menção expressa, deve o legislador comum adotar um dos critérios constitucionais para as hipóteses lembradas, não nos parecendo seja possível instituir qualquer outro, porque discreparia daqueles parâmetros de índole constitucional, cujos limites estão observados na enumeração adotada no anteprojeto.

Por outro lado, é evidente que competirá, sempre, ao relator, acatar ou indeferir

9. Consideram-se princípios jurídicos fundamentais os princípios historicamente objetivados e progressivamente introduzidos na consciência jurídica e que encontram uma recepção expressa ou implícita no texto constitucional. Pertencem à ordem jurídica positiva e constituem um importante fundamento para a interpretação, integração, conhecimento e aplicação do direito positivo. Mais rigorosamente, dir-se-á, em primeiro lugar, que os princípios têm uma função negativa que os torna particularmente relevantes nos 'casos limites' ('Estado de Direito e de Não Direito', 'Estado Democrático e ditadura' etc.). A função negativa dos princípios é ainda importante noutros casos em que não está em causa a negação do Estado de Direito e da legalidade democrática" (ob. cit., p. 177).

10. "Na decisão de 5 de abril de 1989, tentou o Tribunal precisar o conceito de entidade de classe, ao explicitar que é apenas a associação de pessoas que em essência representa o interesse comum de uma determinada categoria. Em contrapartida, os grupos formados circunstancialmente, como a associação de empregados de uma empresa, não poderiam ser classificados como organizações de classe nos termos do art. 103, IX, da Constituição.

"A idéia de um interesse comum essencial de diferentes categorias fornece base para distinção entre a organização de classe, nos termos do art. 103, IX, da Constituição, e outras associações ou organizações sociais. Dessa forma, deixou assente o Supremo Tribunal Federal que o constituinte decidiu por uma legitimação limitada, não permitindo que se convertesse o direito de propositura dessas organizações de classe em autêntica ação popular.

"A jurisprudência do Supremo Tribunal se, de um lado, revela o salutar propósito de concretizar o conceito de 'entidade de classe de âmbito nacional' e 'confederação sindical', para os efeitos do art. 103, IX, da Constituição, deixa entrever, de outro, uma concepção assaz restritiva do direito de propositura dessas organizações" (ob. cit., pp. 136 e 138).

a petição inicial quando, após a análise da legitimação para agir, constatar que o "descumprimento" alegado na ação não foi suficientemente demonstrado, em relação ao "preceito fundamental" que estaria sendo inobservado. Em outro dizer (e, considerando a hipótese de agravo prevista no parágrafo único do art. 3º), o Tribunal deverá analisar, primeiramente, se o preceito afrontado é o mesmo "fundamental", isto é, se se encontra na categoria daqueles a que antes nos referimos, expresso ou implícito, cuja identificação hermenêutica se requer.

Em seguida, a Corte deverá apreciar se estaria ou não ocorrendo a pretensa violação, podendo deferir medida liminar, segundo dispõe o artigo 4º do anteprojeto.

Fazemos nossas as demais observações tecidas pelo ilustre relator, Dr. Elias Farah, especialmente quanto a suas preocupações em relação às deficiências do texto, à menção expressa de que seja ouvido o Procurador Geral da República no processo, quando a própria Constituição já o faz, além da condição imposta à concessão de liminar (pela maioria absoluta dos membros da Corte), que não se coaduna com a celeridade desejada para esse instituto, conforme lembra S.Sª.

Por último, devemos mencionar a manifestação do Excelentíssimo Senhor Ministro José Carlos Moreira Alves, do Supremo Tribunal Federal, ocorrida há alguns dias em São Paulo, na qual S. Exa. expressou seus temores quanto à regulação do dispositivo ora comentado.

Lembrou o Ministro que os cerca de quarenta mil processos julgados por aquele Tribunal, no ano passado, já eram suficientes para demonstrar a inviabilidade funcional a que chegou a mais alta Corte do país, temendo, portanto, que mais um encargo venha a ser adicionado à pauta já extremamente pesada daquele órgão.

Realmente, vale recordar que esta situação começou a agravar-se a partir de 1988, porque boa parte das matérias constantes de nosso ordenamento jurídico passaram a ter nível constitucional.

A demasiada ampliação do Texto Magno, tornando-o excessivamente analítico, fez com que o Supremo Tribunal Federal, além de guarda da Constituição, viesse a converter-se em seu refém.

A despeito de tais circunstâncias e, tendo em conta as observações acima, somos de opinião que o anteprojeto é de grande alcance, podendo ser encaminhado ao legislador para que tenha sua tramitação iniciada.

É o que temos a comentar.

São Paulo, 5 de junho de 1998

Espaço Discente

A IMPORTÂNCIA DOS CONTRATOS A FUTURO PARA A ECONOMIA DE MERCADO*

ÉRICA CRISTINA ROCHA GORGA

I – Considerações iniciais. II – Introdução. III – Evolução histórica dos mercados futuros: 1. Panorama internacional; 2. Panorama nacional. IV – Mecanismos e função econômica. V – Da natureza jurídica dos contratos futuros. VI – Mercados futuros: instrumento necessário ao bom funcionamento da economia de mercado: 1. A explosão do uso de derivativos; 2. Teoria dos futuros como seguro de preços ("hedging"); 3. Mercados futuros: seguro, barato, eficiente e confiável; 4. A determinação do valor do preço à vista e no futuro; 5. Teoria do gerenciamento de riscos em carteira de investimento ("portfolio theory of hedging"); 6. Teoria dos futuros como mercado de empréstimo de mercadorias; 7. E os enormes prejuízos ocorridos recentemente? VII – Da disciplina e fiscalização dos mercados futuros: 1. Estados Unidos; 2. França; 3. Brasil. VIII – Barreiras que atravancam o desenvolvimento do mercado: 1. Considerações sobre a legislação tributária; 2. Considerações sobre o mercado de futuros agrícolas; 3. Considerações sobre o sistema jurisdicional. IX – Conclusões. Apêndice. Bibliografia.

I – Considerações iniciais

Conceituando pesquisa, Cervo e Bervian dispõem: "A pesquisa é uma atividade voltada para a solução de problemas, através do emprego de processos científicos" [1]

À medida que os tempos evoluem, novas descobertas ou o aprimoramento na utilização de antigos instrumentos provocam o surgimento de inúmeras questões. Discussões acerca do "novo" implicam sempre numa constante reavaliação de objetos, condutas, valores já embutidos no cerne social.

Observando-se a História constata-se que, em diversos momentos, o homem reage com certa incredulidade, desconfiança, ou em últimas conseqüências, até aversão a inovações e mudanças no seu âmago sócio-cultural.

Num segundo instante, tal comportamento psicossociológico acarreta diferentes atitudes dentre as quais a mais louvável: a busca do conhecimento, da compreensão, do desvelamento. O homem questiona, investiga, debate a utilidade, a funcionalidade, a importância do objeto tratado.

* Trabalho de iniciação científica, patrocinado e ao final aprovado pela FAPESP, tendo a aluna sido orientada pelo professor doutor Haroldo Malheiros Duclerc Verçosa.

1. Amado Luiz Cervo, Pedro Alcino Bervian, *Metodologia científica*, p. 44.

Vale ressaltar que, muitas vezes, tal fase de apreciação do objeto se dá no próprio interior do ser, sem que ele se aperceba do instantâneo processo julgador que efetuou, mesmo quando acolhe de imediato o "novo" como o "certo", passando a utilizá-lo e integrá-lo no rol de seus conhecimentos adquiridos.

É da natureza humana a procura do desenvolver, do saber, do aprimorar. Tudo desenrola-se no bojo de um processo altamente dinâmico. Aprimora-se o que se conhece; o fruto do aprimoramento, por sua vez, não é conhecido integralmente; ou é pouco conhecido, até.

Providencia-se, então, o conhecimento daquilo que foi aprimorado. Quando este já tiver sido devidamente esclarecido e por conseguinte aceito, será alvo, certamente, de novos melhoramentos e aperfeiçoamentos. Assim ocorre a transformação e integração dos conhecimentos muito grosseira e simplificadamente falando. A isso chama-se desenvolvimento. É o que, desde as épocas mais remotas, o homem busca naturalmente (pode-se dizer como num processo inato à sua natureza de ser pensante que é).

É lógico que a consecução do desenvolvimento em si envolve problemáticas científico-filosóficas muito mais complexas, porquanto o desenvolvimento pode gerar no seu cerne conseqüências por vezes maléficas. Daí ser mister o estudo vigoroso do objeto em questão para que também "os incômodos" por ou com ele surgidos sejam cuidadosamente dissipados. Porém, não se pretende o alongamento nesse assunto para se evitar o desvio da finalidade do presente trabalho.

A análise de determinado objeto passa por fases distintas. No primeiro contato, utiliza-se do conhecimento empírico, vulgar, decorrente de experiência comum para se realizar a sua observação geral.

O saber ordinário decorre naturalmente das circunstâncias, da própria História, dispensando rigores metodológicos ou terminológicos; é inerente ao homem. Todavia, não se deve desprezar a importância do conhecimento comum uma vez que ele ocasionará o aparecimento de dúvidas, a problematização que se procurará solucionar, sendo, dessa forma, a base do saber científico.

Numa segunda etapa há um aprofundamento sobre a matéria, abordando-se além do fenômeno, suas causas e leis.[2] Tenta-se demonstrar objetivamente os pontos em questão através de sistematização, espírito crítico. Ocorre o desenvolvimento do conhecimento científico.

Não obstante, "a ciência não é considerada como algo pronto, acabado ou definitivo. Não se trata da posse de verdades imutáveis. (...). Por ser algo dinâmico, a ciência busca renovar-se e reavaliar-se continuamente. A ciência é um processo de construção".[3] Ela parte de um plano lógico, não se limitando à simples observação das coisas. Utiliza-se de métodos, princípios, confrontação de resultados para se chegar, progressivamente, ao fim visado.

Para os gregos, a ciência era a explicação de todas as coisas por suas causas, confundindo-se com a filosofia. No mundo de hoje suplantou-se essa visão. Todas as ciências exigem explicação de natureza filosófica, seus pressupostos são alvo da filosofia a qual está, portanto, em nível superior.

Filosofar é a constante interrogação sobre a explicação fundamental de todas as coisas, é a reflexão em si mesma, procura do sentido verdadeiro do ser. A filosofia não é justificada por nenhuma ciência. Suas características essenciais são a utilidade, a necessariedade e a inevitabilidade.

Após o tecimento dessas considerações preliminares cumpre esclarecer o escopo visado. Os mercados futuros, precipuamente o brasileiro, são o objeto do presente estudo. Trata-se de matéria relativa-

2. Id., ibid., p. 7.
3. Id., ibid., p. 8.

mente pouco discutida em literatura nacional, não obstante a importância que apresenta nos dias atuais.

Para esse fim, valeu-se de pesquisa bibliográfica e descritiva. Desejou-se, dessa forma, obter uma larga base de formação e conseqüentemente de observação, registro e análise a partir do uso de metodologia adequada. Lembra-se que apesar de toda a diligência empregada, deve-se ter consciência dos limites e de possível falibilidade, pois que a pesquisa almeja a um processo de constituição e, por isso mesmo, de caráter não definitivo.

Considera-se o Direito ciência não hermeticamente fechada ou alheia ao desenvolvimento de outros conjuntos organizados de conhecimento. A autonomia de uma ciência, na acepção do estudo de determinados assuntos, conforme a ótica de seus princípios e pressupostos particulares não deve ser confundida com um irrestrito isolamento.

Daí a validade do intercâmbio com outros ramos do saber, tendo-se em vista que um mesmo fenômeno pode ser abordado por distintas ciências sem que as conclusões de uma diminuam ou anulem as considerações de outra, muito pelo contrário. A realidade não tem que ser inquirida de forma unilateral sob pena de recair em moldes viciados. Ilhas isoladas não progridem tanto quanto poderiam.

Os sistemas encontram-se em grande parte sutilmente ligados, daí a dificuldade de se distinguir onde começa ou termina a exata competência de determinada ciência. Ademais, desenvolvimento sustentado é aquele que se dá em diversos campos distintos conjunta e entrelaçadamente, de forma que um impulsione o aprimoramento de outro.

Primeiramente, procedeu-se à investigação acerca das origens históricas dos mercados futuros, verificando-se sua evolução até a consolidação do sistema que é conhecido atualmente. Percebe-se que os contratos futuros foram moldados pelas necessidades do próprio comércio, atendendo a demandas de produtores, intermediários e consumidores. Focalizou-se a situação de tais mercados no Brasil.

Passou-se à análise dos mecanismos operacionais de funcionamento do mercado futuro. Aqui, procurou-se abordar, simplificadamente, a essência das operações dentro da infra-estrutura providenciada pelas bolsas, considerando-se as características dos participantes do mercado. Claro está que, nesse aspecto, não se intencionou fazer qualquer aprofundamento, porquanto a análise objetivou prover o alicerce necessário ao tecimento de considerações jurídicas sobre a natureza contratual dos futuros. Há uma abordagem preliminar sobre as funções econômicas do mercado.

Na seqüência, foi empreendido estudo pormenorizado acerca da classificação dos contratos futuros sob o prisma jurídico. Estudaram-se as diversas posições doutrinárias nacionais sobre a matéria, propondo-se discussão e solução da problemática.

Retornou-se, adiante, ao exame da importância dos futuros sob a ótica econômica. Pesquisaram-se argumentações de economistas consagrados que explanam o papel de tais instrumentos na economia de mercado. Os mercados futuros atendem ao processo de precificação dos ativos transacionados, pressuposto primário da constituição do sistema econômico de mercado.

Foi analisada, posteriormente, a regulamentação dos mercados futuros pelas autoridades estatais, nacionais e estrangeiras. Iniciou-se com a verificação da regulação americana. Os mercados futuros dos Estados Unidos são os mais desenvolvidos e tradicionais do mundo moderno; por isso, é fundamental a observação do tratamento do governo americano na condução das questões sobre a matéria que, desde há muito, vem sendo debatida naquele país. Logo após, examinou-se a evolução dos métodos de resolução de conflitos bursáteis na França, em razão da postura de vanguarda que o país vem adotando no sentido do estabelecimento de específico contencioso bolsístico, a Justiça de Bolsa. Encerrou-se o assunto com a abordagem da regulamentação governamental brasileira em relação aos mercados organizados de bolsa.

Finalmente, foram tecidas breves considerações acerca dos fatores que embaraçam o crescimento e o fortalecimento dos mercados de futuros nacionais, sendo ressaltado o progresso que se obteve em alguns pontos.

II — Introdução

Os mercados futuros mundiais giraram algo em torno de 360 trilhões de dólares no ano de 1997 (incluem-se operações de *swaps*, opções e outros instrumentos derivativos transacionados e registrados nos mercados organizados de bolsa). A BM&F, bolsa brasileira, quarta maior bolsa, depois da Chicago Board of Trade, London International Financial Futures Exchange e Chicago Mercantil Exchange, respectivamente, respondeu por 7 trilhões, aproximadamente. São números realmente representativos.

A circulação de riquezas vem crescendo vertiginosamente em nossos dias. Além da União Européia (UE), do Acordo de Livre Comércio da América do Norte (NAFTA), da Associação de Cooperação Econômica Ásia-Pacífico (APEC), da Associação Latina Americana de Integração (ALADI), do Mercado Comum do Sul (MERCOSUL), da Associação de Livre Comércio das Américas (ALCA), pode-se enumerar vários outros grupos econômicos. Pergunta-se: por quê? Resposta: necessidade de troca, de intercâmbio para mútuo desenvolvimento, circulação. Circulação de serviços, de produtos, de tecnologia, de experiências, de costumes, de cultura, de saber, de riqueza.

Definição: aldeia global, mercado mundial. Como bem foi observado, a África (excetuando-se a África do Sul) foi o único continente que não sofreu conseqüências do furacão dos mercados financeiros desencadeado na corrida contra o dólar em Hong Kong, outubro de 97; pelo menos, não diretamente.

E por que, na prática, tantos mercados espalhados por diferentes continentes e países se mostraram tão sensíveis ao citado furacão? Seriam eles vítimas de especuladores gananciosos, como tantas vezes se tem colocado?

Leo Melamed, instituidor do mercado de futuro de moedas na Chicago Mercantil Exchange, em recente entrevista à revista *Veja*[4] salientou que, no caso dos países asiáticos, os especuladores pouco tiveram a ver com o problema, o qual, na verdade, decorreu do fato dos bancos desses países terem tomado vultosos empréstimos a juros muito altos dos EUA e do Japão para financiarem intensa atividade de construção civil. Posteriormente, na tentativa de protegerem suas enormes dívidas em dólares, sentindo a fraqueza de suas próprias moedas, se lançaram a vendê-las. A compra frenética de dólares provocou, então, a desvalorização do dinheiro nacional. Seria, portanto, completamente errado culpar os especuladores pelo desastre financeiro ocorrido.

Comentando sobre o *crash* da Bolsa de Nova York de 87, constata que tem havido mudanças na compreensão do papel dos mercados futuros.[5] Naquela ocasião, os mercados foram escolhidos como bodes expiatórios da crise. Contudo, cerca de noventa estudos realizados após a "quebra" (incluindo o do próprio Fed — banco central americano), chegaram à conclusão oposta: os futuros contribuíram para evitar *crashes* maiores nas bolsas, abrindo válvulas de escape para a especulação. Melamed acredita que quanto mais a estrutura financeira de uma nação se desenvolver, mais será bem-vinda a especulação.

4. Revista *Veja*, Ed. 1.530, ano 31, n. 3, 21 jan. 1998, pp. 9-11.

5. Id., ibid.

Na França, desde a multiplicação de fusões e aquisições de sociedades anônimas ocorridas no final dos anos 80, e a edição das leis de 22 de janeiro de 1988 e 2 de agosto de 1989, tem se discutido permanentemente a evolução do contencioso bolsístico, havendo, hoje, concentração na figura do juiz de direito de poderes de fiscalização e controle das autoridades reguladoras oficiais dos mercados de bolsa (*Comission des opérations de bourse*).[6]

Nessa era de globalização, acordos de livre comercialização, pactos de colaboração, tratados internacionais, levam os países a adequar-se às normas internacionalmente aceitas, numa crescente "padronização" de soluções para problemas comuns.

Nesse sentido, o *Futures Trading Practices Act de 1992*, nos Estados Unidos, outorgou direito de fiscalização internacional a *Commodity Futures Trading Comission* (órgão regulador de mercados), que vem fazendo acordos transnacionais de divisão de informações, visando coibir práticas ilícitas e abusos nos mercados financeiros.

E o Brasil? Muita coisa tem mudado, mas muito está por fazer. Grande parte da sociedade ainda enxerga os mercados de bolsa com desconfiança, a especulação como altamente perniciosa e os derivativos como instrumentos para jogadores endinheirados.

Por isso, a discussão desse tema faz-se absolutamente oportuna, necessária e premente.

III – Evolução histórica dos mercados futuros

III – 1. Panorama internacional

Os mercados futuros atuais são o espelho da evolução dos antigos meios de comercialização.

Nos primórdios, o homem era essencialmente um ser nômade, dependente da atividade extrativista para sua sobrevivência. Com o domínio da caça, da pesca e, posteriormente da agricultura, passou a utilizar melhor os meios de que dispunha, guardando alimentos para épocas de frio e de guerra, de sabida escassez e incertezas.

O comércio nasceu a partir do momento em que o homem constatou a existência do excedente, isto é, após verificar que, satisfeitas suas necessidades básicas, muitas vezes lhe sobravam provisões. Percebeu, então, que poderia haver alguém que necessitasse daquilo que não lhe surtia utilidade para uso. Quando esse alguém lhe deu outra coisa para ficar com aquele produto, houve a troca, primeira forma de comercialização.

A troca de mercadorias atendia à necessidade da circulação das riquezas dessa época. O processo se mostrou insuficiente quando uma das partes não desejava o bem que a outra tinha a lhe oferecer, não obstante quisesse se desfazer daquele que possuía.

Surgiu a moeda, não tal como conhecida atualmente, mas como instrumento de circulação, meio de troca, o qual podia ser um objeto qualquer de corrente aceitação.[7]

6. Cf. Didier Martin e Sylvie Amiel-Morabia, "L'extension ...", "Le juge a vocation à contrôler le marché d'une manière qui ne peut être qu'indirect: parce qu'il peut être le censeur des décisions des autorités de marché, ou bien parce qu'il peut être saisi par elles ou encore parce qu'il est amené à trancher les différends opposant des opérateurs sur le marché entre eux. En dáutres termes, on le verra, il contrôle les autorités de tutelle ou intervient à leur demande pour que ce contrôle soit efficace, ou bien intervient dans des situations qui peuvent échapper à la compétence des autorités de marché" (O juiz tem vocação para controlar o mercado de uma maneira que não pode ser somente indireta: ele pode ser o crítico das decisões das autoridades do mercado, ou também pode ser orientado por elas, ou ainda ele é conduzido a aclarar as diferenças que oponham os operadores de mercado entre si. Em outros termos, o juiz controla as autoridades de tutela ou intervém a seu pedido para que este controle seja eficaz, ou também intervém nas situações que podem escapar à competência das autoridades do mercado (tradução livre).

7. André Franco Montoro Filho, "Introdução ...", p. 277.

Posteriormente, metais preciosos se mostraram instrumento mais eficaz para a realização do intercâmbio entre os povos.

Diversas vezes, produtores agrícolas recorriam à negociação antecipada de suas safras posteriores para assegurarem certo rendimento no futuro. Havia também mercadores que queriam desde logo garantir os produtos que revenderiam mais tarde. Todavia, o pagamento do preço só seria efetuado no futuro, quando do recebimento da produção. Cresciam os problemas, uma vez que qualquer das partes, no termo apontado, poderia estar sem condições de honrar o prometido.

Caso houvesse inundações, secas prolongadas, ondas de calor, frio, pragas, a safra estaria parcial ou totalmente comprometida, gerando prejuízos para o produtor que não conseguiria obter o preço que almejara; do mesmo modo, para o intermediador, que poderia se ver na possibilidade de não dispor de mercadorias para a consecução de seus lucros.

Contrariamente, o mercador poderia estar falido no tempo do pagamento. O produtor, então, teria que achar às pressas alguém para quem vender, sendo possível que não o conseguisse fazer por um preço compensatório.

Tudo isso sem falar nos casos de superprodução, quando a oferta de determinado produto suplanta em grande parte a demanda, ocasionando uma baixa de preços (provável prejuízo para o agricultor). Na quebra da safra, ocorre o inverso: a procura pelo produto excede a oferta, seguindo-se a alta de preços (eventuais prejuízos para os intermediários).

Em tais ocasiões, o ponto de equilíbrio do mercado é bruscamente alterado, acarretando conseqüências para todos os consumidores, afetando o sistema de produção em geral.

Por todo o explanado, o risco de inadimplência do combinado entre vendedor e comprador é grande. Esses acordos entre particulares, mais vulneráveis aos efeitos advindos, já nesse tempo, apresentavam a falta de um garantidor das operações. O fruto do trabalho dispensado é incerto pois que, na maioria das vezes, os acontecimentos a se suceder fogem ao controle das partes.

O aumento e a incrementação do tráfego negocial fizeram com que comerciantes viessem a se reunir em sítios apropriados para as transações, onde vendedores e compradores se encontravam para tentarem realizar melhores negócios.

Há indícios dos princípios de transações a futuro desde 2.000 a.C., na região das Índias orientais, quando mercadores recebiam bens em consignação para posterior permuta.[8] Na Grécia e Roma antigas, já se pode encontrar a origem de locais destinados para prática formalizada de comercialização de mercadorias para entrega futura.[9] O Ágora em Atenas e o Fórum em Roma eram grandes entrepostos de atividade mercantil.

Com a dissolução do Império Romano, houve drástico refreamento das práticas comerciais. Após as sucessivas invasões dos germanos, muçulmanos, normandos, húngaros e eslavos, na Alta Idade Média, constituiu-se o sistema feudal que era essencialmente agrário, auto-suficiente e de baixa produtividade. A sociedade estamental impedia a mobilidade social e o surgimento de outras classes que não as já estabelecidas. A Igreja proibia os lucros e os juros. Quaisquer trocas comerciais ficavam praticamente restritas aos interiores das fortificações – feudos. Foi um período de retrocesso econômico.

Nos séculos XII-XV, Baixa Idade Média, a Europa viveu a transição do sistema feudal para o capitalismo. O pré-capitalismo desenvolveu a produção voltada para o mercado, as trocas monetárias, o racionalismo econômico. As cruzadas trou-

8. *Apud* Futures Industry Association, Inc., *Futures Trading Course & Handbook*, Washington, DC, 1923, p. 1.

9. CBOT, *Commodity Trading Manual*.

xeram expansão marítima e mercantil. Intensificaram-se as relações comerciais entre o Oriente e o Ocidente, o Renascimento Comercial impulsionou o crescimento das cidades e vice-versa.

As feiras ressurgiram vigorosas, depois do século XI, como um fenômeno internacional inerente às condições da sociedade nascente. Eram verdadeiros centros de comercialização dos mais variados produtos. Transações à vista eram mais utilizadas, porém a prática de contratação para posterior entrega de mercadoria, com padrões de qualidade estabelecidos por amostra, passou a ser largamente usada. Técnicas de câmbio e instrumentos de crédito como as letras de feira incrementavam o tráfego comercial.

Estudiosos remetem a formação dos mercados futuros no mundo ocidental a essa época.[10] Com o tempo, as práticas negociais foram sendo costumeiramente reguladas. Na Inglaterra, para garantir determinados padrões, consagrar certos usos, emitir regras concernentes às formas de controle, entrega e armazenamento de produtos, proporcionando maior eficiência às negociações, um código conhecido como *Law Merchant* foi editado. Princípios de auto-regulação e de arbitragem fundados na *Commom Law* inglesa foram seguidos pelas colônias americanas e adotados depois pelas bolsas de *commodities* dos Estados Unidos.[11]

Associações de mercadores ingleses adquiriram junto a autoridades locais e nacionais o direito de resolver disputas entre compradores e vendedores, conforme suas próprias regras de conduta. As *courts of the fair* conhecidas também como *courts of the Pieds Poudres*, oficialmente reconhecidas no século XIV, tinham competência para atribuir penalidades aos violadores do estabelecido.

No norte do continente europeu, formava-se, por sua vez, a Grande Hansa Germânica, liga de mercadores que controlavam o comércio dessa região.

Com o desenvolvimento das cidades, a sedentarização do comércio e instalação de indústrias de tecidos, as antigas feiras perderam importância para os especializados centros comerciais europeus, que iriam ser chamados no século XVIII de *bourse*, *boerse*, *beurs* e *bolsa*.

Superadas a crise de retração do século XIV e a crise de crescimento do século XV, a ascensão dos artesãos como burguesia eminente, financiadora das incursões marítimas, foi responsável pela consolidação de certas práticas. A comercialização de produtos trazidos de outras partes do mundo fomentou o consumo e os altos lucros auferidos ocasionaram o fortalecimento da classe burguesa.

Mercados de negociação de contratos *to arrive* ou mercadorias a chegar eram encontrados em Liverpool (1878) e, seguidamente, em Havre (1882). Constituíram-se grande passo em direção ao modelo atual de negociação segundo M. A. Teixeira.[12]

Entretanto, os modelos mais eficientes de transações a futuro foram desenvolvidos anteriormente no oriente. Refere-se ao Japão, era *Tokugawa*. Uma peculiar relação entre o *Shogunato* e os produtores agrícolas determinava que estes mantivessem suas famílias em Edo, o que lhes impingia grandes gastos com viagens ao interior e manutenção de seus familiares.[13]

Com a finalidade de cobrir suas despesas, tais nobres emitiam certificados de depósito das mercadorias de que dispunham em estoque, recebendo, então, empréstimos pelos quais pagariam juros posteriormente. Ocorre que tais certificados eram adquiridos por atacadistas e varejistas da classe mercantil os quais, assim, garantiam um preço a ser pago pelos produtos que comercializariam mais tarde, antevendo a cobertura de acordo com suas necessidades (res-

10. John Hull, *Introdução aos mercados futuros e de opções*, p. 2.

11. CBOT, *Commodity Trading Manual*, p. 2.

12. Marco Aurélio Teixeira, *Mercados futuros* ..., p. 7.

13. Noênio Spínola, *Commodities* ..., pp. 34 e ss.

salta-se o caráter de *hedge* de tais operações, o que a seu tempo será discutido).

Os citados certificados eram negociáveis, o que possibilitava ao comprador original repassar tais papéis a outrem, auferindo daí recursos. N. Spínola assinala que os banqueiros devem ter surgido com a negociação dos certificados de depósito e a cobrança de taxas de juros pelos empréstimos realizados.[14]

Em Osaka, em 1650, as cotações dos preços de cereais da casa *Yodoya* eram utilizadas como base para todo o mercado. Ulteriormente, no final do século XVII, ela passaria a atuar em Dojima, constituindo a grande bolsa de arroz organizada por iniciativa dos mercadores.[15]

As denominações *Cho-Ai-Mai-A-Kinai* e *Cho-Ai-Mai-Kaisho* significavam "negócios escriturais de arroz" e "lugar das transações de arroz nos livros", respectivamente. Havia um sistema de liquidação das operações escriturais, que desde 1730 era reconhecido e oficialmente estimulado pelo *Shogunato*.[16]

Relevam-se as seguintes características: a) padronização dos contratos; b) a classificação dos tipos de arroz conforme sua qualidade específica; c) o obstamento à entrega física da mercadoria para liquidação durante o período de duração do contrato; d) os contratos deviam ser compensados e as diferenças em valor liquidadas à vista antes ou durante o último dia previsto para negociação; e) a compensação se dava por meio de uma *clearing house* — casa de liquidação — a qual se responsabilizava por eventuais inadimplementos, sendo que os negociantes obrigavam-se a abrir uma linha de crédito junto a ela; f) possíveis divergências eram solucionadas por um comitê de arbitragem.[17]

Fato notoriamente curioso reside na entrega da mercadoria nunca ter sido possível no mercado de arroz escritural japonês, diferentemente dos mercados futuros modernos. Essa prática única de um mercado "puro" de futuros, não obstante sua originalidade, contribuiu para as grandes disparidades entre os preços futuros e à vista dos cereais na fase de desordem econômica sucedida após o final daquele regime.[18]

A nova dinastia Meiji de 1869 providenciou o término das operações, atribuindo aos mercados futuros parte da assincronia de então. Menos de dez anos depois, no entanto, as bolsas de arroz foram reabertas, possibilitando a partir daí a entrega física do cereal.

Em todo o mundo, períodos de grandes turbulências como guerras ou crises acabam por provocar o fechamento de tais mercados que absorvem rapidamente o grau de incerteza que paira no ar, refletindo-o nos valores de suas cotações.

O mecanismo dos mercados futuros consiste justamente em antever os preços futuros de certa mercadoria a partir de cotações que levam em conta: os preços à vista do mercado; o custo de carregamento (de manutenção da mercadoria em estoque); a possibilidade de ocorrência de eventos que modificariam os preços (como clima adverso, produção de tal mercadoria no exterior, possibilidade de descobertas de novos adubos ou pesticidas, aumento ou retração da demanda etc.).

Assim, a formação do preço, embora transparente, encerra um caráter incerto, o qual depende justamente dos acontecimentos que se sucederão. Por isso, a mudança constante das cotações. Estas devem refletir, no exato momento em que são fixadas, o valor do produto em determinado ponto do futuro, levando-se em conta todas as características que o influenciarão.

14. Id., ibid., p. 35.
15. Id., ibid.
16. Id., ibid., p. 36
17. *Apud* Henry Bakken, *Futures trading seminar*, Madison, Wisconsin, Min. Publ. Co., 1966, v. 3, p. 11.
18. Luiz F. Forbes, *Mercados futuros* ..., p. 10.

Nesse ínterim, a existência de um Estado intervencionista se opõe aos anseios do mercado, na medida em que impossibilita o processo de gradual formação do preço, uma vez que nele interferirá direta ou indiretamente. Ao tabelar preços, delimitar valores máximos ou mínimos, subsidiar exacerbadamente a produção, interferir constantemente na política fiscal, o Estado cria falsas expectativas de oferta e de procura, que, mais cedo ou mais tarde, gerarão reflexos variados no desenvolvimento.

Em períodos históricos de nítido dirigismo estatal pode-se verificar a fragilidade e, conseqüentemente, a pouca importância de tais métodos de negociação. Outras vezes, o próprio Estado encerra compulsoriamente os acordos entre os comerciantes por entender que os preços futuros seriam contrários às suas previsões. N. Spínola cita como exemplo o fechamento dos mercados alemães em 1869.[19] No Brasil, o governo agiu da mesma forma por ocasião de seus planos econômicos. Ter-se-á oportunidade de retorno ao assunto adiante.

Produtos têxteis, couro, metais e madeira eram transacionados principalmente em operações para pronta entrega em mercados de *commodities*, por volta de 1752, nos Estados Unidos.[20]

A criação dos modernos mercados futuros atuais sucedeu na cidade de Chicago, intimamente ligada à comercialização de grãos devido à sua proximidade dos cinturões produtores.

Diversos problemas envolviam a distribuição das safras: graças à sazonalidade da produção, a imensa quantidade de grãos na época de colheita não encontrava demanda correspondente e os precários sistemas de armazenamento geravam altas perdas aos produtores; em anos de colheitas fracassadas, a procura não era satisfeita e a subida de preços ocasionava falências entre os mercadores; havia a complicação dos transportes muito custosos, em decorrência de fortes nevadas e chuvas, em grande parte do ano.

A organização de bolsas de mercadorias, à medida que reunia interesses comuns de compradores e de vendedores, funcionou como força propulsora aos esforços legislativos, os quais visavam ao melhoramento de estradas e construção de hidrovias e ferrovias que possibilitassem eficiente escoamento da produção, e ao desenvolvimento de sistemas de armazenagem e estoque.

As precárias condições para entrega de mercadorias existentes naquela fase levaram os negociantes a transacionarem os *for forward delivery* – para entrega futura.[21]

Um grupo de 82 comerciantes formou um mercado centralizado, o *Chicago Board of Trade* (CBOT), em 1848, com o intuito de providenciar local de encontro para práticas negociais e promoção do comércio de grãos. Hoje, trata-se da maior *commodity exchange* – bolsa de mercadorias – do mundo.

Os conhecidos *forward contracts* apresentavam graves falhas que impediam sua rápida negociação (determinação de todas as cláusulas contratuais pelas partes e alta margem de inadimplemento). Havia corretores intervenientes que garantiam as obrigações de uma parte perante a outra mediante a cobrança de altas taxas; entretanto, o sistema fracassou à medida que os riscos se avolumaram com a grande expansão agrícola americana do século XIX, deixando de ser atrativo para o corretor assumir tamanha responsabilidade. A falta de disseminação dos preços praticados em tais contratos entre particulares, impedia, outros-

19. Ob. cit., p. 37.
20. CBOT, *Commodity Trading Manual*, p. 3.
21. Id., ibid., p. 2. "Forward contracting is a cash transaction in which a buyer and seller agree upon price, quality, and a future delivery date for some commodity. Since nothing in the contract is standardized, each contract term must be negotiated between the buyer and seller".

sim, que o mercado estivesse a par dos preços correntes, acarretando insegurança nas partes quando da contratação.

Além disso, a guerra da Secessão[22] acabou por estimular a criação de um novo sistema de contratação que tivesse funcionalidade perante os riscos de variação de preços ocasionados pelas discrepâncias entre oferta e procura no conturbado ambiente.

A existência dos imigrantes de diferentes nacionalidades que se dedicavam majoritariamente à produção e à comercialização agrícola provocou o surgimento dos sinais com as mãos que facilitavam o entendimento das negociações nos pregões públicos.

Por volta de 1865 foram formalizados os *futures contracts*[23] — contratos futuros. Foi instaurado um sistema de margens que, para providenciar garantia da boa execução das obrigações, designava que os negociantes depositassem quantias juntamente à bolsa ou a um seu representante (sistema de *clearing*). Quantidade, qualidade, termo e local para entrega dos grãos eram cláusulas já estabelecidas nesses contratos de bolsa, eliminando a demora dos acertos de antes.

Os mercados futuros estimularam a comercialização das safras durante o ano todo, amenizando seu caráter sazonal de venda e contribuindo, conseqüentemente, para melhor alocação de recursos, precificação mais equilibrada, regulação de estoques nos períodos de entressafra.

Com o tempo, passaram a ser transacionados outros tipos de produtos como algodão, ovos, manteiga, café, cacau, metais preciosos, certos manufaturados etc. Assinala-se a importância da entrada de especuladores nas comercializações, os quais, com o intuito de alcançar lucros, deram liquidez essencial aos mercados, fortalecendo-os e consolidando-os.

A *Chicago Mercantil Exchange* (CME), terceira maior bolsa, remonta suas origens à *Chicago Produce Exchange* de 1874, mercado que realizava transações com agropecuários à época. Uma cisão devido a discrepâncias entre os mercadores ocasionou o surgimento da *Chicago Butter and Egg Board* em 1898. Esta, reorganizando-se para ampliar seus negócios, com a transação de outros produtos, em 1919, passou a se chamar *Chicago Mercantil Exchange*. Operações com boi gordo, suínos e bezerros foram adicionadas. Todavia, uma fase de imensas transformações estava por vir.

O intenso processo de industrialização ocorrido no século XIX consolidou o surgimento de grandes conglomerados empresariais. Indústrias aumentavam cada vez mais sua produção com as constantes inovações tecnológicas que geravam o progresso dos meios de transporte e de telecomunicação. Houve crises, períodos de estagnação econômica, que, porém, não impediram a verdadeira revolução comercial operada em nosso século.

O comércio internacional assumiu níveis que se superavam a cada dia, atingindo patamares inacreditáveis. O resultado das crises americanas de 1971 e de 1973 acarretou a queda definitiva do sistema de paridades fixas, arquitetado em Bretton Woods.[24] As moedas desatreladas ao padrão ouro, o câmbio flutuante, implicaram em mudanças na estrutura financeira mundial.

Exportadores e importadores de produtos e de serviços necessitavam de instrumentos de administração eficiente de ris-

22. Guerra civil americana detonada com a ofensiva sulista em 12 de abril de 1861e terminada com pedido de rendição do General Lee (sulista) ao General Grant (do norte) a 9 de abril de 1865. Foi abolida a escravidão.

23. Id., ibid., p. 5. "Futures contracts, in contrast to forward contracts, are standardized as to quality, quantity, and time and place for delivery for the commodity being traded".

24. Jayme de Mariz Maia, *Economia internacional* ..., p. 69.

cos decorrentes de flutuação monetária. A crescente agilidade exigida no tráfego negocial, devido à acirrada competitividade do mercado internacional, não permitia exposição a riscos, anteriormente, assumidos.

Nesse contexto, após detalhados estudos e entendimentos com autoridades, a Chicago Mercantil Exchange lançou, em 1972, o *International Monetary Market*, contratos futuros cujo objeto transacionado eram moedas estrangeiras: dólar canadense, marco alemão, iene japonês, franco francês, franco suíço, libra britânica, peso mexicano; metais preciosos e juros.

Em conseqüência da rápida aceitação pelo mercado, futuros sobre outros ativos financeiros foram criados, sendo, hoje, transacionados em bolsas surgidas por todo o mundo. Contratos futuros sobre títulos de dívida governamental, índice de ações, taxa de juros, são alguns exemplos.

A revolução da informática possibilitou a facilidade do trânsito de informações por todo o planeta. Os mercados do final de século refletem exatamente a agilidade e a capacidade de transformação atuais. Na década de 80, a introdução de opções sobre futuros, *swaps*, instrumentos híbridos causou a explosão dos derivativos.[25] Em 1982, a Kansas City Board of Trade formulou os primeiros contratos futuros de índices de ações.

Assim como as remessas de capital geradas pelo setor secundário (indústrias) ultrapassaram, há muito, as quantias auferidas pelo setor primário (agricultura), o volume agora transacionado em ativos financeiros suplanta, enormemente, o negociado com produtos agropecuários.

Na Chicago Board of Trade, houve introdução de instrumentos financeiros em 1975. Em 1976, eles representavam menos de 1% dos volumes contratuais negociados na bolsa. Quatro anos depois, perfaziam 33% do total. Num fenomenal crescimento, em 1992, alcançavam 75%, correspondentes a 113 milhões de contratos financeiros transacionados.[26]

Para se ter idéia da expansão das negociações com contratos futuros, apresenta-se abaixo uma listagem das principais bolsas que os transacionam no mundo:[27]

- Chicago Board of Trade – CBOT – 1848
- Kansas City Board of Trade – KCBOT – 1856
- Chicago Mercantil Exchange – CME – 1898
- MidAmerica Commodity Exchange – MCE – 1868
- New York Cotton Exchange – NYCE – 1870
- New York Mercantil Exchange – NYMEX – 1872
- London Metal Exchange – LTOM – 1877
- Minneapolis Grain Exchange – MGE – 1881
- Coffe, Sugar & Cocoa Exchange, Inc. – CSCE – 1882
- Winnipeg Commodity Exchange – WCE – 1887
- Commodity Exchange, Inc. – COMEX – 1933
- Osaka Securities Exchange – OSE – 1949
- Sydney Futures Exchange – SFE – 1960
- Chicago Board Options Exchange – CBOE – 1973
- European Options Exchange – EOE – 1978

25. Eduardo Fortuna, *Mercado financeiro* ..., p. 343: "Mercado de derivativos é o mercado no qual a formação de seus preços deriva dos preços do mercado à vista".

26. CBOT, *Commodity Trading Manual*, p. 8.

27. Várias dessas bolsas constituíram-se de fusões, sendo as datas acima citadas referentes à formação das instituições que as originaram.

• New York Futures Exchange – NYFE – 1979

• London International Financial Futures – LIFFE – 1982

• Singapore International Monetary Exchange – SIMEX – 1984

• Toronto Futures Exchange – 1984

• Marché à Terme International de France – MATIF – 1985

• New Zeland Futures Exchange – 1985

• Philadelphia Board of Trade, Inc. – 1985

• Bolsa de Mercadorias & Futuros – BM&F – 1986

• Swiss Options and Financial Futures Exchange – SOFFEX – 1986

• Deutsche Terminboerse – DTB – 1988

• Tokyo International Financial Futures Exchange – TIFFE – 1989

III – 2. Panorama nacional

As Bolsas de Commodities, no Brasil, diferentemente das Bolsas de Valores originadas por decreto imperial que seguia o modelo institucional francês, nasceram da livre organização de comerciantes de produtos agrícolas.[28]

Data de julho de 1917, a iniciativa de particulares na criação da primeira bolsa de mercadorias em geral, a Bolsa de Mercadorias de São Paulo (BMSP). Tendo seus regulamentos aprovados, foram inauguradas suas instalações em abril de 1918. O primeiro pregão foi realizado no Palacete Germaine, à Rua São Bento n. 59, em 18 de agosto de 1919.

A essa época já se instituiu a Caixa de Liquidação de Mercadorias de São Paulo, responsável pela devida compensação financeira das negociações, que faliu, anos depois, por falhas na cobrança de margens. Foi contratada então a Caixa de Liquidação da Bolsa Oficial de Café de Santos.

Segundo A. Ferreira e M. Horita,[29] "nesse período, contratos muito semelhantes aos dos mercados futuros já demonstravam uma atividade razoável. A ponto, inclusive, de atrair a ira dos legisladores. No Código Civil Brasileiro, que é de 1916, já existiam tentativas de coibir esses derivativos. (...) Ary Oswaldo Mattos Filho, ex-presidente da Comissão de Valores Mobiliários e um dos maiores especialistas em questões jurídicas relativas ao mercado financeiro no Brasil, explica que Bevilácqua foi muito influenciado pela crise do encilhamento no Rio de Janeiro da virada do século XIX para o XX". Por isso, a disposição do artigo 1.479 do Código Civil, que equipara ao jogo os contratos de bolsa liquidados exclusivamente pela diferença entre o preço ajustado no pregão e a sua cotação no dia do vencimento contratual (não resultando de tais contratos, portanto, obrigações passíveis de serem cobradas judicialmente).

Como na Inglaterra e nos Estados Unidos, também no Brasil o desenvolvimento da indústria têxtil foi a força motriz da industrialização. Após a crise de 1929 e a queda da produção cafeeira, fomentou-se o desenvolvimento da cultura do algodão no país.

A Bolsa de Mercadorias de São Paulo comercializava algodão, dispondo de rígidos critérios para averiguação de sua qualidade. Em 26 de junho de 1931, o Ministério da Agricultura do Estado de São Paulo tornou o sistema de classificação da bolsa obrigatório para todo o algodão em pluma produzido no Estado. As décadas de 30 e de 40 foram o auge das negociações do produto.

A Bolsa passou por crises de liquidez, tentando estabelecer contratos futuros de diferentes objetos que não chegavam a

28. Alcides Ferreira e Milton Horita, *BM&F. A história ...*, pp. 111 e ss.

29. Id., ibid.

emplacar no mercado por variadas razões. O próprio mercado futuro de algodão, devido às turbulências do pós-guerra e sofrendo a incidência do IVC,[30] foi desativado.

Arroz, açúcar, farinha de trigo, feijão e milho eram outras mercadorias transacionadas, principalmente no mercado à vista.

Em 1952, a Caixa de Santos, de molde francês, foi substituída pelo Sistema Paulista de Compensação de Negócios a Termo, com ajustes diários baseados nos modelos das eficientes *clearings* americanas. Não obstante adotasse regras formais de compensação para mercados futuros, a expressão "mercado a termo" continuou a ser utilizada pela bolsa.

Acordo firmado entre a BMSP e a BOVESPA levou à utilização do "Sistema" instaurado em dezembro de 1977 como mecanismo de registro, compensação e liquidação das transações de ambas as bolsas.

A partir de 1978, com intuito de revitalizar as operações, a BMSP lançou contratos futuros de café, soja em grãos, milho, boi gordo, farelo e óleo de soja.[31]

Um dos maiores problemas da agricultura nacional, com algumas exceções, reside na pouca capacidade dos produtores de adaptarem-se adequadamente às inovações tecnológicas. São exemplos de práticas danosas até hoje largamente utilizadas: o uso ininterrupto do solo até seu esgotamento; a prática aleatória de queimadas; o emprego incorreto de adubos; a utilização indiscriminada de inseticidas químicos quando, atualmente, se dispõe de inseticidas biológicos de comprovada eficiência que, além de serem menos custosos, não contaminam os alimentos para consumo.

A política de preços mínimos e subsídios continuamente empreendida durante séculos pelo Estado acabou por criar acomodação, acarretando a manutenção de estruturas ultrapassadas de produção e subutilização dos recursos naturais.[32] No tocante à comercialização, a noção de *hedge* como instrumento de proteção de preços era pouco conhecida. Essa falta de visão aliada a "uma postura moral hostil ao especulador" na sociedade brasileira e à associação dos mercados futuros a cassinos de jogos e de apostas, demonstram a total ignorância perante a função econômica desempenhada pelos mercados.[33]

Todos esses fatores contribuíram para a liquidez precária e alguns insucessos de modelos lançados. Apesar das dificuldades, a Bolsa de Mercadorias girava volume equivalente ao da Bovespa à época, por volta de US$ 10 milhões a US$ 15 milhões ao dia.[34]

Ao mesmo tempo, no Rio de Janeiro, pesquisas levaram à implementação de um novo instrumento na BOVERJ: o contrato futuro de ações. Não obstante algumas falhas verificadas no pagamento das margens diárias, esse contrato conseguiu grande volume de negociações e era sem dúvida de caráter inovador, já que os instrumentos híbridos com futuros sobre índices de ações

30. Id., ibid., p. 119. O IVC foi regulamentado após a reforma fiscal de 1934, com alíquota de 1% que incidia em cascata, isto é, em cada segmento da cadeia produtiva ao negociar a mercadoria. Os autores consideram que tal imposto gerou a queda do mercado futuro de algodão.

31. As constantes intervenções governamentais na política de preços da cultura cafeeira constituíam-se em entrave para o desenvolvimento das transações com contratos futuros.

32. Sente-se até hoje os resquícios da política ruralista, da "república do café-com-leite" que sempre garantiu recursos nas mãos dos grandes proprietários de terra. Cf. Francisco Alencar, Lucia Carpi e Marcos Venício Ribeiro, *História* ..., p. 194.

33. Alcides Ferreira e Milton Horita, *BM&F. A história* ..., p. 72. "Tal postura resulta não só das peculiaridades da própria superestrutura ética e religiosa construída pela sociedade brasileira ao longo de sua história, mas também da evidente desinformação da sociedade em relação ao papel econômico do especulador. Este certamente é um ponto que demanda na verdade uma campanha de esclarecimento quanto à figura do especulador, realçando o seu papel como tomador de risco, como ingrediente fundamental da liquidez do mercado e como atenuador de acentuadas oscilações de preço".

34. Id., ibid., p. 90.

só foram lançados em 1982 pela KCBOT nos Estados Unidos. (Note-se que os contratos cariocas eram sobre ações e não sobre índices de ações). Nesse mesmo ano, o Banco Central proibiu investidores estrangeiros de operarem em bolsas brasileiras devido à crise da dívida externa.

Houve tentativa frustrada de montar futuros de ações também em São Paulo. No entanto, o mercado de futuros da BOVERJ terminou devido a alguns erros estruturais culminados com a inadimplência de contratantes. Em 1983, o volume do mercado de capitais de São Paulo já alcançava 64,2% do mercado, tendo ultrapassado o volume do Rio. Opções já eram transacionadas na BOVESPA.

No dia 30 de novembro de 1984, a Bolsa Brasileira de Futuros (BBF) começou suas operações utilizando-se de espaço no próprio pregão da BOVERJ. Negociava principalmente futuros de ações.

Em 1986, a BMSP iniciou a comercialização com ativos financeiros, lançando a partir daí contratos de cruzados equivalentes a moedas estrangeiras (câmbio cruzado), CDBs, índice de ações FGV-100.

Executivos da BOVESPA idealizaram um projeto de elaboração de uma nova bolsa de mercadorias. Após estudos detalhados do funcionamento das instituições americanas e tentativas fracassadas de fusão com a BMSP, a nova Bolsa Mercantil & de Futuros, como foi chamada, teve seu pregão inaugural em 31 de janeiro de 1986.

A sucessão de planos econômicos advindos posteriormente e a liquidação compulsória de contratos pelo governo ocasionaram certas dificuldades às bolsas.

Em 1987, uma tentativa de união das áreas administrativas, processamento de dados, tesouraria e assistência jurídica e econômica da BOVESPA e BM&F foi frustrada. Houve processo de separação definitiva com acerto de contas. A BOVESPA recebeu o título de sócio honorário, instituidor da Bolsa Mercantil & de Futuros.

Após dificuldades com o mercado de boi gordo no Plano Cruzado 2 (do Presidente José Sarney) e as altas taxas de inflação, a BMSP juntamente com a BBF praticamente encerraram suas atividades depois do Plano Bresser: as dificuldades com as tablitas e a intervenção do Banco Central, suspendendo temporariamente todos os negócios, ocasionou clima de exacerbada insegurança entre os negociantes.[35] A condução de certas questões pelas bolsas ocasionou reclamações em inúmeras ações judiciais.

Em maio de 1991 operou-se fusão da Bolsa de Mercadorias de São Paulo com a Bolsa Mercantil & de Futuros, que desde então passou a se chamar Bolsa de Mercadorias & Futuros, mantendo a mesma abreviatura BM&F. Esta assumiu, inclusive, a classificação oficial do algodão produzido ou importado pelo Estado de São Paulo.

Com o Anexo IV, medida que permitiu aos investidores internacionais operarem nos mercados de capitais brasileiros isentos do pagamento de imposto de renda, foi gerado um brutal crescimento em volumes transacionados.

A incorporação da BBF pela BM&F aconteceu em 1997.

Presentemente, a BM&F negocia ouro nos mercados à vista, a termo, opções e futuros; contratos futuros sobre o índice Bovespa, CDI, DDI cupom cambial (diferencial CDI/ dólar comercial), dólar comercial, dólar flutuante, C-bonds, soja, boi gordo, milho, algodão, açúcar cristal, café; opções sobre disponível de dólar comercial e de CDI, sobre futuros de café, boi gordo, milho, soja e Ibovespa.

IV – Mecanismos e função econômica

Os mercados futuros foram criados, originalmente, com o intuito de eliminar os riscos inerentes à atividade produtiva agrícola e à sua distribuição.

35. Teremos, a seu tempo, oportunidade de analisar mais detalhadamente as citadas intervenções.

O advento de mudanças estruturais na Economia mundial (comércio internacional, competitividade acirrada, mudanças nas políticas monetárias e estatais, globalização) fez com que novos instrumentos do mercado – contratos sobre ativos financeiros – fossem adaptados para a administração de riscos de indústrias, de bancos e do sistema financeiro em geral.[36]

Assim, a função econômica dos contratos futuros, os quais se configuram em um dos tipos de derivativos, consiste em ser eficiente instrumento de *hedge*.

Sobre a palavra *hedge*, conceitua o *The Oxford English Dictionary*. Oxford, 1933, vol.V: "8. trans. To secure oneself against loss on (...) by making transactions on the other side so as to compensate more or less possible loss on the first."

Define o *Dicionário de Inglês-Português*, de Armando Moraes. Porto Editora, 1982: "[2] vedar; rodear de sebe; (...); procurar não se comprometer; (...); precaver-se; (na Bolsa) fazer compras de modo a evitar possíveis perdas futuras devido à flutuação de preços (...)".

Veja-se a definição de *hedge* dada pela própria Chicago Board of Trade:

"Hedging, a major economic purpose of futures markets, is buying or selling futures contracts to offset the risks of changing prices in the cash markets. This risk-transfer mechanism has made futures contracts virtually indispensable in efforts to control costs and protect profit margins."[37]

Todavia, a finalidade de "hedge" não é exclusiva dos contratos futuros. Encontram-se atualmente outros derivativos largamente utilizados para esse fim.

L. G. Leães Filho explica:

"Essencialy derivatives can be classified in four different basic categories: forwards, futures, options and swaps.(...). Another way to classify derivatives is related to their application. The uses of derivatives mostly fall in four differents categories: asset/liability management, creation of synthetic asset of liabilities, hedging and speculation."[38]

A conveniência do uso de um ou de outro método derivativo dependerá de fatores como quantidade do ativo a ser protegido, disponibilidade de recursos a serem utilizados, maior ou menor capacidade de exposição a riscos, quantidade de tempo disponível para a consecução dos efeitos visados e outros.

A administração de riscos hoje em dia é atividade de extrema importância, cuja complexidade envolve profissionais altamente capacitados nas mais variadas áreas.

Conclui-se, daí, que *hedging* consiste em mecanismo de proteção, de cobertura de quaisquer ativos existentes no mercado físico pela utilização de métodos específicos, visando fixar ou garantir uma margem de custos ou lucros na sua utilização.

É interessante que em países onde a idéia de *hedge* encontra-se cristalizada no cerne produtivo, comprovadamente, as empresas que "acobertam" seus ativos por meio de tais instrumentos obtêm empréstimos bancários a taxas menores para o financiamento de suas atividades. Tal atitude decorreu da verificação de que essas empresas apresentam, estatisticamente, menor margem de inadimplência. Há instituições que exigem o *hedge* como pressuposto para concessão de créditos.

36. Praticamente quase todas as atividades hoje em dia (se não todas), envolvem direta ou indiretamente gerenciamento de riscos. Mesmo a dona de casa que se dirige ao banco para depositar suas economias num FIF (fundo de investimento financeiro) com rentabilidade fixa lastreada em CDI (certificado de depósito interbancário), por exemplo, será usuária de mecanismos de *hedge* no mercado futuro de juros DI utilizados por sua instituição financeira. Fundos de pensão, fundos mútuos ou sociedades de investimentos, companhias importadoras ou exportadoras são exemplos dos maiores *hedgers* (aqueles que buscam cobertura) nos mercados derivativos.

37. CBOT, *Commodity Trading Manual*, p. 13.

38. Luiz Gastão Leães Filho, "Derivative's ...", pp. 61 e 63.

Entretanto, o uso dos mercados futuros para outros fins como especulação e arbitragem torna-se essencial forma de atuação, na medida em que providencia ao mercado liquidez e precificação coerente, resultando em benefícios para todos, como veremos adiante.

Ademais, conforme nos explica Maria C. Rossi, há autores como Johnson (1960)[39] que, a partir de análise empírica, desenvolveram teorias que aproximam os conceitos de *hedging* e especulação,[40] determinando novos contornos a essas atividades.

"Os participantes tomam conhecimento não apenas dos motivos esperados dos preços relativos, mas também dos preços absolutos, adequando suas posições em função de tais expectativas. Em outras palavras, atividades de *hedging* costumam misturar-se com operações especulativas na contabilidade individual dos *hedgers*".[41]

Teweles, Harlow e Stone, por sua vez, defendem que o *hedger* é também um especulador na medida em que especula na base. Ele transfere riscos de mudança no preço absoluto ao especulador, porém, mantém consigo o risco de variação de fatores na base.[42]

Hieronymus argumenta que *hedge* e especulação não são opostos, sendo conceitualmente similares. Constituem, tão-somente, em espécies diversas de especulação, uma vez que o *hedging* seria uma de suas modalidades.[43]

39. *Apud* L. L. Johnson, "The theory of hedging and speculation in commodity futures", *Review of Economis Studies*, v. 27, n. 3, pp. 139-151.

40. Especulação é definida economicamente como a aquisição de um bem na espera de realização de um lucro com a elevação de seu preço (ou a venda de um bem na expectativa de que seu preço venha a baixar).

41. Maria Cecília Rossi, "Mercados futuros ...", pp. 49-70.

42. *Apud* R. Teweles, C. Harlow, H. Stone, *The commodity futures game,* McGraw, Hill Paperback edition, 1977.

43. Luiz Forbes, ob. cit., p. 33. *Apud* Thomas Hieronymos, *Economics of Futures Trading*, Washington, DC, 1971, p. 4.

Passaremos agora à análise do funcionamento dos mercados. Observa-se que os termos ora empregados não serão usados em sua acepção jurídica, mas de acordo com o jargão bursátil.[44]

As bolsas são instituições organizadas que propiciam local adequado para o encontro de compradores e de vendedores de determinados bens. Para isso utilizam-se de pregões públicos, de viva voz, onde corretores que são representantes de ambas as partes efetuam as transações.[45] Como reflexo do alto grau de informatização em constante evolução, bolsas inteiramente computadorizadas com pregões virtuais já se encontram em funcionamento em nossos dias.

44. A natureza dos contratos futuros à luz do Direito será estudada posteriormente.

45. Existem diferentes tipos de operadores, de acordo com as regras de cada bolsa, autorizados a transacionar em pregão. Nas bolsas americanas, na maioria dos casos, encontramos as seguintes denominações gerais:

a) Locals — transacionam por conta própria, especulando com os movimentos de mercado. São classificados de acordo com suas técnicas e tempo de atuação: *scalpers* — são operadores profissionais que negociam em curtíssimo período de tempo, tirando proveito de diferentes preços conforme seu posicionamento no *pit* (local de comercialização de determinado objeto); *day traders* — tomam posições que são liquidadas ao longo do dia; *position traders* — permanecem mais tempo nas posições, aguardando o momento ideal para encerrá-las. Todos eles conferem liquidez ao mercado, equilibrando divergências de preço.

b) Floor brokers — executam ordens de terceiros, agindo como mandatários. Operam para corretoras, instituições financeiras, grandes empresas. Normalmente, podem transacionar para si mesmos também, o que pode gerar certos conflitos (densa fiscalização foi efetuada no começo dos anos 90 nos EUA, ocasionando certas mudanças que serão abordadas a seu tempo).

No Brasil há o "operador especial" que pode negociar para si ou para terceiros e o "operador de pregão", o qual é credenciado pelas corretoras de mercadorias que cobram "taxas de corretagem" para executar as ordens de seus clientes.

Para se operar em pregão é necessário possuir ou alugar um título da bolsa. Os membros da bolsa são os detentores dos títulos. Nem todos os membros da bolsa são membros de compensação também, devendo daí, contratar os serviços de registro e de liquidação.

A finalidade de realização de contrato de compra e venda antecipadamente à data de entrega constitui-se em fixar às partes rentabilidade satisfatória sobre o objeto de que se disporá depois. Pelos problemas anteriormente abordados, os *forward contracts* ou *to arrive* – contratos a termo – apresentam falhas que diversas vezes se traduzem em prejuízos para os contratantes. Métodos contratuais foram aperfeiçoados para que pudessem possibilitar a transferência de riscos do setor produtivo para o próprio mercado. Especuladores, tendo a possibilidade de auferir lucros, sem, no entanto, estarem ligados a qualquer tipo de produção, fazem o papel de tomadores de risco, possibilitando o *hedge*, mecanismo de cobertura.

Contratos futuros são contratos padronizados no tocante a quantidade, qualidade, data e lugar de entrega do objeto transacionado. As partes, no pregão, acordam apenas sobre o preço do negócio. Querendo adquirir maior quantidade, acordam sobre maior números de contratos, mas não poderão fechar negócio com cláusulas diferentes do estipulado; para isso, dispõem do mercado de balcão. Contudo, ressalta-se que contratos futuros (da forma como são transacionados em bolsa) não podem ser efetuados entre particulares; só o mercado proporciona a liquidez desejável para a consecução da finalidade de *hedge*, possibilitando o *way out* das posições assumidas no momento mais apropriado.

A padronização torna possível a fiscalização e o uso de sistemas de garantias providos pela bolsa que têm como objetivo assegurar o adimplemento da operação negociada.

Bolsas de mercados futuros possuem departamentos os quais, continuamente, estudam os contratos a fim de adequar as cláusulas padronizadas à demanda e à oferta existentes para determinada mercadoria ou ativo financeiro. Aliás, a partir da reiterada procura de métodos de precificação consistentes, os mercados futuros vêm fomentando o surgimento de sistemas de análise e a formação de novos conceitos, contribuindo para o desenvolvimento de vários ramos de conhecimento (haja vista a quantidade de novas teses produzidas, ininterruptamente, sobre o assunto).

As mercadorias transacionáveis em futuros possuem as seguintes características básicas: devem ser classificáveis facilmente quanto à sua qualidade; apuráveis quanto ao preço; existir em quantidade consideravelmente disponível nos mercados físicos – bens fungíveis; baixo grau de perecibilidade, comportando armazenamento por longos períodos; incerteza quanto à oferta e procura, determinando assim o caráter incerto do preço (volatilidade) a ser praticado no futuro;[46] precificação formada livremente em mercado (oferta e demanda abundantes).[47]

No caso de ativos financeiros, suas características se restringem à flutuação e ao valor incerto passíveis de serem apurados no futuro, uma vez que grande parte dos ativos transacionados são alvo constante de intervenções governamentais, conforme a própria política monetária, fiscal e cambial do país.

N. Spínola nos dá um claro exemplo de operação de cobertura com futuros:

"Suponhamos um fazendeiro que esteja em agosto e tenha condições de planejar a estrutura de preços de sua safra a ser plantada ainda no curso desse mesmo ano para colher em março/abril do ano seguinte. Verificando as cotações, esse fazendeiro conclui que os preços atuais pelos quais estão sendo negociados os contratos para entrega da mercadoria em diferentes meses do próximo ano são bastante interessantes. Ele toma então em agosto a decisão

46. Logicamente os mercados futuros não existiriam se os preços não fossem passíveis de flutuação.

47. A existência de intervenções governamentais, manipulações por monopólios ou cartéis impedem a livre formação de preços por processos mercadológicos de oferta e de procura, obstando, portanto, a flutuação de preços.

de vender um contrato para vencimento em julho seguinte, ao preço de 9 reais e 3 centavos por 27,22 quilos (1 *bushel*). Chegando o mês de abril o fazendeiro está em condições de vender a sua colheita, mas os preços no mercado disponível estão bem mais baixos: digamos, a 5 reais e 50 centavos pelos mesmos 27,22 quilos. Vendendo a mercadoria no mercado à vista o fazendeiro obtém esse preço, mas liquidando a sua produção no mercado futuro ele obtém um ganho (diferença entre o preço pelo qual vendeu: 9 reais e 3 centavos – e o preço pelo qual comprou um contrato para saldar seu compromisso anterior da venda: 5 reais e 89 centavos). O lucro obtido no contrato futuro compensa a queda nas cotações da mercadoria no mercado à vista, permitindo assim que o preço final obtido seja mais ou menos igual às cotações na época em que o fazendeiro *vendeu* no mercado futuro. A esta operação conjunta que objetiva salvaguardar uma posição de risco por outra equivalente, mas de sentido contrário, chama-se *hedging* (que significa proteger)".[48]

Para fins de *hedging*, aquele que dispõe da mercadoria no mercado físico, deve vender contratos futuros para que eventual queda nos preços do mercado à vista seja compensada por ganhos no mercado futuro. Quem vai adquirir a mercadoria no mercado disponível (o processador da matéria-prima, o intermediário da cadeia produtiva) deve comprar contratos futuros para que eventual aumento de preços à vista seja contrabalançado pelo preço já tratado nos futuros.[49]

Imagine-se a situação de uma indústria de eletrônica importadora de produtos técnicos americanos. Ela paga em dólares pelos produtos que adquire no exterior, enquanto receberá em reais pelos equipamentos que fabrica. Qualquer valorização do dólar frente ao real poderá significar milhões de prejuízos, os quais serão, certamente, repassados para os consumidores brasileiros. Se a empresa usar de cobertura em mercados futuros de moedas, comprando futuros de dólares, irá se precaver, a um custo mensal pré-programado muito menor do que se tivesse que, de repente, arcar com mudanças cambiais inesperadas.

E. Fortuna faz outra colocação relevante:

"Os mercados futuros, sendo um mercado de expectativas, servem como indutor de decisões no presente.

Suponhamos, por exemplo, que o diferencial na data presente, hoje, portanto, seja, para a relação entre o real e o dólar, de 2%, ou seja, a taxa de juros real em reais remunera o investidor com um diferencial 2% superior à taxa de juros em dólar (correção cambial) num período mensal. Suponhamos que, no mercado futuro da BM&F, essa defasagem para o período mensal futuro mais próximo seja de 1,7% ainda em favor do real.

Tal fato indicará ao investidor que a relação R$ *x* US$ é mais favorável hoje do que o será no futuro e, portanto, é melhor investir hoje em reais do que em dólar e, em contrapartida, será melhor endividar-se hoje em dólar, em vez de fazê-lo em reais."[50]

O mecanismo geral consiste no seguinte: um cliente interessado, uma indústria produtora de óleo de soja, por exemplo, diagnosticando a possibilidade de alta no preço do grão no disponível entra em contato com sua corretora e, no dia 10, determina a compra de 50 contratos (a quantidade e qualidade, data e local para entrega da mercadoria já estão determinados no contrato) ao preço *x* (ou estabelecendo uma

48. Noênio D. Spínola, *Commodities* ..., p. 13. Adaptou-se a unidade de tempo, os preços em reais são fictícios.

49. Obviamente, parte-se do pressuposto do preço futuro estar acompanhando a evolução do à vista. "Mercado invertido" acontece em raras ocasiões. No caso de taxas de juros, o mecanismo consiste no contrário: quem espera a alta, deverá vender; quem desconfia de baixa, deverá comprar a futuro.

50. Eduardo Fortuna, ob. cit., p. 349.

margem de variação na qual o corretor poderá comprar).

A corretora dá a ordem ao seu operador de pregão que, imediatamente, anunciará em voz alta sua proposta aos outros corretores. Ele deverá concluir a transação com o primeiro que a aceitar. Caso haja aceitação por dois corretores ao mesmo tempo, cada um ficará com a metade do número de contratos.[51] Para efetuar a fiscalização no pregão existem funcionários que são incumbidos de anotar horário e preços que estão sendo praticados no mercado, acompanhando as negociações. Os dados são levados ao sistema que alimenta os painéis eletrônicos do pregão, por onde todos têm acesso às informações sobre os negócios. O mecanismo ao mesmo tempo possibilita a divulgação de cotações para todas as partes do mundo. Divergências são encaminhadas ao diretor de pregão, responsável pelo encaminhamento de soluções.

Suponha-se que o corretor consiga fechar o negócio com um vendedor, então, de 50 contratos ao preço *x* desejado. Cada corretor tomará nota da quantidade de contratos, preço, mês de entrega e parte com quem efetuou a transação. As partes se dirigem a um terminal de computador que registra o cartão de negociação, formalizando, dessa forma, o ajustado. Há a formação de um contrato em aberto (*open interest*), como é denominado. Os contratos estão em aberto porque duas posições surgiram, a de venda e a de compra a futuro, sendo que poderão ser encerradas antes do término do contrato (explica-se adiante).

A transação será devidamente registrada na câmara de compensação – *clearing house*. Cabe aqui tecermos algumas considerações sobre o sistema de garantias determinado pelas bolsas para a segurança do cumprimento dos contratos. Há algumas diferenças nos mecanismos adotados de bolsa para bolsa que resultam, justamente, em maior ou menor eficiência e segurança na execução operacional.

As *clearings* desenvolveram-se como conseqüência da necessidade de controle e fiscalização das posições contratuais assumidas pelos corretores e seus clientes. Elas podem ser tanto um departamento da própria bolsa como uma sociedade desvinculada, que através de contrato firmado com a bolsa, se responsabiliza pela realização das funções.

"Uma *clearing house*, nos Estados Unidos, é uma instituição que assume os riscos de inadimplência *(default)* das partes envolvidas em um contrato futuro".[52]

A *clearing*, caixa de liquidação, é composta por membros de compensação designados por rigorosos critérios e com alto nível de capitalização, os quais são os responsáveis pelo cumprimento dos contratos que registram. Todos os contratos têm que ser lançados junto a um membro em particular que, por sua vez, tem obrigação de providenciar a manutenção de depósitos que garantam o compromisso assumido.

Assim, os membros de compensação, além de administrar as margens depositadas pelas corretoras, compõem com seu próprio capital um fundo de garantia real junto à *clearing* cujo valor dependerá de acordo com os números de contratos pelos quais se responsabiliza.

Existem dois tipos de garantias que devem ser mantidas pelo membro de compensação: a margem inicial (*original margin*) que possibilitará ao membro assumir o contrato de compra ou venda no momento de seu registro e a margem adicional (*variation margin*) a qual será acrescentada toda vez que a *clearing* determinar, conforme a volatilidade dos preços do mercado.

Encontramos, nesse ponto, diferenças estruturais entre *clearings* americanas e a

51. Goan T. Yo, *Operações ...*, pp. 33 e ss.

52. Ruy Aires de Almeida Freitas, *A influência ...*, p. 30.

brasileira. Nos Estados Unidos utiliza-se o conceito de margem líquida de garantia;[53] isto é, a quantia a ser depositada pelo membro de compensação se baseia na diferença entre contratos vendidos e comprados. Por exemplo: se um membro de compensação possui dez posições vendidas e dez posições compradas de um mesmo tipo de contrato, sua situação final está zerada porque as perdas serão equilibradas com os ganhos obtidos nas posições contrárias. Da mesma forma, se possuir vinte e cinco contratos vendidos e dezessete comprados, deverá depositar margem para oito contratos uma vez que somente dezessete estarão contrabalançados entre si.

No Brasil, distintamente, são requeridas margens sobre as posições individuais, ou seja, sobre cada posição, independentemente se há compensação por posição contrária. Assim, apesar do sistema envolver um custo maior, buscou-se maior cautela e segurança nas garantias contra inadimplemento.

A margem ou depósito inicial diferirá de acordo com cada operação. Os *hedgers*, por estarem cercadas suas probabilidades de perda, pagam depósitos inferiores aos dos especuladores, porém há um valor mínimo designado a ser cumprido.[54] Este constitui-se em fundo de reserva sendo utilizado para todas as despesas que poderão advir frente a câmara (inclusive para o pagamento ou recebimento de ajustes diários). Ao vencimento das obrigações, os recursos não dispendidos serão devolvidos.

Aproximadamente, as margens representam cerca de 4% (dependendo da situação até 15%) do montante total da operação; por essa razão, os mercados futuros trabalham com alta alavancagem (*leverage*), ou seja, permitem o controle de elevadas posições contratuais com relativamente pouco capital a ser imobilizado inicialmente.

Outras receitas são realizadas pela câmara de compensação a partir de taxas cobradas pela liquidação de contratos, anuidades dos membros de compensação e outros serviços prestados. Ela, adicionalmente, responsabiliza-se pela inadimplência de um membro de compensação perante os outros. Dessa maneira, a integridade financeira das transações é assegurada e, constantemente, averiguada através de mecanismos de alta tecnologia que verificam as quantias frente à flutuação dos preços.

Portanto, no caso do não pagamento de um cliente qualquer, primeiramente o membro de compensação deverá honrar a obrigação devida; caso não o possa fazer, à *clearing* cumprirá garanti-la. Somente após o pagamento concreto serão tomadas medidas para cobrança dos devedores originais.

As bolsas determinam certas precauções contra violentas oscilações de preço, sendo estipulados valores mínimos e máximos para comercialização, com base no preço de fechamento do dia anterior (*daily trading limits*). Também os números de posições contratuais que um mesmo investidor pode manter são controlados para que não ocorram manipulações do mercado (*position limits*).

Existe o pagamento de ajustes diários para a equalização da posição ao seu valor atual. Como o potencial de variação dos preços (desde a formação do contrato até a sua data de vencimento) é incerto, a câmara de compensação ajusta o valor contratual, cobrando as perdas e pagando os ganhos, diariamente. O preço do ajuste (*settlement price*) consiste na média dos preços negociados nos minutos finais do pregão para determinado objeto.

Voltemos ao exemplo anteriormente dado. Uma indústria processadora no dia

53. Alcides Ferreira e Milton Horita, ob. cit., p. 439.

54. Noênio Spínola, ob. cit., p. 84. "A razão pela qual são menores as margens solicitadas para as operações de *hedging* prende-se ao caráter não-especulativo desses contratos, nos quais se exige boa-fé da parte do cliente no ato da abertura de uma posição (*bona-fide hedging*). Obviamente, as posições especulativas são penalizadas pela obrigação de depositar uma margem maior".

10 adquiriu 50 contratos ao preço *x*. No dia 11, o preço do contrato de soja com as mesmas estipulações passou a ser cotado a *x+1,50*. A indústria saiu lucrando, pois, comprou por *x* algo que agora vale *x+1,50* ; se visasse a fins especulativos poderia vender 50 contratos equivalentes a *x+1,50*, compensando as posições e realizando *75* de lucro (50 vezes *1,50*); como trata-se de *hedging*, pretende levar o contrato, supostamente, até o vencimento, época na qual adquirirá os grãos. Por isso, mantém sua posição contratual comprada (no jargão fala-se: mantém sua posição em aberto) e recebe *75* de ajuste diário. Note-se que os *75* são pagos exatamente pela parte que vendeu os contratos, pois, como vendeu a *x* algo que agora vale *x+1,50*, teve perdas nesse valor.

Ressalta-se que o papel da *clearing* é meramente o de transferir os valores ocasionados pela variação dos preços da parte que perdeu para a que ganhou. Assim, se no dia 15, uma notícia de superprodução acarretou na queda do preço para *x-18*, a indústria deverá pagar *900* (50 vezes *18*) de ajuste diário à câmara, a qual designará a quantia à parte vendida (esta lucrou com a queda).

Logo, esse mecanismo proporciona que no vencimento do contrato por liquidação efetiva (entrega e recebimento da soja, no exemplo), a parte compradora pague o valor calculado com base no preço de fechamento do pregão anterior, uma vez que todas as possíveis oscilações foram previamente acertadas através de tais ajustes. No caso, supondo que no dia da liquidação o preço do contrato esteja *x-200*, para *x =5000*, tendo já pago *200* por contrato no decorrer do tempo ou *10000* no total, a indústria pagará na liquidação *x-200 =4800* por contrato e não os *5000* tratados originalmente.[55]

Se o preço estiver *x+13*, a processadora pagará *x+13* se quiser receber a soja, porém, como recebeu *13* dos ajustes diários, na realidade desembolsou *x*.

Os ajustes diários servem também como garantia de que o contratado será cumprido. Do seu não pagamento, recursos da margem inicial serão utilizados tendo, contudo, que ser rapidamente repostos, sob pena da própria corretora ou do membro de compensação liquidarem compulsoriamente as posições contratuais do cliente.

Explica-se: a corretora poderá ser o próprio membro de compensação possuindo, para isso, título de sócio e permissão para executar as mencionadas funções. Se não o for, deverá contratar os serviços de um agente de compensação, o qual lhe cobrará taxas de acordo com o estipulado pela bolsa.

A corretora, paralelamente, é a responsável pelas margens de garantia deixadas por seu cliente. Diariamente, ela deverá informá-lo sobre a situação de sua conta; se esta estiver abaixo do limite mínimo (margem original), ela providenciará a "chamada de margem", contatando-o para que reforce a conta. Caso o cliente não o faça até a abertura do pregão do dia seguinte, a corretora poderá, sem o seu consentimento, liquidar as posições até o suficiente para a reposição da margem devida, debitando inclusive eventuais oscilações advindas no mercado.

Dessa forma, as corretoras possuem o direito (assegurado pelo próprio cliente

55. Nessa hipótese, observa-se que a processadora desembolsou 250.000, no total (50 contratos), para adquirir bens que valiam 240.000 no momento da entrega. Ela sairia ganhando se não tivesse feito a operação nos futuros. No entanto, deve-se ressaltar que o *hedging* é justamente a "cerca" dos ganhos e das perdas, a eliminação de riscos que talvez lhe fossem maléficos. O *hedger* limita as perdas abrindo mão de possíveis ganhos, para, conseqüentemente, poder trabalhar com expectativas de lucro certo (no caso, a indústria sabia que pagaria no máximo 250.000, valor que estipulou dentro de suas margens ao assumir o compromisso). Não fazendo *hedging*, o produtor estaria especulando, pois, poderia conseguir ganhos maiores, correndo o risco, entretanto, de cair em falência com grandes prejuízos.

quando da abertura da conta) de se precaverem contra possível inadimplência que recairia sob sua responsabilidade.[56]

Nos mercados futuros, como se pôde observar, o contrato pode ser encerrado de duas maneiras: liquidação por diferença (*to offset*) e liquidação por entrega (*delivery*).

A liquidação por diferença pode ser operada a qualquer tempo até o vencimento do contrato. Consiste na compensação financeira de uma posição comprada por uma posição vendida (obviamente do mesmo tipo de contrato) ou vice-versa.

"O encerramento de uma posição envolve a realização de um contrato oposto ao original. Por exemplo, se um investidor, no dia 6 de maio, comprar cinco contratos futuros de milho com vencimento em julho, no dia 20 de junho ele poderá encerrar sua posição vendendo (tomando uma posição vendida) cinco contratos futuros da mesma *commodity* para o mesmo vencimento. Inversamente, o investidor, no dia 6 de maio, poderia ter vendido (assumido uma posição vendida) cinco contratos com vencimento em julho. No dia 20 de junho, ele poderá encerrar sua posição, comprando cinco contratos para vencimento em julho. Em cada caso, a perda ou o lucro total do investidor é determinado pela variação do preço futuro entre os dias 6 de maio e 20 de junho".[57]

Desse modo, tanto o comprador como o vendedor, a partir da análise do que lhes for mais conveniente, poderão optar por não levar o contrato até o vencimento programado, sem, para isso, precisar de qualquer anuência da outra parte contratante original. De fato, essa é a forma mais usual, largamente utilizada para o encerramento das operações.

Por outro lado, caso opte pela liquidação por entrega efetiva do objeto transacionado, o vendedor deverá notificar seu membro de compensação, o qual comunicará a caixa (câmara), "nos dias oficiais de aviso de entrega". Esta encaminhará o aviso a um membro de compensação com posição comprada que designará, entre seus clientes, aquele que possui o contrato comprado há mais tempo para receber a mercadoria. Normalmente, a entrega se fará num armazém oficial previamente indicado pela bolsa, seguindo-se os procedimentos específicos para esse fim. É aconselhável, a especuladores e outros que não desejem correr risco de recebimento da mercadoria, que liquidem suas posições antes do primeiro dia oficial de notificação de entrega (*delivery notice*).

Encontra-se aí, então, outra função da *clearing house*. A ela caberá conduzir todo o procedimento de entrega física do bem transacionado.

A existência de especuladores, conforme foi dito, é indispensável ao bom funcionamento do mercado. Realmente, se o *hedger* dependesse somente de um outro *hedger*, teriam ambos que concordar sobre o mesmo número de contratos, para entrega no mesmo mês de vencimento, a determinado preço; o que nem sempre é possível. As exatas necessidades de um raramente coincidem com as do outro; poucos contratos seriam negociados, muitos *hedgers* não transfeririam satisfatoriamente seus riscos. Daí a importância do especulador. Este pode ser tanto pessoa física como jurídica, que em troca da possibilidade de realização de ganhos, negocia, assumindo riscos do *hedger* e proporcionando a liquidez indispensável ao mercado.[58]

Em qualquer mercado de futuros, o número de especuladores é bem mais am-

56. Goan T. Yo, ob. cit., p. 42.

57. John Hull, ob. cit., p. 20.

58. CBOT, ob. cit., pp. 111 e ss. "Speculators assume the price risk that already exists for producers, users, or inventory holders of commodities or financial instruments. By taking and holding the other side of a hedger's trade, speculators add capital to the market and alleviate a hedger's exposure to price risk. Speculators also add liquidity (...); speculators also enhance the price discovery role of futures markets by bringing additional information to the marketplace (...)".

plo que o de *hedgers*.[59] Além disso, os especuladores compram e vendem mais rapidamente, encerrando suas posições, justamente por buscarem lucros com oscilações e não estarem interessados em receber fisicamente as mercadorias transacionadas.

Somente 1% a 3% dos contratos resultam em entrega física da mercadoria.[60] Desses dados, pode-se concluir a pouca ligação existente entre os contratantes: a grande maioria das transações é executada por meio de liquidação por diferença, sendo que, em casos de entrega física, ela raramente se consumará entre os negociantes originais. De fato, a *clearing* é que indicará o comprador para o qual o vendedor entregará a mercadoria e, contrariamente, apontará o vendedor ao comprador desejoso de recebê-la.

Estudiosos do assunto explicam a situação :

"A Caixa de Liquidação simplifica o procedimento das liquidações dos contratos, pois ela assume o papel da 'parte contrária' da transação após o seu registro no final do pregão. A Caixa de Liquidação torna-se o Comprador para todos os participantes que têm posições *vendidas* ("short") e o Vendedor para todos os que têm posições *compradas* ("long"). Este fato é muito importante posto que o cliente não precisa se preocupar com a parte contrária da operação. Ele poderia vender a posição comprada ou recomprar a posição vendida a qualquer momento sem consultar a parte contrária inicialmente envolvida na operação. (...) Após o registro, as partes inicialmente envolvidas nas transações não têm mais obrigações recíprocas uma vez que a responsabilidade foi transferida para a Caixa de Liquidação".[61]

"Percebe-se, assim, que apenas em dois momentos um cliente vendedor está ligado a um cliente comprador: quando um contrato é negociado e quando um contrato é liquidado pela entrega das mercadorias. Fora desses dois momentos, todos os clientes estão ligados à própria *clearing house*, através de seus membros de compensação. (...)

"Lembre-se que, embora haja sempre um comprador e um vendedor para que uma operação seja realizada, a *clearing* assume o papel de contraparte em todas as operações."[62]

"Clearinghouses act as third parties to all futures and options contracts – acting as a buyer to every clearing member seller and a seller to every clearing member buyer. Buyers and sellers of futures and options contracts do not create financial obligations to one another, but, rather, to the clearing house through their clearing member firms. (...)

"Because the direct relationship between buyer and seller is severed, each is free to buy and sell independently of the other. As a party to every trade, the clearinghouse assumes the responsability of guarantor of every trade."[63]

Outro aspecto importante diz respeito à possibilidade de entrega da mercadoria. Apesar da liquidação por entrega ocorrer em pequena parcela dos casos, conforme se salientou, o fato de ela ser possível é que acarreta na conseqüência de convergência do preço futuro para o preço à vista, essencial elemento para o bom funcionamento do mercado.

O preço futuro geralmente é cotado acima do preço presente correspondente devido ao "custo de carregamento".[64] Com

59. Marco Aurélio Teixeira, ob. cit., p. 24.
60. CBOT, ob. cit., p. 72.
61. Goan T. Yo, ob. cit., p. 37.

62. Marco Aurélio Teixeira, ob. cit., pp. 31-34.

63. CBOT, ob. cit., p. 68.

64. Custo de carregamento (*carrying charge*) significa a quantia a ser dispendida para a manutenção da mercadoria desde a data da abertura do contrato até o seu vencimento. Engloba gastos como aluguel de armazéns, seguro da mercadoria, gastos com transporte até o local previsto para a entrega, gastos de financiamento (juros) etc. A diferença entre o preço futuro e o preço à vista da mesma *commodity* é

a aproximação do vencimento, o preço futuro tende a convergir para o seu valor à vista, sendo que, na data do termo, deverá se igualar ou estar bem próximo a ele — diferentes datas de entrega no futuro, na maioria das vezes, significam distintas cotações de preços nos contratos, pois envolverão outras perspectivas de gastos em função do tempo.

Para se entender o porquê desse fenômeno, deve-se introduzir a definição de arbitragem, a qual consiste em travar um lucro sem risco, realizando transações simultâneas em dois ou mais mercados.[65]

Suponha que o preço de determinado objeto no mercado futuro esteja valendo *y*, estando bem próxima a data do vencimento do contrato. O valor no mercado à vista do mesmo bem é *y* - *z*. Em tal situação, arbitradores comprariam a mercadoria no mercado físico a *y* - *z* e, paralelamente, venderiam contratos a futuro a *y* para efetuarem entrega efetiva. Visam, dessa forma, realizar lucro de aproximadamente *z* que é proporcionado pela disparidade entre os dois mercados. Talvez o ganho de *z* fosse eliminado pelos custos operacionais que envolveriam o negócio; porém, certamente, uma grande instituição que efetuasse a transação em elevadas quantidades de mercadoria, teria chance de obter bons lucros.

Numa hipótese bem mais rara, se a situação fosse inversa, o bem valendo *y* - *z* no mercado futuro e *y* no mercado disponível, arbitradores comprariam no futuro para, posteriormente, venderem à vista.

No entanto, oportunidades de arbitragem tendem a se dissipar rapidamente. Isso porque, à medida que arbitradores tentam travar seus ganhos, provocam a ação das forças mercadológicas que equalizarão os mercados, extinguindo suas discrepâncias. Ao comprarem no mercado, à vista, por exemplo, a procura ocasionaria o acréscimo do preço; ao venderem no mercado futuro, o excesso de oferta determinaria a sua queda.

Quanto à liquidação por entrega, cabem outras considerações. O comprador que recebeu a notificação de entrega física da mercadoria receberá os documentos (*warehouse receipts*) que formalizam a transação; sendo do seu interesse ele poderá vender contrato futuro do mesmo bem, transferindo, desse modo, tais documentos a outrem, sem tomar posse efetiva da mercadoria. Trata-se do mecanismo de "reentrega", que deverá se dar em determinado período de tempo programado.

Sabe-se que o valor de entrega da *commodity* será calculado com base no preço de fechamento do dia anterior. A mercadoria a ser entregue deverá corresponder ao grau de qualidade explicitado no contrato, no entanto, se for distinguível o valor de diferença, em termos de mercado, outra qualidade preencherá a obrigação. O contrato deverá prever descontos ou pagamentos a serem efetuados conforme a mercadoria tenha qualidade inferior ou superior, respectivamente. Diz-se que é processo de liquidação mista, em parte em bens e em parte em dinheiro.[66]

Lembra-se, ainda, que os mercados futuros japoneses, que não comportavam entrega física dos grãos, terminaram por contrair graves distorções entre o preço à vista e o futuro. Após tempo fechados, reiniciaram as atividades prevendo tal possibilidade.

Moedas, títulos do governo e outros ativos financeiros têm sido, freqüentemente, liquidados por entrega, uma vez que a operação envolve custos praticamente desprezíveis. Muitas das entregas são, inclusi-

chamada de *base*. Em condições normais, a base deverá diminuir com a aproximação do termo do contrato, tendendo a zero na data do vencimento. A base é formada em função do preço de carregamento e de outras variáveis como: expectativa da produção no período, demanda e oferta estrangeira da mercadoria, políticas governamentais, expectativas de inflação, antecipação dos custos das margens e outros.

65. John Hull, ob. cit., p. 12.

66. M. A. Teixeira, ob. cit., p. 43.

ve, realizadas por sistemas de custódia organizados por computador.

Pelo abordado, verifica-se os papéis cruciais desempenhados por arbitradores e pela opção de liquidação por entrega da mercadoria; a existência de ambos permite o processo de 'descoberta' do exato valor do preço futuro.[67]

Contudo, cumpre-se alertar que há fatores como: disparidade entre a evolução dos preços à vista e a futuro, diferenças entre a quantidade de ativos a ser protegida no físico e a determinada no contrato da bolsa, discrepâncias nos preços dos diferentes meses de entrega, e outros, que implicam em limitações, fazendo com que o *hedging* nem sempre dê proteção perfeita contra adversidades do mercado.

O funcionamento adequado de um mercado a futuro para o atendimento de sua relevante função sócio-econômica dependerá, por conseguinte, de relação em simbiose entre os três grupos que o compõem: *hedgers*, especuladores e arbitradores.

V – Da natureza jurídica dos contratos futuros

É sabido que novos instrumentos econômicos surgem para atender interesses diversos daqueles já legalmente tutelados. No ramo dos negócios jurídicos, a autonomia de vontade entre particulares, desde as mais remotas codificações, tem contribuído para a fixação e evolução de conceitos, na medida em que suscita questionamentos e debates entre legisladores e cientistas do direito.

O direito contratual é regido por três princípios básicos: da autonomia da vontade, da relatividade de convenções e da força vinculante ou obrigatoriedade contratual. O primeiro princípio confere liberdade aos indivíduos de se relacionarem na órbita do direito, estando estes vinculados ao seu ordenamento e limitados pela supremacia da ordem pública e dos bons costumes.[68] De fato, tanto a propriedade como o contrato, superada a fase pós-Revolução Francesa de exacerbado individualismo, passaram por restrições e diretrizes do Estado a fim de que houvesse uma prevalência do interesse social perante as próprias desigualdades advindas no bojo daquele contexto liberal.

Entretanto, Códigos não formam sistemas absolutamente fechados, uma vez que refletem o momento histórico e, por conseguinte, a visão econômica preponderante na sua consecução.[69] Ademais, o direito embute em seus próprios princípios fatores dinâmicos que viabilizarão a aceitação e a ordenação de novos paradigmas, tendo até os juristas puristas, presentemente, admitido o acolhimento de princípios tradicionalmente considerados como metajurídicos no campo da Ciência do Direito, denotando a "crise da teoria das fontes".

Nesse ínterim desenvolver-se-á a discussão sobre os mercados futuros, os quais, com inovadores instrumentos operacionais,

67. CBOT, ob. cit., p. 101. "Arbitrage is crucial to preserving the relationship between the cash and futures markets and helps ensure that the basis approaches zero by the time the contract expires. Without this equilibrium, it would be impossible for hedgers to transfer their unwanted risk because the futures contract might have little, if any, price correlation to the cash market".

68. Silvio Rodrigues, *Direito* ..., p. 15.

69. Judith Martins-Costa, "Crise ...", pp. 24 e 36: "Tão inútil quanto é a busca da "novidade" pelo mero fato de constituir uma "novidade" o é perigoso e desviante o tratamento do que é novo com instrumentais teóricos que só se justificavam no passado. Admitindo, por força da realidade, que nenhum código é absolutamente "fechado", assim como os sistemas jurídicos não são impermeáveis aos diversos fatores de natureza ética, econômica, cultural etc., que por muito tempo foram tidos como "metajurídicos", não se pode, em conseqüência, defender a interpretação do direito apenas a partir de si mesmo, com base em considerações que justamente por serem historicamente datadas, são ultrapassáveis. A propósito, acentuou Larenz que "mesmo que o direito esteja codificado, o juiz ver-se-á inúmeras vezes na necessidade de recorrer a critérios de valores extralegais" (in *Metodologia da Ciência do Direito*, trad. de J. Sosa Brito, Lisboa, 1969, p. 166). (...)".

constituem amplo campo para tecimento de considerações jurídicas que têm originado muitas divergências entre estudiosos pátrios.

Destacam-se as seguintes posições sobre a natureza jurídica dos contratos a futuro na literatura nacional:

a) Há autores que dizem tratar de negócio jurídico de *hedging*, típico, constituindo-se "contrato de *hedge*", aleatório, praticado mediante dois contratos de compra e venda, em que se opera o instituto "cessão de contrato" no momento da realização de operação oposta para a liquidação de posições. Consideram as margens (margem original, de variação e ajuste diário) modalidades de caução necessária, obrigações acessórias que visam garantir a execução das obrigações do comitente. A *clearing house* responderá objetivamente por possíveis inadimplementos, devido à alegação da obrigação de garantia que assumiu.[70]

b) Outros defendem que "a função econômico-social específica do *hedging* perfaz-se mediante a justaposição de dois contratos de compra e venda a termo, de objeto equivalente, nos quais, porém, a mesma parte assume posições contrapostas, ora de vendedor, ora de comprador, de maneira a compensar os respectivos riscos de variação dos preços. Não ocorre, na hipótese, nem mesmo o mecanismo da coligação de contratos, porquanto não há sequer a união instrumental nem a interdependência jurídica entre os contratos, que são normalmente celebrados pelo interessado com pessoas diferentes(...)". Concluem que "são dois contratos completos de venda a termo" que "se revestem, na sua instrumentação, da natureza de contratos-tipos". Os contratos futuros, segundo essa visão, são contratos aleatórios, a álea dizendo respeito aos preços, não às mercadorias conferidas. A liquidação da maioria das operações se dá por compensação antes do seu vencimento por assunção de posições inversas. Um estudioso complementa a explanação, sustentando que "opera-se a cessão do contrato quando a posição contratual de uma das partes é assumida, *ex negotio*, por terceiro" e "com sub-rogação da Caixa em todos os contratos negociados". Sobre as margens, comentando que a doutrina oscila em classificá-las como caução ou arras confirmatórias, acrescenta que "no direito americano, tanto as margens iniciais (*initial clearing margin*) quanto os ajustes diários (*variation margin payments*), utilizados no mercado de futuros são encarados como *perfomance bonds*, isto é, garantia de execução das operações. Em ambas as hipóteses, no entanto, como sinal ou princípio de pagamento, ou como caução, a devolução *per tantundem* é a conseqüência natural, no caso, de inexecução da obrigação".[71]

c) Diversa posição doutrinária considera tratar-se de contrato com função social tipificada de seguro (de preços), caracteriza os contratos futuros como contratos aleatórios, em que "a compra e venda é real, com função atípica de nem sempre visar à transferência da propriedade, mas sim de garantir certo patamar ou nível de preço". Sobre a possibilidade de liquidação sem entrega da coisa, expõe que "a obrigação do vendedor pode ser vista como alternativa, isto é, pode optar pela entrega do bem ou por não entregá-lo deixando de cumprir sua prestação, que se resolve pela diferença de preço entre o que fora ajustado e o preço da data do 'recesso', pela mecânica de compensarem-se as posições credoras e devedoras daquele vendedor", explica que "deixar uma posição contratual, sem a cessão do contrato se faz pela assunção de posição inversa, na mesma quantidade de contratos e sobre o mesmo bem subjacente, do que resulta compensação". Os con-

70. Nelson Eizirik, "Aspectos ...", pp. 22-35, e "Negócio jurídico...", pp. 13-22.

71. Oscar Barreto Filho, "As operações ...", pp. 11-27; Waldirio Bulgarelli, *Contratos* ..., pp. 269 e ss.; Luiz G. P. B. Leães, "Liquidação ...", pp. 44-45.

tratos futuros são, segundo tal acepção, compra e venda com cláusulas atípicas.[72]

d) Há quem entenda que o contrato futuro "não se constitui em contrato de compra e venda de bens à vista ou a termo (...), mas categoria à parte". Tal teoria defende que se trata de negócio jurídico de *hedge*, inconfundível com a compra e venda; sua natureza é contrato de *hedge*, contrato atípico. As bolsas, segundo esse ponto de vista, não são partes do contrato, juridicamente, apenas possibilitam sua execução. É sustentado que "não há parte e contraparte, o que mais uma vez demonstra sua assintonia com o contrato de compra e venda. Não se trata de contrato comutativo, bilateral e sinalagmático, em que o inadimplemento de uma parte confere à outra o direito de não cumprir a prestação. Nos contratos de *hedge* são vendidas e compradas posições de lotes padrão de bens previamente determinados pelas Bolsas como elegíveis para contrato de *hedge* (...)". Segundo tal entendimento, ocorre cessão de contratos quando a posição de uma parte é assumida por terceiro. Sobre os ajustes diários, é alegado possuírem natureza de prêmio pela manutenção da posição contratual.[73]

Percebe-se, por essas breves considerações, quão controverso é o assunto.

Preliminarmente, faz-se oportuna uma breve análise da formação negocial de acordo com o Direito.

Negócio jurídico é a declaração de vontade, manifestada pela pessoa hábil, visando a constituir, modificar ou extinguir uma relação jurídica. Diz Dernburg, como nos relata Carvalho de Mendonça, que o negócio jurídico constitui para o agente o meio de expandir sua liberdade no direito privado.[74]

Negócios jurídicos bilaterais são constituídos por manifestações de vontades distintas, porém coincidentes, recíprocas e concordantes sobre o mesmo objeto.[75] Uma oferta e uma aceitação, negócios jurídicos unilaterais, quando embutidos de consenso, fator essencial, transformam-se em negócios bilaterais. Estes podem configurar contratos e acordos; os primeiros são caracterizados por encerrarem composição de interesses divergentes; os segundos, por tratarem de interesses paralelos e convergentes para um escopo comum.[76]

Assim sendo, a natureza contratual do mecanismo de futuros é patente.

Nota-se que tem ocorrido certa confusão devido à utilização do termo estrangeiro *to hedge*. Em mercados futuros, *hedging* (= proteção, cobertura), realmente, consiste em assunção de posição inversa à existente no mercado físico com intuito de contrabalançar, reciprocamente, as perdas auferidas em um mercado com os ganhos obtidos no outro, limitando, dessa forma, margens de custo operacional. Quem possui mercadoria no físico (está comprado), deve vender a futuro e vice-versa.

Todavia hoje em dia não se pode restringir o mecanismo de *hedging* somente aos contratos futuros.[77] Existem outras operações financeiras que também se prestam a esse fim como, por exemplo, *swaps* e opções os quais não terão necessariamente a mesma natureza jurídica entre si ou a mesma natureza jurídica dos contratos futuros. O que tais instrumentos têm em comum é a *finalidade* para a qual foram concebidos, isto é, finalidade de *hedge*, con-

72. Rachel Sztajn, *Contrato* ..., cit.

73. Fernando A. Oliveira, "Os mercados ...", pp. 242-245.

74. J. X. Carvalho de Mendonça, *Tratado* ..., p. 41.

75. Marcos B. Mello, *Teoria* ..., p. 175.

76. *Apud* Betti, *Teoria geral do negócio jurídico*, II.

77. Lembramos explicação de L.G. Leães Filho: "Essencialy derivatives can be classfied in four different basic categories: forwards, futures, optins and swaps. (...). Another way to classify derivatives is related to their appication. The uses of derivatives mostly fall in four different categories: asset/ liability management, creation of synthetic assets of liabilities, hedging and speculation".

sistente em proteção, resguardo por meio de transferência e administração de riscos.

Além do que, contratos futuros também são utilizados para arbitragem e especulação, não restringindo seu uso somente a operações de *hedging*. Conforme abordamos, justamente aquelas operações viabilizam as condições de mercado propícias para a consecução de cobertura adequada.

Pierre-Yves Chabert, em estudo sobre a natureza de *swaps*, explica que a questão de classificação de contratos não se coloca no direito americano porque os juristas não encontram dificuldades em utilizar, em direito, as definições econômicas. Dispõe que atitude semelhante não se sucederá na França onde o Código Civil oferece uma taxinomia de contratos, na qual é preciso situá-los. Sobre a atomização de classificação em diversas categorias de regimes jurídicos, defende uma definição global de famílias contratuais:

"Une telle définition générique a un double avantage: elle est plus respectueuse de l'intention des parties qui ne font pas de distinction selon que leur couverture, arbitrage ou spéculation (...)".[78]

Uma tal definição geral tem uma dupla vantagem: ela é mais respeituosa às intenções das partes que não fazem distinção sobre a cobertura (*hedge*), arbitragem ou especulação (...) (tradução livre).

Paralelamente, sua argumentação também é válida para o direito positivo brasileiro. Contratos futuros devem ser classificados acordando para uma definição genérica, não importando, nesse ínterim, se sua utilização se dá para *hedging*, arbitragem ou especulação.

Por todo o explanado, não consideramos a denominação dos contratos futuros como "contratos de *hedge*" apropriada juridicamente. Não se deve confundir a utilidade econômica do instituto com sua natureza jurídica.

Passe-se ao contrato de compra e venda. Trata-se de negócio jurídico a título oneroso (*ex causa lucrativa*) pois que cada uma das partes busca obter da outra uma contraprestação de caráter patrimonial.

A doutrina majoritária aponta a existência de três elementos fundamentais para a formalização do contrato de compra e venda: a coisa, o preço e o consentimento.

Quanto à coisa, esta poderá ser corpórea ou incorpórea, devendo possuir as seguintes qualidades:[79]

a) *existência*: aqui se encontra o caso de contrato de compra e venda de coisa futura, isto é, que só virá a existir ou não no futuro. Tem-se a *emptio rei speratae*, contrato que se reputa perfeito desde sua celebração, dependendo, todavia, da condição de existência da coisa para se aperfeiçoar; se a coisa não vier a existir, o contrato será resolvido uma vez que a álea recai sobre a quantidade futura do bem, não tendo o devedor assumido a possibilidade da sua não existência (aplicação do parágrafo único do artigo 1.119 do Código Civil); a álea jurídica se encontra no implemento ou não da *conditio*, cláusula sobre a qual recai o risco. Distinto é o caso da *emptio spei*, contrato propriamente dito aleatório, válido e exigível ainda que a coisa não venha a existir (não por culpa do alienante), uma vez que o objeto da venda se perfaz na própria expectativa comercializável (art. 1.118 CC).

b) *individuação*: a coisa deve ser determinável no momento da execução contratual. Caio Mário Pereira nos exemplifica com os casos de venda de gênero seguida de especificação, e venda sob amostra, que comportam determinação de acordo com a porção mostrada ao comprador pelo vendedor na formalização do contrato; se a mercadoria entregue não for a mesma da amostra, o comprador terá a faculdade de rejeitá-la.

c) *disponibilidade*: a coisa deverá estar disponível, *res in commercio*, ser alie-

78. Pierre-Ýves Chabert, "Heurs et malheurs ...", p. 20.

79. Caio Mário da Silva Pereira, *Instituições* ..., pp. 107 e ss.

nável para que o contrato surta eficácia, não poderá estar vinculada à indisponibilidade natural, legal ou voluntária.

d) *possibilidade de transferência ao comprador*: nesse aspecto, a coisa, para ser alienável não deverá já pertencer ao comprador, mesmo que este desconheça a sua titularidade; a coisa deverá pertencer ao próprio alienante e não a terceiro.

O preço deve ter valor pecuniário no momento da realização do contrato, deve representar real intenção de se constituir em prestação da obrigação do comprador, para que não haja outra espécie de negócio simulado. O artigo 1.124 do CC explicita a possibilidade de fixação de preço por taxa de mercado. Sobre a matéria nos diz Caio Pereira: "Não há nisto uma abdicação de faculdades, nem insinuação sobre a vontade, porque a taxação da Bolsa ou do mercado foi adotada como modalidade convencional de determinação, uma vez que o crédito é de escolha das próprias partes".[80]

É mister a consensualidade, ou seja, o consentimento (pressuposto material do contrato) de cada um dos contratantes quanto à existência e natureza do contrato, quanto ao objeto em questão e quanto às cláusulas tratadas.[81] Os contratantes deverão ser capazes, além das restrições específicas legais serem observadas (artigos 82, 145, 230, 1.132, 1.133, 1.134, 1.139 CC).

A definição de compra e venda é dada pelo artigo 1.122 CC: "Pelo contrato de compra e venda, um dos contratantes se obriga a transferir o domínio de certa coisa, e o outro, a pagar-lhe certo preço em dinheiro".

Quer nos parecer que os elementos indispensáveis à consecução da compra e venda estão presentes nos denominados contratos futuros. Veja-se: a coisa sendo corpórea nos casos de mercadorias e incorpórea nos casos de determinados ativos financeiros atenderá sempre aos requisitos de existência, individuação, disponibilidade e possibilidade de transferência ao comprador.

Levando em consideração a padronização já mencionada das cláusulas referentes ao objeto (quantidade, qualidade, data e local de entrega) e o acordo sucedido quanto ao preço entre os corretores, *nihil obstat* que concluamos a respeito da sua natureza de compra e venda.

Resolver-se a classificação de um novo modelo requer cuidado. A alegação de atipicidade implica na regulação do contrato por normas gerais e não por normas específicas.

Venoza aponta que a reiteração social força o legislador a tipificar determinada forma contratual. Constata que há contratos típicos que caíram em total desuso, e contratos atípicos que, por utilização sistemática, estão a exigir (ou exigiram) sua regulamentação, como sucede com o arrendamento mercantil *(leasing)*, faturização e *franchising*, por exemplo.[82]

Córdova esclarece que a tipicidade social é imposta não de acordo com regramentos legais, mas segundo a funcionalidade econômico-social de um instrumento em satisfazer determinado interesse.[83]

Analisemos a evolução do instituto da compra e venda.

O contrato de compra e venda à vista de bens, sejam eles mercadorias, títulos, valores mobiliários ou ativos financeiros, envolve a concordância entre vendedor e comprador no tocante à quantidade e qualidade e ao preço da espécie negociada. A transferência do domínio se opera em seguida com a *traditio* da coisa;[84] há cumprimento de

80. Id., ibid.
81. Id., ibid., p. 15.

82. Sílvio de Salvo Venosa, *Teoria* ..., p. 51. Inclusive o *franchising* já foi objeto da Lei 8.955/94.

83. *Apud* Lizardo Taboada Córdova, "La tipicidad en la teoria general del negozio jurídico", *Revista de Direito Civil, Imobiliária, Agrário e Empresarial*, jan./mar. 1995.

84. De acordo com nosso ordenamento, com base na tradição romana, a compra e venda não transmite o domínio. Existem atos translatícios indispen-

ambas as prestações, o vendedor entrega o bem e o comprador paga o preço. É denominado contrato de execução instantânea, com o acordo de transmissão válido e eficaz subseqüentemente ao ato da compra e venda.

Uma vez que nem sempre os contratantes dispõem de meios para realizarem de imediato o combinado, formalizou-se a contratação de compra e venda a termo, ou contrato para entrega futura. A manifestação de vontades opera em certo momento, porém, a liquidação se dará posteriormente. O ato é válido desde o princípio. Nesse modelo devem ser estipulados o prazo e o local em que sucederá a tradição da coisa.

A diferença entre o contrato de compra e venda à vista e o contrato a termo reside no fato do cumprimento das obrigações, na segunda modalidade, protrair-se no tempo. Trata-se de contrato de execução diferida no futuro. A compra e venda conclui-se na sua celebração, o acordo de transmissão é que será efetuado mais tarde.

Há conclusão do negócio jurídico bilateral, dessa forma, no momento em que houve o consenso das partes a respeito do objeto contratado, reputando-se constituída a obrigação, já apta a gerar efeitos. Estes tratam-se de efeitos pessoais que consistem, basicamente, na obrigação de se proceder a transferência futura do domínio da coisa com a entrega do bem e do preço, liquidando-se então o vínculo obrigacional. Assim, o contrato de compra e venda de bens móveis é consensual, aperfeiçoando-se desde o mútuo consentimento dos contratantes (e uma vez preenchidas as condições previstas em lei). O tempo da sua execução diferirá no futuro, quando as partes cumprirão sua obrigação.

Logo, a resilição contratual só se produzirá por distrato, estando, desde a contratação, ambas as partes comprometidas ao adimplemento obrigacional. Importante é destacar que a teoria da imprevisão poderá incidir nesses casos.

A execução diferida no futuro poderá dizer respeito à prestação de somente uma das partes, como no caso de venda a crédito (venda a prazo), quando o vendedor entrega a mercadoria de imediato e o comprador cumpre sua obrigação de forma parcelada. Nessas situações não se pode alegar a *exceptio non adimplenti contractus*, por ser distinto o momento de exigibilidade das prestações de cada uma das partes, não se facultando ao contratante que deva honrar primeiramente sua prestação fazer uso dessa alegação para recusar-se ao adimplemento desta.

Dispõe o próprio artigo 1.127 CC: "Até o momento da tradição, os riscos da coisa correm por conta do vendedor, e os do preço por conta do comprador".

A compra e venda, até então, não possibilita qualquer mecanismo de proteção quanto à variação de preços decorrentes de fatores extrínsecos à manifestação das partes. Tem como conteúdo jurídico a busca da propriedade, sendo a única finalidade desejada a transferência desta.

A princípio, tanto em matéria cível quanto em mercantil, admitia-se o critério nominalista para extinção de débitos, isto é, a não ser que tivesse havido estipulação em contrário pelas partes, a pecúnia obrigacional seria prestada tendo-se em vista o valor nominal.[85] Em 1933, o legislador interveio na liberdade de que dispunham os contratantes, vinculando forçosamente o adimplemento de qualquer obrigação em papel-moeda circulante nacional. Após várias intervenções, o Decreto 857 de 1969, restringiu profundamente a autonomia remanescida, instituindo o curso forçado da moeda. São nulos quaisquer títulos e obri-

sáveis cujos efeitos são reconhecidos na lei e oponíveis *erga homnes*, como a tradição se se tratar de coisa móvel ou a inscrição da transferência em registro no caso de bens imóveis. Os Códigos alemão, espanhol, argentino, mexicano e outros seguem essa linha. Distintamente, o contrato de compra e venda é dotado de efeito translatício da propriedade nos Códigos francês, italiano, português e outros.

85. Caio Mário da Silva Pereira, ob. cit., pp. 92 e ss.

gações executáveis no Brasil que disponham sobre pagamento em ouro, moeda estrangeira, ou formas análogas. Exceções foram disciplinadas em contratos relativos a relações internacionais.

O longo período de drástica instabilidade econômica assolado por altíssimas taxas de inflação e constante desvalorização monetária acabou por causar desequilíbrio insustentável entre os pólos obrigacionais, criando a necessidade do acolhimento de cláusulas monetárias, não sem inicial repúdio dos legisladores. As cláusulas estabilizadoras foram consideradas lícitas e continuamente reguladas devido ao fenômeno indexatório que varreu o país, devendo ser respeitados o curso legal da moeda e os limites que a lei impuser.

O sistema, tendo em vista fatores de risco financeiro (como perda do valor real da moeda, inflação, aumento de juros) se viu obrigado a fazer uso de cláusulas que viabilizassem o restabelecimento da harmonia comercial. Fatores econômicos deram ensejo a que mecanismos jurídicos se sobrepusessem para o atendimento de interesses sociais.

Sobre as modalidades especiais de compra e venda disciplinadas pelos artigos 1.140 a 1.163 do CC, sabiamente, Caio Mário Pereira nos explica,[86]

"Não raro a compra e venda vem acompanhada de cláusula ou pacto especial, que não lhe tira as características essenciais, porém exige a atenção do legislador e o cuidado da doutrina. (...). Nenhum, porém, atinge a situação de configurar espécies contratuais propriamente ditas, sem embargo de opiniões abalizadas a sustentá-lo".

"As atividades mercantis sugerem alguns tipos de venda, mediante as cláusulas especiais (...) que as praxes consagram, e que não chegam a modelar tipos peculiares. (...)".

Indispensável se fez o desenvolvimento de expedientes que possibilitassem garantia ao credor do cumprimento do vínculo obrigacional. Assim são apontadas a opção de venda e compra, a venda com reserva de domínio e a alienação fiduciária.

Silvio Rodrigues cita como elemento propulsor para a difusão do negócio de opção sobre compra e venda no país, o fato da não incidência, durante longo tempo, do imposto *inter vivos* sobre o mesmo.[87] Explica que o imposto era cobrado sobre atos constitutivos ou translativos de direitos reais sobre imóveis, isentando-se, com isso, a opção, a qual tinha por objeto apenas um contrato a ser celebrado em momento futuro. Investidores e especuladores do meio imobiliário utilizaram-se largamente do instituto.

Na opção de compra e venda, o detentor do direito de exercício passa a ter meios que lhe asseguram a realização de contrato, segundo a flutuação de preços lhe seja favorável ou não. As opções também são amplamente comercializadas em bolsas de valores ou de mercadorias, envolvendo complexos sistemas de descoberta do valor do prêmio e do preço de exercício dos ativos que as lastram. Há a padronização de características do bem em questão, da data de vencimento, do preço de exercício determinados pela bolsa. Constituem-se em derivativos, já que o prêmio da opção depende, entre outras coisas, do preço à vista do ativo-objeto. Servem à finalidade de *hedge*, transferência de riscos.

Operacionalmente, o mecanismo da opção de bolsa consiste no seguinte: o lançador da opção assume o compromisso de vender ou comprar determinado objeto, a um preço específico, em certo momento futuro. O aceitante terá o direito (e não a obrigação) de comprar ou vender o bem, de acordo com as características estipuladas, sendo, desse modo, livre para optar por exercer a opção ou não, conforme o seu interesse pessoal. Para gozar de tal faculdade, pagará um prêmio ao lançador. Este, se a opção for

86. Id., ibid., pp. 127 e ss.

87. Silvio Rodrigues, ob. cit., p.162.

"exercida", honrará a obrigação, vendendo ou comprando; caso contrário, terá ganho o prêmio inicialmente pago.

Sinteticamente: a) opção de compra (*call*) — o seu possuidor tem a faculdade de comprar ou não comprar certo ativo, a preço determinado (preço de exercício) numa data futura. O lançador da opção de compra deverá vender ao adquirente caso ele queira comprar; b) opção de venda (*put*) — o seu possuidor tem a faculdade de vender ou não vender certo ativo, a preço determinado numa data futura. O lançador da opção de venda deverá comprar do adquirente caso ele queira vender.

As opções de bolsa podem ser classificadas como "européias", quando é designada *data específica* para o exercício da opção, isto é, se o adquirente não se manifestar na data apropriada, perderá o seu direito; ou "americanas", quando o exercício pode se dar *a qualquer tempo* até a data de vencimento. No Brasil, no caso de opções sobre ações, as opções de venda são do tipo europeu; as de compra, do tipo americano.

Há também alternativa de reversão financeira pela "aquisição de posição inversa" sendo que o registro da operação se dará na *clearing house* através do agente de compensação.

Juridicamente, a classificação do instituto de opção é polêmica, uma vez que o direito positivo pátrio ocupou-se muito pouco ainda do deslinde da questão.

A professora Rachel Sztajn, em minucioso estudo sobre o assunto,[88] dispõe que opções são definidas como contratos no direito americano; como ajuste entre as partes no direito italiano, sustentando após extensa argumentação à luz desse sistema, que devem ser vistas como declarações unilaterais vinculativas e irrevogáveis do tipo outorga de poder ou promessas unilaterais. Conclui que, apesar de toda a engenhosidade das construções doutrinárias que defendem a natureza contratual das opções, o que ocorre é "uma vinculação unilateral que dá a uma das partes direito potestativo para interferir na esfera jurídica de outrem com simples declaração, sujeita a parte que oferece a opção aos riscos econômicos do negócio, sem qualquer contrapartida obrigacional, econômica ou de sujeição do outro interessado". Sobre o prêmio pago pelo aceitante ao policitante, alega que "serve de compensação financeira por tornar provisoriamente e pelo prazo de existência da opção, indisponível um direito que seria disponível".

Caio Mário Pereira possui diversa opinião. Apoiando-se na doutrina francesa, define a opção como contrato preliminar unilateral uma vez que é contrato preliminar perfeito com o consentimento de ambas as partes e produzindo obrigações *ex uno latere*. Critica outras posições: "Para alguns, entretanto, em filiação à linha traçada pelo art. 1.331 do novo Código Civil italiano, a opção não chega a ser contrato, e não passa de uma *proposta irrevogável*. Não podemos concordar com a tese pois que ele resulta de um acordo de vontades, ao contrário da oferta que se acha à espera de que venha a aceitação. O que, por certo, perturba o bom entendimento é a confusão que ainda se faz entre o contrato preliminar (unilateral ou bilateral) e o definitivo. Dá-se a opção quando duas pessoas ajustam que uma delas tenha preferência para a realização de um contrato, caso se resolva celebrá-lo. Como contrato unilateral gera obrigação para uma das partes, ao passo que a outra tem a liberdade de efetuar ou não o contrato, conforme suas conveniências. (...)".[89]

Pontes de Miranda, por sua vez, entende que "o contrato de bolsa com opção, ou a prêmio, não é contrato de opção, nem pré-contrato, porque a opção é conteúdo de cláusula do contrato de compra e venda com termo determinado, para que o figurante manifeste recepticiamente a vontade *ou* de

88. Rachel Sztajn, "Sobre a natureza ...", pp. 53-69.

89. Caio Mário da Silva Pereira, ob. cit., p. 49.

manter o que concluiu *ou* de resolver *ex nunc* (não "rescindir"!) o contrato, pagando o prêmio". Defende tratar-se da existência de cláusula resilitiva, a qual só atinge a eficácia, em contrato bilateral de compra e venda a termo e que se operará mediante a prestação de prêmio. A manifestação unilateral de vontade que o adquirente da opção deverá proceder para que não se dê a resolução *ex nunc* é receptícia e irrevogável. A quantia referente ao prêmio é depositada pelo comprador desde a celebração do contrato. O mestre explica que: "se não se fez a comunicação, o que só o corretor do comprador pode fazer, o corretor do vendedor levanta o prêmio. Se foi comunicada a vontade de receber os títulos, a liquidação há de ser como se o negócio jurídico tivesse sido à vista. (...)".[90]

Ainda serão encontradas sobre a matéria posições distintas das citadas acima.

Existem modalidades de compromisso unilateral de compra, em que o comprador se obriga a adquirir certo bem a valor estipulado, tendo o vendedor a faculdade de decidir se irá vendê-lo ou não, e, outrossim de compromisso bilateral com outras peculiaridades, de pouco uso negocial.

Sobre a venda com reserva de domínio, o alienante, não obstante tenha transferido a posse direta da coisa alienada ao adquirente, reserva para si o seu domínio até o pagamento total do preço combinado.[91] A transmissão da propriedade, então, só se dará com o adimplemento obrigacional. Trata-se de contrato solene aplicado somente a coisas móveis; juridicamente, prevalece o entendimento de que se trata de pacto adjeto ao contrato de compra e venda, constituído por condição suspensiva que, enquanto pendente, obsta a consecução do direito de propriedade. O aperfeiçoamento dependerá do acontecimento de evento futuro e incerto, qual seja, o pagamento integral da dívida.

90. Pontes de Miranda, *Tratado* ..., pp. 281 e ss.

91. Silvio Rodrigues, ob. cit., p. 164.

A alienação fiduciária em garantia é outro exemplo de evolução contratual originada do intuito de assegurar o adimplemento da negociação. Com origens no contrato de fidúcia do direito romano, ressurge, modernamente, no âmago do alargamento do tráfego negocial, quando instrumentos tradicionais de hipoteca, penhor e anticrese se mostram insuficientes para o atendimento por garantias creditícias. De acordo com Orlando Gomes conceitua-se "o negócio jurídico pelo qual o devedor, para garantir o pagamento da dívida, transmite ao credor a propriedade de um bem, retendo-lhe a posse direta, sob a condição resolutiva de saldá-la".[92] A jurisprudência tem consolidado o uso exclusivo do instituto por instituições financeiras; no entanto, há controvérsias nesse ponto.

Aparece, dessa forma, uma terceira figura na transação, a instituição especializada na concessão de créditos a consumidores finais. Silvio Rodrigues ressalta que, no caso da venda com reserva de domínio, se o alienante da coisa móvel transferisse seu crédito para a financeira, não ficaria esta garantida, uma vez que a propriedade da coisa não era transmitida ao atual credor, remanescendo com o alienante que já havia sido pago pela instituição financeira.[93] De modo que a condição resolutiva operará de pleno direito, gerando transmissão da propriedade ao último credor na alienação fiduciária em garantia; caso o financiado não honre o pagamento, a coisa se integra ao patrimônio do financiador, que disporá de meios para obter sua posse direta, podendo, então, vendê-la e restituir a quantia antes dispendida.

Na realidade, pode-se dizer que, na alienação fiduciária em garantia, o vendedor original *transfere o risco* do recebimento do crédito à instituição financeira ou a outro agente capaz de lidar com probabilidades de inadimplência.

92. Waldirio Bulgarelli, ob. cit., p. 307.

93. Silvio Rodrigues, ob. cit., p. 161.

Essas suscintas considerações demonstram que necessidades do plano material dos negócios têm gerado, paulatinamente, remodelação de antigos institutos e/ou agregação de novas práticas comerciais no plano formal-normativo do ordenamento jurídico.

Conforme exaustivamente abordado, os contratos futuros formaram-se e consolidaram-se a partir de necessidades intrínsecas à circulação econômica. Numa fictícia linha de evolução contratual, poder-se-ia dizer que são descendentes diretos dos contratos a termo — *forward contracts*.

Cumpre aclarar-se a questão. E aqui demonstraremos que, apesar de todos os debates travados sobre a matéria, os contratos futuros são engenhosidade operacional perfeitamente consoante com as normas do Direito brasileiro. São levantadas questões quanto à atipicidade da natureza do contrato em si e quanto a cláusulas atípicas que ele poderia encerrar. Os contratos futuros são típicos.

Indispensável é atentar que falar em operação econômica, talvez, leve a pensar que um só contrato poderia conter e disciplinar todo um complexo de relações. Em verdade, nem sempre assim sucede. Há mecanismos econômicos os quais encerram manobras intrincadas que, quando olhadas à luz de outra ciência, devem ser perfeitamente observadas na prática e esmiuçadas em sua essência.

Guido Alpa explica:

"Il faut en conclure qu'on ne peut pas donner une définition générale et abstraite du contrat, mais plutôt une définition de chaque opération contractuelle conclue par les parties, compte tenu des circonstances présentes au moment de la conclusion".[94]

É preciso concluir que não se pode dar uma definição geral e abstrata do contrato, mas antes uma definição de cada operação contratual concluída pelas partes, tendo em conta as circunstâncias presentes no momento da conclusão (tradução livre).

Quiçá o não perfeito entendimento do mecanismo operacional dos contratos futuros na prática, ou a aparente complexidade do negócio à primeira vista, devido à riqueza jurídica que guarda no desfecho das transações, dificultem uma visão total do conjunto, impedindo que certos deslindes sejam feitos. Tanto tem se argüido em relação à aplicação do artigo 1.479 do Código Civil utilizando-se de verdadeiras ofensivas argumentativas, buscando-se amparo em soluções estrangeiras, com elaborações de intermináveis raciocínios que, embora corretos, são, porém, desnecessários na medida em que, na realidade, uma cuidadosa investigação do mecanismo jurídico global do mercado afasta completamente a possibilidade do seu acolhimento.

Expliquemo-nos melhor. A análise dos mercados futuros, simplesmente, não se opera sem o entendimento do exato papel da *clearing house* (câmara ou casa de compensação) no desenvolvimento dos negócios. Tal como o vendedor e o comprador, a *clearing house* é parte essencial para o funcionamento em si das relações travadas no mercado e para a execução perfeita de todas as obrigações.

Juridicamente os contratos futuros são "contratos a termo".

A denominação "contrato futuro" pode suscitar dúvidas, podendo o leigo ser levado a pensar que também os direitos que dele provêm seriam adquiridos no futuro. Há que se notar, todavia, que tais contratos não se configuram em negócio jurídico condicional. O efeito da declaração de vontade não está condicionado a evento futuro e incerto, não dependendo a resolução contratual da verificação de fato posterior.

Lê-se em Carvalho de Mendonça[95] que é grande a diferença entre "condição" e "termo". Na condição, a relação jurídica não existe efetivamente, ou, se existe, não se resolve

94. Guido Alpa, "Le contrat ...", p. 331.

95. J. X. Carvalho de Mendonça, *Tratado...*, pp. 111 e 112: "O termo é a declaração aposta ao negócio jurídico, determinando o tempo ou o momento certo a partir do qual devem começar ou ces-

enquanto não se realiza o acontecimento (sempre incerto) do qual depende. No termo, não se verifica incerteza quanto à existência do negócio jurídico; *o termo propriamente jurídico simplesmente retarda a execução.*

O início ou o vencimento do termo será fixado em um ponto invariável na sucessão do tempo, sendo aí o termo *certus, certus an et quando.* O termo poderá ser incerto em relação à data ou ao momento do evento; porém, não haverá dúvida sobre a existência do acontecimento; a incerteza versa exclusivamente sobre quando virá (*dies certus an et quando*).

Na expressão do autor: "Em suma, o termo afeta a *execução* do negócio jurídico. A condição refere-se à *existência* deste negócio".[96]

É designado termo inicial (ou primordial), suspensivo nos contratos futuros. Segundo o artigo 123 do CC, o termo inicial suspende o exercício, não a aquisição de direito. Assim, a execução contratual é dilatada à data de entrega da mercadoria a qual, nos mercados futuros, já está prevista em cada contrato padrão da bolsa. As partes têm direito adquirido *hic et nunc* desde a contratação.[97]

O prazo consiste no lapso de tempo decorrido entre a declaração de vontade e a superveniência do termo.[98] O dia da expiração do prazo, ou vencimento contratual (art. 135 CCom) ensejará o devido cumprimento obrigacional estipulado.

Logo, os contratos futuros são "contratos de compra e venda a termo" padronizados, moldados com algumas peculiaridades que visam a permitir sua rápida comercialização. Os mercados futuros proporcionam mecanismos menos dispendiosos de execução contratual, tornando possível que as partes se desvencilhem prontamente de suas obrigações, segundo a consecução de seu objetivo o exigir.

Dessa maneira, tecnicamente no jargão do mercado, há duas possibilidades de liquidação contratual: liquidação pela entrega do objeto e liquidação pelo valor diferencial entre dois contratos "iguais" porém de posições inversas (um contrato de venda é contrabalançado por um contrato de compra, pagando-se ou recebendo-se o montante financeiro que faltar ou exceder, respectivamente, ou vice-versa, para a equivalência da obrigação anterior com a posteriormente assumida).

À luz do Direito, essas formas de *solutio*, liberação do vínculo obrigacional, se realizam em níveis distintos. Caio Mário Pereira explica:

"Como execução voluntária, de obrigação de qualquer espécie, pagamento será a tradição da coisa, na *obligatio dandi*; pagamento a prestação do fato na *obligatio faciendi*; como pagamento a abstenção na *obligatio faciendi*. (...). O pagamento será, portanto, o fim normal da obrigação. Mas não o único, porque ela pode cessar: a) pela execução forçada, seja em forma específica, seja pela conversão da coisa devida no seu equivalente; b) pela *satisfação direta* ou *indireta* do credor, por exemplo, na compensação; c) pela extinção sem caráter satisfatório, como na impossibilidade da prestação sem culpa do devedor, ou na remissão da dívida. Deixando consignado que não podem ter os mesmos efeitos todas as modalidades extintivas (...)".[99]

sar a eficácia prática da relação ou o exercício dos direitos e o cumprimento das obrigações dele decorrentes. Pode-se dizer, em breves palavras, que o termo é a indicação da época, a partir da qual começam ou cessam os efeitos do negócio jurídico (Cód. Civil arg. artigos 123 e 124)".

96. Id., ibid.

97. Vê-se que não há estado de pendência proveniente de condição. Aplica-se, dessa forma, a primeira parte do inciso III do art 74 CC: dizem-se atuais os direitos completamente adquiridos.

98. Id., ibid., p. 114.

99. Caio Mário Pereira, ob. cit., p. 114. O autor dispõe, anteriormente, que *pagamento*, no rigor da técnica jurídica, significa cumprimento voluntário da obrigação. A linguagem vulgarizou o vocábulo *pagamento* para a solução das obrigações pecuniárias, acabando por se admitir, hoje em dia, essa significação

Atentando-se ao exposto, a entrega da mercadoria constitui-se juridicamente em pagamento como "fim normal da obrigação contratual". (O fato dessa forma de adimplemento obrigacional ser pouco utilizada na prática do mercado em nada mudará a natureza da solução). A denominada liquidação por diferença refere-se exatamente à letra "b" da dissertação do jurista, trata-se de extinção da obrigação pelo instituto da compensação. Todavia, como haverá compensação de obrigações se os credores e devedores originais não são os mesmos, se as partes nem sabem quem é sua contraparte no negócio?

Deve-se, nesse ponto, interromper o raciocínio para o aclaramento de um ponto essencial para o prosseguimento da reflexão.

O vendedor e o comprador, através de seus respectivos corretores acordam o preço e celebram o contrato de compra e venda no pregão. Em conformidade com o que se falou, a operação será registrada junto a um membro de compensação, por sua vez, sócio da *clearing house* e representante das partes junto a ela.

A peculiaridade do mecanismo se dá no momento do registro, quando se consuma a novação contratual. A câmara de compensação passará a ser compradora de todos os vendedores, e vendedora de todos os compradores. Daí porque falar-se, no jargão, da *clearing house* como "contraparte" de todas as operações, ou segundo estudiosos americanos *it acts as third parties to all futures and options contracts*.[100]

A novação se dará em consonância com os incisos II e III do artigo 999 do CC, ou 2 e 3 do artigo 438 do Código Comercial:

"Art. 999. Dá-se a novação:

I — quando o devedor contrai com o credor nova dívida, para extinguir e substituir a anterior;

II — quando novo devedor sucede ao antigo, ficando este quite com o credor;

III — quando, em virtude de obrigação de nova, outro credor é substituído ao antigo, ficando o devedor quite com este."

O inciso II trata da novação subjetiva passiva e o III da novação subjetiva ativa.

Vejamos o que nos diz Pontes de Miranda:[101]

"Se alguém nova a dívida é porque extinguiu, com isso, a dívida que existia. Se não houvesse operado novação estaria o devedor duplamente vinculado — pela primeira e pela outra dívida. Daí o sentido estrito e preciso de novar, que não é assumir outra dívida, a que se chamaria nova, e sim a de assumir uma em lugar da outra, que se extingue.(...). Não se pode dizer que a novação teve o efeito de extinguir a dívida; a novação é modo de extinção de dívida. A nova dívida é posterior, mas constituir-se e extinguir foram num só instante: extinguiu, constituindo-se; constituiu-se, para extinguir".

Há, então, obrigação do vendedor frente à *clearing* e, reciprocamente, desta frente a ele; obrigação do comprador frente à *clearing* e desta frente a ele. O comprador e vendedor originais ficam completamente desvinculados juridicamente, uma vez que o compromisso mútuo existente entre eles extinguiu-se. De fato, os ajustes diários são pagos à câmara de compensa-

em sentido estrito. Cientificamente, porém, o pagamento é a "forma de liberação do devedor, mediante a prestação do obrigado". Deve-se, portanto, atentar para o uso que em que se emprega a palavra.

100. Como é sabido, as denominações técnicas do direito de *Common Law* não devem ser aplicadas no direito franco-romano-germânico sem o devido estudo do que querem significar.

Na expressão de Schlegel (in: "Crime ...", pp. 59-70): "The various orders for the day are recorded and settled at a clering-house. Using cards to represent each trade, the representative from the clearinghouse verifies the sale and purchase of each contract, debits and credits each account, and *guarantees payment and delivery. In essence, the clearinghouse ensures market integrity by serving as a buyer to all sellers and seller to all buyers*" (destaque nosso).

101. Pontes de Miranda, *Tratado* ..., v. 25, pp. 69 e ss.

ção e dela recebidos, as partes nem sabem de quem provém a pecúnia. (É certo que, como vimos no mecanismo operacional, na realidade uma parte comprada pagará as quantias referentes ao ajuste de preço que serão destinadas a uma parte vendida, ou vice-versa, contudo, trata-se da engenhosidade econômica do sistema).

Juridicamente, nem há falar que a câmara se responsabilizará por qualquer inadimplência de um comprador perante a um vendedor ou ao contrário (*a câmara é a própria contraparte*). Não há mudança subjetiva no liame jurídico ou qualquer espécie de sucessão, o liame anterior já se dissipou. Enfim, não há qualquer ligação das partes originárias da transação contratual. A câmara de compensação passou a ser compradora do vendedor e vendedora do comprador, operando-se novação subjetiva em ambos os casos. A importância está em ressaltar que eventual ação de cobrança deverá ser impetrada contra a *clearing*, que é parte legítima do contrato e representada por seus membros de compensação. Aquela deverá, por outro lado, cobrar, através destes, qualquer devedor que não tenha honrado sua obrigação.

A novação não se trata de contrato, porém pode-se novar por contrato, ou por negócio jurídico unilateral abstrato. Nem se coloca no plano da existência o problema de ter se dado ou não a novação, o que existe é o plano da eficácia.[102] Novação consiste em forma especial de extinção de obrigações (já que o meio normal de extinção da obrigação é o pagamento) por meio da eficácia de negócio jurídico novo superveniente, com conteúdo modificado. Adveio novo contexto e razão para que haja a extinção da dívida do negócio jurídico original, desde que o credor da obrigação a admita.

Assim, falou-se que não existiria o *animus novandi*. Certamente, o *animus novandi* constitui-se em requisito primordial, a intenção de novar é indispensável para a fonte da eficácia novativa, conforme dispõe o artigo 1.000 do CC.

Segundo expusemos, as casas de compensação algumas vezes são departamentos das próprias bolsas, formados com a finalidade de registrar e administrar a evolução das operações. Outras vezes, são sociedades especialmente originadas para atuar como contraparte das transações, que têm como objetivo social lançar e compensar as obrigações.

Por conseguinte, o *animus novandi* é intrínseco à própria finalidade para a qual as *clearing houses* foram criadas. Vendedores e compradores contratam, sabendo que, finalisticamente, estarão vinculados à câmara; para isso, inclusive, depositam margens de garantias junto a ela.

"A novação é ato jurídico abstrato (...). O *animus novandi* é o ânimo de atribuir a negócio jurídico novo a eficácia novativa, que é apenas a de extinguir outro crédito. O *animus novandi* não se presume. *Mas isso de modo nenhum significa que tenha de ser expresso*. Pode ser tacitamente querido que se nove. A questão é de interpretação. O que importa é que tenha havido e entrado no mundo a vontade de novar"[103] (grifo nosso).

Nesse sentido, também a posição de Caio Mário Pereira:[104]

"Na ausência, porém de menção específica, deve ser apurado se o conjunto de circunstâncias autoriza afirmar se se confi-

102. Id., ibid. Na p. 104 Pontes de Miranda discorre acerca das dívidas condicionais ou a termo serem plenamente nováveis: "(...) Antes de se implir a condição, ou de se atingir o termo, tais dívidas, em virtude da novação se extinguem. Extinguem-se como quaisquer outras. Os que pretendiam que, antes do implemento da condição, ou do advento do termo, nenhuma dívida há, que se pudesse extinguir e ser novada, ignoravam que vínculo já existe enquanto pende a condição, ou se agurda o termo. Ainda não tinham a noção do *direito expectativo* (...) que há nos negócios jurídicos condicionais, nem do défice de pretensão, que é o caso dos direitos já nascidos se há termo (...)".

103. Id., ibid., p. 73.

104. Caio M. Pereira, ob. cit., p. 163.

gura implicitamente, porém de maneira inequívoca" (a existência de *animus novandi*).

Daí decorrer o seguinte, tomando-se o ângulo do vendedor do contrato: ele tem obrigações provenientes do seu contrato de compra e venda com a câmara de compensação, sendo a recíproca também verdadeira.

Se o vendedor não puder ou não quiser adimplir seu compromisso por vias normais (procedendo-se a entrega da mercadoria), poderá celebrar um contrato semelhante (mesmo contrato-tipo) em pregão, desta vez, comprando o determinado objeto conforme o preço que acordar com algum vendedor original (um corretor qualquer que queira vender). Sobrevindo a novação no registro, ele será comprador perante a câmara a qual será sua vendedora, o que resultará no instituto da compensação jurídica das obrigações (este é, verdadeiramente, o modo de extinção obrigacional mais constantemente utilizado).

Dispõe o artigo 1.009 do CC: "Se duas pessoas forem ao mesmo tempo credor e devedor uma da outra, as duas obrigações extinguem-se, até onde se compensarem". Trata-se da compensação legal, sistema adotado pelo Código nacional.

Segundo Pontes de Miranda:

"Há, de um lado, pagamento e recebimento, e, do outro, recebimento e pagamento, porém sem existir, talvez no patrimônio de um e no patrimônio do outro, aquilo com que um e outro solvem. (...). Em verdade, a compensação extingue os créditos, como o extinguiriam duas dações em soluto, dois pagamentos, duas remissões: o elemento comum é a extinção; portanto, o efeito".[105]

Ademais, a compensação poderá se operar voluntariamente, quando há concordância das partes, podendo até compensar dívidas ilíquidas e não vencidas, uma vez que se está em sede de atos dispositivos, denominando-se compensação convencional.[106]

É exatamente o que se processa nos contratos futuros. Nada impede que a compensação seja antecipada a créditos futuros (o artigo 1.010 se refere à compensação legal que operará até contrariamente à vontade de uma das partes). As obrigações que irão se compensar (fulano vendedor *x* câmara compradora e fulano comprador *x* câmara vendedora) poderão ser contemporâneas ao termo final estipulado, o que somente dependerá das manifestações de vontade das partes.[107] Nos mercados futuros, tal compensação de dívidas não vencidas se perfaz de pleno direito, tacitamente, uma vez que é inerente à prática comercial desses mercados o desejo da *clearing house* e do negociante de assim extinguirem o compromisso obrigacional.

O pagamento da diferença de preços decorre em conformidade com o que o ordenamento determina "as duas obrigações extinguem-se até onde se compensarem". Ora, uma pessoa alienou à data prevista, por exemplo, certa quantidade de soja a R$ 50.000,00, a câmara é a compradora; algum tempo depois, esta pessoa compra a R$ 35.000,00 para entrega na mesma data, igual quantidade de soja, sendo a câmara a vendedora. Os preços são os praticados no mercado ao tempo da transação. Vai ocorrer a compensação, não sendo, entrementes, necessário que a pessoa entregue a soja e receba R$ 50.000,00, extinguindo-se um vínculo e logo depois receba soja e pague R$ 35.000,00 para extinguir-se o outro. A obrigação de dar a soja se compensa com a de receber a soja, porém, receber R$ 50.000,00 não se compensa com pagar R$ 35.000,00. Assim, é perfeitamente lícito que as partes, dispondo de sua liberdade de pactuar, convenham em eliminar o ônus dos pagamentos mútuos e estipulem o pagamento de R$ 15.000,00 efetuado pela câmara para que se extirpe o liame contratual. (Ressalte-se que, nos mercados futuros, tais diferenças de valores serão constantemente atualizadas devido ao mecanis-

105. Pontes de Miranda, ob. cit., v. 24, p. 363.
106. Sílvio de Salvo Venosa, *Direito* ..., p. 222.
107. Pontes de Miranda, ob. cit., v. 24, p. 405.

mo operacional dos ajustes diários, de modo que no momento da compensação a quantia a ser acertada se referirá ao valor do ajuste do dia anterior).

A esse respeito nos diz Venosa: "...os débitos se compensam até o montante onde se encontrarem. Pode sobrar saldo para uma das partes".[108]

Foi o que sucedeu no exemplo dado: o saldo, sendo passível de avaliação pecuniária, não obstará a compensação e por conseguinte o efeito extintivo da obrigação, em consonância à vontade das partes.

Caio Mário Pereira, expondo acerca das câmaras de compensação, disserta:[109]

"Além da utilidade prática, a compensação ainda realiza a satisfação da eqüidade, e foi esta, aliás, uma das razões de sua criação. Com efeito, se o devedor pagasse a seu credor, que é também seu devedor, poderia ver comprometida a satisfação de seu crédito, se o outro caísse em estado de insolvência. A compensação previne este risco, extinguindo as dívidas até a concorrente quantia. E, nesta ordem de conseqüências, chega mesmo a constituir um *privilégio sem texto*, no sentido de que autoriza ao credor-devedor, mediante a sua atuação *ipso iure*, escapar do concurso, no caso de o devedor falir ou sobre seus bens instaurar-se um concurso de preferências.(...).

"A compensação, embora se alinhe entre as modalidades de extinção sem pagamento, gera contudo os efeitos deste. A liberação produz-se *sem cumprimento da prestação devida, porém mediante o sacrifício dos créditos*; cancelam-se as obrigações, e os credores ficam, reciprocamente satisfeitos. Não se pode, está visto, falar que opera sem satisfação do credor, porque, bem analisado no seu mecanismo, ambos os sujeitos, *não obstante a ausência da res debita, encontram-se em situação de não a perseguirem, já que obtêm a equivalência de uma solutio recíproca, que apenas não se efetua materialmente*.(...).

"(...) por direito nosso, toda compensação é legal" (grifo nosso).

Sobre a natureza das margens inicial e adicional, consideramo-las como dever de prestar segurança das partes. Assim como a *clearing house* dispõe de um fundo de garantia real formado pelas quantias depositadas pelos membros de compensação que a compõem, zelando constantemente pela manutenção dos limites de margem estabelecidos, as demais partes contratantes também deverão prestar caução proporcionalmente às obrigações assumidas perante a câmara. As garantias poderão consistir em dinheiro, títulos públicos federais, cartas de fiança bancária, certificados de custódia de ouro etc.

"Segurança ou garantia é o reforçamento de algum direito, ordinariamente crédito".[110] As partes se comprometem a manter margens mínimas de garantia real para adimplemento obrigacional, sob pena até de sofrerem as conseqüências previstas, quando do não preenchimento dos valores fixados.

Nesse ponto, compartilhamos da opinião de Nelson Eizirik: "As margens constituem modalidade de caução, posto que sua função é a de assegurar a solvabilidade do comitente; daí decorre a sua natureza de obrigação acessória, firmando-se na existência de uma obrigação principal (...)".[111]

Não consideramos que essas margens tratem-se de sinal ou arras confirmatórias, uma vez que não representam propriamente princípio de pagamento, sendo que as partes poderão ser chamadas outras vezes no decorrer do prazo contratual para reforçarem as margens conforme a evolução da cotação do mercado. Ademais, serão devolvidas da execução obrigacional.

Sobrevindo a novação quando do registro da operação, o contrato formado no pregão entre os pólos originais extinguiu-se. Por conseguinte, a caução constitui-se em *obrigação acessória do "novo" contra-*

108. Id., ibid., p. 225.
109. Ob. cit., v. II, pp. 177 e 178.
110. Pontes de Miranda, ob. cit., v. 22, p. 299.
111. N. Eizirik, "Aspectos ...", pp. 22-35.

to firmado entre a clearing e uma das partes (compradora ou vendedora). A parte depositará a garantia junto à câmara. Esta, como o dito, assegura o cumprimento da sua obrigação através do fundo mantido pelos agentes de compensação.

Quanto aos ajustes diários, podemos afirmar que sua natureza é, sem dúvida, a de pagamento de preço. E talvez aí residisse a única atipicidade do negócio, se é que assim caberia dizer. Por se tratar de negócio de bolsa, o preço pactuado na celebração contratual é atualizado diariamente pelo "preço do fechamento do dia anterior".[112] Assim, as partes recebem ou pagam diferenciais entre o preço que o ativo-objeto é avaliado em determinado dia e o preço que estipularam no momento da contratação. Tanto consistem em pagamento de preço que, quando do pagamento da obrigação pela entrega da mercadoria, o valor que rezará o compromisso será consoante às cotações do dia anterior da entrega. Não se leva em conta mais o preço inicial pactuado no contrato porque este já fora ajustado diariamente, estando em conformidade com a precificação atual do bem. Da mesma forma, se o pagamento se suceder por compensação, o saldo remanescente a ser honrado acordará com o valor de tal ajuste.

Atentando-se ao artigo 1.124 do CC, podemos concluir que é lícita a determinação do preço de acordo com seu valor na execução contratual. Poderíamos dizer, então, que o preço acordado no momento da contratação não perfaz o preço certo e definitivo que regerá o pagamento da obrigação. Trata-se de *preço-base*, de parâmetro de preço, de *preço inicial* estabelecido sobre o qual recairá o preço final dado somente no pagamento do compromisso. Aplicando-se o artigo 193 do Código Comercial, sendo a bolsa local de comércio, legalmente autorizada a divulgar preços praticados no mercado, é plenamente lícito que as partes tenham convencionado que o preço de fato a ser operado na liquidação contratual seja o preço em vigor no momento do desfecho da relação contratual.

Será que pelo fato do preço ser corrigido diariamente a valores praticados no mercado seria caso de dizer que se trata de cláusula atípica de contrato de compra e venda? Mesmo tendo em vista todas as cláusulas monetárias, vinculadas a indexadores que acompanham a evolução inflacionária e, legalmente, regem inúmeros contratos em nossa sociedade?

A esse respeito Pontes de Miranda nos coloca que o preço, tal como o ordenamento prevê, não pode ser excluído da deliberação entre os contratantes.[113] Prosseguindo, afirma:

"O preço ou é determinado, à conclusão do contrato, ou, à conclusão do contrato é determinável. Preço determinado é aquele para o qual não se necessita de qualquer critério para posterior determinação. Preço determinável é aquele de que não se tem conhecimento objetivo do quanto, ou dele não se tem conhecimento subjetivo, mas já se sabe como se há de determinar. Tem-se o critério da fixação, não se tem a fixação. Há a vinculação, o efeito mínimo do negócio jurídico (pois concluso está). (...). *O preço não tem de ser, desde logo, preço determinado. Basta que, desde logo, seja determinável*" (grifo nosso).

Na essência, contratos futuros são a denominação que se dá a contratos de compra e venda a termo, com cláusulas padronizadas pelas bolsas, cujos bens transacionados constituem-se em mercadorias agrícolas ou ativos financeiros. Tal como em todo contrato de compra e venda, o pagamento (em sentido lato) por "vias normais" da obrigação deve encerrar a entrega da mercadoria e o pagamento (sentido estrito) do preço. E, se assim acontecer, conforme foi falado, o vendedor notificará sua intenção de entrega física à câmara. A *clearing*, contraparte da obrigação sendo, também, contraparte de outras obrigações, procura-

112. Remetemos o leitor à p. 176.

113. Ob. cit., v. 39, pp. 36 e 37.

rá um terceiro que, querendo receber a mercadoria, honre a prestação no seu lugar; ao mesmo tempo, esse terceiro extinguirá o vínculo que tem com a *clearing* (tudo em consonância com o artigo 930 do CC). Não encontrando, por ventura, terceiro interessado, a câmara receberá o objeto. É direito do contratante efetuar o pagamento da forma que lhe aprouver.

Sucede que a grande maioria dos contratos não se extinguem dessa forma, não obstante a entrega da mercadoria funcionar, economicamente, como fator primordial na convergência do preço futuro, exercendo importante papel no mercado.

Os contratantes *iuris et de iure*, tendo efetuado outros contratos, optam por compensar seus créditos e débitos com sua contraparte. O pagamento da obrigação se resolve, da mesma forma, de pleno direito.

Sabe-se que os contratantes, ao encerrarem suas obrigações por esse instituto, são movidos por outro *animus*, distinto do que ocorre numa contratação de compra e venda ordinária.

De fato, a finalidade da compra e venda consiste na transferência da propriedade embora o contrato não tenha o efeito translativo. Nos contratos futuros, as partes almejam posicionar-se perante a situação real de flutuação de preços, administrando e transferindo riscos, garantindo-se.

Podem as partes, então, conferir novas funções a negócios típicos?

Sobre tipicidade e atipicidade, bem expõe a Prof. Rachel Sztajn:

"Num primeiro contato as expressões típico e atípico se assemelham a normal e anormal. Mas não é nesse sentido que se deve tomá-las, pois são ambos normais. Deve-se entendê-las, sim, no sentido de que típico significa o antigo, já consolidado e atípico significa o exercício do auto-renovamento do sistema fundado sobre a autonomia privada".[114]

Respondendo à pergunta:

"O que se deve ter presente, na análise de novos modelos contratuais, fruto da autonomia privada, insiste-se, são a boa-fé, a eqüidade ou equilíbrio contratual, a ordem pública, moral e bons costumes e a falta de modelos negociais adequados às condições sócio-econômicas existentes a cada momento. O que se deseja é a conciliação entre vontade (interesse) individual e segurança de operação, entre *facultas agendi* e direito positivo".[115]

A jurista conclui que a função de garantia é totalmente acolhida pelo ordenamento na própria figura dos contratos de seguro. De fato, contratos futuros possibilitam a consecução de eficiente seguro de preços, função aceita, desejável, e portanto, socialmente tipificada.

Não compartilhamos, no entanto, do seguinte entendimento: "A obrigação do vendedor pode ser vista como alternativa, isto é, pode optar pela entrega do bem ou por não entregá-lo deixando de cumprir sua prestação, que se resolve pela diferença de preço entre o que fora ajustado e o preço da data do 'recesso', pela mecânica de compensarem-se as posições credoras e devedoras daquele devedor".[116]

É certo que poderá advir a compensação das obrigações de acordo com o que expusemos e esta, daí, é a forma de extinção do liame obrigacional. Não há, porém, obrigação alternativa. Há duas maneiras de liquidação da obrigação assumida no contrato: a que se opera por *traditio* com prestação da obrigação e a que se opera por compensação, sem prestação, mas que produz os mesmos efeitos já que trata-se de modo de extinção de obrigações.

Também outros mecanismos como a sub-rogação da *clearing* nas dívidas, cessão de contratos entre vendedores e compradores,[117] obrigação de natureza solidá-

114. Rachel Sztajn, *Contrato* ..., p. 46.

115. Id., ibid., p. 51.

116. Id., ibid., p. 196.

117. Não podemos concordar com a tese de que haveria cessão contratual quando um vendedor

ria são impróprios e insuficientes para justificar, *ex iure*, a relação existente entre todos os participantes do mecanismo dos contratos futuros.

O artigo 1.479 do Código Civil: "São equiparados ao jogo, submetendo-se, como tais, ao disposto nos artigos antecedentes, os contratos sobre títulos de bolsa, mercadorias ou valores, em que se estipule a liquidação exclusivamente pela diferença entre o preço ajustado e a cotação que eles tiverem, no vencimento do ajuste".

A autonomia contratual é conseqüente da autonomia privada,[118] esta devidamente assegurada por lei. Combinando-se os dispositivos constitucionais (art. 5º, e art. 170 e seguintes) e tendo-se em vista o princípio regedor do direito dos contratos *"pacta sunt servanda"*, garantido pelo Estado por intermédio do direito de petição (incisos XXXIV "a" e XXXV do art. 5º CF), infere-se que a interpretação do artigo 1.479 deverá ser efetuada de forma restritiva, para que não se tolham direitos constitucionais.

A norma determina que contratos nos quais seja estipulada a liquidação exclusivamente pela diferença de preços serão equiparados ao jogo, isto é, não serão eficazes, obstando, portanto, direito de ação.[119]

O artigo não é aplicado aos contratos futuros: 1) os contratos futuros, sendo contratos de compra e venda, poderão ser perfeitamente liquidados pela entrega dos ativos-objeto; se, na maioria dos casos, não o são, é por decorrência da livre manifestação de vontade dos contratantes;[120] 2) a liquidação por saldo remanescente que se opera no mercado de futuros é fruto de compensação jurídica de dois contratos distintos com contrapartes legítimas, em plena consonância com o direito positivo estabelecido.

Realmente, a jurisprudência tem entendido o não cabimento da evocação do artigo nos casos que lhe chegaram, apesar de utilizar de argumentações em parte diversas das aqui expostas.[121] Ademais, nem é preciso discutir a escancarada má-fé de indivíduo que se escuse do adimplemento das obrigações decorrentes de celebração de contrato futuro, fazendo uso de tal dispositivo em juízo. A tempo: é incontestável que os contratos futuros obrigam as partes, sendo dotados de plena coercibilidade perante o ordenamento legal.

Não obstante a completa exclusão do cabimento do artigo 1.479, aconselhável é que legisladores regulamentem a matéria tal como tem se processado em ordenamentos estrangeiros.

Sobre a necessidade indispensável e impostergável de reciclagem e de renovação, Judith Martins Costa dispõe:

"Tão inútil quanto é a busca da 'novidade' pelo mero fato de constituir uma 'novidade' o é perigoso e desviante o tratamento do que é novo com os instrumentais teóricos que só se justificavam no passado. Admitido, por força da realidade, que ne-

extingue sua obrigação, posto que a obrigação não será transmitida a terceiro: ela já se dissipou. Como então o vendedor faria a cessão do contrato e, da mesma forma, o comprador também o faria? A relação obrigacional estaria completamente desvirtuada. Quantas vezes se operaria a cessão virtual de contratos uma vez que, na realidade, as partes podem compensar sua posições conforme quiserem e sua contraparte original nem sequer tomará conhecimento? Tal explicação não é satisfatória.

118. Rachel Sztajn, *Contrato ...*, p. 51.

119. Note-se que os contratos de jogo e de aposta não são proibidos por lei. Não são nulos, porém, não geram direito à pretensão jurisdicional no tocante a coerção do pagamento, não produzindo, por isso, efeitos em face ao direito.

120. Aliás, os contratantes agem dessa maneira visando a consecução de um fim perfeitamente lícito, tipificado no ordenamento e socialmente útil. Nem cabe, entretanto, ao direito contrapor-se às intenções subjetivas das partes, tomadas dentro da boa-fé, assim como ele não se opusera a um contrato livremente extinto por distrato.

121. A prof. Rachel Sztajn (in *Contrato ...*, p. 217) menciona a respeito o pronunciamento do ministro Sidney Sanches em palestra proferida no I Seminário sobre o Mercado de Capitais e Mercados Futuros (publicada na *Revista da Associação dos Juízes do Rio Grande do Sul*, Porto Alegre, ano XVII, mar. 1990, pp. 170-178) e a manifestação do Ministro Orozimbo Nonato em RE 4.417 do STF.

nhum código é absolutamente "fechado", assim como os sistemas jurídicos não são impermeáveis aos diversos fatores de natureza ética, econômica, cultural etc., que por muito tempo foram tidos como "metajurídicos", não se pode, em conseqüência, defender a interpretação do direito apenas a partir de si mesmo, com base em considerações que justamente por serem historicamente datadas, são ultrapassáveis".[122]

De fato, o artigo em questão foi inserido na codificação como tentativa de coibir a utilização de instrumentos derivativos. Ora, nos longínquos tempos de 1916,[123] o desconhecimento acerca da utilidade e real funcionamento desses mecanismos fizeram com que o legislador, levando em consideração crises econômicas passadas, adotasse tal dispositivo. No entanto, usos e costumes legitimaram socialmente o emprego de derivativos. Estudos de economistas mundialmente consagrados têm comprovado sua eficácia e fundamental necessidade para a vitalidade do sistema de produção em geral.

Cabe ao Direito, como ciência que é, não se alienar diante de mudanças globais estruturais.

Tullio Ascarelli, dissertando acerca do princípio da necessidade, em relação ao contrato do seguro, diz: "nas hipóteses de jogo e de aposta, o risco não é senão uma conseqüência do fato de se haver jogado ou apostado – pois de outro modo o evento seria indiferente; na hipótese do seguro, ao contrário, o risco preexiste ao contrato".[124]

Os contratos futuros, rigorosamente, minimizam os riscos de flutuação de preços inerentes às estruturas produtivas, embutidos em maior ou menor grau em qualquer atividade econômica. Analogamente, devem ser reconhecidos pelo direito positivo tal como foi o contrato de seguro.

Contratos são fonte clássica de obrigações. Em uma obrigação são supostos dois sujeitos, o que é obrigado (sujeito passivo) e o que tem direito à prestação (sujeito ativo) em cujo favor foi assumida a obrigação.

Nos negócios bilaterais há vinculação obrigacional recíproca. No caso, os futuros encerram obrigação líquida (*obligatio rei certae*), pois que certa e determinada em relação ao seu objeto. O comprador é devedor do preço e credor do objeto negociado. Este é devido pelo vendedor que é também credor do preço. *Da obrigação decorre a necessidade jurídica de cumpri-la o devedor, o que corresponde ao direito de exigir o credor a execução (...). Todos devem cumprir as suas obrigações conforme as regras da boa-fé.*[125]

Se o devedor não cumprir a obrigação a que se vinculou, observando-se tudo o que foi determinado, o credor tem direito de ação (art. 75 CC), devendo empregar os meios coercitivos legais para a obtenção da prestação. O artigo 1.056 do CC cuida da responsabilidade contratual: "Não cumprindo a obrigação, ou deixando de cumpri-la no tempo e modo devidos, responde o devedor por perdas e danos". O *onus probandi* caberá ao devedor inadimplente.

Na execução de quaisquer negócios jurídicos podem ser suscitadas dúvidas quanto à manifestação de vontade das partes. O juiz, sendo o *dominus processus*, resolverá os conflitos de interesses de acordo com a "jurisdição de direito" adotada por nosso sistema. Um elemento importante concerne à interpretação dos negócios jurídicos pelo magistrado, sendo estabelecidas suas bases em normas do Código Comercial.

É lido no artigo 150: "As palavras dos contratos e convenções mercantis devem inteiramente entender-se segundo o costume e uso recebido no comércio, e pelo mesmo modo e sentido por que os negociantes se costumam explicar, posto que entendi-

122. Ob. cit., p. 36.

123. Longínquo em matéria de tecnologia, inovação e desenvolvimento; a distância entre 1916 e o final do século suplanta as disparidades encontradas entre séculos e séculos anteriores.

124. Tullio Ascarelli, *Problemas* ..., p. 222.

125. Carvalho de Mendonça, ob. cit., p. 323.

das de outra sorte possam significar coisa diversa".

Por isso, o uso e prática negociais consagradas nas bolsas, legítimos locais de comércio, deverão ser amplamente observados quando da evocação de execução contratual.

Comentando a falta de disciplina regulamentar sistemática nos mercados futuros, Eizirick[126] aborda a necessidade de tratamento legislativo específico, sugerindo a ampliação do conceito legal de valores mobiliários com a reforma do artigo 2º da Lei 6.385/76 a fim de que todas as negociações em Bolsas de Futuros pudessem estar inseridas na égide de competência da Comissão de Valores Mobiliários.[127] Na expressão do jurista:

"Na realidade, o objeto da negociação a futuro é o contrato, não as mercadorias ou ativos financeiros. Trata-se de contratos padronizados, uniformes e fungíveis, negociados em série. Ou seja, assemelham-se, em tudo, aos valores mobiliários, exceto pelo fato de que sua 'emissão' não se dá por sociedade anônima, mas sim pela Bolsa na qual podem ser negociados".

A comparação é interessante, mas deve ser vista com ressalvas.

O conceito de valores mobiliários no direito pátrio foi tradução inspirada no conceito norte-americano de *securities*. Contudo, conforme o apontado pelo Professor Verçosa,[128] mesmo a "leitura generosa da Lei do Mercado de Capitais" pretendida por Leães, "jamais poderia ser levada ao ponto de dar aos títulos e valores mobiliários a mesma extensão que o conceito de *securities* veio a receber dos tribunais americanos" pois que "nunca foi objetivo do legislador brasileiro chegar a um resultado tão abrangente".

O percuciente trabalho realizado pelo prof. Leães acerca da definição de uma *security* no direito americano chegou à conclusão de que cinco são as características que assim a identificam:

"*Security* é (1) todo investimento em dinheiro ou bens suscetíveis de avaliação monetária, (2) realizado pelo investidor em razão de uma captação pública de recursos, (3) de modo a fornecer capital de risco a um empreendimento, (4) em que ele, o investidor, não tem ingerência direta, (5) mas do qual espera obter algum ganho ou benefício futuro".[129]

Ora, nitidamente constata-se que os contratos futuros não se encaixam na definição supra, não sendo caracterizados como *securities* nem perante o ordenamento americano. A bolsa não visa à captação de recursos, sua função é proporcionar local para a comercialização de operações; o "investidor" em mercados futuros tem total controle de suas posições, podendo se desfazer do contrato pela compensação jurídica quando e se assim achar conveniente ou levar o contrato até a sua extinção com o pagamento normal através da entrega da mercadoria.

Na realidade, os contratos futuros são regulados pela *Commodity Futures Trading Commission* (*CFTC*), órgão independente e desvinculado da *Securities and Exchange Commission* (*SEC*). Esta tem jurisdição somente sobre contratos futuros versados sobre índices de ações (índices sobre *securities*).

Supõe-se que a real intenção do autor com a citada colocação seria propiciar um meio mais simples de se efetuar a fiscalização dos mercados futuros utilizando-se do aparato da CVM, autarquia responsável pelo acompanhamento das operações com valores mobiliários no mercado de capitais

126. Nelson Eizirik, "Aspectos ...", pp. 22-35.

127. Como veremos adiante, hoje, a fiscalização de operações futuras sobre índices de ações é de competência da CVM, enquanto compete ao Banco Central a fiscalização de contratos sobre mercadorias agrícolas e sobre os demais ativos financeiros.

128. Haroldo Malheiros Duclerc Verçosa, "Notas ...", 75-83.

129. Luiz Gastão Paes de Barros Leães, "O conceito ...", pp. 41-60.

do país. De fato, o princípio da transparência (*full disclousure*) deve ser assegurado por órgão governamental. Entrementes, a reforma do artigo 2º da Lei 6.385/76, no sentido indicado, seria inadequada ao cerne do ordenamento pátrio.

Como é sabido, o legislador brasileiro utilizou a técnica de enumeração meramente exemplificativa para delimitar o que entendeu por valores mobiliários no ordenamento pátrio, prevendo no próprio texto legal hipótese de inclusão de outros títulos emitidos pelas sociedades anônimas nessa denominação (inciso III do art. 2º da Lei 6.385/76). Influenciado então pelos padrões adotados na sistematização do Direito de *Common Law* americano, fugiram ao poder legiferante preocupações conceituais que seriam de maior adequação ao direito brasileiro, codificado de acordo com as tradições romano-franco-germânica.[130] Assim, ao sujeitar ao regime legal apenas os valores mobiliários expressamente relacionados no artigo 2º, a Lei n. 6.385/76 acabou por ser mais restrita do que a anterior *Lei do Mercado de Capitais*.[131] Daquela Lei:

"Art. 2º. São valores mobiliários sujeitos ao regime desta Lei:

I. as ações, partes beneficiárias e debêntures, os cupões desses títulos e os bônus de subscrição;

II. os certificados de depósitos de valores mobiliários;

III. outros títulos criados ou emitidos pelas sociedades anônimas, a critério do Conselho Monetário Nacional."

Até então, já que o parágrafo único da Lei 6.385 exclui os títulos da dívida pública federal, estadual ou municipal e os títulos cambiais de instituição financeira, excetuando-se as debêntures, do seu regime, a citada Lei cuidou somente dos valores mobiliários emitidos por sociedades anônimas.[132] Isso, contudo, não quer dizer que não existam outros valores mobiliários (conforme abordado, a definição da Lei se deu por listagem, não esgotando portanto a inserção de outros valores mobiliários no ordenamento), mas que a estes não se aplicava a competência regulatória da CVM.

Posteriormente, o CMN, utilizando da competência que lhe fora outorgada, ampliou em várias ocasiões a relação de valores mobiliários sujeita à disciplina da Lei 6.385. Emitiu a Resolução n. 1.713, de 27.6.90, incluindo na qualificação as notas promissórias emitidas por sociedades anônimas que se destinavam à oferta pública. Os títulos lançados por instituições financeiras, por sociedades corretoras e distribuidoras de valores mobiliários e por sociedades de arrendamento mercantil foram expressamente excluídos da caracterização de valores mobiliários, constituindo matéria que depois foi regulamentada pela Instrução n. 134, de 1.11.90, da CVM.

A Resolução n. 1.907, de 26.2.92, do CMN considerou como valores mobiliários os direitos de subscrição de valores mobiliários, os recibos de subscrição de valores mobiliários, as opções sobre valores mobiliários, e os certificados de depósito de ações.

A Lei n. 8.668, de 23.6.93, autorizou a criação dos fundos de investimento imobiliários, novos valores mobiliários regulados pela Instrução 205, de 14.1.94, da CVM.

"O condomínio designado fundo imobiliário, conforme a Lei obtém fundos com a captação de recursos no mercado, captação essa que obedece ao sistema da Lei

130. Cf. Guiomar T. Estrella Faria, "Valores mobiliários ...", pp. 94-103.

131. Cf. Haroldo M. Duclerc Verçosa, "Notas ...", p. 80.

132. O prof. Verçosa (ob. cit.) explana que eventual maior abrangência do inciso II do artigo 2º da Lei 6.835, que incluiria certificados de depósitos de *outros valores mobiliários* à medida que no texto legal não se faz restrição de que sejam necessariamente lançados por sociedades anônimas, é afastada, sem exceções, uma vez que a singular referência legal sobre certificados de depósito encontra-se na Lei das Sociedades Anônimas, em seu artigo 43, o qual trata de certificado de depósito *de ações*.

6.385/76, ou seja a lei de Mercado de Capitais. Esse fundo cujo patrimônio é representado por quotas (valor mobiliário) tem, como titular, a instituição financeira, apesar da pluralidade de subscritores ou adquirentes das quotas, visto que os recebe em seu nome, mas sob o manto do negócio fiduciário".[133]

Foi promulgada a Medida Provisória 1.637, de 8.1.98, cujo teor foi a regulação, fiscalização e supervisão dos mercados de títulos ou contratos de investimento coletivo. Atendendo às expectativas do mercado, que clamava por fiscalização governamental após o calote da Gallus que prejudicou inúmeros investidores, contratos ordinariamente conhecidos como contratos de boi gordo e seus assemelhados passaram a ser caracterizados como valores mobiliários, diciplinados pela Lei 6.385/76, e portanto incluindo-se sob a égide regulamentar da CVM.

Acordando para o artigo 1º da MP, vê-se que passaram a ser considerados valores mobiliários sob o regime da Lei 6.385: a) contratos de investimento coletivo; b) ofertados publicamente; c) que gerem direitos de participação, d) de parceria ou de remuneração (inclusive resultante de prestação de serviços); e) e cujos empreendimentos advenham do esforço do empreendedor ou de terceiros.

Comentando acerca das mudanças advindas com a medida, Verçosa dispõe:

"Na verdade, o legislador veio a adotar uma solução que ampliou bastante a competência da CVM, quase que inteiramente dentro da decisão supra-referida (a de se proceder um grande alargamento do conceito de valor mobiliário), atingindo-se um campo bem maior do que o representado pelo dos contratos de boi gordo, cuja tutela específica estaria sendo preocupação da CVM, conforme se noticiava (...)".[134]

133. Rachel Sztajn, "Quotas ...", p. 105.

134. Haroldo M. Duclerc Verçosa, "A CVM ...", p. 96.

Adiante, o Professor esclarece que o conceito de valor mobiliário passa a abraçar outrossim contratos, deixando de referir-se exclusivamente a determinados títulos emitidos por companhias abertas. Trata-se de negócio em que se objetiva auferir lucro, existindo risco de forma implícita. O investimento segundo a regulação legal, não é individual, mas coletivo, isto é, haverá participação coletiva de investidores que destinarão seus recursos ao empresário "vendedor" de títulos ou contratos. Este desenvolve atividade oferecida ao público que dela participará coletivamente. Os investidores terão direito sobre os lucros auferidos pelos empreendimentos, nas modalidades de participação, de parceria ou de remuneração fixada, não restando claro se a natureza jurídica do investimento coletivo se dará por condomínio, comunhão ou sociedade. Destaca-se que, como no modelo norte-americano, o investidor não possuirá ação própria ou controle direto sobre a direção do empreendimento, o que não significa que por isso serão afastadas as sociedades com participação de sócios minoritários, a exemplo daquelas com acionistas sem direito a voto, que acabam por constituir-se finalisticamente em meros investidores.[135]

Não obstante a tendência da legislação nacional em ampliar o conceito de valores mobiliários, atendendo aos anseios de doutrinadores que já apontavam essa necessidade a fim de que se providenciasse a tutela dos interesses de investidores e a proteção da economia popular, a caracterização de novos valores mobiliários deve levar em conta a conceituação que o trabalho doutrinário veio construindo, para que não se desnature a natureza do instituto e venha a se considerar valor mobiliário qualquer espécie de aplicação financeira, tendo-se em vista somente a necessidade da fiscalização de autoridades governamentais na sua utilização.

Assim, a despeito da disciplina e fiscalização dos mercados futuros ser indis-

135. Id., ibid.

pensável para o seu bom funcionamento, a partir dos pontos anteriormente dispostos, percebe-se que contratos futuros, rigorosamente, não podem ser tomados como valores mobiliários.[136] Contratos futuros não são destinados à captação de recursos públicos. Não tratam de aplicação junto a terceiro que irá gerir qualquer empreendimento. As partes possuem controle total sobre as posições contratuais assumidas, são partes de um contrato de compra e venda a termo, diferenciado somente por possuir cláusulas preestabelecidas pela bolsa e mecanismos financeiros que visam propiciar o desvencilhamento de posições através da compensação jurídica a fim de consecução de cobertura econômica.

Existem fundos de investimento que objetivam a obtenção de recursos públicos para aplicações em instrumentos derivativos. Assim sendo, nesse caso, haverá o empreendedor que captará recursos do público através da venda de quotas de seu fundo. Haverá a busca do lucro, a existência do risco e a falta de controle direto sobre a administração do fundo pelos investidores coletivos. Talvez, aí fosse possível considerar a natureza de valor mobiliário das quotas dos fundos de investimento em derivativos, mas nunca a natureza jurídica dos contratos futuros como valor imobiliário.

Desse modo, a competência da CVM para a fiscalização de opções e contratos futuros sobre índices de ações se deve ao fato de os índices serem constituídos por valores mobiliários. Já a tutela dos contratos futuros agrícolas ou financeiros não referentes a valores mobiliários caberá ao Banco Central do Brasil, em consonância com as regras do ordenamento brasileiro.

Resta ainda uma última consideração relevante para a classificação jurídica dos contratos ora estudados, a qual diz respeito a sua suposta aleatoriedade.

136. Se não são tomados como *securities* propriamente ditas nem no direito americano, o que dizer no direito brasileiro, onde os valores mobiliários têm sentido mais restrito?

Um indivíduo realiza uma compra a termo comum, acorda o preço e a data de entrega do bem com sua contraparte. Ocorre que, tempo depois, na suposta execução do pagamento, por qualquer motivo econômico desconhecido, o bem está valendo muito mais (ou muito menos) no mercado do que no momento em que houve a vinculação das vontades. Mesmo assim, o comprador é obrigado a pagar o valor acordado. Também o vendedor entregará o bem. O contrato, no vencimento, produz efeitos exigindo o cumprimento das prestações. Trata-se de *risco econômico* que as partes correm por ter optado pela postergação do pagamento no futuro.

Assim, a parte *A* realiza um contrato de compra e venda a termo de um computador *c*, por exemplo, efetuando o pagamento de um preço *x* agora, convencionando de a contraparte *B* lhe entregar a mercadoria dali a um mês e meio. No período fixado o vendedor da mercadoria (*B*) cumpre sua prestação, transferindo o domínio da coisa. Supondo que no decorrer do prazo fixado tenha sido divulgado o lançamento de um novo computador, com velocidade de processamento e capacidade muito maiores que a do modelo *c*. Em decorrência, o modelo *c* adquirido tornou-se ultrapassado, passando a valer menos. Quando *A* recebeu o computador, o preço de mercado do bem era inferior ao que ele já havia dispendido há um mês e meio atrás. O contrato foi adimplido e liquidado, juridicamente ambas as partes cumpriram suas prestações em perfeita consonância com seu vínculo obrigacional. Economicamente, contudo, a parte *A* saiu prejudicada; *A* havia assumido a *álea econômica* de pagar antecipadamente por um bem que receberia mais tarde.

Do mesmo modo, nos mercados futuros, há contratação de compra e venda versando sobre coisas fungíveis com prazo fixado no termo. As partes se comprometem mutuamente sobre a mercadoria e o preço. As prestações não estão condicionadas a nenhum evento futuro e incerto. A condição suspensiva operante somente diz respeito à data de liquidação do pagamento em vias normais (entrega). Por outro lado, o pagamento por compensação, conforme já salientado, é também plenamente eficaz. Parece-nos cristalino que a álea incorrida é de caráter econômico.

Diverso, entretanto, é o caso do contrato de seguro. O segurador só na ocorrência do sinistro indenizará o segurado. Este presta o preço, independentemente da realização do objeto da obrigação principal da seguradora, qual seja, a indenização de possíveis prejuízos futuros. Há desequivalência entre as prestações das partes pois, na formação contratual, o segurador contrapresta *segurando,* não é sabido ainda se se realizarão os riscos que ensejarão a cobertura de danos, o pagamento é incerto e eventual. *O segurador assume a álea. O contrato de seguro é juridicamente aleatório.*

A prof. R. Sztajn explica que, no caso dos seguros, o que se deseja evitar é o dano ou necessidades pecuniárias provocadas por evento futuro e incerto. Também nas vendas futuras se almeja evitar dano, a perda por aumento do preço do bem em data futura. Sobre o assunto, coloca que: "Classificar os contratos segundo o critério do risco implica mensurá-lo o que só pode ser feito pelos contratantes. Não é a probabilidade de perda ou ganho que define um contrato como aleatório ou não, mas a vinculação de uma das prestações a evento que foge ao controle das partes e que pode levar à inexistência de uma das prestações".[137]

Por isso mesmo, entendemos que, de fato, os contratos futuros visam a evitar perdas com oscilações de preço uma vez que para o *hedger* os ganhos com os futuros se contrabalançarão com as perdas do mercado à vista ou vice-versa. Os contratos futuros servem ao propósito de "seguro". Todavia, consideramos *que os contratos futuros não são aleatórios*, pois, atentando-se à definição dada pela própria jurista, não há "vinculação de uma das prestações a evento que foge ao controle das partes" As partes se vinculam num contrato de compra e venda a termo, tendo como prestações a entrega da coisa e o pagamento do preço. *Nunca haverá inexistência de uma das prestações devido ao evento futuro; o que pode haver é inexistência das prestações em razão da compensação das obrigações*. Há dois créditos e duas dívidas provenientes de dois contratos. Cada credor é devedor ao mesmo tempo; há exercício de direito formativo extintivo do devedor que é também credor. As obrigações extinguem-se até onde se compensarem; o que não se compensa será pago pela parte que se configura devedora desse montante não compensado.[138]

A conclusão se encontra nas palavras precisas e sempre atuais de Pontes de Miranda:[139]

"Insuficiente caracterização dos contratos aleatórios leva alguns juristas a verem nos contratos de bolsa contratos aleatórios, sem atenderem a que, se todos o fossem, aleatórios seriam todos os negócios jurídicos comerciais. (...)

É essencial que a álea se faça jurídica, e não só econômica. Álea econômica pode haver em quase todos os negócios jurídicos.

Nos contratos de bolsa, sabe-se o que se compra e o que se vende. Se foi mau negócio, a álea não resulta da estrutura negocial, mas sim de fatos econômicos, que

137. Rachel Sztajn, *Contrato* ..., p. 195.

138. Sobre a compensação convencional (Pontes de Miranda, *Tratado* ..., v. 22, p. 405): "A compensação convencional, contemporânea ao vencimento, é acordo sobre os dois pagamentos e sempre existiu. A compensação convencional, antes do vencimento das duas dívidas, é contrato em que só se exige, nos dois contraentes, o poder de disposição dos créditos, que um e outro desejam compensar, e o acordo sobre a extinção recíproca deles. (...) Nada obsta a que a compensação seja antecipada em relação a créditos futuros (*pactum de compensando*), ou a créditos não vencidos".

139. Ob. cit., v. 52., p. 223.

eram ignorados pelo figurante, ou pelos figurantes, ou foram fortuitos. De qualquer modo, fora do mundo jurídico, como elementos do contrato. *A comutatividade ressalta*. Oscilam os valores, não os títulos e as mercadorias" (grifo nosso).

Inferem-se, finalmente, as seguintes constatações: o contrato a futuro é contrato de compra e venda; portanto, típico. A função para a qual é utilizado, embora atípica do instituto de compra e venda, é tipificada no ordenamento legal. É bilateral, sinalagmático, oneroso e comutativo.

VI – Mercados futuros: instrumento necessário ao bom funcionamento da economia de mercado

Samuelson e Nordhaus, tecendo considerações a respeito do funcionamento dos preços numa economia, colocam o seguinte:[140]

"Há alguns séculos atrás, começou a verificar-se, na maior parte desses países (países atualmente considerados como industrializados) uma tendência para cada vez menor controlo directo da actividade económica por parte dos governos. As condições feudais e pré-industriais foram-se substituindo gradualmente, sendo dada cada vez maior importância ao que se costuma chamar *mecanismo de mercado*, por vezes também denominado "iniciativa privada" ou "capitalismo concorrencial de propriedade privada"" (*sic*).

Prosseguem, definindo:

"O *mecanismo de mercado* é a forma de organização econômica na qual os consumidores e as empresas, agindo individualmente, interagem através dos mercados para determinar o resultado dos três problemas da organização econômica (que bens produzir, como produzir e para quem produzir). Uma economia de *direcção central* é aquela na qual a afectação de recursos é determinada pelos governos, obrigando os indivíduos e as empresas a seguir planos económicos do Estado".

Os autores ressaltam que esse movimento em direção a uma economia regida por mecanismos de mercado não foi bem linear, nem pode ser verificado em sua pureza. No final do século XIX, a implementação do *Welfare State* ocasionou um rompimento no processo de implementação do liberalismo, resultando em crescente concentração de funções econômicas providas pelo Estado. Desde 1980, entretanto, é deflagrado um nítido movimento de diminuição de controle estatal econômico.

Não se encontra, na realidade, a situação extrema de irrestrita liberdade da iniciativa privada, uma vez que ao Estado caberá, minimamente, as funções de fiscalização e de observação de práticas mercadológicas para a asseguração dos direitos, dos preceitos legais e do próprio bom funcionamento do mercado. Assim como a autotutela é vedada na sociedade democrática de direito, sendo da competência do Estado a resolução de conflitos através do poder jurisdicional, também a preponderância do interesse público sobre o privado é princípio democrático que desencadeia o exercício de certas funções e responsabilidades da Administração estatal perante a sociedade.

O princípio da *mão invisível* exposto por Adam Smith (em sua grande obra de literatura econômica *The Wealth of Nations*) defendia o mecanismo purista do mercado, o qual proveria, por si só e ordenadamente, a solução para os problemas produtivos sem qualquer interferência do Estado, provavelmente perniciosa ao sistema de livre concorrência. Mas, o mercado só seria plenamente eficiente em ambiente concorrencial perfeito. Dois séculos decorridos da doutrina da mão invisível, inúmeras questões e experiências acabaram por criar certo consenso entre os economistas modernos acerca da existência de limitações práticas do mercado, as chamadas "falhas de mercado". A ausência de concorrência perfeita e a

140. Paul A. Samuelson e William D. Nordhaus, *Economia*, p. 49.

ocorrência de externalidades[141] configuram-se nas principais falhas de mercado.

Nesse diapasão, também Campos e Fernandez discutindo o liberalismo de Adam Smith, apontam a necessidade da correção de variadas imperfeições de mercado:

"... Determinar leis científicas constitui, é claro, um bom meio para, dentro do respectivo campo, influir no mundo real. O fato de os regimes "capitalistas" estarem convencidos de que, ao seguirem as regras da economia de mercado, estavam apenas curvando-se à natureza real do mundo não deixava de fazer de seus esquemas teóricos um instrumento de ação sobre esse mesmo mundo.

Há, no entanto, uma diferença importante entre essas colocações. A economia de mercado assenta-se sobre uma consulta permanente e ininterrupta às preferências dos indivíduos, que se reflete objetiva e automaticamente nos preços relativos dos fatores e produtos, nos níveis de consumo e na poupança, e assim por diante. Não é um processo à prova de efeitos tendenciais nem de imperfeições várias e, por isso mesmo, não exclui a eventual necessidade de medidas corretivas por parte da sociedade. (...)"[142]

Em matéria concernente à garantia de livre concorrência, controle de atos e contratos que possam ameaçar ou lesar a ordem econômica, por exemplo, há agências administrativas reguladoras como o *Federal Trade Comission (Antitrust Division – Department of Justice)* nos Estados Unidos e o Conselho Administrativo de Defesa Econômica (CADE) no Brasil,[143] órgãos que ganham especial importância hoje em dia devido ao contexto de globalização que encerra o fortalecimento de conglomerados empresariais transnacionais, sua entrada em novos mercados, inúmeros processos de fusões e aquisições comerciais.

Nesse ponto, uma distinção conceitual deve ser feita: nem sempre o *mercado* de dada localidade será regido por um *sistema de mercado*.[144] "Mercado" no significado denotativo mais simplificado do termo, quer dizer o local onde se comercializam gêneros e mercadorias. O mercado em si, em todo o tempo existiu e existirá. Com as primeiras trocas, surgiram os mercados. Nem o mais centralizado dos regimes impedirá a existência de círculos comerciais, em determinadas circunstâncias que, a partir de trocas constantes entre os membros sociais, configurem mercados atuantes. Mesmos as pequenas feiras existentes na época medieval que funcionavam sob a égide de um sistema fincado na tradição, estamentado, constituíam "mercados" por assim dizer.

O "sistema de mercado", por sua vez, é a denominação criada pelos liberais do fim do século XVIII, embutida de significado conotativo, para designar específico modo de coordenação e de controle das atividades econômicas. O sistema de mercado é fundado na liberdade e racionalismo iluministas, caracterizado pela autonomia individual, iniciativa privada e ausência de controle governamental determinante. Sistema de mercado é a designação dada para um modo de organização do sistema econômico, tecnicamente falando.[145] As expressões "economia de mercado" ou "mer-

141. Danos ocasionados ao meio ambiente ou aos próprios consumidores pelos agentes produtores são exemplos de externalidades que, na imensa maioria das vezes, não são solucionadas pelo próprio sistema de mercado, demandando condutas das autoridades competentes para a defesa do interesse público.

142. Roberto Campos e Oscar Lorenzo Fernandez, "Economia ...", pp. 62-73.

143. O CADE foi transformado em autarquia pela Lei 8.884, de 11 de junho de 1994.

144. O termo "mercado" tem enorme variedade de significados em economia, dependendo da época e da concepção com que for empregado.

145. Cf. Fábio Nusdeo, *Curso* ..., p. 113: "...por sistema econômico quer-se significar um particular conjunto orgânico de instituições, através do qual a sociedade irá enfrentar ou equacionar o seu problema econômico. Este último nada mais vem a ser do que uma mera decorrência da já conhecida escassez de recursos, a exigir um processo consistente e concatenado de decisões quanto ao seu emprego. (...)"

cado" simplesmente, utilizadas neste trabalho, possuem a mesma conotação abordada do "sistema de mercado", sendo imbuídas dos pressupostos de caracterização dessa forma de organização descentralizada.

Ainda hoje, há controvérsias acerca da utilidade ou necessidade de haver, comparativamente, um maior ou menor dirigismo econômico estatal, sendo variáveis as denominações utilizadas pelos estudiosos nas situações fáticas existentes conforme a linha do pensamento econômico adotado. Samuelson e Nordhaus concebem a economia americana como "economia mista, na qual as instituições públicas e privadas exercem, em simultâneo, o controlo económico: o sistema privado através da direcção invisível do mecanismo de mercado, as instituições públicas através de regulamentações orientadoras e incentivos fiscais" (*sic*).[146]

L. P. Pijasheva,[147] economista russa, explica o planejamento de atividades no setor privado no referente à tomada de decisões estratégicas sobre investimento, produção e *marketing,* não subestimando o papel do Estado na regulação da vida econômica, por meio de atenuação de conseqüências de crises, políticas fiscal e de emprego etc. Dentro de condições de mercado, considera sustentável até a participação do Estado em empresas privadas, mistas, ou monopólios que visem ao desenvolvimento de tecnologia estratégica ou à elaboração de prognóstico estatal indicativo ao setor privado.[148]

A autora nega, no entanto, a compatibilidade entre dirigismo estatal econômico e economia de mercado: "It is either the plan or the market. Just a plan cannot be a little bit a market plan, a market cannot be a little bit planned or a enterprise a little bit free. (...) The plan is incompatible with the market system because there is no actual possibility of calculating the right prices and of correlating them with a science-based plan".

Fazendo críticas à incapacidade do Estado de gerir o sistema produtivo em geral devido à incipiente adaptação do dinheiro estatal a novos ambientes competitivos, questiona o porquê de ideólogos socialistas tentarem desenvolver um modelo de economia mista, com mecanismos de mercado.[149] Conclui que só o mercado providencia eficientemente a melhor alocação de recursos no sistema econômico.[150]

O professor aponta, em sua obra, três modelos básicos de sistemas econômicos: sistema da tradição no qual há reiteração de padrões comportamentais imemorialmente estabelecidos, a população adere consensualmente aos valores considerados necessários ao bem-estar geral e a economia tem papel secundário na organização social; sistema de autoridade, também chamado de centralizado, no qual há justaposição de dois planos decisórios, o político e o econômico, sendo caracterizado pela planificação da atividade produtiva pelo Estado, centro decisório final; sistema de autonomia, aqui titulado de sistema ou economia de mercado.

146. Paul A. Samuelson e William D. Nordhaus, ob. cit., p. 50.

147. Larissa Popkova Pijasheva, "Why is ...", pp. 80-90.

148. Id., ibid., "...All these forms of planning and state management coexist in the economic life of the market system and fulfill their stabilizing, regulating, or orienting function".

No mesmo sentido, Campos e Fernandez, ob. cit., afirmam: "...E nem todas as interações ou transações efetuadas dentro do espaço social podem ser propriamente "de mercado". Numerosos bens, pela sua natureza, têm de ser oferecidos por intermédio do setor público".

149. Id., ibid., "What makes them want to work out a model of market economy without capitalism; to form a market with no private-property institutions and without a political mechanism that would protect this market, a democratic power system..."

A "perestroika" configurou-se em tentativa de inserção de elementos mercadológicos na economia planejada.

150. Também no tocante à ampliação do poder de regulação do Estado em setores econômicos, Campos e Fernandez, ob. cit.: "E a evidência oferecida pelas economias de mercado altamente industrializadas parece convergir no mesmo sentido: à medida que foram assumindo responsabilidades por políticas econômicas de "sintonia fina", tentando otimizar, ao mesmo tempo, os níveis de emprego e de preços e o equilíbrio de setor externo, e que passaram a ter de administrar programas sociais muito ambiciosos e abrangentes, essas economias não só tiveram desempenho inferior às expectativas, como,

Nossa própria Constituição Federal, seguindo os modelos das "constituições-garantia", acolheu como diretriz da ordem econômica a livre iniciativa. O artigo 170 da CF dispõe sobre a obtenção de justiça social por intermédio do desempenho da atividade econômica, pautando-se nos princípios fundamentais, dentre os quais destacamos: "... II – propriedade privada; ... IV – livre concorrência; V – defesa do consumidor,..." O direito à liberdade de exercício de atividade econômica é garantido no parágrafo único do citado dispositivo constitucional.[151]

A economia de mercado vem se tornando um objetivo dos Estados contemporâneos. O paradoxo que se insere no processo consiste na necessidade do *Estado* empreender a iniciativa de implantação de um projeto econômico que implique na perda de sua própria hegemonia.

O mercado é justamente o reflexo da livre iniciativa:

"Uma economia de mercado é um elaborado mecanismo de coordenação inconsciente de pessoas e negócios, através de um sistema de preços e de mercados. Trata-se de um instrumento de comunicação que permite centralizar os conhecimentos e os actos de milhões de indivíduos diferentes. Sem que possua um centro directivo, é capaz de resolver problemas que o melhor dos actuais computadores resolverá, envolvendo milhões de variáveis e de relações desconhecidas".

"... o mercado é um processo através do qual compradores e vendedores de um bem interagem para determinar o preço e a quantidade desse bem. (...)"

"... os mercados actuam como os intermediários que ajustam os gostos dos consumidores às limitações da tecnologia".[152]

O mercado, portanto, adequa a liberdade de escolha do consumidor para a satisfação de suas necessidades de acordo com a capacidade produtiva do produtor que dispõe de possibilidade de atuação econômica assegurada em Lei. Nesse sentido, seria pois plausível afirmar que *o sistema de mercado é constitucionalmente aceito, assegurado e estimulado*.

E quais são as principais funções desempenhadas pelo mercado? A livre formação de preços e conseqüentemente a eficaz distribuição de mercadorias e serviços: "What is the main function perfomed by the market? It is that of distribution. By reflecting in prices supply-demand relations, the market constantly aims at a balance in which all output would meet its consumer and would thus be recognized by society".[153]

Ainda na expressão de Samuelson e Nordhaus: "Os mercados são de grande importância para os elevados níveis de produção de uma economia capitalista, de tal forma que a história testemunha com freqüência crises políticas sempre que se verificam rupturas no mecanismo de mercado. Na verdade, um revolucionário que pretendesse destruir as democracias ocidentais não poderia desejar nada melhor que uma inflação galopante ou uma recessão para paralisar o funcionamento dos mercados".[154]

além do mais, acabaram por despertar reações negativas em setores dominantes da opinião pública. (...)"

E, enfatizando o papel do mercado, argumentam: "O ponto central é o da maximização da liberdade individual. Ou melhor, da harmonização entre liberdade e necessidade: o máximo de escolha e o mínimo de coerção do indivíduo, compatíveis com o máximo de eficiência na satisfação daquelas demandas sem as quais a liberdade individual vai se tornando vazia de conteúdo. É este compromisso que se torna possível, embora não de forma perfeita, com os mecanismos do mercado como meio de regulação automática da produção e distribuição de bens. Operando sob a forma de um plebiscito contínuo em que as preferências dos indivíduos se expressam através dos preços, o mercado não promete a felicidade universal, mas assegura o máximo simultâneo de eficiência e de liberdade dentro das condições específicas dadas".

151. Walter R. da Silva Filho, "Constituição ...", p. 220: "...As constituições econômicas diretivas de hoje são, com efeito, constituições econômicas capitalistas. Não negam o capitalismo; a preocupação social visa antes preservá-lo".

152. Paul A. Samuelson e William D. Nordhaus, ob. cit., pp. 51, 52 e 53.

153. Larissa Popkova Pijasheva, ob. cit.

154. Paul A. Samuelson e William D. Nordhaus, ob. cit., p. 51.

Logo, vê-se que a importância do mercado é indiscutível para os padrões econômicos adotados pela arrasadora maioria das nações do mundo,[155] estando nesse contexto inserido o Brasil que vem, última e paulatinamente, adequando-se aos moldes internacionais (haja vista as freqüentes privatizações ocorridas em vários setores econômicos, com a gradual retirada do Estado do campo produtivo e a abertura do país ao comércio internacional).[156]

A autonomia de vontades, fruto da liberdade individual, constitui-se em um dos pilares do direito obrigacional moderno. Do mesmo modo, o mercado vem apontando as diretrizes da economia global e consolidando-se como sistema econômico viável e desejável neste fim de século. Certamente, a interação dinâmica e constante entre a economia e o direito fazem com que este imponha regras às condutas econômicas as quais influenciam diretamente, por sua vez, a orientação legal das sociedades.

Pretende-se, agora, discutir a função dos mercados futuros numa economia de mercado entendida em conformidade com as considerações acima traçadas.

Os contratos futuros, tal como tem sido exposto, são modalidades de operações praticadas em bolsas legalmente constituídas para comercialização de determinados objetos. Ora, bolsas são justamente o local de reunião organizado para suprimento de anseios de oferta e de procura que determinam e são influenciados pelo sistema de precificação, constituindo-se por isso um mercado propriamente dito no sentido econômico do termo.

Para melhor abordarmos a necessidade de tais instrumentos presentemente, dividiremos o tema em tópicos específicos de análise:

VI – 1. A explosão do uso de derivativos

Já foi dissertado que a utilização dos contratos futuros modernos foi disseminada com a comercialização das mercadorias agrícolas. De fato, as bolsas de *commodities* norte-americanas foram de vital importân-

155. Até desnecessário seria lembrar o fracasso dos sistemas de economia planejada, os quais, pouco a pouco, após a queda da União Soviética, foram incluindo mecanismos de mercado no seu aparato.

156. Cf. Francisco Ferraz, "O Brasil ...", pp. 65-75. O autor sustenta que o *patrimonialismo*, dotado de diferentes roupagens, foi o molde no qual se acomodou a sociedade brasileira ao longo da história. O patrimonialismo consiste em sistema no qual a política se caracteriza pela subordinação dos poderes locais e associativos ao arbítrio do dirigente e sua burocracia. A economia é subordinada à consecução de interesses políticos, sendo o excedente não destinado ao reinvestimento, produção e lucro, mas sim a 'gastos não econômicos' (obras faraônicas, burocracia, exército).

Propõe a seguinte indagação, respondendo-a em seguida:

"Como e por que nossa perene estrutura social patrimonialista conseguiu ser abalada e desafiada em nossos dias?

— Os problemas do país adquiriram uma tal escala que ficou visível a ineficácia dos métodos tradicionais para enfrentá-los;

— A experiência do autoritarismo, com sua dimensão dirigista da economia, desgastou fortemente a imagem do Estado e a confiança na sua capacidade gerencial;

A sucessão de planos, pacotes e intervenções desacreditou os poderes de uma economia de comando;

— A derrocada do socialismo desmascarou a imagem de modernidade que, ao longo de todo o século XX, esteve associada ao socialismo;

— A revitalização dos princípios da economia de mercado em escala mundial acabou chegando ao Brasil."

Aponta as seguintes medidas adotadas pelo governo brasileiro: *liberdade de mercado para determinar preços (fim de tablitas ou tabelamentos), *manutenção das regras do jogo – caminhando para a não intervenção, *aumento dos preços das tarifas públicas – fim dos subsídios, *privatizações.

Wilson e Gordon, em seu artigo "O amplo alcance de reformas econômicas com base no mercado", elencam sete medidas articuladas por governos que almejam a adoção dos mecanismos de mercado: "(1) enxugar o setor público, (2) promover o setor privado como instrumento de criação de empregos, (3) promover maior eficiência na alocação de recursos, (4) pôr fim à fuga de capitais e promover o investimento estrangeiro, (5) expandir as exportações, (6) reduzir a dívida pendente e os encargos de sua amortização e (7) melhorar a performance do setor financeiro".

cia para a organização do escoamento da produção, proporcionando meios de distribuição através de sistemas coligados de infra-estrutura ferro-portuária e de armazenagem, maximizando os lucros de negociantes através do "seguro de preços" nos mercados futuros. O programa agrícola empreendido pelo governo dos EUA após a Grande Depressão de 1929 reformulou o sistema de suporte da produção.[157] O sistema de financiamento adotado *(nonrecourse loan program)* juntamente com os esforços da iniciativa privada altamente engajada tiveram papel determinante na estruturação da desenvolvida agricultura atual do país.

A Escola de Chicago consagrou com o Nobel economistas premiados por suas pesquisas sobre derivativos. Milton Friedman, árduo defensor da auto-regulamentação, da liberdade nos mercados e do valor social da especulação, inspirou o próprio sistema de *International Monetary Market* da *Chicago Mercantil Exchange* a partir de críticas que publicou numa carta no *The Wall Street Journal* sobre regras que o impediam de vender libras esterlinas a futuro quando acreditava na sua supervalorização.[158]

O colapso do sistema de Bretton Woods, com a quebra da paridade das moedas ao padrão-ouro, possibilitou a criação dos inovadores contratos futuros sobre ativos financeiros. O rápido sucesso dos instrumentos já no início dos anos 70 provou a incessante demanda por tais mecanismos econômicos de proteção. Assim, empresas, bancos, fundos de pensão e demais agentes financeiros tinham a capacidade de se resguardar contra indesejadas flutuações de câmbio, taxas de juros etc. Na esteira da expansão dos futuros surgiram contratos sobre títulos de governo, índices de ações, e posteriormente, eletricidade, meio ambiente, resseguro.[159]

Merton Miller sustenta que a depressão da década de 30 provocou uma ruptura nas inovações financeiras que vinham surgindo na década anterior. Houve então particular aumento da regulação estatal dos Estados Unidos com a emissão de *acts* e criação de agências fiscalizadoras governamentais. O economista especula que o setor privado talvez tivesse providenciado a continuidade das inovações financeiras se não tivesse advindo a segunda grande guerra.[160]

Paralelamente, o crescimento populacional do pós-guerra e o processo de reconstrução dos países envolvidos no conflito provocaram largo acréscimo na demanda por alimentos, gerando expansão da produção agrícola americana e o desenvolvimento de novas técnicas no processo produtivo.[161]

A densa estrutura de regulamentação erigida nas décadas de 30 e 40, por outro lado, estimulou a consecução de invenções financeiras que escapassem dos obstáculos impostos pelo governo. Um bom exemplo de inovação originada nesse ínterim é o *swap.*

157. CBOT, *Grains: production, processing, marketing*, p. 13.

158. Merton H. Miller, *Merton* ..., p. 93.

159. Cf. Charles M. S. Sutcliffe, *Stock* ..., p. 53: "It is possible to attempt to create a futures market in almost anything. There is already a futures contract in the inflation rate (the CME has a contract in the consumer price index), while FOX traded futures in property (commercial and residencial property prices, commercial rents and mortgage interest rates). Futures in electricity, reinsurance (car collisin, houses, marine and healthy care), pollution (emission allowances for sulphur dioxide), and an index of less developed country debt are under active development. Some other possibilities for futures that have been suggested include: D-Ram microcomputer chips, the number of housing starts, new car sales, an index of the earnings per share of the largest US companies, coal and fine art".

Cf. Regina Scharf. "*Commodities* ambientais chegam às bolsas". *Gazeta Mercantil*, São Paulo, 4.5.98, p. A-7: "Por exótico que pareça, o conceito de "commodity ambiental" está chegando ao Brasil. Água potável, madeira e energia elétrica são bens que cada vez mais são negociados nos balcões do País, reproduzindo, com atraso, uma tendência que já se consolidou na Europa e, principalmente nos Estados Unidos..."

160. Ob. cit., pp. 5 e 6.

161. CBOT, *Grains: production, processing, marketing*, p. 85.

Porém, só nos finais da década de 60 ou em 1970, o aperfeiçoamento dos circuitos transistorizados de computadores tornou a tecnologia suficientemente barata e segura para o desenho de novos produtos e estratégias financeiras. A revolução da informática propiciou uma avalanche no volume de operações, na medida em que se aperfeiçoavam técnicas de processamento de dados com crescente rapidez.

Nas palavras do ganhador do Prêmio Nobel de Economia de 1990:

"The importance of the hole of futures and options exchange is not as well understood as it shoud be, perhaps because the explosive growth of financial futures industry was largely concentrated at the Chicago Board of Trade and the Chicago Mercantile Exchange. Now, financial futures exchanges can be found in virtually every major country in the world and even in some not so major countries.

Why do we see this great success of financial futures and the financial futures industry? The reasons are the same as the reason for the successful growth of any other industry: the industry is offering a product that people want. To show that they want it, they are actually willing to pay for it.

What is the product that the world seems to want and that is so much in demand? The answer is: insurance. The world wants insurance against price risk."[162]

VI – 2. Teoria dos futuros como seguro de preços ("hedging")

Praticamente todos nós utilizamos mecanismos de derivativos mesmo que indiretamente. Basta acompanhar um noticiário ou ler qualquer veículo de imprensa para se constatar que a mídia traz informações sobre esses mercados diariamente. Todos presenciam os impactos provocados na economia por eventuais quedas ou altas de mercado. As bolsas, principalmente com a globalização, têm ocupado grande espaço nos meios de comunicação.

Um artigo da revista *Veja*[163] relatou: "No Brasil, as instituições de previdência privada ainda cobram taxas elevadas de administração, em torno de 10% sobre as contribuições mensais. É muito, se comparado com os Estados Unidos, onde essas taxas vão de 1,5% a 2,5%. Lá, o sucesso do sistema previdenciário é tamanho que se transformou no grande motor da economia. É dos cerca de 6,1 trilhões de dólares depositados nos fundos de pensão que sai a maior parte do dinheiro aplicado em bolsas de valores e utilizado pelas empresas no mercado aberto para seus investimentos..."

De fato, os fundos de pensão são grandes usuários de mercados de capitais e futuros. Um fundo de pensão que, por suposto, dispõe de *portfolio* bem diversificado em ações comuns da Bolsa de Nova Iorque, poderá se precaver *(to hedge)* contra eventual queda da bolsa e perda do valor das ações, vendendo contratos futuros de índice sobre ações *S&P 500* ou *NYSE Composite Index*, conforme a adequação com o seu patrimônio acionário.

O notável economista inglês J. M. Keynes, nos meados de 1920, desenvolveu os pilares da *theory of normal backwardation*, sendo o precursor na denominação dos contratos futuros como "seguro de preços" com sua *hedging pressure view* ou *insurance premium view*.[164]

Uma pessoa faz um seguro de carro para estar protegida da possibilidade de seu carro ser roubado ou de ter envolvimento em acidentes de trânsito, por exemplo. Para isso, paga um prêmio à seguradora. Se não ocorrer o sinistro, o indivíduo não receberá nada em troca. Vulgarmente falando, ele literalmente "perdeu" o dinheiro que pagou à seguradora. Esta seria uma das formas de se enxergar a questão.

162. Merton H. Miller, ob. cit., p. 79.

163. Aline Angeli e Sérgio Ruiz Luz. "De olho no futuro", Revista *Veja*, n. 1.548, 27.5.98, p. 148.

164. Merton H. Miller, ob. cit., p. 96.

A "cultura do seguro" está tão inserida na sociedade, que carros novos raramente saem das concessionárias sem seguro. A procura por seguros só tem aumentado nos últimos tempos: seguro-saúde, seguro de vida, seguro contra incêndio ou roubo de bens móveis e imóveis, seguro de transporte, seguro contra acidentes de trabalho, seguro-desemprego e de tudo o mais que se puder imaginar. As pessoas, na maioria das vezes, não utilizam o seguro, mas consideram que pagaram o preço para estarem garantidas, não encarando a falta do sinistro como prejuízo financeiro. Pelo contrário, ao final do contrato de seguro, retornam e renovam a sua apólice.

A pessoa que faz o seguro é, essencialmente, um *hedger,* pois está se precavendo contra possíveis danos futuros.[165] Reforçando: *hedger* é toda pessoa física ou jurídica que, possuindo ou planejando possuir mercadorias ou ativos financeiros no mercado à vista, busca instrumentos de proteção, em outros mercados, contra riscos econômicos que possam advir antes de vender ou comprar tais bens.

Como foi explanado, sabe-se que as perdas no mercado à vista e os ganhos nos futuros se compensarão inteiramente numa situação de *hedge* perfeito. No entanto, como há fatores de distorção a serem considerados, nem sempre a cobertura proporcionada pelos mercados será tão satisfatória.

E se ocorrer o contrário? O *hedger* esperava a baixa dos preços, vendeu portanto contratos futuros; todavia os preços subiram e, para "zerar" sua posição nos futuros, o *hedger* teve que comprar contratos, pagando preço mais alto do que quando os vendeu. Ora, o *hedger* possui as mercadorias no mercado à vista e, por isso, lucrou nesse mercado. A perda nos futuros se compensa com os ganhos no mercado à vista. Essa é realmente a finalidade dos contratos futuros: *o produtor estava garantido. Se perdesse com os futuros, ganharia no disponível. Se perdesse no disponível com a queda do valor das "commodities" de que dispunha, ganharia nos futuros, pois liquidaria sua posição comprando contratos por preço mais baixo do que os vendera.*

Insiste-se que aí se encontra a lógica do mecanismo de futuros. Os *hedgers* trancam a sua possibilidade de perda e de ganho nos mercados fazendo isso com valores que propiciem assegurar uma margem de lucro suficiente para a continuidade de suas atividades. Dispõem, então, da certeza de que obterão uma margem *x* de rendimento numa condição mais adversa. Para os *hedgers,* perdas nos mercados futuros não são prejuízo. Eventuais perdas têm o mesmo significado do prêmio pago à seguradora quando, ulteriormente, não sucede o sinistro. O segurado pode até ter desembolsado o valor do prêmio sem precisar usar a apólice, mas estava acobertado contra danos. Os futuros, enfim, são seguros contra flutuações de preços.

Daí porque Keynes argumentava que os futuros não ocasionavam perdas econômicas, mas sim ganhos sociais!

E os especuladores?

Foi exaustivamente argumentado que os mercados futuros foram criados para a consecução dos objetivos produtivos dos *hedgers.* Não obstante, mercados futuros não existem sem especuladores. Estes são peça fundamental para a formação de um mercado futuro eficiente pois que conferem liquidez às operações, facilitando o desvencilhamento de posições contratuais do *hedger.* Os especuladores são exatamente aqueles para quem serão transferidos os riscos do mercado: *são os vendedores de seguro, os asseguradores.* Sendo estimulados pelas possibilidades de lucros, os especuladores trazem informações e capitalização às bolsas. Assim como da arbitragem, os mercados dependem visceralmente da especulação.

165. Apesar de *hedger* ser um termo empregado para aquele que busca proteção por meio de mecanismos financeiros, os quais, em grande parte, são oferecidos em bolsa. Veja exemplo de *hedging* na p. 171.

Miller genialmente argumenta que, em economia, o que conta são resultados, não motivos. Qualquer um pode achar que os especuladores estão apostando, jogando, como num cassino, buscando apenas lucro fácil. Entretanto, de um ponto de vista extremamente pragmático, estão desempenhando uma função social: os especuladores não somente estão vendendo seguro, como perdem muitas vezes dinheiro quando acontece o sinistro nos mercados futuros: a variação dos preços se dá na direção contrária a que eles esperavam. Isso propicia enormes benefícios aos compradores de seguro. Em suas palavras: "...In other words, futures markets put the gambling instincts of the speculators to work for society. I don't know why some government people are so upset about that. They do the same thing with the national lottery after all; put people's gambling instincts to a social purpose".[166]

Segundo Eileen Baecher, há hoje três grupos de uso para os derivativos: *liability hedging*, *balance sheet management* e *asset hedging*, definidos do seguinte modo:

- o primeiro grupo diz respeito às situações onde é possível obter vantagens comparativas em determinado mercado, como por exemplo, por meio do uso de instrumentos de captação com taxas flutuantes os quais permitam um custo inferior se comparados a uma alternativa de *funding* com taxa fixa; a adoção de uma estratégia de *liability hedging* possibilitaria alterar o fluxo de pagamentos com base em uma taxa flutuante por uma taxa de juros fixa.

- o segundo grupo corresponde às operações feitas com o escopo de alteração da estrutura dos passivos a fim de que a exposição a riscos da empresa seja minimizada.

- o terceiro grupo, considerado o mais freqüente, é representado pelas operações que visam criar uma maior segurança, em termos de rendimento, qualidade de crédito ou outro critério, para qualquer ativo financeiro básico.[167]

166. Ob. cit., p. 82.

VI – 3. Mercados futuros: seguro, barato, eficiente e confiável

Instituições financeiras norte-americanas fornecem crédito a juros menores aos produtores que estão acobertados em mercados de futuros. Isto porque, comprovado empiricamente, os *hedgers* apresentam risco de inadimplemento bem inferior do que aqueles que não utilizam derivativos. Portanto, o *hedge* acaba facilitando até financiamento da produção.

Leia-se a exposição de Miller:

"Consider, for example, a pension fund or an insurance company with, say, $200 million currently in a well-diversified portfolio of common stocks, Supose that for some good reason, the sponsors of the fund believe that the interests of their beneficiaries would be better served at the moment by shifting funds from common stocks to Treasury bills. The direct way would be first to sell the stock portfolio company by company, incurring commissins, fees, and market impact on each transaction. The cash proceeds, when collectted, could then be put in Treasury bills, again incurring transaction costs. A second, and much cheaper alternative, however, is simply to sell about 1,000 (at present price levels) S&P 500 index futures contracts. Thanks to the way the futures contracts must be priced to maintain intermarket equilibrium, that one transaction has the same consequences as the two transactions along the direct route. And at a fifth or even less of the costs in fees, commissions, and market impact".[168]

Financial futures not only provide price risk insurance *but they do so in way that is cheaper, that is more liquid, and that is more reliable for customers than the next*

167. *Apud* Rui Ayres de Almeida Freitas, *A influência* ..., p. 14.

168. Ob. cit., p. 7.

best alternative. All three terms are important – cheaper, more liquid, and more reliable..."[169] (grifo nosso).

VI – 4. A determinação do valor do preço à vista e no futuro

Num mercado propriamente dito, a concentração das forças mercadológicas (oferta e procura) responderá pela livre precificação de ativos.[170] O processo de formação do preço no futuro exige a valoração do ativo no mercado à vista e a determinação do valor da base. É definida como base a diferença de preço entre o mercado à vista de uma mercadoria e o preço praticado no específico contrato futuro (para a mesma mercadoria). Existem inúmeros fatores que influenciam a variação da base:

a) para *commodities* agrícolas – preço de carregamento do estoque por determinado período (incluem-se aí custos de armazenagem, seguro e juros), expectativas da produção da próxima safra, grau de substitutibilidade entre oferta e procura, oferta e demanda da *commodity* no mercado internacional, custos de transporte, variação sazonal dos preços, política do governo e outros.

b) para ativos financeiros – custos de crédito (taxa de juros), expectativa inflacionária, política governamental (econômica, fiscal), liquidez do ativo, período de tempo para a expiração do prazo contratual, nível de realização de negócios e outros.

Devido aos fatores econômicos, a flutuação do preço futuro, na maioria das vezes, segue paralelamente às variações do mercado físico. Assim, tal mecanismo de descoberta do possível preço futuro permite a usuários e observadores do mercado fazer utilização das importantes informações nele disponíveis. A partir do acompanhamento das sinalizações do mercado, o interessado poderá tomar decisões acerca do melhor momento para adquirir ou vender certo bem.

Graças à velocidade com que circulam as informações hoje, os futuros refletem, momento a momento, as expectativas do mercado, registrando impactos que quaisquer acontecimentos nas mais longínquas partes do globo possam criar sobre os preços. Por isso, os mercados futuros funcionam como verdadeiros termômetros de preços para a sociedade.

Como as informações são divulgadas ao público *just in time* através de sistemas de comunicação interligados, até mesmo autoridades governamentais podem utilizá-las como fonte, uma vez que os futuros demonstram as reações do mercado sobre mudanças macroeconômicas, sendo instrumentos úteis para análise das respostas e anseios dos investidores.[171]

169. Ob. cit., p. 80.

170. Cf. Larissa Popkova Pijasheva, ob. cit.: "In my opinion, free price formation is a sine qua non for any market system. The self-financing system will not be viable if the state reserves the right to fix prices, to dictate them to both producer and consumer, and if it goes out its way to neutralize the black marketeers who play the part of regulator of what has always been spontaneously regulated on the market. Free pricing is the primary and most fundamental precondition fos a switch to a new economy: prices must be determined on the market as a result of the interaction od demand and supply, which reflects any marketing and structural fluctuations in production and responds to any changes in consumer demand..."

"The formation of price of goods and personal services by the state... would be in permanent conflict with the economic interests of both large and small entrepreneurs in agriculture, industry and commerce".

"In the market economy it is pricing that regulates the production process, shapes its structures, and does away with economic disproportions..."

"For wherever price formation is done by centralization methods, commodity shortages, on the one hand, and overstocking, on the other, are closely associated.(...) The planned system is both less efficient and less prifitable than the market economy, and thus neither is it so well equipped for environmental protection. The ecological calamities for which our country is responsible cannot but corroborate my central thesis".

Paul A. Samuelson e William D. Nordhaus, ob. cit.: "O sistema de preços é um instrumento de sinalização de uma sociedade".

171. De fato, conforme constataram Carlson e MCintire (in "Monetary ...", p. 227): "Fed funds fu-

Daí seguem as constatações:

I) Se a economia de um país é instável, inflacionária, não havendo segurança quanto à política de juros, de câmbio ou de comércio exterior, os preços futuros tendem a disparar quanto mais longínquo for o prazo de expiração contratual no tempo. E por uma razão instintiva, natural e lógica, a insegurança macroeconômica se reproduzirá diretamente nos preços.

II) Diversamente, se a economia estiver bem estruturada e o país apresentando bom nível de crescimento, desemprego controlado com as margens de custos financeiros previsíveis, obviamente os preços futuros tenderão a se manter mais estáveis, já que a economia não terá chances consideráveis de apresentar surpresas desagradáveis aos investidores.[172]

Constantemente é afirmado que os mercados futuros provocam instabilidade na economia ou que estimulam efeitos inflacionários porque geram grandes altas dos preços. Ora, tais informações são equivocadas e só demonstram a completa ignorância que paira sobre a matéria.

Os mercados futuros captam a instabilidade que já existe na economia, apenas transferindo expectativas existentes no mercado físico para os preços futuros. Assim constituem-se no diagnóstico das enfermidades econômicas e não no mal.

Num mercado eficiente, a otimização das formas de comercialização acarreta benefícios para toda sociedade. A precificação transparente dos objetos transacionados, advinda do equilíbrio entre oferta e demanda, acaba até por ocasionar redução do preço que chega ao consumidor final; há suavização da sazonalidade dos preços, proporcionando maior estabilidade econômica geral.

VI – 5. Teoria do gerenciamento de riscos em carteira de investimento ("portfolio theory of hedging")

A teoria foi concebida nos fins de 1950. Jonhson e depois Stein observaram duas combinações de carteiras de investimento sendo uma delas detentora de *hedge* em mercados futuros.[173] Constataram que a carteira protegida obtinha taxas de retorno baixas e relativamente estáveis; a outra obtinha retorno mais alto porém inconstante, oscilando bruscamente taxas positivas e negativas.

Investidores em ações usualmente selecionam títulos de empresas nos mais variados ramos econômicos para conseguirem redução na variação das taxas de retorno de seu investimento total. Assim, de acordo com o nível de risco que pretendem assumir, posicionam-se nos mercados futuros para conseguir a melhor média de taxas de retorno desejada.

A quantidade de uso de contratos futuros se dará de acordo com os perfis dos clientes cuja carteira está sendo gerenciada. Quanto maior aversão ao risco, maior necessidade do "trancamento" de operações financeiras nos mercados de derivativos. Dessa maneira pode-se obter uma administração de riscos satisfatória.

O domínio da metodologia do gerenciamento de recursos gerou a enorme expansão de empresas de gestão, fundos de investimentos administrados por agentes financeiros profissionais.[174] O fenômeno,

tures rates provide the FOMC (Federal Open Market Committee) with a clear reading of what the market expects it to do over horizons of several months. The predictive content of these rates is quite reasonable, particularly over shorter horizons".

172. É claro que há outros elementos microeconômicos que influenciam os preços. Também fatores climáticos como possibilidade de secas ou enchentes poderão afetar o equilíbrio dos preços agrícolas e de setores industriais a ele ligados.

173. Jeffrey Williams, *The economic* ..., p. 90.

174. A ANBID (Associação Nacional dos Bancos de Investimento) detectou a quintuplicação do aumento de fundos de investimento nos últimos seis anos. A quantidade de dinheiro aplicada em fundos de investimento suplantou em 20 bilhões de reais o montante aplicado em poupança, em 1996 (Revista *Exame*, Guia dos fundos de investimento, 1996, ed. 622, p. 11).

nos Estados Unidos, fez com que fosse determinada a nítida separação das áreas de tesouraria e administração de fundos das instituições, tanto no referente à negociação quanto à contabilidade das operações efetuadas. A Muralha Chinesa, titulação dada a essa separação no mercado, objetiva a lisura e transparência na condução dos recursos econômicos dos fundos. Geralmente, as instituições classificam o perfil do investidor em três modalidades: conservador, liberal e agressivo, fazendo a adequação da gestão do fundo de acordo com a tolerância do cliente frente ao risco.

Maluf Filho relata que trabalho conjunto desenvolvido pelo J. P. Morgan e Arthur Andersen concluiu que "derivativos permitem ao banco uma maior flexibilidade na sua gestão de riscos, uma vez que possibilitam maior adequação das características do contrato às suas necessidades, obtendo maior eficácia na implantação das políticas de riscos. Além disto, possibilitam às organizações um custo menor e maior rapidez na tomada de ações para gestão de riscos".[175]

VI – 6. Teoria dos futuros como mercado de empréstimos de mercadorias

Jeffrey Williams, em sua tese de doutoramento pela Universidade de Yale (Estados Unidos), propõe uma nova explanação sobre a função econômica dos mercados futuros, relacionada com anterior argumentação proposta pelo economista Holbrook Working.

O estudioso sustenta que, apesar dos mercados futuros serem vistos como "mercados de seguro", a analogia mais apropriada seria considerá-los como "mercados de dinheiro".[176] Explica que os preços futuros para diferentes datas de entrega significam, em sua estruturação final, taxas de juros para uma mercadoria específica, funcionando da mesma forma com que os mercados financeiros fazem alocação de dinheiro.

Faz críticas às análises isoladas dos mercados futuros de outros mercados da economia, argumentando que, enquanto as teorias predominantes apresentam a decisão do uso de mercados futuros após a definição da compra-venda de mercadorias no mercado físico, na realidade a utilização dos futuros é parte integral nesse processo. Os mercados futuros são, portanto, levados em consideração antes mesmo do produtor chegar a vender ou adquirir ativos no mercado à vista.[177]

Segundo o autor, negociantes usam futuros como método implícito para emprestar e tomar emprestado suas mercadorias. Mesmo que eles não almejem proteção contra riscos de variação de preços, há razões suficientes para o uso de mercados futuros devido às inflexibilidades do transporte e processamento de bens. Leia-se:

"...A short hedging operation, the spot purchase of a commodity and its simultaneous sale for future delivery, amounts to borrowing a commodity over an interval of time while lending money. Likewise, a typical long hedging operation is often in part an implicit forward loan of a commodity. Since long and short hedging operations along with straddles constitute the majority of positions on futures markets, it follows that a futures market for a commodity is primarily part of implicit loan market for that commodity".[178]

175. Jorge Arnaldo Maluf Filho, *Modelo* ..., p. 20.

176. Jeffrey Williams, *The economic* ..., p. VII.

177. Id., ibid., p. 77.

Na p. 234 J. Williams confirma: "... Besides suggesting that the supply of storage is better understood as a demand for accessibility, the theory of implicit loan markets clearer that dealers use futures contracts as a part of more complex set of transactions through which they borrow commodities. It also explains why they should borrow rather than own outright. What the theory of the supply of storage fails to emphasize, and what the other theories ignore entirely, is that dealers' transactions in futures markets are conduct simultaneously with other transactions. Contrary to the representation in the theories of normal backwardation and the portfolio theory of hedging, a firm does not first buy its inventory on the spot mar-

Posteriormente, completa sua explicação:

"Although the citizens of Illinois outlawed fractional reserve banking in grain, they permitted the development of futures markets, another invention that reduces the costs of holding inventory. Simply put, the contribution of futures markets is to be an organized part of an inplicit loan market for commodities. A functioning loan market for commodities improves the allocation of reserves over time among those holding stocks at any one moment in time. A loan market directs stocks to the firm whose need for them is most immediate. Such improvements in the allocation of reserves effectively lowers the price of holding them".

"Perhaps the issue can be understood by considering what a firm obtains if it cannot borrow a raw material but can only buy it outright. A commodity on the spot is a bundle of two characteristics: access to the good over some period of time and the right to future use beginning at the end of that period. The contribution of futures market is precisely to acommodate these two separate markets, a market for accessibility and one for the good's future use. It slices the commodity into different periods, effectively making many goods out of it. Without a futures market, a firm wanting to secure access must buy the full amount outright. With a futures market, a firm buying a good on the spot can sell its right to that commodity in the future by contracting to deliver in the future. (...)" [179]

ket, and then, after contemplating the riskness of its position, hedge with a short sale of a futures contract. Rather, it conceives of and executes the two trades as if they were one, as seen in the widespread practice of basis trading in which traders discuss only the difference between the spot price and the futures price. This pattern of behavior is perfectly consistent with the theory of implicit loans, in which the principal tenet is that these various combinations of transactions implicitly amount to the explicit position of borrowing a commodity".

178. Id., ibid., p. 74.

179. Id., ibid., pp. 156 e 157.

Williams justifica a denominação dos mercados futuros como "implícito mercado de crédito" expondo que existem muitos métodos de se organizar um mercado de crédito financeiro. A forma mais óbvia consiste num explícito mercado de crédito com explícita taxa de juros. Uma variante desse modo, facilmente apreendida, é descontar o que o tomador de crédito pode arrecadar em crédito corrente do que o que ele promete pagar em alguma data no futuro, auferindo-se aí uma taxa implícita de juros.[180] Os mercados futuros têm, conforme aborda, uma conveniência operacional em se comparando com mercados de crédito convencionais.

Acrescenta que no caso de ativos financeiros a argumentação é ainda mais válida, já que as firmas freqüentemente precisam de caixa a curto prazo, não obstante sua necessidade de crédito a longo prazo. Esta última é, geralmente, preenchida com a venda de ações ao público. Daí, claramente, um ativo mercado de empréstimos monetários permite muito maior flexibilidade à empresa no gerenciamento de sua tesouraria. Na ótica do autor, o resultado alcançado pelos mercados futuros é um grande êxito econômico, pois que dispondo de menos caixa, em média, eles têm o papel equivalente de uma descoberta de mais dinheiro. Nestes mercados de crédito, o caixa é passado para a firma que mais precisa dele no momento, sendo repassado novamente quando houver uma parte que tenha, em seguida, maior necessidade.

Outro ponto relevante é o do sistema de ajustes diários do mecanismo dos futuros. Como a bolsa administra as posições contratuais dos participantes do mercado, sendo pagas as oscilações diárias dos preços, o risco de inadimplemento é de um só dia, pois, se este for constatado, a bolsa tomará providências para o seu pagamento. Daí, já que com esse instrumental de garantia, as margens de inadimplência são menores, o custo dos futuros como instru-

180. Id., ibid., p. 160.

mento de crédito é acentuadamente inferior ao do crédito convencional.

VI – 7. E os enormes prejuízos ocorridos recentemente?

Jornais estão sempre noticiando detalhadamente grande prejuízos em que incorreram conglomerados com a utilização de instrumentos derivativos. A mídia tem se encarregado de crucificar os mercados, dando a impressão para o público em geral de que estes têm fomentado uma verdadeira ciranda financeira de apostas que resultam em conseqüências maléficas para a economia dos países e para toda a sociedade.

Afinal, o que há de verdadeiro nessas acusações? E quanto disso tudo é fruto do mito levantado na falta de informações realmente consistentes sobre o escopo dos derivativos? É muito fácil e conveniente fazer dos mercados bode expiatório de qualquer acontecimento não desejável. Alguém tem que ser apontado como culpado.

Não se pretende, em hipótese alguma, fazer apologia do uso de derivativos. Tais instrumentos efetivamente se configuram em alto risco para aqueles que não possuem posição de *hedge* nos mercados ou desconhecem os pormenores dos mecanismos operacionais. Mesmo para efeitos de *hedging,* devem ser analisadas eventuais possibilidades de perdas e pesada a oportunidade fática da assunção de posição nos mercados.

Por isso mesmo, os mercados derivativos devem ser estudados e somente utilizados com assessoria técnica profissional adequada. O tratamento do assunto deve importar em seriedade e responsabilidade das bolsas, dos corretores e demais envolvidos nas negociações, de modo que o princípio da transparência seja perpetuamente observado.

Insiste-se que derivativos devem ser encarados tal como um medicamento que visa à cura ou à melhora do paciente. Se bem ministrado, só trará benefícios; poderá, contudo, provocar efeitos adversos em determinadas situações, como na sua superdosagem. O estudo da doença, do remédio e do paciente são condições *sine qua non* para a consecução de eficaz tratamento. Também nos mercados cada situação ensejará a apreciação de variantes objetivas e subjetivas que determinarão o melhor uso de seus instrumentos.

Para citarmos os casos mais comentados: estima-se que a Procter Gamble teve prejuízos de 150 milhões de dólares num *swap* de taxa de juros; o grande conglomerado alemão Metallgesellschaft perdeu, supostamente, dez vezes aquela quantia em contratos futuros de óleo; Orange County teve perdas de 1,7 bilhões, no mínimo, em derivativos sobre taxas de juros; o banco Barings, talvez o maior desastre de todos, perdeu mais de 2 bilhões de dólares em opções e contratos futuros sobre o índice Nikkei.[181] No Brasil há o caso recente do banco Garantia; especula-se que a instituição arcou com prejuízos em torno de 110 milhões de dólares em mercados futuros com a crise asiática no final de outubro de 1997.

Merton Miller estudou em profundidade, à época, os três primeiros casos, concluindo que as falhas não poderiam ser atribuídas ao sistema de regulamentação adotado pelos mercados derivativos.[182]

Tecendo considerações sobre os hipotéticos custos sociais que os prejuízos dessas instituições poderiam encerrar, toma como exemplo o caso da Procter Gamble que transacionou com Bankers Trust um *swap* exótico de valor nocional de 200 milhões. Questiona se mesmo que os 150 milhões perdidos pela empresa fossem uma perda privada, o valor poderia ser tomado como indicação de custos sociais ocorridos. Para cada dólar que a P&G perdeu, o Bankers Trust ganhou $1. Todas as perdas da P&G se reverteram em ganhos para o banco.[183]

181. Merton H. Miller, ob. cit., p. 15.

182. Id., ibid.

183. Id., ibid., p. 16.

Logo, em uma análise estritamente econômica da questão, se houve real custo gerado pela perda da P&G (seja com a diminuição da produção ou com a retração do quadro de funcionários), por outro lado, ele poderia ser potencial e totalmente convertido em ganhos sociais, já que tal quantia determina um crescimento dos ativos do banco. Dessa maneira, o banco poderia reverter seu lucro na operação em benefícios econômicos através da abertura de mais agências e, portanto, formação de novos empregos; ou simplesmente por dispor de mais crédito ao público em geral, para o financiamento de atividades produtivas.

Aliás, se os preços dos *bonds*, ao invés de terem caído em março de 1994, tivessem subido, a situação seria exatamente a oposta: P&G ganharia e o Bankers Trust perderia. De qualquer modo, haveria a compensação, uma vez que toda transação com derivativos sempre tem dois lados (comprado e vendido), sendo o mesmo montante pago e recebido por cada uma das partes negociantes.

Não houve, em razão disso, dissipação de riquezas. O ocorrido consiste, apenas, em transferência de riquezas, processo inerente à própria atividade econômica como forma de evolução do livre mercado e adequação de seus participantes à competitividade crescente por ele determinada.

Comparando a dinâmica dos mercados de derivativos com *crashes* em mercado de ações, Miller explica:

"(...) Economists distinguish between company specific risks (gains and losses on individual stocks that can be diversidied away...) and marketwide risks affecting every stock at the same time. When the whole stock market crashes across the board, no offset like in the P&G case exists because society as a whole is net long in stocks, almost by definition".[184]

Prejuízos incorridos por negociantes nos mercados de derivativos significam também lucros auferidos por outros negociantes, e vice-versa. Evidente está a caracterização do processo de translação dos bens executado pelos mercados derivativos, e em última instância, a utilidade dessa circulação para toda a sociedade.

L. Carvalho, em sua tese de doutoramento em ciências contábeis, disserta acerca do controle interno de uma instituição, o que engloba a prevenção ou detecção de riscos por ela corridos, apontando que: "Parece razoável supor que, no meio empresarial, *riscos* devam ser identificados, mensurados e aceitos (ou não) mediante *decisão informada*, isto é, pelo exercício de um processo decisorial que distinga a *ação gerencial* da *aventura*".[185]

Cabe ao controle interno a análise de quaisquer atos negociais, sendo papel dos auditores a providência do entendimento de sistemas contábeis e de controle através de procedimentos específicos de domínio de sua atividade profissional.

Carvalho relata toda a identificação de falhas encontradas pelo *Bank of England* ao analisar o caso do banco Barings. Eis o sumário da apresentação dos investigadores:

"(a) as perdas foram incorridas devido a atividades não autorizadas e ocultadas, realizadas dentro do *BFS* (*Barings Futures, Singapore*, subsidiária do grupo financeiro);

(b) a verdadeira posição não foi notada antes devido à séria falha de controles e confusão gerencial dentro do Barings;

(c) a verdadeira posição não foi detectada antes do colapso, nem pelos auditores externos, nem pelos fiscalizadores, nem pelos reguladores do Barings."[186]

O relatório extrai as seguintes lições do ocorrido:

"(A) As equipes gerenciais têm o dever de compreender inteiramente os negócios que gerenciam;

184. Id., ibid., p. 17.

185. Luiz Nelson Guedes de Carvalho, *Uma contribuição* ..., p. 5.

186. Id., ibid., p. 114.

(B) A responsabilidade sobre cada atividade de negócios deve ser claramente estabelecida e comunicada;

(C) Clara segregação de funções é fundamental para qualquer sistema eficaz de controle;

(D) Controles internos relevantes, incluindo gestão independente de riscos, devem ser estabelecidos para todas as atividades de negócios;

(E) A alta administração e o Comitê de Auditoria devem assegurar-se de que deficiências significativas, identificadas a eles pela auditoria interna ou de outra forma, sejam devidamente resolvidas."[187]

O autor programa modelo de auditoria de derivativos a partir da análise de fatores que devem ser observados para sua eficaz administração. Argumenta que uma das peças principais da boa gestão decorre de segurança no tocante às informações sobre as operações.

"Informação, no mundo empresarial, é um produto cujas causas são *transações sendo realizadas a partir de autorizações conscientes, tempestivamente identificadas, adequadamente mensuradas, corretamente aglutinadas por naturezas semelhantes e devidamente reveladas*".

"A premissa passa a ser, então, a de delimitar o nível de conhecimento especializado que o auditor de derivativos deve ter para: (a) familiarizar-se com os instrumentos financeiros derivativos, utilizados pela empresa auditada; (b) conhecer os riscos decorrentes; (c) pesquisar os controles existentes para esses tipos de riscos específicos, dentre os controles possíveis; (d) avaliar sua vigência e eficácia; (e) poder contribuir profissionalmente para o aumento da eficácia dos mecanismos de gestão interna de riscos das equipes gerenciais, bem como para o aumento da qualidade da revelação de tais riscos nas demonstrações financeiras sendo publicadas acompanhadas de sua opinião como auditor".[188]

Talvez outros custos sociais indiretos pudessem ser argüidos como provenientes da comercialização em mercados derivativos. Assim, são apontados os custos envolvidos em eventual falência de corporações. Retirando-se, porém, os custos operacionais e legais existentes, a perda real de capital social embutida num processo de falência é surpreendentemente pequena, segundo Miller.[189] Diga-se, a propósito, que os mercados derivativos, como se demonstrou, visam a *evitar falências*, na medida em que possibilitam o seguro contra riscos intrínsecos à atividade produtiva e a melhor alocação de crédito necessário ao seu financiamento.

Comparando-se, então, os custos de falências que, vez por outra, os derivativos podem provocar, com os custos que eles evitam de serem despendidos nas perdas com flutuações econômicas, conclui-se que os primeiros só podem ser absolutamente desprezíveis. Se assim não fosse, a própria relação custo-benefício determinaria o completo fracasso dos mercados de derivativos. E isso não é o que constatamos na prática: os mercados só têm se expandido nos últimos anos.

E os demais custos com litígios e demandas judiciais que atravancam mais ainda o Poder Judiciário? Cabe aqui fazermos algumas colocações. Primeiramente atenta-se para o fato de que quaisquer negociações podem potencialmente gerar conflitos de interesses e, conseqüentemente, interposição de pleitos judiciais. Em segundo lugar, assim como a causa de bancarrota, também o acréscimo de ações e pendências jurisdicionais configuram-se em externalidades de mercado, e, por isso, falhas de mercado.[190]

187. Id., ibid., p. 115.

188. Id., ibid., pp. 136 e 137.

189. Merton H. Miller, ob. cit., p. 20.

190. Cf. Fábio Nusdeo, ob. cit., p. 177: "As externalidades correspondem, pois, a custos e benefícios circulando *externamente* ao mercado, vale dizer, que se quedam incompensados, pois, para eles, o mercado não consegue imputar um preço. E, assim, o nome externalidade ou efeito externo não quer significar fatos ocorridos fora do mercado, mas sim fatos ou efeitos ocorridos fora do mercado, externos ou paralelos a ele, podendo ser vistos como efeitos parasitas".

Não obstante a tutela jurisdicional competir ao Estado, as bolsas desenvolveram aparato de juízo arbitral objetivando a rápida resolução de questões a partir da condução de querelas a pessoas entendidas e tecnicamente capacitadas, *experts* em mercados derivativos. De fato, a falta de contato anterior do juiz com a matéria, a inexistência de legislação específica ou jurisprudência consolidada para o assunto e a desinformação quanto à natureza dos mercados consistem nos principais motivos da protelação das pendências nos foros da justiça comum em nosso país. Há, outrossim, a problemática da regulamentação governamental no tocante à fiscalização dos mercados.

Outras vezes, tem sido afirmado que após o advento dos ativos financeiros, os mercados futuros tornaram-se ainda mais voláteis,[191] transmitindo diretamente oscilações sistêmicas às bolsas de valores e causando perdas no investimento em ações.

Para finalizar, eis o que o Prof. Miller diz a respeito:

"...Despite what you may have read in the U.S. press, stock index futures trading has not, in fact, increased the volatility of the U.S. stock market. *Nor has the introduction of futures trading increased the volatility of any other market. We've had literally dozens of academic studies to that effect over the last fifty years*. Yet, the myth and image persists: that the futures market destabilize the economy and other markets. One reason may be that we economists simply haven't made a sufficient effort to get the facts before the public. That is part of the reason why I've written and spoken in this vein on so many occasions"[192] (grifo nosso).

VII – Da disciplina e fiscalização dos mercados futuros

Dumez e Jeunemaître explicam que:

"Dans la théorie libérale classique, l'Etat n'intervient pas dans le jeu des marchés. Il rend simplement possible ce dernier en fournissant aux agents économiques des moyens de paiement et en définissant les règles de droit qui vont leur permettre de contracter (droit des sociétés, droit du travail, droit des contrats, etc.). Une foi ces conditions structurelles réunies, les marchés sont abandonnés à eux mêmes et censés se développer sans que l'Etat n'ait à s'en mêler".[193]

Na teoria liberal clássica, o Estado não intervém no jogo dos mercados. Ele simplesmente o torna possível ao fornecer aos

191. A volatilidade indica o grau médio de variação das cotações de um título em determinado período de tempo.

192. Ob. cit., p. 81.

Nesse sentido também, dispõe na p. 9: "Although many of the complaints against the new financial investments are merely standard visceral reactins against middlemen and speculators, some are specif enough to be testable against the available data. Notable here is the widespread view expressed almost daily in the financial press that stock market volatility has been rising in recent years and that stock-futures and options are responsible. The evidence, however, fails to support this widespread public perception of surging volatility.

"Volatility, measured as the standard deviation of rates of return (whether computed over monthly, weekly, or even daily intervals) is only modestly higher now than duruing the more placid 1950s and 1960s, and is substantially below levels reached in the 1930s and 1940s (Schwert 1989). Even the 1950s and 1960s hads brief, transitory bursts of unusually high volatility with a somewhat longer-lasting major busts occurring in the mid-1970s..."

193. Hervé Dumez e Alain Jeunemaître, "L'État ...", p. 263.

Cf. Giselle Cittadino (no artigo "Intervenção ...") discorre acerca de filósofos da economia que discutem a decadência da ordem liberal segundo diversas concepções. Expõe que para Hayek, não obstante o sistema de mercado não constitua uma ordem perfeita, "é fundamentalmente pela atuação exógena de forças políticas que a ordem espontânea do mercado, enquanto tal entra em decadência. Ou seja, se para Hayek são as organizações e principalmente a maior da organizações, o governo, que inoculam efeitos de desordem no mercado, para Olson é o próprio sistema de mercado que propicia as condições favoráveis para o surgimento das organizações. E uma vez estabelecidas, as organizações se acumulam, impondo barreiras à entrada no mercado, o que favorece a decadência da ordem liberal".

agentes econômicos os meios de pagamento e ao definir as regras de direito que vão permitir a formalização de contratos (direito societário, direito trabalhista, direito contratual,etc.). Uma vez estas condições estruturais reunidas, os mercados são abandonados a si mesmos para se desenvolverem sem que o Estado com eles se envolva (tradução livre).

No entanto, como foi abordado, o mercado não está infenso à ocorrência de práticas tendenciais e perniciosas oriundas da sua própria essência. Além do mais, na realidade, a economia de mercado se insere num complexo sistema que integra, em degraus variáveis, a intervenção dos poderes públicos.[194]

A estrutura que pode ser apontada como a mais desejável e conveniente à coesão e harmonia de todo aparato econômico consiste na "intervenção" do Estado de forma a proporcionar e assegurar a consecução dos fins almejados pelo mercado: espontânea e eficiente distribuição de riquezas, pautada na liberdade (política, econômica, social e cultural) e na autonomia individuais, tendo em vista a resolução dos problemas econômicos da melhor forma possível. O mercado, através da precificação precisa decorrente dos fluxos de vontade anônimos, objetiva uma otimização constante da alocação de recursos no processo produtivo devido à concorrência perfeita e ao processo de seleção natural que pressupõe. Ao Estado caberia, então, o papel de correção e administração das denominadas "falhas de mercado".

Na mesma linha, os citados estudiosos franceses consideram, nestas duas últimas décadas do século, a evolução das interferências de âmbito econômico-estatal na Europa em direção a um sistema de *"État de droit économique"*.

Segundo os autores, no Estado de direito econômico, as instruções são tomadas de acordo com processos estritos que garantam que os envolvidos participem de um debate público, ou que venha a se tornar público, quando da publicação das decisões que afetem a órbita dos interesses privados.

"Au caractère circonstanciel des décisions s'opposent l'application de règles générales – règles de droit – et le souci de replacer la décision prise dans la ligne d'une jurisprudence s'enracinant dans le droit et l'analyse économique (jurisprudence qui peut, par la décision prise, se créer, se prolonguer, ou s'infléchir). (...)

Enfin, l'Etat de droit économique implique que l'instruction des décisions, sinon la prise de décision elle-même, soit assurée par des autorités indepéndantes fonctionnant comme des quasi-juridictions (d'où cette importance des procédures, du caractère formel de l'instruction) et souvent soumises au contrôle des juridictions."[195]

Ao caráter circunstancial das decisões se opõe a aplicação de regras gerais – regras de direito – e o cuidado de recolocar a decisão tomada na linha de uma jurisprudência enraizada no direito e na análise econômica (jurisprudência que pode, pela decisão tomada, se criar, se prolongar ou se transformar). (...)

Enfim, o "Estado de direito econômico" implica em que a instrução das decisões, senão a tomada da decisão em si, seja assegurada pelas autoridades independen-

194. Cf. Ragip Ege, "L'economie ...", p. 60: "(...) Dans toute société où existe une economie de marché, seule une part determinée des activitées économiques relève effectivement de la régulation par le marché. Autrement dit, sur le plan du réel, nous avons toujours affaire à des économies mixtes où l'Etat et les pouvoirs publics sont toujours dejà présents dans la vie économique. (...)".

(Em toda sociedade onde existe uma economia de mercado, só uma parte determinada das atividades econômicas ergue-se efetivamente da regulação pelo mercado. Dito de outra forma, no plano da realidade, nós temos sempre negócios na economia mista na qual o Estado e os poderes públicos já estão desde sempre presentes na vida econômica) (tradução livre).

195. Hervé Dumez e Alain Jeunemaître, ob. cit., p. 267.

tes que funcionam como quase jurisdições (daí essa importância dos procedimentos, do caráter formal da instrução) e sempre submissas ao controle das jurisdições (tradução livre).

Daí, para se estudar a regulamentação governamental dos mercados, cumpre se observar dois aspectos primordiais de cunho histórico, econômico e jurídico. Primeiramente é verificado que tal processo se deu majoritariamente após a primeira guerra mundial e a grande crise de 1929. O titulado Estado pós-liberal tinha como metas a realização dos objetivos públicos, devendo tanto as pessoas privadas quanto os entes estatais dirigirem suas atividades para esta consecução. O Direito passou a ser utilizado para a produção de políticas ou planos de ação, assumindo caráter de norma técnica. Nota-se a diferença do modelo do Estado liberal, anteriormente prevalecido, e no qual se fundou o constitucionalismo clássico. Neste último, não existiam propriamente finalidades públicas na organização da vida social, cabendo ao Estado somente a asseguração da ordem pública para o livre desenvolvimento das atividades privadas, tendo o Direito qualidade declaratória da "ordem natural das coisas".[196]

Em segundo lugar, na análise crítica do vigente panorama institucional, deve-se sempre ter em mente o contexto de nossos dias. Conforme se considerou, ciências não se isolam hermeticamente no tempo, elas precisam se adaptar e se desenvolver em concordância com as transformações temporais. Fala-se num neoliberalismo e na deflagração da gradual retirada estatal do campo econômico, hoje. Consolida-se a tendência da formulação de um Estado de Direito Econômico. Por outro lado, novos instrumentos estão a exigir moderno e adequado tratamento por parte da legislação e dos órgãos governamentais, como no caso dos derivativos.

Para melhor exposição, separa-se a abordagem em função da recepção da matéria nos ordenamentos a serem verificados.

VII – 1. Estados Unidos

As bolsas de futuros americanas, como qualquer mercado organizado, têm regras próprias de organização interna desde há muito. Por volta do início deste século, foram emitidos variados *acts* federais no sentido de imposição de transparência e efetividade às bolsas na observação dos seus próprios regulamentos. Destacam-se o *Grain Futures Act of 1922*, o *Commodity Exchange Act of 1936*, o *Commodity Futures Trading Comission Act of 1974*[197] e, mais recentemente, o *Futures Trading Practices Act of 1992*.

A crise de produção sucedida com a primeira grande guerra gerou intensa especulação com futuros agrícolas. A primeira lei federal de regulamentação de comercialização com contratos futuros, o *Futures Trading Act*, é datada de 1921, tendo sido logo após declarada como inconstitucional pela Suprema Corte norte-americana.

Seguiu-se o *Grain Futures Act*, aprovado pelo Congresso em 1922, o qual determinava que somente bolsas regularmente licenciadas poderiam providenciar negociações com futuros de certas mercadorias. A legislação enfocava a responsabilidade da bolsa na prevenção de manipulação do mercado por seus membros, corretoras associadas e empregados, podendo ser cancelada sua licença se não procedesse adequada supervisão das atividades comerciais.[198]

Longos estudos do Departamento de Agricultura (*U.S. Department of Agriculture*) levaram à introdução de um número de medidas que reforçariam os poderes públicos de regulamentação. As revisões e adições às leis existentes foram consolida-

196. Fábio Konder Comparato, "Ordem ...", p. 264.

197. CBOT, *Commodity trading manual*, p. 81.

198. Id., ibid.

das na nova legislação, o *Commodity Exchange Act* de 1936, que estendeu a regulação existente para grãos e linhaça para o algodão e outros produtos agrícolas. Foi criada a *Commodity Exchange Commission* a qual detinha as seguintes responsabilidades: (1) providenciar licenciamento das bolsas de futuros, (2) determinar procedimentos para o registro de *Futures Comission Merchantes* e corretores, (3) proteção dos fundos dos usuários, (4) fixação de limites (*position and trading limits*) para negociações eminentemente especulativas, (5) proibir manipulações de preço, divulgação de informações falsas, e práticas ilegais, (6) fazer cumprir o *Commodity Exchange Act*, cuidando das violações. A observância do *Commodity Exchange Act* competiu à *Commodity Exchange Comission* até 1947, quando houve estabelecimento da *Commodity Exchange Authority.*[199]

No início dos anos 70, o enriquecimento de muitos países industrialmente desenvolvidos casou-se ao declínio da colheita em várias das grandes nações produtoras. Na mesma época, duas desvalorizações do dólar diminuíram os custos da importação de produtos agrícolas americanos, estimulando as vendas para o exterior e resultando em grande expansão de demanda por abastecimento de grãos e proteínas vegetais. Em menos de três anos, os anteriormente abundantes estoques excedentes de grãos da *USDA Commodity Credit Corporation* retraíram-se significativamente. Em 1974, era estimado que as provisões mundiais de grãos alimentícios tinham decaído para a quantia de um mês de suprimento.

Como a oferta continuava encolhendo e a procura e os preços dos grãos aumentavam, as autoridades e o público começaram a questionar a regulamentação existente para os mercados futuros. Existiam novas pressões no rumo da extensão disciplinar para mercados futuros não abrangidos pelo *Commodity Exchange Act*, como o de metais, madeira e moedas. Em resposta, o governo iniciou uma série de audiências em setembro de 1973. O resultado foi o *Commodity Trading Commission Act* de 1974.[200]

O novo ato emendou o *Commodity Exchange Act* e instituiu uma agência regulatória independente, a *Commodity Futures Trading Commission (CFTC)* que substituía a *Commodity Exchange Authority of the USDA*. Em abril de 1975 o *CFTC* passou a ter competência sobre todos os mercados futuros de bens. Os cincos membros efetivos da comissão são apontados pelo presidente e confirmados pelo Senado, tendo mandato de cinco anos. Um deles será designado para ser o presidente. A agência tem três divisões: *Economic and Analysis*, *Trading and Markets* e *Enforcement*. O diretor de cada divisão dá relatórios ao presidente da comissão, que faz executar as obrigações administrativas diárias.

A legislação criadora do *CFTC* continha uma provisão de termo que determinaria a suspensão da existência da comissão em setembro de 1978, a não ser que houvesse reautorização. Novas audiências foram conduzidas, resultando no *Futures Trading Act* de 1978 que estendeu vida à agência por mais quatro anos. Assim, a reautorização do *CFTC* vem se sucedendo regularmente até os dias presentes. Esse ato também expandiu a jurisdição do *CFTC*, clareando algumas provisões do *Commodity Exchange Act.*[201]

Assim, o *CFTC* possui autoridade para regular a comercialização de todos os contratos futuros – sobre ativos agrícolas e financeiros – inclusive aqueles que venham a ser criados no futuro. Antes de 1974, vários contratos futuros – moedas, instrumentos financeiros, metais – não eram regulados pelo governo federal. A regulamentação sobre opções e futuros financeiros começou em 1981 com o início de um pro-

199. Id., ibid., p. 82.

200. Id., ibid.

201. Id., ibid., p. 83.

grama piloto cujo sucesso levou à aprovação das opções sobre ativos não agrícolas em 1982.

Durante o processo de reautorização do *CFTC* em 1982, o Congresso adotou o *Shad/Jonhson Accord Index Act*, ajustado pelos presidentes do *CFTC* (Johnson) e da *SEC (Securities and Exchange Commission)* (Shad) para a definição da jurisdição de cada agência sobre os contratos futuros que têm como objeto índices de ações. Foi dada exclusiva competência ao *CFTC* na disciplina de *"contratos futuros sobre índices de ações"* e *"opções sobre contratos futuros de índices de ações"*. A *SEC* detém responsabilidade no tocante à comercialização de qualquer "opção sobre *security*" ou "opção sobre índice de *securities*" ou "opção sobre moedas estrangeiras" negociadas numa bolsa de valores.[202]

Os poderes de regulação do *CFTC* se estendem aos atos da bolsa e à revisão e aprovação de contratos futuros por ela propostos. O *CFTC* averiguará, antes que um novo contrato seja aprovado para comercialização, a sua adequação aos interesses do público. Assim, será observado como se dará a precificação do contrato e o *hedging* para a garantia de que o contrato sirva a um propósito econômico.

Uma das primeiras medidas tomadas pela comissão em 1975 foi a redefinição do termo *hedge*. O conceito foi estabelecido para permitir o *antecipatiry hedging* e *cross-hedging* com certas limitações. O *hedging* antecipado permite ao usuário dos mercados comprar ou vender um contrato futuro antes da disposição efetiva da mercadoria no mercado à vista. *Cross-hedging* proporciona ao negociante acobertar uma mercadoria no mercado à vista com a utilização de um contrato futuro diferente, porém com ela relacionado no caso da não existência de um contrato futuro para essa mercadoria específica e quando os dois mercados seguirem tendências de preços similares. Por exemplo, o *hedger* poderia usar futuros de milho para proteger sua produção de cevada.[203]

Os pontos de entrega para mercadorias dos contratos futuros também são administrados pelo *CFTC*, que pode requerer o acréscimo ou mudança das localizações de entrega quando necessário. O órgão dispõe de amplos poderes de regulação sobre os participantes do mercado,[204] devendo fornecer informações públicas sobre *performances* passadas para que os usuários sejam alertados de possíveis riscos dos mercados.

O *CFTC* pode estabelecer procedimentos que sejam usados como alternativa ao sistema de arbitragem da bolsa ou a ações em cortes civis. O órgão providencia um procedimento de reparação para investidores fazerem suas queixas pautadas em violações da lei federal. As reclamações serão ouvidas por um juiz administrativo, cujas decisões podem ser revistas pelo *CFTC*. Os procedimentos são flexibilizados dependendo da quantia de dinheiro envolvida e do consentimento das partes. Punições podem ser impostas. Há critérios para manutenção de volumes de negociação diários que devem ser seguidos pelas bolsas e pelas *clearing houses*.[205]

De acordo com o *act* de 74, a indústria dos futuros foi autorizada para criar associações de futuros registradas. Uma delas é a *National Futures Organization (NFA)*, uma organização auto-reguladora que visa a: (1) firmar padrões éticos e regras de proteção dos usuários de futuros; (2) defender os profissionais dos futuros; (3) dar auditoria e monitoria aos profissionais para concordância em regras gerais e financeiras; (4) providenciar arbitragem de

202. Id., ibid.

203. Id., ibid., p. 84.

204. Id., ibid.: "...floor brokers and floor trades, Futures Commissin merchantes (FCMs), Associated Persons (APs), Commodity Pool Operators (CPOs), Commodity Trading Advisors (CTAs), Introducing Brokers (IBs)..."

205. Id., ibid., p. 85.

disputas relacionadas com futuros; (5) promover educação dos membros e consumidores sobre o papel da *NFA* na indústria de futuros.[206]

No final dos anos 80, abusos negociais e crimes do colarinho branco ocorridos nas duas maiores bolsas de futuros norte-americanas causaram a realização de intensa inquirição nos mercados pelo *Federal Bureau of Investigation*. Em 1987, 303 pedidos de arbitragem foram conduzidos ao *NFA*; em1988, o número cresceu para 406 demandas.[207]

Depois da condução de três anos de audiências, foi permitida autoridade de futuros estrangeira na investigação de violações de quaisquer regulamentações relacionadas com contratos futuros ou opções, de acordo com o que a autoridade estrangeira administra ou disciplina.[208]

Assim, atendendo-se às necessidades do atual contexto de globalização dos mercados de *commodities*, evidenciadas por ligações entre bolsas internacionais e contratação de sistemas de compensação de operações mútuas,[209] o *act* tem por escopo providenciar a cooperação, formal e informal, entre as autoridades reguladoras dos mercados de diferentes países. De fato, como atenta Sackheim, o advento das transações eletrônicas e dos sistemas computadorizados, que possibilitam a colocação de ordens com agentes regulados por diferentes autoridades governamentais, aumentam potencial e largamente a possibilidade de uso de práticas enganosas ou fraudulentas.

Em novembro de 1992, o *CFTC* finalizou um acordo administrativo com a *Commission des Opérations de Bourse* da França, implementando providências de ajuda e arranjos de investigação recíprocos entre as entidades.[210]

Ressalta-se que o *CFTC* tem poder para instituição de medidas coativas administrativas (multas, suspensão de registro, restituição de ganhos ilícitos etc.) ou para denúncia às cortes federais, dando início a uma demanda civil contra eventuais violadores. A agência passa a ser uma autoridade de investigação transnacional, detendo autorização do Congresso para empenhar diligências em mercados estrangeiros, sempre que ações deles originadas influam ou repercutam na órbita americana, devendo ser respeitada a soberania da autoridade estrangeira de futuros.

VII – 2. França

Martin e Morabia, em trabalho que analisa a evolução do controle jurisdicional sobre os mercados de bolsa franceses, explicam que depois de longo tempo sendo quase um estrangeiro no mundo dos negócios bursáteis, o juiz adquiriu papel primordial na defesa do bom funcionamento dos mercados, atuando não só passivamente na interpretação da legislação e regulamentação

206. Kip Schlegel, "Crime ...", p. 63: "At the apex of the exchanges superstructure is the National Futures Association (NFA), which is a supraexchange body sanctioned by the Commodity Futures Trading Commission (CFTC). The NFA has various disciplinary powers, though its decisions can be appealed to the top level, the CFTC. The CFTC comprises more than a dozen offices concerned with issues such as enforcement and regional management. (...)"

207. Id., ibid.: "Though futures trading violations are not limited to acts that occur on or near the floor, most of the offenses under investigation had taken place in the trading pits. The most prominent offenses include prearranged trading, front running, and bucketing".

208. Michael S. Sackheim, "Foreign ...", pp. 5-26.

209. Foi aprovado, por exemplo, o sistema de mútua compensação de posições entre a *Chicago Mercantil Exchange* e a *Singapore Monetary Exchange*.

210. M. S. Sackheim, ob. cit., p. 122: "The CFTC's Division of Enforcement acknowledged that in 1991 it had co-operate with and received assistance from regulatory and law enforcement authorities in Australia, Brazil, France, Germany, Hong Kong, Ireland, Japan, the Netherlands, Panama, Switzerland and the United Kingdom, among other countries, concerning the investigation and prosecution of CEA violations and international commodities fraud."

bolsísticas, mas controlando ativamente as autoridades de mercado, fazendo jus à observância das regras e à fiscalização das práticas negociais, em sua investidura.

"Au-delà donc de son office naturel qui est de trancher un litige ou d'apprécier la légalité d'un acte, le juge est devenu en moins d'une décennie, une autorité de marché par la portée régulatrice et la valeur de précédents qu'accordent à ses décisions, non pas le droit, mais l'ensemble des professionnels, émetteurs, investisseurs, conseils juridiques dans le fonctionnement des marchés".[211]

Além de seu ofício natural que é apartar um litígio ou apreciar a legalidade de um ato, o juiz se tornou, em menos de uma década, uma autoridade de mercado pela importância reguladora e o valor dos precedentes que nascem das suas decisões, não só para o direito, mas para o conjunto de profissionais, emissores, investidores, conselhos jurisdicionais que atuam no funcionamento dos mercados (tradução livre).

M. Canivet, antigo presidente da *1re chambre de la cour d'appel de Paris*, especializado em matéria bursátil, considera que é da responsabilidade e do ofício do juiz ter participação, juntamente com as autoridades administrativas do mercado, na missão de regulamentação dos mercados econômicos e financeiros.[212]

Com as emanações da *Loi du 22 janvier 1988* e da *Loi du 2 août 1989*, o legislador francês procurou submeter não só os mercados de bolsa a um controle jurisdicional como também a autoridade administrativa independente *Commission des opérations de bourse* e os organismos profissionais como o *Conseil des bourses de valeurs* ou o *Conseil du marché à terme.*

A acumulação, na figura do juiz, de autoridade de mercado não é menos reveladora do que a consolidação do papel dos tribunais em matéria bursátil neste país, o que resultou de uma multiplicação inesperada do contencioso bolsístico ligado ao contexto econômico e do caráter particular das relações que são atadas entre o judiciário e as autoridades de mercado.[213]

Pode-se sublinhar os seguintes fatores deflagradores das mudanças legislativas francesas: estrondoso crescimento de demandas judiciais decorrente dos litígios provenientes do *crash* de 1987 nas bolsas e da série de conflitos causados pela multiplicação das trocas de controle das sociedades anônimas na mesma época; a constante impetração de recursos junto aos juízes togados marcando o declínio e recusa da justiça de arbitragem providenciada por profissionais ou técnicos da bolsa; os embaraços das decisões de justiça tomadas sob as antigas normas e incompatibilidade destas perante as inovações financeiras, o que ocasionava ambiente de verdadeira incerteza jurídica.

Assinala-se o caráter precursor dessa instalação de uma "justiça bursátil", que conforme foi colocado pelos estudiosos: *"Est apparu ce que le président Bézard appelle la "justice boursière", ressemblant ainsi en une formule deux mondes que tout opposait et qui ne communiquaient pas".*[214] (É evidente que isso que o presidente Bézard chama de "justiça de bolsa" faz assemelhar-se, assim, em uma fórmula, dois mundos que em tudo se opunham e que não se comunicavam) (tradução livre).

"Il existe une véritable symbiose entre les juges et les autorités de marché qui

211. Didier Martin e Sylvie Amiel-Morabia, "L'extension ...", p. 32.

212. Id., ibid., p. 31.

213. Id. ibid., Anne Leborgne (in "Responsabilité ...", 261-289): "Rare au début des années 1980, compte tenu des bons résultats des opérateurs, ce contentieux (le contentieux boursier) a connu un fort developpement au lendemain du mini krach de 1987 et ne semble pas prêt de se tarir. (...)"

(Raro no início dos anos 80, levando em conta os bons resultados dos operadores, esse contencioso (o contencioso bolsístico) conheceu um forte desenvolvimento logo após o pequeno *crash* de 1987 e não parece disposto a se esgotar) (tradução livre).

214. Didier Martin e Sylvie Amiel-Morabia, "L'extension ...", p. 33.

ont concouru à l'élaboration d'un droit boursier homogène, et alors même que la Cour de cassation n'a pas encore eu la possibilité de forger une veritablé jurisprudence. Cette symbiose a permis la formation progressive d'un *droit boursier* qui, en gestation dans les décisions, recommandations, réglementations et instructions des autorités de marché, doit son émergence à l'intervention récente du législateur qui en a érigé les piliers et son développement à la jurisprudence qui en légitime les contours"[215] (grifo nosso).

Existe uma verdadeira simbiose entre os juízes e as autoridades de mercado que cooperaram para a elaboração de um direito bursátil homogêneo, mesmo porque o Supremo Tribunal não teve ainda a possibilidade de preparar uma verdadeira jurisprudência. Essa simbiose permitiu a formação progressiva de um direito bursátil que, em gestação nas decisões, recomendações, regulamentações e instruções das autoridades do mercado, deve sua origem à intervenção recente do legislador que erigiu os pilares e seu desenvolvimento à jurisprudência que legitima seus contornos (tradução livre).

A reforma abrangeu três aspectos fundamentais:

• no aspecto administrativo, produziu-se a reorganização e reformulação das instituições reguladoras do mercado;

• no aspecto jurídico, a lei proporcionou à regulamentação em vigor a base legal de que carecia, preenchendo lacunas;

• no aspecto jurisdicional, permitiu a asseguração de controle efetivo da legalidade das decisões das autoridades do mercado.

A lei de 1989, conhecida como lei da segurança e transparência do mercado financeiro, consolidou os poderes da *Commission des opérations de bourse* (poderes de sanção, de injunção, de investigação), adaptou a regulamentação das operações de mercado e reformou a lei das sociedades. Essas prerrogativas serão exercidas sob o necessário controle do magistrado. Assim, o juiz deverá controlar as autoridades administrativas, tendo poder de censura fundado na ilegalidade de decisões, podendo intervir quando por elas solicitado ou intervir nas situações que escapam à competência destas autoridades. Todas as jurisdições (civil, administrativa e penal) podem solicitar às autoridades administrativas a apresentação de pareceres escritos e orais.

A modernização das leis societárias e bancárias foi concretizada pela lei de 31 de dezembro de 1993, a qual introduziu mudanças que afetaram o Banco da França, os mercados financeiros e de crédito. Foram tomadas medidas para adequação da lei francesa ao sistema de compensação de produtos derivativos. Em caso de falência de uma parte, por exemplo, o direito francês reconhece plenamente e dá efeito às estipulações de compensação previstas nas normas aplicáveis aos mercados de bolsa oficiais ou aos modelos contratuais publicados pela *International Swaps and Derivatives Association*.[216] Também foram abolidas as taxas de selo para fins tributários sobre transações relativas a valores mobiliários concluídas por estrangeiros na Bolsa de Paris. A medida visa ao aumento do volume e liquidez do mercado.

A *Loi n. 94-679 du 8 août 1994*, por sua vez, abriu novas perspectivas aos usuários dos mercados ao autorizar a constituição de associações que tenham por objeto estatutário a defesa de investidores em valores mobiliários ou outros produtos financeiros. Assim, associações de defesa de minorias prejudicadas freqüentemente recorrem das decisões tomadas pelo *Conseil de bourses de valeurs* ou outros órgãos. O desenvolvimento recente do papel da associação de defesa de classe constitui, certamente, um dos fatores que contribuirão para reforçar significativamente o papel dos tri-

215. Id., ibid., p. 34.

216. Jean Thibaud, "A recente ...", pp. 197-199.

bunais e para orientar a evolução do contencioso bursátil.

Em suma, apontam-se os elementos que mensuram a extensão do controle jurisdicional dos mercados franceses: multiplicação do contencioso bursátil e das decisões de justiça nessa matéria; criação pelo legislador de competências particulares e de novos modos de injunção judiciária; diversificação dos papéis assumidos pelos tribunais nas demandas judiciais; multiplicação dos órgãos de controle jurisdicional (*cour d'appel de Paris, président du tribunal de grande instance de Paris, tribunaux de commerce, juges des référés commerciaux, Conseil d'État*).[217]

Anne Leborgne, em minucioso estudo sobre a responsabilidade civil proveniente das operações de bolsa, discorre acerca dos princípios que norteiam a responsabilidade dos intermediários financeiros que as executam através das figuras contratuais do depósito e do mandado. Dá ênfase à obrigação geral de informação sobre os riscos das operações que o banco ou a corretora administradores de carteira devem fornecer aos seus clientes, distinguindo as faltas de gestão dos delitos da própria bolsa.

"Il en résult aujourd'hui que le banquier ou la société de bourse ne doivent plus seulement conserver et restituer les titres, gérer les portefeuilles avec efficacité ou exécuter conformément et avec diligence les ordres reçus, ils doivent encore informer leurs clients, dans toutes les occasions et quel que soit le contrat conclu, des risques que ces derniers encourent".[218]

Resultou que, hoje, o banqueiro ou a corretora não devem mais somente conservar e restituir os títulos, gerenciar as carteiras com eficácia ou executar conformemente e com diligência as ordens recebidas, eles devem também informar os seus clientes, em todas as ocasiões e qual seja o contrato firmado, dos riscos que estes incorrem (tradução livre).

Vê-se, por conseguinte, que o direito francês vem se desenvolvendo significativamente no sentido de proporcionar sistemas jurisdicionais adequados à regulação, à fiscalização e ao controle dos mercados de bolsa. Há nítida preocupação dos legisladores em modernizar o aparato judiciário: *a matéria tem tido tratamento legal específico, sendo designados juízes especializados no contencioso bolsístico para condução de ações judiciais*. A denominação dada à "justiça bursátil" assinala bem a importância do assunto em nossos dias, primordialmente no tocante à defesa dos interesses de pequenos investidores. Tem-se reforçado cada vez mais as garantias de transparência e de divulgação de informações a todos os participantes do mercado.

VII – 3. Brasil

A definição de bolsa é encontrada no artigo 76 do Decreto n. 2.475, de 1897: "A Bolsa é o lugar, no salão da praça de comércio, destinado às operações de compra e venda de títulos públicos, de ações de banco e companhias, de valores comerciais e de metais preciosos".

A Lei 2.146, de 29 de dezembro de 1953, estabelece no artigo 1º: "As Bolsas Oficiais de Valores são órgãos auxiliares dos poderes públicos, na fiscalização dos lançamentos de emissões de títulos, por subscrição pública".[219]

A Lei 4.595, de 31 de dezembro de 1964, conhecida como lei da reforma bancária, é o diploma legal que delineou a estrutura do Sistema Financeiro Nacional de hoje, criando o Conselho Monetário Nacional e o Banco Central do Brasil e dispondo sobre as demais instituições financeiras.

Foi complementada, ulteriormente, pela Lei 4.748, de 14 de julho de 1965, que

217. Didier Martin e Sylvie Amiel-Morabia, ob. cit., p. 48.
218. Id., ibid.

219. As bolsas de valores no Brasil foram criadas por iniciativa governamental.

disciplina o mercado de capitais, estabelecendo medidas para o seu desenvolvimento. Nesse tempo, o mercado de capitais era regulado pelo Conselho Monetário Nacional (função normativa) e fiscalizado pelo Banco Central (função executiva).

A Lei 6.385, de 7 de dezembro de 1976, reordena o sistema de distribuição de valores, criando a Comissão de Valores Mobiliários, autarquia vinculada ao Ministério da Fazenda, administrada por um presidente e quatro diretores, nomeados pelo Presidente da República. A regulamentação, em consonância à política definida pelo CMN, e a fiscalização do mercado de capitais passaram a ser de sua competência, com as ressalvas previstas na lei. A CVM brasileira foi concebida nos moldes da *Securities and Exchange Comission* norte-americana, tendo, entretanto, uma competência muito mais restrita do que aquele órgão.

O texto legal colocou sob a regência das normas públicas não somente a disciplina das negociações e dos intermediários do mercado de capitais, mas, outrossim as próprias bolsas, pois a sua organização e o seu funcionamento foram abarcados pelo dispositivo. À CVM compete o estabelecimento das condições de existência das bolsas de valores, cabendo-lhe garantir a transparência das informações no mercado, a apuração de atos ilegais e práticas não eqüitativas mediante inquérito administrativo e a aplicação de penalidades.

As bolsas de valores são qualificadas pela lei como "órgãos auxiliares da Comissão de Valores Mobiliários", estando sob a supervisão da CVM. Portanto, as bolsas detêm prerrogativas públicas de autoridade, devendo regular suas atividades, fiscalizando seus membros e as operações nelas realizadas. Dispõem de autonomia administrativa, financeira e patrimonial.

Acerca da natureza jurídica qualificadora das bolsas de valores, diz Bandeira de Mello: "São entidades privadas delegadas de função pública ou, para os que preferem servir-se da expressão serviço público, utilizando-a em acepção muito ampla – abrangente de atividade quer material, quer jurídica – seriam delegadas de serviço público. Saliente-se que tais pessoas, as Bolsas de Valores, alojam-se entre as entidades particulares prestadoras de atividade pública cujo regime denota o grau mais extremo de submissão aos interesses públicos e ao controle do poder estatal, o que se apercebe, sobretudo, pela ingerência até mesmo na forma de sua constituição e na caracterização, por atos governamentais, de seu "objeto social".[220]

A Lei 6.385/76 foi muito criticada devido à vinculação da CVM ao BACEN, ocasionada, em princípio, pela precária definição das competências atribuídas a cada órgão. Rubens Requião assinala que "o mercado de valores mobiliários", de responsabilidade da CVM é, na verdade, segmento preponderante do mercado de capitais, sob a égide do BACEN. A lei não deixa claro que a CVM e o BACEN estariam no mesmo nível hierárquico; juristas demonstram que a questão do conflito de competências continua dificultando o desempenho das atividades da CVM.[221]

A Lei 7.913, de 1989, dispõe sobre a ação civil pública de responsabilidade, a qual pode ser instalada pelo Ministério Público ou por solicitação da CVM, em decorrência de danos causados aos investidores no mercado de valores mobiliários.

O Decreto 2.385, de 13 de novembro de 1997, aprova uma nova estrutura regimental e administrativa da CVM.

Pode-se indicar, sucintamente, a composição organizacional dos entes públicos que são responsáveis pela coordenação, normatização, funcionamento e fiscalização do Sistema Financeiro Nacional:

1. Conselho Monetário Nacional, órgão de deliberação colegiada com funções

220. Celso Antônio Bandeira de Mello, "Natureza ...", p. 221.

221. *Apud* Maria Isabel de Almeida Alvarenga, "Adequação ...", p. 151.

de estabelecimento de política e normatização econômica e financeira;

2. Banco Central do Brasil, basicamente com funções de:

2.1 emissão de moeda e regulação do nível de liquidez da economia;

2.2 controle de crédito e asseguração de liquidez aos bancos de depósito;

2.3 autorização e fiscalização do funcionamento das instituições financeiras;

2.4 regulamentação das operações do mercado monetário, de capitais (exceto de valores mobiliários) e cambiais;

3. Comissão de Valores Mobiliários, organismo disciplinador e fiscalizador do funcionamento do mercado de valores mobiliários, de seus intermediários e das operações nele realizadas;

O Conselho de Recursos do Sistema Financeiro Nacional – CRSFN – julga recursos contra atos do Banco Central e da CVM.

As companhias de seguro, previdência e capitalização são reguladas e fiscalizadas pelo Conselho Nacional dos Seguros Privados – CNSP – e pela Superintendência dos Seguros Privados – SUSEP.

Segundo Ferreira, a delegação normativa recebida pelo Conselho Monetário Nacional é compatível com o que se pratica nas economias modernas, onde a lei apenas define diretrizes e contornos, abrangência e limites gerais da matéria a ser disciplinada,[222] sendo deixado a cargo de órgão ou entidade prevista em lei as funções de regulação ou normatização propriamente ditas, específicas para cada situação.[223]

Contudo, o excesso de regulação é censurado, uma vez que existe elevado número de normas, mas muito pouca fiscalização, na prática, por absoluta falta de condições materiais da CVM. Nelson Eizirik aponta como o principal problema do mercado de capitais nacional a ineficácia das normas que o regem, não estando a CVM equipada para atender as demandas dos participantes do mercado.[224]

No tocante aos mercados futuros, a Gerência de Câmbio do BACEN, através do comunicado GECAM n. 229 complementou a Resolução 272, de 17 de dezembro de 1973, do CMN, a qual autorizava "a realização de operações de câmbio relativas a transações a termo (contratos futuros) efetivadas em bolsas de mercadorias do exterior", por exportadores ou importadores legalmente habilitados. Assim o *hedge* com contratos de câmbio, devidamente comprovado com o demonstrativo das operações efetuadas, foi permitido desde então.

O Decreto-lei 2.286, de 23 de julho de 1986, marca o início da regulamentação governamental sobre os futuros nacionais. O dispositivo aborda o tratamento fiscal para operações a termo e futuros nas bolsas de valores e mercadorias. Outorga competência ao CMN para regulamentar os mercados, as atividades das entidades que os administram e as de seus participantes.

Fernando Oliveira sustenta que a constitucionalidade do Decreto-lei 2.286 é polêmica, estando sua forma de regular o mercado incompleta. Alega que "nos termos do artigo 55 da então vigente Constituição Federal de 1969, matérias de Direito Comercial e de Mercado Financeiro não se enquadravam na competência do Presidente da República para expedir decretos-lei".[225]

A Resolução do CMN n. 1.190 de 17 de setembro de 1986 determina que os contratos futuros sejam submetidos à aprovação do BACEN ou da CVM, passando estes a disciplinar e fiscalizar tais mercados.

222. A Constituição brasileira, no art. 25 das Disposições Constitucionais Transitórias, proibiu aos órgãos normativos do Executivo a edição de normas gerais para o mercado.

223. Gabriel Jorge Ferreira, "Estrutura ...", p. 291.

224. *Apud* Maria Isabel de Almeida Alvarenga, ob. cit., p. 155.

225. Fernando Albino de Oliveira, in Antonio Tofaneto, *Função* ..., p. 42.

A Resolução 1.645, de 6 de outubro de 1989, do BACEN, dispõe que as bolsas de mercadorias e de futuros deverão prever, em suas normas operacionais, dispositivos que possibilitem prevenir ou corrigir situações anormais de mercado. Se estas acontecerem, o BACEN ou a CVM deverão ser imediatamente cientificados (observando-se a competência de cada um). Dá outras providências acerca da auto-regulação e da regulamentação das bolsas de mercadorias e futuros pelas entidades públicas, determinando a divulgação de seus balancetes mensais.

A Resolução do CMN n. 1.935, de 30 de julho de 1992, permite às sociedades, fundos e carteiras de investimentos, a realização de operações nos mercados futuros e de opções em taxas de juros e câmbio.

A Resolução do CMN n. 2.046, de 19 de janeiro de 1994, autoriza a aplicação de capitais estrangeiros advindos de *portfolios* administrados, sociedades ou fundos de investimento nos mercados de derivativos brasileiros.

Nota-se que foi incluída no artigo 11 da Lei 9.069, de 29 de junho de 1995 (Plano Real), referente às Comissões Consultivas que funcionarão junto ao Conselho Monetário Nacional, a Comissão de Mercados de Valores Mobiliários *e de Futuros*. (O artigo 7º da Lei 4.595/64, que dispunha sobre essas comissões, só mencionava a das bolsas de valores). No entanto, tais comissões, que teriam por finalidade dar assessoria técnica, contribuindo para propositura e maior eficácia de normas emitidas pelo CMN, ainda não estão efetivamente instaladas, aguardando aprovação de decreto do Presidente da República que as regulamente.

Foi determinada a competência da CVM na regulação de contratos futuros que têm como objeto valores mobiliários (contratos futuros sobre índice de ações). Ao BACEN compete a regulamentação das operações financeiras com contratos futuros não fiscalizados pela CVM. Daí decorre sua autoridade na disciplina dos contratos sobre demais ativos financeiros e dos contratos sobre mercadorias agrícolas. Uma vez que vigora o regime de controle cambial (moeda não-conversível), o BACEN regula todas as operações internacionais ocorridas nos mercados de derivativos.

O Anexo IV da Resolução 1.289/91 do CMN permitiu aos investidores internacionais institucionais (bancos, seguradoras, fundos de pensão etc.) a aplicação de recursos no mercado de capitais brasileiro com isenção de Imposto de Renda. Em virtude da flexibilidade do instrumento e da simplicidade dos demonstrativos obrigatórios, foi ocasionada enorme expansão do mercado interno. O volume médio diário da Bovespa, antes do Anexo 4, ficava em torno de US$ 20 milhões. Em 1995, o volume médio diário somava cerca de US$ 250 a 300 milhões. Operações com futuros de índice de ações também foram autorizadas, alavancando muito a liquidez do mercado.[226]

O BIS *(Bank for International Settlementes)* instituiu um comitê específico para dar orientações quanto à supervisão de sistemas bancários de cada país, relatando que uma sólida gestão interna de riscos é fundamental para o provimento da estabilidade do sistema financeiro como um todo.

O Conselho Monetário Nacional brasileiro e o Banco Central vêm tomando algumas iniciativas sobre a necessidade de aplicação de ferramental adequado para o monitoramento de riscos provenientes das operações com ativos financeiros. O CMN regulamentou, através da Resolução 2.099, de 17.8.94, os Limites Mínimos de Capital Realizado e o Patrimônio Líquido para Instituições Financeiras. A resolução contém

226. Luiz Leonardo Cantidiano comenta que "a postura, exagerada e longamente adotada pelos órgãos governamentais, de fechamento do mercado à participação estrangeira, cerceando e dificultando o fluxo (de vinda e retorno) do capital externo, impactou negativamente o desenvolvimento do mercado. A flexibilização de tais amarras, que desestimulam ou impedem a participação de investidores externos em nosso mercado, ainda encontra-se incompleta" (*apud* M. I. Almeida Alvarenga, ob. cit., p. 154).

quatro anexos, seguindo os padrões de solvência e liquidez internacionais do acordo da Basiléia de 1988. Há tendência das instituições governamentais limitarem as transações dos agentes financeiros, exigindo capital mínimo em relação ao risco ponderado dos ativos em que investem.

A Resolução CMN 2.138, de 29.12.94 e a Circular BACEN 002583, de 21.6.94, dispõem sobre limites de operações dos grupos financeiros. A Instrução CVM 235, de março de 1995, estabelece requisitos mínimos de divulgação dos mecanismos financeiros das companhias abertas.

Verifica-se que o longo vácuo legal acerca dos derivativos, com a relativa ausência de regulamentações específicas sobre os instrumentos, propiciou maior autonomia na auto-regulação das bolsas, maior liberdade e agilidade na formulação e desenvolvimento de novos produtos. Por outro lado, intervenções estatais proferidas por ocasião dos choques econômicos acarretaram conseqüências maléficas ao mercado, ocasionando grande perda de liquidez e afastamento de investidores devido ao clima de instabilidade política e econômica vigente.

Com a edição do Plano Cruzado de 1986, novos critérios contratuais foram estabelecidos, ensejando mudanças na liquidação e conversão monetária dos contratos. Prejuízos potenciais foram alavancados de um dia para o outro por causa da "tablita" que descontava em 15% os preços em vigor na economia. Os negociantes que estavam vendidos em contratos futuros sofreram duplamente, pois perderam pontos no contrato original e ainda enfrentaram a valorização das cotações na reabertura dos negócios, causada pela euforia subseqüente à primeira fase do plano.[227]

No contexto da crise do abastecimento de carne, as autoridades governamentais, inopinada e intempestivamente, suspenderam os pregões do mercado futuro de boi gordo em 17 de setembro de 1986. O governo almejava a redução do preço da carne e considerou que os mercados futuros estavam provocando o seu aumento. Ora, os futuros só estavam refletindo a escassez e as expectativas mercadológicas do mercado físico de carne naquela oportunidade.

Com o Plano Bresser, de junho de 1987, foi prevista a adoção de "tablita" para as instituições financeiras. A inexistência de regras específicas gerou grande tumulto no ajustamento dos contratos, causando incertezas quanto à legalidade dos atos e ensejando o aparecimento de conflitos de interesse entre os investidores. Mais uma vez os negócios foram suspensos.[228] Os prejuízos foram enormes. A bolsas de futuros BBF e BMSP praticamente tiveram que encerrar suas transações após o plano.

Com o Plano Verão, concebido pelo ministro Nóbrega, em janeiro de 1989, houve novo choque heterodoxo, com designação de "tablita" de conversão monetária.

Oliveira argumenta que se houvesse corpo de técnicos conhecedores dos mercados futuros na composição dos organismos reguladores, as autoridades tomariam medidas mais compatíveis e adequadas ao funcionamento dos mercados.[229] Tais sucessivas intervenções demonstraram falta de tecnicidade na condução de questões relevantes, produzindo clima de insegurança geral no mercado e gerando danos a inúmeros investidores.

O Plano Collor, de 1990, com o bloqueio de 80% da poupança financeira do país, acarretou crise de liquidez sem precedentes nos mercados futuros e no mercado de capitais.[230] Na edição do Plano Collor 2, em 31 de janeiro de 1991, todos os contra-

227. Alcides Ferreira e Milton Horita, ob. cit., p. 263.

228. Id., ibid., p. 301. A multinacional Phillip Morris, que era uma das principais investidoras do mercado futuro de OTN, recebeu um comunicado de sua matriz, o qual determinava que a filial brasileira não operasse mais no mercado em razão de sua instabilidade.

229. Id., ibid., p. 44.

230. Id., ibid., p. 386. O mercado de ações caiu 50% em apenas alguns dias.

tos em negociação foram liquidados compulsoriamente pelo Banco Central.

O Plano Real não ocasionou maiores problemas, uma vez que o mecanismo de transferência para a nova moeda foi previsto gradualmente. A estabilização econômica ensejou o crescimento das operações com futuros e o alongamento dos termos contratuais. O incremento das negociações se deu, principalmente, com contratos futuros de dólar e de juros, justamente os utilizados para gerenciamento dos riscos de caixa de bancos e de empresas.

A inflação galopante que dominava nossa economia, ensejando rápida desvalorização monetária, acabou por provocar grande eficiência operacional na estruturação do setor financeiro do país. A inovação de usos e instrumentos financeiros era constante, porém os ganhos com o *overnight* agitavam a ciranda financeira, estimulando a especulação e coibindo a aplicação de capital produtivo e o reenvestimento nos setores industriais. Assim, o desenvolvimento foi gravemente tolhido, implicando em profunda estagnação econômica.

O mercado de futuros era utilizado como instrumento de depósito ou captação de recursos a taxas predeterminadas, cuja função era, essencialmente, oferecer proteção contra a inflação a partir do uso de derivativos. Com o controle inflacionário de hoje, concretizou-se significativa mudança estrutural em direção ao progresso da economia brasileira. Enfatiza-se, nesse ínterim, o papel dos mercados de capitais e de futuros, peças-chave no desenvolvimento do sistema de crédito e administração de riscos das atividades produtivas. E cabe às autoridades possibilitarem o ambiente institucional propício para o aperfeiçoamento dos mecanismos de mercado.

Em seguida, vê-se gráfico com a evolução dos contratos futuros transacionados nesta década na maior bolsa brasileira.

Evolução do número de contratos negociados entre 1990-1997 na BM&F

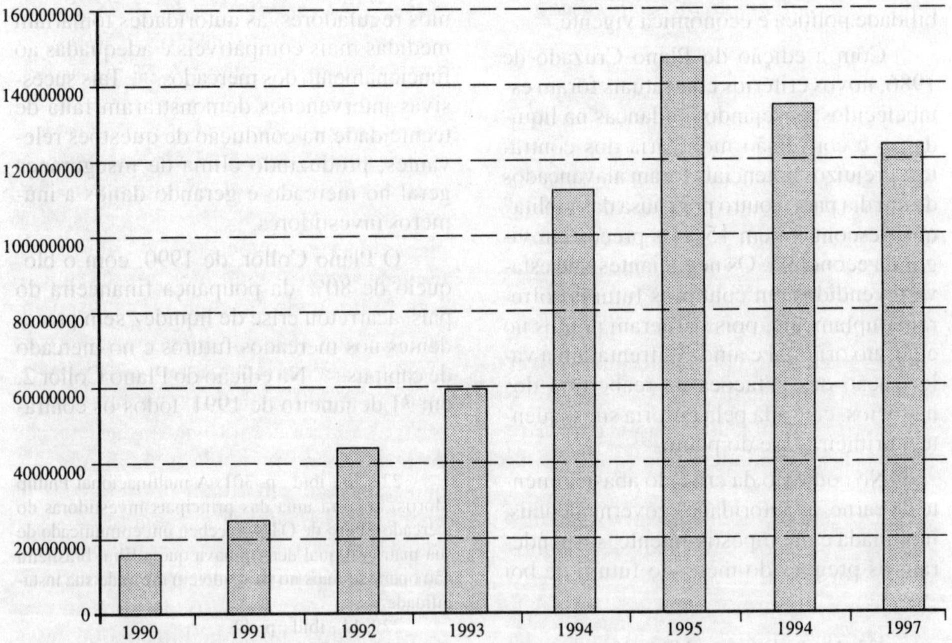

Fonte: BM&F

Evolução do volume financeiro total das operações entre 1990-1997 (US$/mil) na BM&F

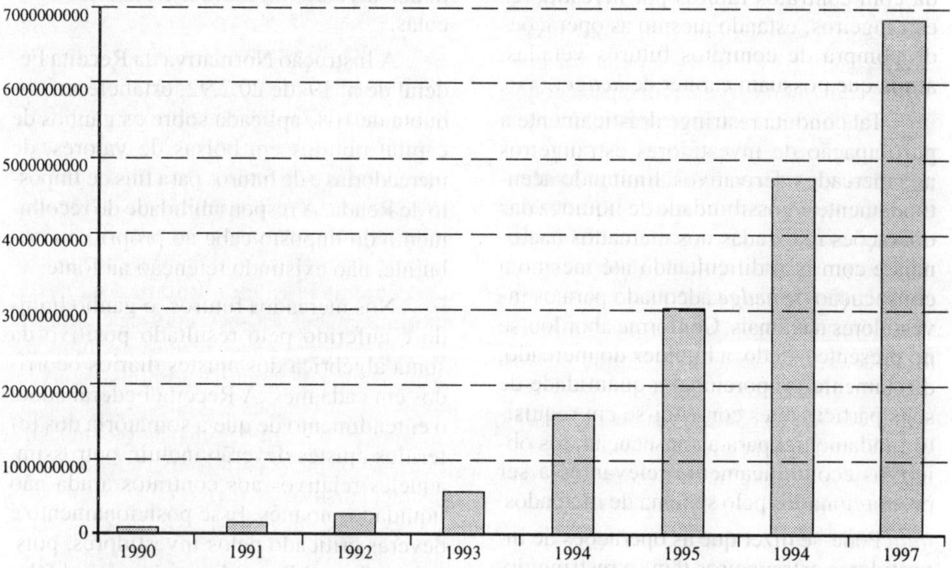

Fonte: BM&F

VIII – Barreiras que atravancam o desenvolvimento do mercado

A Resolução 2.384, de 22 de maio de 1997, "dispõe sobre a aplicação de recursos das sociedades, dos fundos e das carteiras de investimento instituídos pelos Regulamentos Anexos I, II, III e IV à Resolução 1.289, de 20 de março de 1987, em debêntures conversíveis em ações de distribuição pública e *na realização de operações com derivativos em mercados organizados*" (grifo nosso).

Em seu artigo 2º, a autoridade governamental competente resolve:

"Art. 2º — Facultar a aplicação de recursos das sociedades, dos fundos e das carteiras referidos no artigo 1º na realização de operações com derivativos em mercados organizados, tanto naqueles administrados por bolsas de valores ou de mercadorias e de futuros, como nos de balcão devidamente autorizados pelo Banco Central do Brasil ou pela Comissão de Valores Mobiliários, *desde que com o objetivo exclusivo de proteger posições detidas à vista, até o limite destas*" (grifo nosso).

Da disposição decorre que só são permitidas operações de investidores estrangeiros em mercados de bolsas de derivativos as quais visem ao *hedge* de posições detidas no disponível, ou seja, os investidores que já possuem determinado ativo no mercado à vista, poderão resguardá-los por meio da venda de contratos futuros somente até o limite do ativo de que já dispõem.

Resulta que quaisquer operações com intuito especulativo são barradas pela legislação atual brasileira na medida em que mister se faz a comprovação da detenção de posições no mercado à vista. Mais do que isso, também ficam prejudicadas as operações de *hedge* com a compra de contratos futuros, uma vez que como o investidor deseja adquirir o ativo no mercado físico em tempo vindouro, não possui portanto a posição no momento em que travaria o *hedge* no mercado futuro ao comprar contratos futuros. Por conseguinte, só é possível a realização de operações de venda com contratos futuros por investidores estrangeiros, estando mesmo as operações de compra de contratos futuros vetadas, ainda que possuam caráter de *hedge*.

Tal conduta restringe drasticamente a participação de investidores estrangeiros nos mercados derivativos, limitando acentuadamente a possibilidade de liquidez das operações realizadas nos mercados nacionais e com isso dificultando até mesmo a consecução de *hedge* adequado para os investidores nacionais. Conforme abordou-se no presente estudo, a liquidez do mercado, diretamente proporcional à quantidade de seus participantes constitui-se em requisito fundamental para a consecução dos objetivos economicamente relevantes a ser proporcionados pelo sistema de mercados.

Pode-se dizer que as operações de investidores estrangeiros têm se restringido, basicamente, a operações de venda de índice Bovespa (venda nos futuros, já que se busca proteção para posição comprada de ações no disponível).

VIII – 1. Considerações sobre a legislação tributária

A complexidade das leis fiscais e as restrições cambiais impostas pelo governo são vistos como fatores inibidores à evolução dos mercados de capitais e de derivativos.[231]

A legislação tributária brasileira classifica dentro do grupo de renda variável as operações realizadas nos mercados derivativos.

O imposto de renda corporativo que tributava separadamente os diversos componentes da receita das empresas não-financeiras impossibilitava que o imposto devido, relativo ao lucro operacional, fosse compensado por perdas financeiras sofridas. Tal limitação, como pondera Lerner, prejudicava os *hedgers* legítimos, inibindo, principalmente, o crescimento do segmento dos derivativos sobre mercadorias agrícolas.

A Instrução Normativa da Receita Federal de n. 19, de 20.2.92, estabeleceu alíquota de 10% aplicada sobre os ganhos de capital obtidos em bolsas de valores, de mercadorias e de futuros para fins de Imposto de Renda. A responsabilidade do recolhimento do imposto cabe ao próprio contribuinte, não existindo retenção na fonte.

Nos mercados futuros, o ganho líquido é auferido pelo resultado positivo da soma algébrica dos ajustes diários ocorridos em cada mês. A Receita Federal adota o entendimento de que a somatória dos referidos ajustes deverão incluir, outrossim, aqueles relativos aos contratos ainda não liquidados no mês. Esse posicionamento é deveras criticado pelos investidores, pois, como afirma Marrey Jr., só é possível falar em apuração de ganho ou perda líquida após ocorrida a liquidação da operação.[232]

A compensação de prejuízos se dava a partir da apuração do resultado negativo em determinado mês e a compensação desse valor com ganhos líquidos produzidos nos meses subseqüentes. Isto significava que, no caso de pessoa jurídica tributada sobre o lucro real, só se poderia contrabalançar perdas provenientes do mercado de renda variável com ganhos desse mesmo mercado, nunca com ganhos operacionais decorrentes da atividade da própria empresa. Tal sistema é chamado de "caixa de renda variável".

A Receita Federal pressupunha, dessa forma, que os resultados em mercados de renda variável não deveriam fazer parte das operações usuais da empresa, uma vez que eventuais prejuízos somente seriam compensáveis com ganhos futuros no próprio mercado.[233] Encontrava-se aí um grave fa-

231. Euchério Lerner Rodrigues, "Um 'survey' ...", p. 31.

232. *Apud* Ruy Ayres de Almeida Freitas, *A Influência* ..., p. 124.

233. Id., ibid.

tor de entrave à expansão dos mercados de capitais e de derivativos brasileiros. No caso de *hedge*, fundamentalmente, sabe-se que tais operações são realizadas nos mercados futuros, exatamente com o escopo de garantir o lucro operacional do *hedger* no mercado físico, a partir do "seguro de preços". Ora, se, eventualmente, o *hedger* incorresse em prejuízos nos mercados futuros, o seu lucro final se configuraria nos ganhos operacionais do mercado à vista somados às perdas nos futuros.[234] O imposto incidiria sobre o lucro operacional do mercado físico, que não corresponderia ao lucro total das operações necessárias ao bom funcionamento das atividades produtivas.[235]

Além do que, havia nítida incongruência da política adotada pelos órgãos governamentais. O Banco Central autorizava às instituições financeiras a realização de operações em bolsas de valores com o intuito de propiciar a capitalização, o desenvolvimento e a liquidez do mercado de capitais. O Fisco, por outro lado, retraía por demais as possibilidades de investimentos nos mercados, desestimulando o investidor, já que, na realidade, o lucro de toda empresa provém da somatização de todos os fluxos componentes do seu caixa. *Ao estabelecer que as perdas resultantes de operações em bolsa não fossem contrabalançadas com o lucro operacional real da empresa, em última instância, a Receita estava tributando um lucro operacional fictício por demais discrepante da realidade, o qual a empresa teria somente se não tivesse incorrido em quaisquer prejuízos nos mercados bursáteis.*

234. Mais uma vez, ressaltamos que as perdas nos mercados futuros têm o mesmo sentido econômico de prêmio pago à seguradora quando não se concretiza o sinistro no futuro.

235. A tributação só seria admissível na hipótese contrária, se o *hedger* ganhasse nos mercados futuros. Incrementando o "lucro operacional real total", pagaria imposto sobre as operações de *hedge* e sobre eventual lucro operacional no físico, sendo que se o último não existisse, ficaria isento da obrigação.

Entrementes, importantes mudanças tributárias foram disciplinadas pela Lei 8.981, de 20 de janeiro de 1995.

No artigo 77 inciso V, a lei definiu as operações de cobertura (*hedge*), determinando que os resultados obtidos em operações assim caracterizadas deveriam ser computados no estabelecimento do lucro real. Assim, possíveis perdas com operações de *hedge* passaram a ser descontáveis do lucro operacional real.[236] Outras operações com renda variável que não sejam destinadas ao *hedge* não têm esse tratamento.

De fato, Roberto Quiroga Mosquera, dispondo sobre esse novo regime legal, explica que a Lei n. 8.981/95, para as pessoas jurídicas tributadas com base no lucro real, não tributa tais aplicações financeiras em separado, "como se fosse um imposto de renda distinto daquele relacionado ao lucro operacional, decorrente do exercício de uma determinada atividade econômica". O autor completa, relatando que:

"(...) os rendimentos e ganhos de capital derivados da realização de aplicações financeiras de renda fixa e de renda variável (bolsas), nos dias atuais, entram no cômputo do cálculo do lucro real, havendo, apenas, restrições quanto à compensação dos prejuízos com lucros de outras espécies. Essa foi a substancial alteração legislativa no que diz respeito à tributação pelo IR dos ganhos auferidos em aplicações financeiras".[237]

Outra modificação significativa acerca da apuração do imposto de renda de pessoas jurídicas ocorreu em 26 de dezembro de 1995, com a introdução da Lei n. 9.249. De acordo com Freitas:

"(...) as inovações trazidas por esta nova legislação pretendem também atingir

236. Aplicou-se no mercado nacional o que o Decreto-lei 2.397/87 estabelecia para as operações de cobertura realizadas nos mercados futuros de bolsas estrangeiras: os ganhos eram tributáveis, enquanto os resultados negativos eram considerados dedutíveis.

237. Roberto Quiroga Mosquera, *Tributação ...*, p. 147.

objetivos mais amplos no sentido de tornar a política tributária brasileira adequada à estratégia de investimentos e atração de capitais estrangeiros e contribuir para a redução do chamado "custo Brasil". Quanto à complexidade da mecânica adotada para a apuração dos tributos, nenhum avanço significativo foi conseguido, embora tal ponto seja sempre lembrado como grande obstáculo a um aumento da arrecadação do governo, em razão da necessidade de uma estrutura de pessoal e sistemas informatizados por parte das empresas para produzir todas as informações e documentações requeridas pela legislação tributária".[238]

Assim, para as pessoas físicas, o imposto de renda sobre os ganhos líquidos obtidos em operações de bolsa é definitivo, não existindo necessidade do pagamento de quaisquer complementos, seja a título de recolhimento mensal obrigatório (RMO) ou complemetação anual obrigatória (CAO).

A alteração significou o fim do denominado "caixa de renda variável" para as instituições financeiras, sendo estas dispensadas da retenção do imposto na fonte e da limitação de dedução de prejuízos no levantamento do lucro real. Para as empresas não financeiras continua valendo a indedutibilidade de perdas advindas de operações em mercados de renda variável, no lucro real. Com isso, o legislador pretende limitar a compensação de perdas decorrentes de transações de natureza especulativa com ganhos das atividades normais da empresa. Nesse sentido a legislação norte-americana também possui tal preocupação.[239]

As operações de *day trade* que gerarem perdas, por sua vez, não poderão ser compensadas na apuração do cálculo do lucro real (§§ 3º e 4º do art. 76 da Lei 8.981/95). Sobre tais disposições, manifesta-se o Professor Quiroga: "A nosso ver, as restrições impostas pelo legislador ordinário (...) são manifestadamente inconstitucionais, uma vez que desnaturam, por completo, o conceito de "rendas e proventos de qualquer natureza" previsto no artigo 153, inciso III, do Texto Maior. Ao tributar rendimentos e ganhos de capital em separado e tendo como parâmetro a origem das respectivas rendas, a Lei 8.981/95 não respeita, também a determinação do legislador constitucional, no sentido de que o IR deverá ser informado pelo critério da generalidade e universalidade".[240]

Percebe-se que foi dado um passo relevante no tratamento dos derivativos pela legislação tributária a qual avança no caminho do reconhecimento de tais mecânismos como instrumentos indispensáveis ao gerenciamento das atividades empresariais, os quais são ligados intrinsecamente ao processo de produção atual. No entanto, a matéria tem que ser completada, adequando-se ao desenvolvimento das legislações estrangeiras.

A legislação tributária brasileira ainda é excessiva e caótica no tocante à distribuição do sistema de produção. Há seis tributos incidentes sobre o consumo – IPI, ICMS, ISS, PIS, Cofins e CPMF – a maioria com efeito cascata, difíceis de ser desonerados das exportações, recaindo sobre os juros e sobre as negociações dos mercados futuros. No caso do setor agrícola, existe, também, o Funrural. Tais impostos atravancam o crescimento do mercado de *commodities* agropecuárias, principalmente. Em 1996, o IBGE contabilizou a carga tributária em 28,19% do PIB nacional. É um custo absurdo para as cadeias produtivas.

Há propostas de reforma em andamento. A reordenação do sistema tributário com adoção de normatização estável constitui-se em primeira necessidade para o desenvolvimento econômico. A instabilidade das regras tributárias ainda constitui fator adicional aos problemas que embaraçam o progresso do Brasil.

238. Ob. cit., p. 128.
239. Id., ibid, p. 156.
240. Ob. cit., p. 193.

VIII – 2. Considerações sobre o mercado de futuros agrícolas

O setor agrícola brasileiro, segundo dados da Secretaria de Política Econômica, mesmo na chamada década perdida e no início dos anos 90, apresentou crescimento de 3,1% ao ano, superior ao registrado pela economia (2,1% a.a.).

Fortuna explica que o processo de abertura da economia esvaziou a finalidade tradicional da política de garantia de preços mínimos, concebida para proteção do produto agrícola nacional por conta dos cofres públicos.[241]

Em anos de safra curta, como foi o de 1996, o produtor vende rapidamente suas mercadorias a preço atraente, não recorrendo aos empréstimos do Governo Federal (EGF) para a asseguração do preço mínimo.

Havendo safra abundante, como ocorreu em 1995, os agricultores obtêm baixos preços por seus produtos, demorando a vender sua produção. Ao governo brasileiro cabia, então, a responsabilidade de constituição de estoques, para o equilíbrio da demanda e da oferta no mercado. Segundo a CONAB, havia, no final de 1996, cerca de 4 milhões de toneladas de milho estocadas de safras passadas, decorrentes de EGF-COV (com opção de venda ao governo). Os produtores não eram devedores dos recursos que obtiveram, uma vez que estes se destinavam ao pagamento da compra do produto pelo governo. Os custos são contabilizados no Banco do Brasil, devendo, cedo ou tarde, os cofres públicos pagarem a conta. Analistas consideram que o Estado teria que dispor de R$ 250 milhões a R$ 380 milhões para conseguir vender as 4 milhões de toneladas de milho, já que o custo do EGF devia estar em torno de R$ 12,00 a R$ 14,00 a saca, sendo, porém, vendido em leilões públicos por R$ 8,00 ou R$ 8,50 a saca. Isto é, o governo estaria bancando um subsídio muito elevado. Além do mais, muitas outras mercadorias estavam estocadas em grandes quantidades, produzindo conseqüências equivalentes.[242]

O Programa de Garantia da Atividade Agropecuária (PROAGRO), administrado pelo Banco Central, objetiva a exoneração do cumprimento de obrigações financeiras decorrentes de crédito rural de custeio, ou a indenização dos recursos próprios do produtor utilizados em crédito rural, se, em ambos os casos, for configurada a existência de prejuízos de receitas por causas predeterminadas. Visa também a promover a utilização de tecnologia, de acordo com orientações dadas. As causas que ensejam cobertura do PROAGRO são fenômenos naturais fortuitos e suas conseqüências (doenças ou pragas) sem método difundido de combate. Percebe-se que o sistema consiste em espécie de seguro rural providenciado pelo governo, o qual cobre as perdas provenientes de problemas climáticos ou de certas doenças da lavoura.

A política de preços mínimos, tal como foi implantada, resultou em endividamento governamental e certa estagnação do setor agrícola, que dispondo de subsídio, não buscou novas formas de incremento da produção ou medidas que visassem ao aumento de competitividade. O sistema tornou-se insustentável. O mercado agrícola brasileiro é acentuadamente marcado por profundo artificialismo na precificação das mercadorias. O risco é tido como o maior obstáculo na criação de eficiente sistema de crédito rural, uma vez que qualquer aumento das taxas de juros reais acarreta alta margem de inadimplência.

Está-se buscando alternativas de financiamento rural, cuja dependência da ação

241. Eduardo Fortuna, *Mercado* ..., p. 136.

242. José Motta Maia, "Comercialização ...", p. 79: "Esse subsídio vinha sendo – e vem sendo ainda – considerado como um dos fatores inflacionários, ao lado de outros (...)". O governo havia tentado outras formas de financiamento como os "valores básicos de custeio". Produtores reclamavam que o crédito não correspondia aos custos operacionais da produção.

governamental seja significativamente menor. Citam-se os Certificados de Mercadorias (CMGs), as Cédulas de Produto Rural (CPR)[243] e o Prêmio de Escoamento de Produto (PEP).

Os futuros seriam uma solução desejável para o desenvolvimento do sistema agrícola nacional. Conforme foi discutido, os mecanismos funcionam como seguro de preços agrícolas e como mercado de crédito de mercadorias. Além disso, proporcionam a descoberta do preço no mercado à vista, atenuando a sazonalidade da produção.

Há um outro aspecto relevante. Costuma-se afirmar que os contratos futuros não objetivam a entrega da mercadoria em si, sendo essa forma de pagamento utilizada somente em mínima parcela das transações. Ocorre que nas bolsas de *commodities* americanas é negociado muitas e muitas vezes o volume de produção agrícola mundial, disso decorrendo que a ínfima parcela de contratos que são liquidados por entrega, nesses mercados, acaba distribuindo a grande maioria da safra do país. Explica-se: o volume de produção nos contratos anuais de soja, por exemplo, negociado na Chicago Board of Trade equivalem a cerca de 15 vezes toda a produção de soja do mundo. É óbvio que nem haveria condições de entrega de mercadoria nessas circunstâncias. A grande maioria dos *traders*, de fato, não está interessada no recebimento da mercadoria, pelos mais variados motivos. No entanto, cerca de 2% a 3% dos contratos são pagos por entrega; note-se que são entregues 2% a 3% de quinze vezes a safra de soja do mundo. Percebe-se daí que o *quantum* das baixas porcentagens da liquidação por entrega significam, verdadeiramente, o escoamento de enorme parte da produção dos grãos americanos.

Ainda mais: tal sistema contribui para a modernização de todo o *agribusiness*, pois que as entregas de mercadorias envolvem sistemas de transporte de infra-estrutura ferro-rodo-portuária, sistemas de armazenagem, sistemas de análise técnica de grãos ou outros produtos. Todo o aparato produtivo se concentra em torno das bolsas, que se constituem no elo de ligação entre o produtor e o consumidor.

No Brasil, há muitas barreiras que dificultam o arranque dos futuros agrícolas. O tamanho de tais mercados é completamente incompatível com os volumes do *agribusiness* nacional, em torno de 40% do PIB.[244]

Uma tentativa foi a criação dos Fundos de *commodities* no pacote agrícola de 1992. O investidor em mercados futuros deveria aplicar 10% de sua captação em contratos futuros agrícolas. O fundo visava à diversificação de investimentos, ao desenvolvimento dos mercados futuros agropecuários, à ampliação do financiamento da comercialização agrícola e à atração de capital estrangeiro. No entanto, o acréscimo do volume de aplicação nesses fundos não teve respaldo no mercado de *commodities* em si, pois que faltava liquidez dos ativos agrícolas. Os fundos foram incorporados aos FIF 60 até o resgate de todos os depósitos até 29.9.95.

Em 1997, o governo tomou a iniciativa de lançar opções de venda sobre milho, por intermédio da CONAB: os produtores passaram a pagar um prêmio à CONAB para obter o direito de vender sua produção em determinada data futura por um preço já estabelecido, buscando com isso assegurar antecipadamente sua margem de lucro. No entanto, o programa, apesar de

243. Márcio Bobik Braga, "A questão ...", pp. 3-4.

244. Ferreira e Horita discutem acerca do potencial que um mercado de *commodities* agrícolas teria no Brasil. Os clientes existem, mas estão operando no exterior. "Segundo Plastino, as empresas brasileiras fazem 15% do volume dos contratos agrícolas da CBOT, a maior Bolsa de futuros agrícolas. Os agrícolas somam em torno de 15% a 20% do giro da Chicago Board of Trade. O perfil dos clientes brasileiros é de gente que mexe com a mercadoria física, como esmagadores e exportadores de soja" (ob. cit., p. 401).

implantado nos principais Estados produtores de milho (Paraná, Goiás, Mato Grosso e Mato Grosso do Sul), não conseguiu despertar interesse significativo dos produtores, o que demonstra que um dos maiores problemas a ser enfrentado diz respeito à disseminação da cultura do *hedge*, como prática constante e inerente ao sistema de comercialização da produção agrícola.

O Conselho Monetário Nacional (CMN) aprovou em 28.5.1998, por meio da Resolução 2.500/98, a criação de um fundo com recursos oriundos da Resolução 2.483/98. Esta, também chamada de "63 caipira", trata da captação de crédito no mercado externo para a concessão de empréstimos ou financiamentos às atividades rurais e agroindustriais. Assim, a Resolução 2.500 ampliou as possibilidades de empréstimo, inserindo o inciso IV que permite o financiamento das margens de garantia, de ajustes diários e de prêmios de opções em operações de *hedge* (proteção de preços), realizadas por agropecuaristas na BM&F.

Desse modo, ao captar o recurso externo, o banco alocará parte da captação em um fundo de investimento financeiro, que é isento de IOF, destinado a cobrir os custos financeiros das operações de *hedge*. O fundo terá que, obrigatoriamente, ser constituído em 80% por papéis cambiais emitidos pelo Banco Central (NTN-D, NTN-I, NBC-E). Estes títulos serão depositados na BM&F para cobertura das margens de garantia. Após o encerramento das posições serão retirados, devidamente corrigidos por seu valor de mercado.

Os ajustes diários serão cobertos pelas sobras de caixa do fundo, com liquidez diária. Dependendo de quais *commodities* se tratarem, será liberado um valor variável, de acordo com os padrões de volatilidade dos preços de cada uma delas nos mercados futuros.

Em síntese, quando um produtor encerrar uma posição na BM&F, havendo prejuízo, pagará ao fundo com a venda de seu produto no mercado físico. Por outro lado, *se o produtor encerrar a posição com lucro, suas cotas serão valorizadas, e a diferença creditada a ele.*

Vê-se que a medida acima exposta objetiva eliminar um considerável entrave ao desenvolvimento dos mercados de derivativos agropecuários, qual seja, a falta de recursos (a taxas acessíveis) para o financiamento das transações efetuadas nesses mercados.[245] Infelizmente, hoje verificamos que devido à recente crise de confiança em relação aos países emergentes, as operações de captação de recursos se tornaram por demais onerosas em decorrência das elevadas taxas de juros que vêm sendo praticadas. Por isso, o atual contexto acaba dificultando a utilização do sistema de crédito anteriormente descrito, barrando um possível crescimento do uso de instrumentos derivativos.

Analisando o processo de comercialização agrícola nacional, Maia chega às seguintes conclusões:

"Em primeiro lugar, as grandes organizações de produtores dispõem de meios técnicos, inclusive de informações sobre mercado que podem utilizar da melhor forma.

Em segundo lugar, o que importa considerar é a situação dos pequenos produtores que não têm acesso à informação sobre mercado e, mesmo quando a têm, não sabem como utilizá-la.

Há que concentrar o pequeno produtor, em cooperativa ou em outras formas de associativismo, e ajudar essa concentração com a ação do Estado, em caráter didático, educativo ou supletivo, conforme o caso, sem esquecer que o Estado é, via de regra, mau administrador, sem espírito empresarial. (...)

Concluo, ainda, que a eficácia na comercialização, seja na grande, média ou

245. Lembra-se novamente que nos Estados Unidos produtores protegidos em mercados de derivativos (*hedgers*) obtêm empréstimos a taxas de juros significativamente inferiores.

pequena empresa, interessa de forma direta o consumidor que é, em última análise, o destinatário da produção."[246]

A decisão da agricultura brasileira é localizada, especialmente dispersa, sendo a produção agrícola obtida num grande número de pequenas e médias propriedades. O empresário rural brasileiro tem padrão educacional mais baixo quando comparado a empresários de outros setores da economia. Há a estacionalidade da produção agrícola, que faz com que as receitas do produtor não sejam diárias, acostumando-o a comercializar o produto físico em épocas específicas; nos futuros, a liquidez é contínua, sendo os ajustes de pagamento diários.[247]

Todavia, com todos os agravantes, o mercado de futuros agrícolas em funcionamento vem demonstrando sua funcionalidade para o investidor. Desenvolvendo trabalho de análise empírica sobre o café e o boi gordo, Souza e Marques concluem que "a hipótese dos mercados futuros no Brasil serem um instrumento alternativo e eficiente de comercialização para o empresário rural, no que diz respeito à administração dos riscos dos preços e proteção dos lucros para as *commodities* café e boi gordo, é verdadeira. (...)"[248]

Lembra-se ainda que, com o Mercosul, foi largamente acrescido o comércio agrícola. Abrem-se novos mercados de produtores e de consumidores que demandam por instrumentos convenientes à satisfação de suas necessidades. O Mercosul representa uma parcela significativa da produção agrícola mundial. Realmente há espaço para expansão dos mercados uma vez que existe procura potencial que carece ser focalizada e dirigida. Mesmo considerando que a fixação de preços agrícolas provém de Chicago, economistas defendem a possibilidade de crescimento de contratos futuros no país. Muitos agricultores e intermediários não utilizam instrumentos de *hedge*, por total desconhecimento das vantagens que estes acarretam para a comercialização agrícola.[249]

A reorganização da política agrícola nacional com vistas ao maior aproveitamento dos próprios recursos naturais do país produziria benefícios a toda a população, gerando empregos e aumento da competitividade do país no tráfego comercial internacional. Nesse contexto, o fortalecimento do mercado de futuros agrícolas brasileiro faz-se indubitavelmente obrigatório.[250]

Para isso, algumas medidas têm que ser tomadas:

a) A cultura dos futuros deve ser difundida na sociedade. É necessário que haja conscientização do verdadeiro papel concernente a esses mercados na economia moderna. A imagem de que os derivativos encerram sempre apostas, riscos e perdas é equivocada. A cultura dos futuros deve ser difundida como a cultura dos seguros;

b) As cooperativas devem providenciar a "educação" do produtor agrícola quanto aos instrumentos que este pode utilizar para maximizar seus ganhos. Formas de organização de métodos de comercialização de contratos futuros através das cooperativas devem ser estudadas;

c) O mercado requer um conjunto de medidas institucionais para o seu desenvolvimento. Tais medidas, na realidade, dizem

246. Id., ibid., p. 85.
247. Warli Anjos de Souza e Pedro V. Marques, "O mercado ...", pp. 53-75.
248. Id., ibid.

249. Noênio Spínola, *O futuro* ..., p. 184.
250. A consultora Amyra El Khalili, representante no Brasil de quatro *tradings* do Oriente médio que têm interesse em importar milho, água potável e açúcar, afirma: "Hoje, o mercado brasileiro está totalmente concentrado em produtos como o dólar, fruto de uma cultura inflacionária que já acabou. O problema é que os produtos que tornam o País competitivo a nível internacional não são esses, mas a agricultura e o meio ambiente" (in Regina Scharf, "Commodities ambientais chegam às bolsas", *Gazeta Mercantil*, São Paulo, 4.5.98, p. A-7).

respeito à própria estabilidade macroeconômica do país: sistema de financiamento da produção decorrente de créditos acessíveis ao produtor (estabilidade dos juros), fomento à pesquisa, consolidação de legislação condizente às exigências atuais (garantia), regulação das autoridades estatais atentando-se para a eficácia e conveniência das decisões a ser aplicadas. Enfim, o "custo Brasil" deve ser atenuado e dissipado.

Em seguida, apresenta-se gráfico que relaciona a quantidade de contratos agrícolas frente aos contratos financeiros negociados na bolsa de futuros brasileira.

Relação entre o número total de contratos financeiros e o número total de contratos agropecuários entre 1990-1997 na BM&F

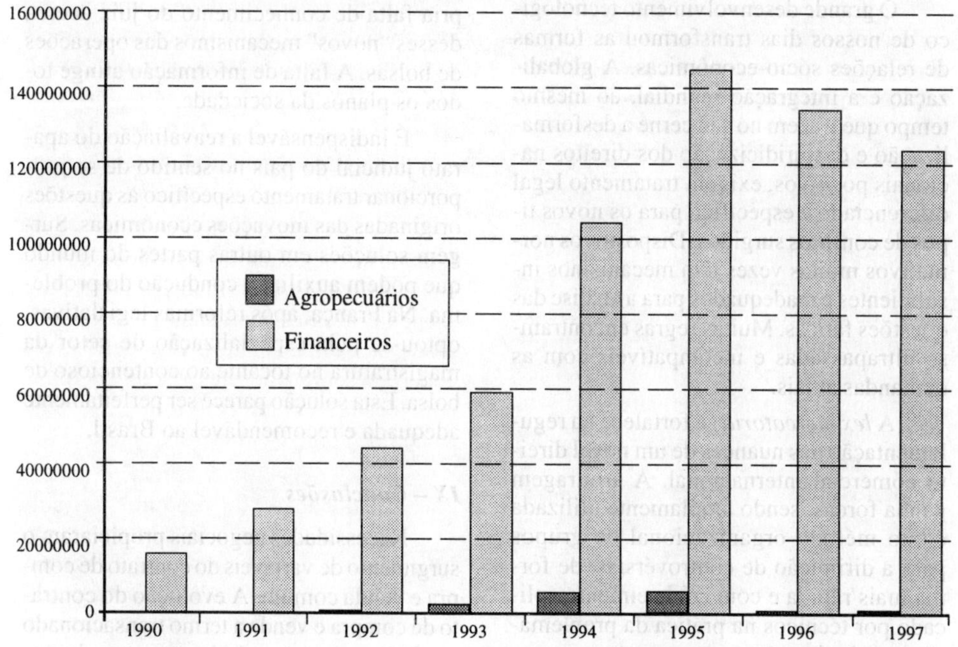

Fonte: BM&F

VIII – 3. Considerações sobre o sistema jurisdicional

Um estudo desenvolvido pelo Instituto de Estudos Econômicos, Sociais e Políticos (IDESP) demonstra que, de um universo de 250 empresários e executivos ouvidos em todo o país, 60% deles apontam a morosidade como o maior problema do Judiciário brasileiro. O economista Armando Catelar Pinheiro, do BNDES, conclui em pesquisa que os defeitos do sistema judicial provocam conseqüências econômicas que, em média, reduzem em 15% a taxa de crescimento de um país em desenvolvimento.[251]

De fato, ações ficam pendentes na Justiça brasileira por anos e anos a fio. A falta de confiabilidade no sistema jurídico acaba inibindo investimentos em ciência e tecnologia. É gerado clima de insegurança social e econômica com a deficiência do sistema.

251. Revista *Exame, Até quando?*, ano 30, n. 11, p. 26, 21.5.97.

A carência de pessoal, fundamentalmente de magistrados; os problemas devido à inabilidade, ineficácia e lentidão de investigação e perícia realizadas por organismos públicos, a burocracia – são estes alguns dos muitos fatores que ocasionam o anacronismo das instituições judiciais.

Todavia, discorreremos brevemente sobre dois outros aspectos da questão. O primeiro diz respeito às lacunas legislativas nacionais.

O grande desenvolvimento tecnológico de nossos dias transformou as formas de relações sócio-econômicas. A globalização e a integração mundial, ao mesmo tempo que trazem no seu cerne a desformalização e desjuridicização dos direitos nacionais positivos, exigem tratamento legal diferenciado e específico para os novos tipos de conflitos surgidos. Dispositivos normativos muitas vezes têm mecanismos insuficientes e inadequados para a análise das questões fáticas. Muitas regras encontram-se ultrapassadas e incompatíveis com as demandas atuais.

A *lex mercatoria* se fortalece na regulamentação das nuances de um novel direito comercial internacional. A arbitragem ganha forças, sendo amplamente utilizada como método organizacional de grupos para a dirimição de controvérsias, de forma mais rápida e com conhecimento aplicado por técnicos na prática da problemática suscitada.

As bolsas de futuros estabelecem sistema de juízo arbitral para a resolução dos interesses divergentes advindos das transações nelas efetuadas. O processo objetiva proporcionar forma de decisão técnica e eqüitativa proferida por especialistas dos mercados futuros. No entanto, como ocorreu na França, também em nosso país as reclamações acabam sempre no Judiciário. Litigantes descontentes recorrem à Justiça comum, algumas vezes somente visando ao adiamento do cumprimento de suas obrigações.

As ações que versam sobre querelas de mercados futuros na Justiça, demoram ainda tempo maior a ser resolvidas. Investidores, receando não dispor de meios de coerção legal para a execução de suas obrigações, afastam-se muitas vezes dos mercados.

A falta de disposições legislativas e a obscuridade do entendimento dos mecanismos dos futuros, no campo jurídico, acarretam discussões intermináveis, decisões equivocadas, recursos vazios, atraso na obtenção da justiça.

O segundo ponto diz respeito à própria falta de conhecimento do juiz acerca desses "novos" mecanismos das operações de bolsas. A falta de informação atinge todos os planos da sociedade.

É indispensável a reavaliação do aparato judicial do país no sentido de se proporcionar tratamento específico às questões originadas das inovações econômicas. Surgem soluções em outras partes do mundo que podem auxiliar a condução do problema. Na França, após reformas legislativas, optou-se pela especialização de setor da magistratura no tocante ao contencioso de bolsa. Esta solução parece ser perfeitamente adequada e recomendável ao Brasil.

IX – Conclusões

Necessidades negociais propiciaram o surgimento de variáveis do contrato de compra e venda comum. A evolução do contrato de compra e venda a termo transacionado em bolsas de mercadorias gerou o desenvolvimento de uma modalidade contratual, cujos mecanismos de rápida comercialização e liquidação proporcionam a consecução de eficiente seguro contra oscilações de preço.

Os denominados contratos futuros, a partir da asseguração do preço de compra ou de venda de certa mercadoria no futuro, providenciam cobertura econômica aos produtos negociados no mercado à vista. Funcionam também como mercado de crédito para mercadorias, proporcionando a precificação coerente de produtos de acordo com a apreciação dos agentes econômicos, em relação aos fatores que determinam a sua valoração. Hoje em dia, tornam-se especialmente fundamentais devido ao processo de globalização econômica que acirra a competitividade e faz com que a maximização do gerenciamento de recursos seja incessantemente buscada.

Apesar da aparente atipicidade, os contratos futuros são perfeitamente típicos perante o ordenamento positivo brasileiro. Constituem-se em contratos de compra e venda a termo padronizados, sendo portanto, bilaterais, sinalagmáticos, onerosos e comutativos.

É de todo desejável que os entraves que obstruem o desenvolvimento dos contratos futuros em nossa sociedade sejam eliminados. Pode-se dizer que os contratos futuros atingirão melhor eficácia e eficiência na consecução de sua finalidade econômica tanto quanto mais eficaz e estável for a organização institucional do país. Economia forte, legislação adequada, sistema de tributação não oneroso, Judiciário bem estruturado, informação e educação são determinantes na obtenção de um avanço considerável.

O processo normativo do sistema financeiro deve ser compatível às demandas e características dos novos mercados. O excesso de regulamentação, no entanto, deve ser tolhido a fim de que não se iniba a capacidade de criação e de renovação do sistema e dos agentes econômicos.

Os mercados de bolsa, presentemente, são a coluna vertebral da economia de um país, uma vez que estes ligam as vértebras do sistema produtor, distribuindo os recursos necessários ao financiamento da atividade produtiva e proporcionando os instrumentos de otimização desse capital. Os mercados bem estruturados são responsáveis pela "locomoção" e crescimento econômico rumo ao progresso social.

Apêndice

Estão acontecendo incomparáveis mudanças econômicas no contexto global. Na Europa, a união monetária prevista para se consolidar nos mercados de capitais no próximo 1º de janeiro deverá eliminar cerca de US$ 65 bilhões por ano em custos cambiais diretos, havendo cortes intermediários avaliados em trilhões de dólares nas transações financeiras.[252] Tudo isso proporcionará um crescimento estrondoso ao mercado de capitais – estima-se que o mercado acionário italiano de US$ 68 bilhões terá potencial para somar US$ 275 bilhões.

O Mercado Comum Europeu é constituído por 32 bolsas de valores e 23 de derivativos. É evidente que haverá processo de concentração das operações nos mercados mais líquidos e seguros, acarretando a sobrelevação de alguns poucos grandes centros que responderão às demandas globais.

Nesse ambiente de acirrada competitividade, as bolsas têm procurado se aperfeiçoar, informatizando seus sistemas, formando alianças estratégicas visando à internacionalização dos mercados, o que proporcionará maior liquidez às operações. Há intensa procura de compatibilização das práticas de negociação entre os diversos mercados globais.

O Brasil, sendo a nação líder do cone do sul, poderia concentrar esforços no sentido de constituição de mercados de bolsa fortes que atendessem às demandas do Mercosul.

Observe-se no gráfico a relação de capitalização dos mercados de bolsa no mundo.

Bibliografia

ALENCAR, Francisco, CARPI, Lucia e RIBEIRO, Marcos Venício. *História da Sociedade Brasileira*. 3ª ed. Rio de Janeiro: Ed. Ao Livro Técnico, 1985.

ALPA, Guido. "Le contrat 'individuel' et sa definition". *Revue Internationale de Droit Comparé*, quarantième année, n. 2, avr./juin 1988.

252. Joan Warner, "Mercado financeiro nunca mais será o mesmo", *Gazeta Mercantil*, 4.5.98, p. A-12.

ALVARENGA, Maria Isabel de Almeida. "Adequação das funções legais da Comissão de Valores Mobiliários à realidade brasileira". *Revista de Direito Mercantil, Industrial, Econômico e Financeiro*, São Paulo, n. 105, pp. 144-58, jan./mar. 1995.

ASCARELLI, Tullio. *Problemas das Sociedades Anônimas e Direito Comparado*. São Paulo, 1969, p. 222.

BARRETO FILHO, Oscar. "As operações a termo de mercadorias sobre mercadorias ("hedging")". *Revista de Direito Mercantil, Industrial, Econômico e Financeiro*, São Paulo, Nova Série n. 29, pp. 11-27, 1978.

BRAGA, Márcio Bobik. "A questão do risco nos financiamentos rurais". *Pensando o Brasil*, n. 10, pp. 3-4, mar./1995.

BULGARELLI, Waldirio. *Contratos mercantis*. 9ª. ed. São Paulo: Atlas, 1997.

CAMPOS, Roberto, FERNANDEZ e Oscar Lorenzo. "Economia, estado, modernidade". *Revista USP*, São Paulo, n. 17, pp. 62-73, mar./maio 1993.

CARLSON, John B. e MCINTIRE, Jean M. "Monetary police and the federal funds futures market". *Cadernos de Direito Tributário e Finanças Públicas*, São Paulo, pp. 223-227, jul./set. 1995

CARVALHO, Luiz Nelson Guedes de. *Uma Contribuição à Auditoria do Risco de Derivativos*. São Paulo: USP, FEA, Departamento de Contabilidade e Atuária, 1996.

CERVO, Amado Luiz e BERVIAN, Pedro Alcino. *Metodologia Científica*. São Paulo: Makron Books, 1996.

CITTADINO, Gisele. "Intervenção do estado *x* sistema de mercado: confrontando Hayek e Olson". *Direito, Estado e Sociedade*, Rio de Janeiro, pp. 5-18, jul./dez. 1994.

CHABERT, Pierre-Yves. "Heurs et malheurs de la qualification juridique des operations de swaps". *Revue de Droit des Affaires Internationales*, Paris, pp.19-39, 1989.

CHICAGO BOARD OF TRADE. *Commodity trading manual*, 1994.

______. *Grains: production, processing, marketing*, 1992.

COMPARATO, Fábio Konder. "Ordem econômica na Constituição brasileira de 1988". *Revista de Direito Público*, n. 93, pp. 263-276, jan./mar. 1990.

CORDEIRO FILHO, Ari. "Os derivativos e a legislação comparada". In *Resenha BM&F*. São Paulo: Bolsa de Mercadorias e Futuros, n. 101.

COSTA, Carlos Alexandre J. da. "Capital estrangeiro no Brasil: 1987/1994". *Revista Brasileira de Mercado de Capitais*, Rio de Janeiro, v. 19, n. 47, pp. 43-84, 1994.

DANGEARD, Franck E. "Droit americain des valeurs mobilieres et operations financieres internacionales: quelques propositions recents de la SEC". *Revue des Affaires Internationales*, Paris, pp. 3-18, 1989.

DUMEZ, Hervé, JEUNEMAÎTRE, Alain. "L'État et le marché en Europe vers un État de droit économique?" *Revue Française de Science Politique*, Paris, v. 42, n. 2, pp. 263-274, avr. 1992.

EIZIRIK, Nelson. "Aspectos jurídicos dos mercados futuros". *Revista de Direito Mercantil, Industrial, Econômico e Financeiro*, São Paulo, n. 81, pp. 22-35, jan./mar. 1991.

______. "Negócio jurídico de *hedging*". *RDM*, n. 90, pp. 13-22, abr./jun. 1993.

EGE, Ragip. "L'économie de marché: la societé civile et l'Etat". In *ADIS Université de Paris Sud*. Editora Econômica, pp. 55-65, 1994.

FARIA, Guiomar T. Estrella. "Valores mobiliários no direito brasileiro e no direito comparado". *Revista da Faculdade de Direito da Universidade Federal do Rio Grande do Sul*, Porto Alegre, v. 9, n. 1, pp. 94-103, nov. 1993.

FERREIRA, Alcides, HORITA, Nilton. *BM&F. A História do Mercado Futuro no Brasil*. São Paulo: Cultura Editores Associados, 1996.

FERREIRA, Gabriel Jorge. "Estrutura normativa do sistema financeiro nacional". *Revista dos Tribunais*, n. 16, jul./set. 1996.

FERRAZ, Francisco. "O Brasil no limiar de uma economia de mercado". *Revista da Indústria*, São Paulo, pp. 65-75, abr./jun. 1992.

FORTUNA, Eduardo. *Mercado financeiro: Produtos e Serviços*. 10ª ed. Rio de Janeiro: Qualitymark Editora, 1997.

FORBES, Luiz F. *Mercados Futuros: uma Introdução*. São Paulo: Bolsa de Mercadorias & Futuros, 1994.

FREITAS, Ruy Ayres de Almeida. *A Influência da Tributação no Uso dos Derivativos Financeiros*. São Paulo: USP, FEA, Departamento de Administração, 1997.

HISSA, Gilberto. "Movimento direcional: um método alternativo para a quantificação das oscilações diárias dos mercados de ações, índices e mercadorias". *Revista Brasileira de Mercados de Capitais*, Rio de Janeiro, v. 15, pp. 7-20, 1990.

HULL, John. *Introdução aos Mercados Futuros e de Opções*. 2ª ed. rev. amp. Tradução por Bolsa de Mercadorias & Futuros. São Paulo: Cultura Editores Associados, 1996.

LEÃES, Luiz Gastão Paes de Barros. "Liquidação compulsória de contratos futuros". *Revista dos Tribunais*, São Paulo, n. 675, pp. 44-55, jan. 1992.

______. "O conceito de 'security' no direito norte-americano e o conceito análogo no direito brasileiro". *Revista de Direito Mercantil, Industrial, Econômico e Financeiro*, São Paulo, n. 14, pp. 41-60, 1974.

LEÃES FILHO, Luiz Gastão. "Derivative's Suitability". *Revista de Direito Mercantil, Industrial, Econômico e Financeiro*, São Paulo, n. 102, pp. 59-71, 1996.

LEBORGNE, Anne. "Responsabilité civile et opérations sur le marché boursier". *Revue Trimestrielle de Droit Commercial et de Droit Économique*, n. 2, pp. 261-289, avr./juin 1995.

MAIA, Jayme de Mariz. *Economia Internacional e Comércio Exterior*. 3ª ed. São Paulo: Atlas, 1997.

MAIA, José Motta. "Comercialização agrícola especialmente no Brasil". *Derecho y Reforma Agrária*, Merida, n. 18, pp. 77-85, 1988.

MALUF FILHO, Jorge Arnaldo. *Modelo Integrado de Gestão de Riscos de Mercado de Ativos Derivados em Instituições Financeiras*. São Paulo: USP, FEA, Departamento de Administração, 1996.

MARTIN, Didier e AMIEL-MORABIA, Sylvie. "L'extension du contrôle juridictionnel des marchés". *Revue Trimestrielle de Droit Commercial et de Droit Economique*, Paris, pp. 31-49, jan./mars. 1996.

MARTINS-COSTA, Judith. "Crise e modificação da idéia de contrato no direito brasileiro". *Revista de Direito Civil, Agrário e Empresarial*, n. 59, jan./mar. 1992.

MELLO, Celso Antônio Bandeira de. "Natureza jurídica das bolsas de valores", *Revista de Direito Público*, São Paulo, n. 81, pp. 217-222, jan./mar. 1987.

MELLO, Marcos Bernardes de. *Teoria do Fato Jurídico (Plano da Existência)*. 7ª ed. atual. São Paulo: Saraiva, 1995.

MENDONÇA, José Xavier Carvalho de. *Tratado de Direito Comercial Brasileiro*. 6ª ed. Rio de Janeiro: Freitas Bastos, v. 6, 1960.

MILLER, Merton H. *Merton Miller on derivatives*. New York: John Wiley & Sons, INC., 1997.

MONTORO FILHO, André Franco. "Introdução à teoria monetária". In *Manual de Economia*. Org. Diva Benevides Pinho, Marco Sandoval de Vasconcelos. 2ª ed. São Paulo: Saraiva, 1992.

MOREIRA, Marcílio Marques. "O Brasil e o novo cenário econômico internacional". *Revista da Faculdade de Direito da Universidade do Estado do Rio de Janeiro*, Rio de Janeiro, n. 2, pp. 339-369, 1994.

MOSQUERA, Roberto Quiroga. *Tributação no Mercado Financeiro e de Capitais*. São Paulo: Dialética, 1998.

NUSDEO, Fábio, *Curso de Economia – Introdução ao Direito Econômico*. São Paulo: Editora Revista dos Tribunais, 1997.

OLIVEIRA, Fernando Albino de. "Os mercados futuros". *Revista de Direito Público*, São Paulo, n. 86, pp. 242-245, abr./jun. 1988.

PAPINI, Roberto. *Sociedade Anônima e Mercado de Valores Imobiliários*. 2ª ed. Rio de Janeiro: Forense, 1988.

PEREIRA, Caio Mário da Silva, *Instituições de Direito Civil*. Rio de Janeiro: Forense, v. I (1994), II (1995), III (1995).

PIJASHEVA, Larissa Popkova. "Why is the plan incompatible with the market?" *The Annals of the American Academy of Political and Social Science*, Philadelfia, pp. 80-90, jan.1990.

PONTES DE MIRANDA, *Tratado de Direito Privado*. Rio de Janeiro: Borsói, v. 22, 24, 25 (1971), 38, 39, 52, 53 (1972).

RODRIGUES, Euchério Lerner. "Um 'survey' sobre os mercados brasileiros de derivativos". *Revista Brasileira de Mercado de Capitais*, Rio de Janeiro, v. 19, n. 47, pp. 21-42, 1994.

RODRIGUES, Silvio, *Direito Civil*. 23ª ed. atual. São Paulo: Saraiva, v. 3, 1995.

______. 2ª ed. atual. São Paulo: Saraiva, v. 4, 1977.

ROSSI, Maria Cecília. "Mercados futuros e inflação: uma análise empírica". *Revista Brasileira de Mercados de Capitais*, Rio de Janeiro, pp. 49-70, 1988/1989.

SACKHEIM, Michael S. "Foreign futures enforcement under the 1992 U.S. futures trading practices act". *Journal of World Trade: Law, Economics, Public Policy*, Geneva, pp. 5-26, aug. 1991.

SAMUELSON, Paul A. e NORDHAUS, William D. *Economia*. 12ª ed. Tradução por Manuel F. C. Mira Godinho, Lisboa: McGraw-Hill, [198-].

SCHLEGEL, Kip. "Crime in the pits: the regulation of futures trading". *The Annals of the American Academy of Political and Social Science*, Philadelfia, pp. 59-70, jan. 1993.

III SEMINÁRIO DE MERCADO DE CAPITAIS. *Mercados Futuros nos Estados Unidos*. São Paulo: Adeval, 1982.

SEVERINO, Antonio Joaquim. *Metodologia do Trabalho Científico*. 20ª ed. rev. amp. São Paulo: Cortez, 1996.

SILVA FILHO, Walter Rodriguez da. "Constituição econômica". *Cadernos de Direito Constitucional e Ciência Política*, São Paulo, pp. 209-223, abr./jun. 1995.

SPÍNOLA, Noênio D. *"Commodities": o Preço do Futuro*. Rio de Janeiro: IBMEC, 1972.

______. *O Futuro do Futuro: Pequeno Relatório de Viagem ao Mercado Brasileiro de Capitais e de Trabalho no Século XXI.* São Paulo: Futura, 1998.

SOUZA, Milton Cardoso Ferreira de. "A ordem econômica na Constituição de 1988". *Cadernos de Direito Constitucional e Ciência Política*, São Paulo, pp. 111-123, jan./mar. 1994.

SOUZA, Warli Anjos de e MARQUES, Pedro Valentim. "O mercado futuro como instrumento de comercialização para o empresário rural". In *18º ENANPAD Adminstração Rural e Agroindustrial*, v. 4. Curitiba: Anpad, pp. 53-75, 1994.

STEIN, Jerome L. *The Economics of Futures Markets*. New York: Basil Blackwell, 1986.

SUTCLIFFE, Charles M. S. *Stock Index Futures (Theories and International Evidence)*. London: Ed Chapman & Hall, 1993.

SZTAJN, Rachel. *Contrato e Inovação Financeira. Ensaio sobre Contratos Futuros e "Swaps"*, 1996.

______. "Sobre a natureza jurídica das opções negociadas em bolsas". *Revista de Direito Mercantil, Industrial, Econômico e Financeiro*, São Paulo, n. 105, pp. 53-69, jan./mar. 1995.

______. "Os contratos de bolsa". In *Novos Contratos Empresariais*. Coord. Carlos Alberto Bittar. São Paulo: Editora Revista dos Tribunais, 1990.

______. "Quotas de fundos imobiliários – Novo valor mobiliário". *Revista de Direito Mercantil, Industrial, Econômico e Financeiro*, São Paulo, n. 93, pp. 104-108, jan./mar. 1994.

TEIXEIRA, Marco Aurélio. *Mercados Futuros: Fundamentos e Características Operacionais*. São Paulo: Bolsa de Mercadorias & Futuros, 1992.

THIBAUD, Jean. "A recente evolução do mercado francês". *Revista de Informação Legislativa*, Brasília, v. 31, n. 124, pp. 197-199, out./dez. 1994.

TOFANETO, Antônio. *Função Econômica dos Mercados Futuros*. São Paulo: Bolsa de Mercadorias de São Paulo, 1989.

VENOSA, Sílvio de Salvo. *Direito Civil — Obrigações*. São Paulo: Atlas, 1994.

______. *Teoria Geral dos Contratos*. 3ª ed. São Paulo: Atlas, 1997.

VERÇOSA, Haroldo Malheiros Duclerc. "Notas sobre o regime jurídico das ofertas ao público de produtos, serviços e valores mobiliários do direito brasileiro – Uma questão de complementação da proteção de consumidores e de investidores". *Revista de Direito Mercantil, Industrial, Econômico e Financeiro*, São Paulo, n. 105, pp. 75-83, jan./mar. 1995.

______. "A CVM e os contratos de investimento coletivo ('boi gordo' e outros)". *Revista de Direito Mercantil, Industrial, Econômico e Financeiro*, São Paulo, n. 108, pp. 91-100, out./dez. 1997.

WILLIAMS, Jeffrey. *The Economic Function of Futures Markets*. Cambridge: Cambridge University Press, 1986.

WILSON, Ernest J., GORDON, David F. "O amplo alcance de reformas econômicas com base no mercado". Tradução por Mário Salviano Silva. *Economic Impact*, Rio de Janeiro v. 70, n. 4, pp. 58-63, 1990.

YO, Goan T. *Operações a Termo de Mercadorias "Commodities"*. 3ª ed. São Paulo: Braimex e Edições Aduaneiras, 1984.

Impressão e acabamento:
GRÁFICA PAYM
Tel. (011) 4392-3344

RDM 112

DOUTRINA: DIREITO EMPRESARIAL PÚBLICO – Calixto Salomão Filho • APONTAMENTOS SOBRE A INVALIDADE DAS DELIBERAÇÕES CONEXAS DAS COMPANHIAS – Erasmo Valladão Azevedo e Novaes França • CONTRATO DE "FACTORING" – Jorge Lobo • ***ATUALIDADES***: TITULARIZAÇÃO – UM NOVO INSTRUMENTO FINANCEIRO – Armindo Saraiva Matias • A EVOLUÇÃO DO REGIME LEGAL DA PETROBRÁS E A LEGISLAÇÃO ANTITRUSTE – Arnoldo Wald • A APLICAÇÃO DO CÓDIGO DE DEFESA DO CONSUMIDOR À ATIVIDADE BANCÁRIA – Newton de Lucca • OS CUSTOS PROVOCADOS PELO DIREITO – Rachel Sztajn • IMUNIDADES DO ICMS E A LEI COMPLEMENTAR 87/96 – João Luiz Coelho da Rocha • REGULAÇÃO DE INFRA-ESTRUTURA E DEFESA DA CONCORRÊNCIA: PROPOSTA DE AVALIAÇÃO – Bolívar Moura Rocha • A PRIVATIZAÇÃO NO BRASIL – Frederico Simionato • ***JURISPRUDÊNCIA COMENTADA***: DESPEJO POR FALTA DE PAGAMENTO, COMBINADO COM COBRANÇA. DISCUSSÃO SOBRE A NÃO COMPENSAÇÃO, NO CÁLCULO DO DÉBITO, DOS VALORES PAGOS A TÍTULO DE "RES SPERATA" – Haroldo Malheiros Duclerc Verçosa • PENHORABILIDADE DE COTAS SOCIAIS NAS SOCIEDADES POR COTAS DE RESPONSABILIDADE LIMITADA – Uinie Caminha • ***PARECERES***: AÇÃO SOCIAL DERIVADA DE RESPONSABILIDADE CIVIL DOS ADMINISTRADORES – Luiz Gastão Paes de Barros Leães • AUDITOR INDEPENDENTE – SIGILO PROFISSIONAL – Nelson Eizirik • A NORMA INSCRITA NO § 1º DO ART. 102 DA CF E SUA INTERPRETAÇÃO – Gastão Alves de Toledo • ***ESPAÇO DISCENTE***: A IMPORTÂNCIA DOS CONTRATOS A FUTURO PARA A ECONOMIA DE MERCADO – Érica Cristina Rocha Gorga

MALHEIROS EDITORES

Revista de Direito Mercantil

industrial, econômico e financeiro

vol. 113